1페이지
철학
365

일러두기

이 책에 나오는 지명과 인명, 작품명은 국립국어원의 외래어 표기법을 따랐다. 다만, 그리스 신화의 고유명사는 그리스어 발음에 따라, 성서의 고유명사는 공동번역본 표기 원칙에 따라 표기했다.

세상의 모든 지식이 내 것이 되는

1페이지 철학 365

◆ THE STORY OF PHILOSOPHY ◆

최훈 지음

빅피시
BIG FISH

내 삶을 좀 더 나아가게 만드는 365가지 철학 수업

《세상의 모든 지식이 내 것이 되는 1페이지 철학 365》는 날마다 하나씩 365개의 주요 철학 지식들을 살펴보며 그동안 어렵게만 느껴졌던 철학을 쉽고 재미있게 배울 수 있는 책입니다. 월요일부터 일요일까지 철학의 말, 용어·개념, 철학자, 철학사, 삶과 철학, 생각법, 철학 TMI 총 일곱 분야의 주제를 다루고 있어, 철학과 관련해 다양하지만 꼭 알아야 할 내용들을 내 것으로 정리할 수 있습니다.

자신이 가장 궁금한 주제부터 읽어도 좋고, 처음부터 차례대로 읽어도 좋습니다. 고대부터 현대까지 수천 년간 이어져 온 생각과 지혜의 발전이 내 삶을 철학적으로 만들어주는 놀라운 경험을 하게 될 것입니다. 매일 1페이지씩 읽으면서 나만의 교양 지식을 만들어보세요.

Monday 철학의 말	철학자들의 깊이 있는 생각이 담긴 철학 속 명문장
Tuesday 용어·개념	철학을 알고 싶다면 꼭 알아야 할 철학 용어와 개념
Wednesday 철학자	남다른 시선으로 세상을 바라본 위대한 철학자
Thursday 철학사	고대부터 현대까지 철학의 발전에 영향을 끼친 순간들
Friday 삶과 철학	더 나은 삶을 위해 우리는 무엇을 고민해야 하는가
Saturday 생각법	생각을 정리하는 데 도움을 주는 철학 도구와 기술
Sunday 철학 TMI	철학과 관련된 재미있는 발견, 다양한 콘텐츠들

1페이지 철학 읽는 법

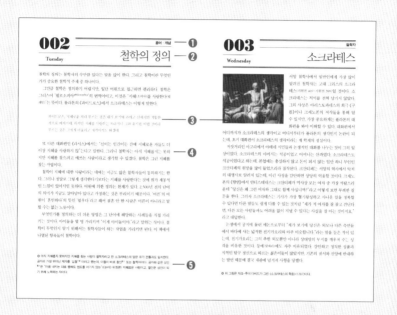

❶ 주제와 관련된 카테고리
❷ 주제
❸ 주제와 관련된 인용문과 이미지 자료
❹ 주제에 대한 설명
❺ 주제와 관련된 짧은 지식

재미있는 주제를 읽다가 더 알아보고 싶으면 다른 관련 도서를 읽거나, 인터넷 검색을 하며 지식을 확장해보세요. 더 유익한 공부가 될 것입니다. 모든 지식과 공부의 출발점이자 친절한 안내서로 이 책을 활용하세요.

365일 체크리스트

	Mon	Tue	Wed	Thu	Fri	Sat	Sun
1week	☐	☐	☐	☐	☐	☐	☐
2week	☐	☐	☐	☐	☐	☐	☐
3week	☐	☐	☐	☐	☐	☐	☐
4week	☐	☐	☐	☐	☐	☐	☐
5week	☐	☐	☐	☐	☐	☐	☐
6week	☐	☐	☐	☐	☐	☐	☐
7week	☐	☐	☐	☐	☐	☐	☐
8week	☐	☐	☐	☐	☐	☐	☐
9week	☐	☐	☐	☐	☐	☐	☐
10week	☐	☐	☐	☐	☐	☐	☐
11week	☐	☐	☐	☐	☐	☐	☐
12week	☐	☐	☐	☐	☐	☐	☐
13week	☐	☐	☐	☐	☐	☐	☐
14week	☐	☐	☐	☐	☐	☐	☐
15week	☐	☐	☐	☐	☐	☐	☐
16week	☐	☐	☐	☐	☐	☐	☐
17week	☐	☐	☐	☐	☐	☐	☐
18week	☐	☐	☐	☐	☐	☐	☐
19week	☐	☐	☐	☐	☐	☐	☐
20week	☐	☐	☐	☐	☐	☐	☐
21week	☐	☐	☐	☐	☐	☐	☐
22week	☐	☐	☐	☐	☐	☐	☐
23week	☐	☐	☐	☐	☐	☐	☐
24week	☐	☐	☐	☐	☐	☐	☐
25week	☐	☐	☐	☐	☐	☐	☐
26week	☐	☐	☐	☐	☐	☐	☐

27week	☐	☐	☐	☐	☐	☐	☐
28week	☐	☐	☐	☐	☐	☐	☐
29week	☐	☐	☐	☐	☐	☐	☐
30week	☐	☐	☐	☐	☐	☐	☐
31week	☐	☐	☐	☐	☐	☐	☐
32week	☐	☐	☐	☐	☐	☐	☐
33week	☐	☐	☐	☐	☐	☐	☐
34week	☐	☐	☐	☐	☐	☐	☐
35week	☐	☐	☐	☐	☐	☐	☐
36week	☐	☐	☐	☐	☐	☐	☐
37week	☐	☐	☐	☐	☐	☐	☐
38week	☐	☐	☐	☐	☐	☐	☐
39week	☐	☐	☐	☐	☐	☐	☐
40week	☐	☐	☐	☐	☐	☐	☐
41week	☐	☐	☐	☐	☐	☐	☐
42week	☐	☐	☐	☐	☐	☐	☐
43week	☐	☐	☐	☐	☐	☐	☐
44week	☐	☐	☐	☐	☐	☐	☐
45week	☐	☐	☐	☐	☐	☐	☐
46week	☐	☐	☐	☐	☐	☐	☐
47week	☐	☐	☐	☐	☐	☐	☐
48week	☐	☐	☐	☐	☐	☐	☐
49week	☐	☐	☐	☐	☐	☐	☐
50week	☐	☐	☐	☐	☐	☐	☐
51week	☐	☐	☐	☐	☐	☐	☐
52week	☐	☐	☐	☐	☐	☐	☐
53week	☐	☒	☒	☒	☒	☒	☒

철학은 우리의 사유를 확장하고 기존의 틀에서 해방시켜 준다

—

버트런드 러셀
Bertrand Russell

001

Monday

철학의 시작은 놀라움

지금이나 그 첫 단계에서나 사람들은 놀라움 때문에 철학을 하기 시작했으니, 처음에는 눈앞의 갖가지 기이한 현상들에 대한 의문에 사로잡혔는데, 예를 들어 달의 변화, 태양과 별들 주변에서 일어나는 현상들, 온 세계의 생성이 그런 것들에 해당한다. 의문에 사로잡혀 놀라워하는 사람은 자기가 무지하다고 생각한다. 그러므로 무지를 피하기 위해서 사람들이 철학을 시작했다면, 분명히 앎 때문에 인식 활동을 추구한 것이지 유용성 때문에 그렇게 한 것이 아니다. 바로 다음과 같은 (역사적) 결과가 이를 입증한다. 즉, 삶에 필요한 것들과 편리함과 여유 있는 삶을 위한 것들이 거의 모두 마련된 뒤에 그런 종류의 지혜가 탐구되기 시작한 것이다.

– 아리스토텔레스, 《형이상학》

예나 지금이나, 그러니까 아리스토텔레스가 살던 시기나 지금이나 마찬가지로 학문(여기서 '철학'은 학문을 뜻한다)은 '놀라움'에서 시작한다. 궁금한 것을 보고 자신의 무지에서 벗어나기 위해 학문을 시작하는 것이다. 이는 아리스토텔레스의 스승 플라톤이 이미 말한 것이다. 그는 《테아이테토스》에서 소크라테스의 입을 통해 "놀라워하는 것, 이것이야말로 철학자의 상태이기에 하는 말이네. 이것 말고 철학의 다른 시작은 없으니까."라고 말한다.

그러나 쓸모가 있는지 없는지 따지기 시작하면 학문을 제대로 할 수 없다. 어떻게 생각하면 당장 쓸모없다고 생각해도 언젠가 쓸모 있게 될지도 모른다.

"삶에 필요한 것들과 편리함과 여유 있는 삶을 위한 것들이 거의 모두 마련된 뒤에" 학문을 한다는 것은 의미심장하다. 고대 그리스나 조선에서나 노예나 노비의 생산 활동이 뒷받침해 주었기 때문에 지식인의 학문 활동이 가능했다. 현대 사회에서는 국가가 그런 뒷받침을 해 준다. 국가가 뒷받침해 준다는 말은 결국 생산 활동을 하는 사람의 세금으로 학문을 지원한다는 뜻이다.

철학의 정의

Tuesday

철학의 정의는 철학자의 수만큼 있다는 말을 많이 한다. 그리고 철학이란 무엇인 가가 중요한 철학적 주제 중 하나이다.

그만큼 철학은 정의하기 어렵지만, 일단 어원으로 접근하면 편리하다. 철학은 그리스어 '필로소피아^{philosophia}'의 번역어이고, 이것은 '지혜(소피아)를 사랑한다(필 레인)'는 뜻이다. 플라톤의 《파이드로스》에서 소크라테스는 이렇게 말한다.

> 파이드로스, 지혜로운 자라 부르는 것은 내가 보기에 과하고 신에게만 적합한 것으로 여겨지네. 하지만 지혜를 사랑하는 자라거나 그와 유사한 어떤 것이라 부르는 것은 그에게 어울리고 제격이기도 하겠네.

또 다른 대화편인 《리시스》에서는 "신이든 인간이든 간에 지혜로운 자들도 더 이상 지혜를 사랑하지 않"는다고 말한다. 그러니 철학자는 아직 지혜롭지는 못하 지만 지혜를 찾으려고 애쓰는 사람이라고 생각할 수 있겠다. 철학은 그런 지혜를 찾는 작업이다.

철학이 지혜에 대한 사랑이라는 데에는 지금도 많은 철학자들이 동의하기는 한 다. 그러나 정말로 그렇게 생각한다기보다는 지혜를 사랑한다는 것에 뭔가 계몽적 인 느낌이 있어서인 듯하다. 어원에 의한 정의는 한계가 있다. 2,500년 전의 단어 의 의미가 지금도 살아남아 있다고 가정하는 것은 무리이기 때문이다. '어른'의 어 원이 '혼인하다'의 뜻인 '얼우다'라고 해서 결혼 안 한 사람은 어른이 아니라고 말 할 수는 없는 노릇이다.

무엇인가를 정의하는 더 쉬운 방법은 그 단어에 해당하는 사례들을 직접 가리 키는 것이다. 아이돌을 몇 명 가리키며 "이게 아이돌이야."라고 말하는 식이다. 철 학이 무엇인지 알기 위해서는 철학자들이 하는 작업을 가리키면 된다. 이 책에서 나열된 항목들이 철학이다.

○ 아직 지혜롭지 못하지만 지혜를 찾는 사람이 철학자라고 한 소크라테스의 말은 유가 전통과도 일치한다. 공자의 가장 뛰어난 제자를 '십철^{+哲}'이라고 했는데, 이들이 바로 철인^{哲人} 또는 철학자이다. 공자와 같은 성인 ^{聖人}은 "마음 내키는 대로 행해도 법도를 어기지 않는"(《논어》 위정편) 지혜로운 사람이고, 철인은 성인이 되 기 위해 노력하는 자이다.

003

Wednesday

소크라테스

서양 철학사에서 일반인에게 가장 많이 알려진 철학자는 고대 그리스의 소크라테스(기원전 469~기원전 399)일 것이다. 소크라테스는 저서를 전혀 남기지 않았다. 그의 사상은 아리스토파네스의 희극《구름》이나 크세노폰의 저작들을 통해 알 수 있지만, 가장 중요하게는 플라톤의 대화편을 봐야 이해할 수 있다. 대화편에서 어디까지가 소크라테스의 생각이고 어디서부터가 플라톤의 생각인지 논란이 되는데, 초기 대화편이 소크라테스의 생각이라는 게 학계의 정설이다.

저잣거리인 아고라에서 아테네 시민들과 논쟁적인 대화를 나누는 것이 그의 일상이었다. 소크라테스의 아버지는 석공이었고 어머니는 산파였다. 소크라테스도 석공이었다고 하는데, 본업에는 충실하지 않고 돈이 되지 않는 일만 하니 부인인 크산티페의 원망을 많이 들었으리라 짐작된다. 크산티페는 서양의 역사에서 악처의 대명사로 알려져 있는데, 이런 사정을 감안하면 상당히 억울할 것이다. 크세노폰의《향연》에서 안티스테네스는 크산티페가 역사상 모든 여자 중 가장 까탈스러운데 "당신은 왜 그런 여자와 그대로 함께 사십니까?"라고 어떻게 보면 무례한 질문을 한다. 그러자 소크라테스는 기사가 가장 혈기왕성하고 사나운 말을 정복할 수 있다면 다른 말들도 쉽게 다룰 수 있는 것처럼 "제가 저 여자를 잘 참고 견딘다면, 다른 모든 사람들과도 어려움 없이 지낼 수 있다는 사실을 잘 아는 것이지요."라고 대답한다.

논쟁에서 궁지에 몰린 메논으로부터 "제가 보기에 당신은 외모나 다른 측면들에서 바다에 사는 넓적한 전기가오리와 아주 비슷합니다."라는 말을 들은 적이 있는데, 전기가오리는 그의 추한 외모뿐만 아니라 상대방의 무지를 깨우쳐 주는 성격을 비유한 것이다. 등에(말파리)에도 자주 비유되었다. 강인하고 정직한 성품과 지적인 탐구 정신으로 따르는 젊은이들이 많았지만, 기존의 질서와 신앙에 반대하는 발언 때문에 결국 재판에 넘겨져 사형을 당했다.

○ 위 그림은 자크-루이 다비드가 그린 〈소크라테스의 죽음〉(1787)이다.

004

Thursday

실체

보통은 사물의 근원을 이루는 것이라고 이해되지만 철학자마다 다른 의미로 쓴다. 실체라는 말을 처음 쓴 아리스토텔레스는 실체를 다른 것에 의존하지 않고 궁극적으로 존재하는 것으로 정의하고 개별적으로 존재하는 개체만이 진정한 실체라고 말했다. 이 사람 한 명, 저 개 한 마리가 그에게 실체이다. 실체를 뜻하는 그리스어 ousia는 '존재' 또는 '존재하는 것'이라는 뜻이다. 그런데 중세의 보에티우스가 이것을 '사물의 근저에 있는 어떤 것'이라는 뜻의 라틴어 substantia로 번역하면서 사물의 근원이라는 뜻으로 이해되었다. 물론 아리스토텔레스의 실체도 존재하는 것 중 가장 근본적인 것이라고 이해할 수 있다. 그는 개체만 존재하는 것으로 인정한 것이 아니라 그것이 가지고 있는 보편적인 속성(이 사람은 가령 인간이나 여자라는 보편적 속성도 가지고 있다)도 존재한다고 인정했기에 그중 개체가 가장 근본적인 실체라고 이해할 수 있기 때문이다. 이에 견줘 보에티우스가 번역한 실체는 그런 존재를 가능하게 하는 궁극적인 어떤 것이라는 뜻을 갖는다.

근세의 이성론자들은 아리스토텔레스를 따라 실체를 '존재하기 위해서 다른 어떤 것도 필요로 하지 않는 것'으로 정의한다. 그러나 그들은 일상적으로 관찰할 수 있는 개체 같은 것을 실체로 인정하지 않는다. 르네 데카르트는 정신과 물질 두 가지가 실체라고 주장하는 실체 이원론을 제시한다. 바뤼흐 스피노자는 자신의 개념을 형성하기 위하여 다른 어떤 개념도 필요로 하지 않는 '자기 원인'이, 고트프리트 라이프니츠는 서로가 구별되며 더 이상 분할할 수 없는 단자(모나드)가 실체라고 주장한다.

존 로크는 실체 개념을 보에티우스에 의해 번역된 의미로 쓴다. 경험론자인 그는 감각과 반성과 같은 경험을 통해 관념이 생긴다고 말한다. 그런데 이 관념이 있으려면 그것을 가능하게 하지만 우리가 무엇인지 모르는 어떤 것이 있어야 할 텐데, 그것이 실체라고 한다. 로크의 후배 경험론자인 조지 버클리나 데이비드 흄은 이런 실체를 부정한다. '무엇인지 모르는 어떤 것'처럼 경험할 수 없는 것을 인정하는 것은 경험론자답지 않기 때문이다.

○ 우리말 '실체'는 일상 언어에서도 '사건의 실체'나 '그의 실체'처럼 철학적인 의미로 쓰인다. 그러나 substance(실체)는 a person of substance(실속 있는 사람, 자산가)나 illegal substance(불법 물질)처럼 약간 거리가 먼 뜻으로도 쓰인다. 굳이 찾자면 본디의 철학적인 의미가 없는 것은 아니지만 말이다.

005

Friday

화를 피하는 방법

세네카는 자신의 동생인 노바투스가 어떻게 화를 다스려야 하는지 말해 달라고 부탁하자 동생에게 편지로 말하는 형식으로 《화에 대하여》를 썼다. 그가 보기에 화는 모든 격정 중에서 가장 비천하고 광포한 것이다. 다른 격정은 일말의 차분함과 조용함이라도 있지만 화에는 오로지 공격성과 복수심만 가득해서 사람을 분별 없게 만들기 때문이다. 그래서 세네카는 화가 나려 할 때 우리 안에 화가 아예 들어오지 못하게 하여 화의 싹을 억누르는 것이 최선의 방법이라고 말한다.

세네카는 화를 피하는 구체적인 방법을 이야기한다. 그는 우리가 어쩔 수 없는 대상에 화를 내는 것은 아주 어리석다고 말한다. 날씨가 나쁘다고 화를 내는 행위, 책이 잘못 만들어졌다고 북북 찢어 버리는 행위, 분별력에서 아이들보다 더 나을 것 없는 사람들에게 화를 내는 행위 등이 그런 예이다. 우리는 그런 것을 바꿀 수 있다는 낙관적인 견해를 가지고 있는데, 그 기대치를 낮추어야 한다. 우리가 화를 낸다고 해서 어떻게 바꿀 수 있는 것이 아니기 때문에 화를 내는 것은 바보 같은 짓이다.

세네카는 화가 날 때 자신의 모습을 거울로 보라고 말한다. 화는 가장 아름다운 얼굴을 추하게 만들고 가장 평온한 것을 거칠게 만든다. 화날 때의 겉모습이 이럴진대 우리의 마음속 형상은 얼마나 더 끔찍하겠는가? 그 모습을 상상하는 것만으로도 화를 누그러뜨리는 데 도움이 될 것이다. 그는 마지막으로 화를 내며 보내기에는 우리의 인생이 너무 짧다고 말한다. 자신의 인생을 소중히 여기고 우리 자신과 타인을 위해 삶을 평화롭게 만들라고 권유하는 것이다.

○ 세네카는 9편의 작품을 남긴 유명한 비극 작가였다. 그는 비극을 본 관객들이 최악의 상황을 보고 자신의 삶에 감사하는 마음을 품으며 역경에 대비하게 된다고, 비극을 치유적 목적으로 추천했다.

딜레마

선택 가능한 두 가지 길 중에서 어떤 쪽을 선택해도 바람직하지 못한 결과가 나오게 되는 곤란한 상황. '딜레마에 빠졌다'라는 식으로 많이 쓰인다. 내가 선택할 수 있는 것은 두 가지뿐인데 어떤 쪽을 선택해도 곤란한 상황에 처하게 되면 딜레마에 빠지는 것이다. 중국집에서 짜장면을 시킬지 짬뽕을 시킬지는 영원한 고민거리이다. 짜장면을 시키면 짬뽕을 못 먹게 되어 괴롭고, 짬뽕을 시키면 짜장면을 못 먹게 되어 괴롭다.

스스로 딜레마에 빠지기도 하지만, 상대방을 딜레마에 빠뜨릴 수 있기에 딜레마는 일상생활이나 철학 논증에서 즐겨 사용되는 논박 방법이다. 예를 들어 신이 존재한다는 것을 딜레마를 이용해서 이런 식으로 반박한다. 세상에 악이 있다는 것은 신이 그것을 막지 못하거나 막을 뜻이 없다는 두 가지로 해석이 된다. 그런데 어느 쪽으로 해석하더라도 신의 존재가 의심스러워진다. 신이 악을 막지 못한다면 그것은 신이 무능하다는 뜻이고, 신이 악을 막을 뜻이 없다면 그것은 신이 선하지 않다는 뜻이기 때문이다. 신은 모름지기 전지전능하고 지극히 선하다고 인식되므로, 무능하고 선하지 않은 신은 존재하지 않는 것이나 다름없다.

○ 딜레마 논증은 우리말로 '양도 논법'이라고 한다. 두 칼로 내려치면 어느 쪽 칼을 피해도 문제이다. '진퇴양난'도 같은 뜻이다. 영어에서는 '스킬라와 카리브디스 사이에서'라는 표현이 그런 뜻이다. 스킬라와 카리브디스 모두 그리스 신화에 나오는 바다 괴물이다.

 Sunday

나는 ○○한다
고로 나는 존재한다

"나는 생각한다. 고로 나는 존재한다."라는 데카르트의 말은 철학사에서 손꼽힐 만한 유명한 구절이다. 이 구절이 쓰인 머그컵이나 티셔츠 같은 데카르트 굿즈도 있다. 이 말의 패러디도 많다. 유명인의 말로 "나는 폭로한다. 고로 나는 존재한다."(프랑스 영화감독 장-피에르 죄네), "나는 소비한다. 고로 나는 존재한다."(사회학자 장 보드리야르), "나는 접속한다. 고로 나는 존재한다."(미래학자 제러미 리프킨) 등이 있다. 소설가 알베르 카뮈(1913~1960)도 《반항하는 인간》에서 "나는 반항한다. 고로 나는 존재한다."라고 말했는데, 이 말은 2019년 홍콩 민주화 시위에서 등장했다.

"나는 ○○한다. 고로 나는 존재한다."에서 ○○ 자리에 뭐든지 집어넣으면 패러디할 수 있다. 달리기를 좋아하면 "나는 달린다. 고로 나는 존재한다."라고, 다이어트에 관심이 있으면 "나는 다이어트한다. 고로 나는 존재한다."라고 말이다. 일종의 '밈meme'이다. 코로나-19가 유행하자 데카르트가 400년 후를 예측했다고 "나는 생각한다. 코로나는 존재한다."라는 말이 돌았는데 웃기면서도 슬프다.

그러나 웃자고 하는 말에 죽자고 달려드는 격인지 모르겠는데 이런 패러디는 데카르트를 오해한 것이다. 데카르트의 "나는 존재한다."에서 '나'는 '생각하는 나'이다. 전지전능한 악마에게 속고 있다고 의심해도, 의심하기 위해서는 생각해야 하고 '생각하는 나'는 존재해야 한다는 뜻이다. 그러므로 "나는 생각한다. 고로 나는 존재한다."라고 말하는 대신 그냥 "나는 존재한다."만 말해도 된다. 그 '나'는 이미 생각하는 나이기 때문이다. 실제로 위의 말이 본격적으로 논의되는 데카르트의 《성찰》에서는 필연적인 명제로 "나는 존재한다."만 말한다. 반면에 '소비'나 '달리기' 따위는 그런 급의 확실성이 있는 것이 아니다. 소비하는 나는 존재하지 않는다고 상상해도 아무 문제가 없기 때문이다.

○ 위 사진은 오스트레일리아 멜버른의 한 술집에 걸려 있는 문구. "나는 마신다. 고로 나는 존재한다."

008

Monday

성찰되지 않은 삶

> 소크라테스: 그럼 누군가는 이렇게 말할지도 모르겠네요. "그런데 소크라테스, 당신이 침묵을 지키고 조용히 지낸다면, 우리한테서 쫓겨나 밖으로 나가더라도 얼마든지 살아갈 수 있지 않을까요?"라고요. 이거야말로 여러분 중 일부를 설득해 내기가 무엇보다도 까다로운 대목입니다. 이건 신에게 불복하는 일이고 그렇기 때문에 조용히 지낸다는 게 불가능하다고 내가 말하면 여러분은 내가 의뭉을 떤다고 생각해서 내 말을 믿지 않을 테니까요. 또 이번에는 내가, 날마다 덕에 관해서, 그리고 다른 것들에 관해서 이야기를 만들어 가는 것, 이것이 그야말로 인간이 누릴 수 있는 최상의 좋음이며, 검토 없이 사는 삶은 인간에게 살 가치가 없다고 말하면, 여러분은 이런 말을 하는 나를 훨씬 더 못 미더워할 겁니다. 그렇지만 여러분, 실상은 내가 주장하는 대로예요. 다만 그걸 설득하기가 쉽지 않을 뿐이죠.
>
> – 플라톤, 《소크라테스의 변명》

'검토되지 않은 삶'은 '성찰되지 않은 삶'이라고도 많이 번역된다. 자신의 삶을 반성해야 하고, 그러지 않는 삶은 살 가치가 없다는 말은 그리 어려운 말 같지 않다. 그래서 "성찰되지 않은 삶은 살 가치가 없다."라는 글귀는 화장실 벽이나 SNS의 프로필 메시지에 많이 쓰인다.

그러나 소크라테스가 위의 말을 한 것은, 감옥에서 도망갈 수도 있는데 왜 도망가지 않느냐고 물었을 때라는 데 주목해야 한다. 그는 성찰 끝에 개인의 명성과 안위를 위해 도망가는 것은 옳지 못하다고 결론을 내렸기 때문이다. 이런 이유로 로버트 노직은 《성찰된 삶》(한국어 번역본 제목은 '무엇이 가치 있는 삶인가?')에서 성찰되지 않은 삶은 가치 없다고 말하는 것은 "지나치게 가혹하다."라고 말한다. 그럼에도 불구하고 깊이 있는 사고를 앞세워 삶을 이끌 때, 우리는 남의 삶이 아니라 '우리의 삶'을 살게 되므로, 성찰되지 않은 삶은 충분하지 않다는 데에는 동의한다.

용어 · 개념

철학 vs 과학

철학은 오랫동안 학문이라는 말을 대신해 왔다. 뉴턴만 해도 '과학'이라는 말 대신에 '자연 철학'이라는 말을 썼고, 사회 과학이 철학에서 독립된 것도 프랑스의 오귀스트 콩트(1798~1857)가 연구 방법론을 체계화한 이후였다. 철학에서 여러 과학이 떨어져 나간 지가 학문의 역사에서 얼마 되지 않는데, 철학은 과학과 어떤 점에서 다를까?

철학이든 과학이든 어떤 문제의 해결책을 찾으려고 한다는 점은 같다. 가끔 철학과 과학이 같은 문제를 다루기도 한다. 물리학자나 철학자 모두 이 세상을 구성하는 존재를 물으며, 경제학자나 철학자 모두 평등을 묻는다. 그러나 철학자는 무언가를 실제로 조사해서 증거를 찾지 않는다. 아무리 이론 물리학자라고 하더라도 그가 세운 이론은 경험으로 검증돼야 하며 경제학자는 실증 자료로 평등을 주장하지만, 철학자는 당연하게 받아들이는 전제를 의심하거나 개념을 분석하는 등의 방법을 사용한다.

철학은 추상적이라는 점에서도 과학과 다르다. 과학자가 주로 하는 일은 인과 관계를 찾는 일이다. 기상학자는 이번 여름의 이상 저온의 원인은 무엇인지 찾으며 경제학자는 장기 저성장의 원인은 무엇인지 찾는다. 그러나 철학자는 바로 그 원인이란 무엇이며 인과 관계는 어떤 특징이 있는지 묻는다. 과학자는 수많은 사건을 대상으로 하고 거기서 법칙을 찾지만, 철학자는 사건 자체가 왜 일어나며 법칙이 성립하기 위해서는 어떤 조건이 만족되어야 하는지 묻는다. 어떤 학문이든 상식적으로 당연하다고 생각하는 것이 정말로 그런지 묻지만, 철학은 다른 학문이 당연하게 받아들이는 것을 계속 묻기에 추상적이고 또 궁극적이게 된다.

한편 철학자는 규범을 묻는다. 과학자는 세상이 어떻게 되어 있는지에 관심이 있지만 어떻게 되어야 하는지에는 관심이 없다. 그러나 철학자는 세상이 좋거나 나쁜지, 옳거나 그른지, 아름답거나 추한지 묻는다. 예를 들어 인류학자는 '특정 민족에 어떤 관습이 있더라'라고만 말하지만 윤리학자는 '그 관습이 옳은가' 묻고, 심리학자는 '사람들이 어떤 추론을 하더라'라고만 말하지만 논리학자는 '그 추론이 옳은가' 묻는다.

과학자라도 철학자처럼 위와 같은 물음을 던질 수 있다. 그러면 그는 철학을 하고 있는 것이다. 일반인도 '추석이란 무엇인가?'라고 물으면, 그게 철학이다.

010

Wednesday

플라톤

플라톤(기원전 428 또는 427~기원전 348 또는 347)은 영국의 철학자 앨프리드 노스 화이트헤드(1861~1947)가 서양 철학사는 플라톤에 대한 주석이라고 말할 정도로 가장 중요한 철학자로 손꼽힌다. 부유한 귀족 집안 출신으로 원래 정계 진출을 꿈꾸었으나 그의 나이 28세 때(기원전 399년경) 소크라테스가 처형을 당하자 충격을 받고 철학에 전념했다고 한다.

플라톤은 아카데메이아라는 학원을 세우고 학문 활동을 하고 제자를 길렀다. 그의 제자인 아리스토텔레스도 여기서 공부했다. 아카데메이아의 문에 "기하학을 모르는 자는 이곳에 들어오지 말라."라고 쓰여 있었다는 이야기가 널리 알려져 있다.

플라톤은 스승인 소크라테스를 등장인물로 하는 대화편을 저술했는데, 대체로 초기 저술에는 소크라테스의 철학이, 중후기의 저술은 플라톤 자신의 철학이 담겨 있다고 해석된다. 이데아 이론이나 영혼 불멸설 등이 대표적인 그의 이론이다. 그 외에 그가 쓴 편지도 전해져 온다. 전해져 오는 대화편과 편지 중 일부는 진위 논란이 있다.

선거 때가 되면 "정치를 외면한 대가는 가장 저질스러운 인간들에게 지배당한다는 것이다."라는 플라톤의 말이 투표를 독려하는 말로 인용된다. 플라톤이 《국가》에서 "스스로 통치하려는 마음을 갖지 않을 경우에, 그에 대한 최대의 벌은 자기보다 못한 사람한테 통치를 당하는 것일세."라고 말한 것은 사실이다. 그러나 여기서 통치하기를 거부하는 사람은 당시의 아테네 시민이 아니라 '훌륭한 사람들'이다. 플라톤은 어리석은 시민들이 아니라 통치에 적격한 사람이 정치를 해야 한다고 주장했기에 위의 말을 민주주의를 지지하는 말로 이해해서는 안 된다. 그는 민주주의는 중우 정치, 곧 어리석은 대중들의 정치라고 경멸했고, 그 대신에 철학자가 왕이 되든가 왕이 철학을 배우든가 해야 한다는 '철학자 왕' 또는 '철인 통치'를 꿈꾸었다.

○ 플라톤의 본명은 아리스토클레스이고 플라톤은 '넓은 어깨'라는 뜻의 별명이다.

#

Thursday

상대주의

모든 진리는 똑같이 타당하다고 주장하며, 보편적인 진리가 있다는 것을 부정하는 이론. 대표적인 상대주의로는 모든 믿음이 똑같이 참이라고 주장하는 인식론적 상대주의와 모든 도덕규범이 똑같이 옳다는 도덕 상대주의가 있다.

기원전 5세기 무렵 그리스의 철학자 프로타고라스가 상대주의를 최초로 주장했다고 알려져 있다. 플라톤의 《테아이테토스》에 따르면 프로타고라스는 "인간은 모든 것의 척도이다. 있는 것들에 대해선 있다고, 그리고 있지 않은 것들에 대해선 있지 않다고 하는 바의 척도이다."라고 말했다. 이를 '인간 척도설'이라고 하는데, 세상은 각 인간에게 다르게 나타날 수밖에 없으니 개개인의 견해가 모두 참으로 간주된다는 주장이다. 플라톤은 상대주의에 강력한 반론을 제시했다. 모든 진리가 상대적이라는 프로타고라스의 주장 자체도 상대적이라고 주장해야 하므로 상대주의 주장은 자기모순에 빠진다고 말이다. 상대주의는 해로운 이론이라는 비판도 받는다. 우리의 지식이나 도덕을 더 낫게 만들려는 시도를 무력화하기 때문이다.

고대 이후에도 상대주의는 면면히 내려온다. 루트비히 비트겐슈타인, 토머스 쿤, 리처드 로티(1931~2007), 미셸 푸코(1926~1984), 자크 데리다 등이 유명한 현대의 상대주의자이다.

상대주의자가 플라톤의 비판을 피하는 방법으로 모든 진리가 상대적이라는 그 주장만은 상대적이지 않다고 주장하는 방법이 있다. 그 주장을 제외하고 모두 상대적이라고 말하면 자기모순을 피할 수 있는 것이다. 그리고 해롭다는 비판에 대해서는 꼭 진리가 아니더라도 정합성이나 설명력이나 실용적 유익함 따위로 진보를 판단할 수 있다고 대답하면 된다.

○ 소피스트인 프로타고라스에게 변론술을 배우던 제자 에우아틀로스가 "제가 처음으로 승소하면 그때 수강료를 내겠습니다."라고 제안한 일화는 유명하다. 모든 강의가 끝났는데도 소송을 하지 않자, 프로타고라스는 소송을 걸어 "내가 이기면 판결에 따라 수강료를 받고, 내가 져도 자네는 계약에 따라 수강료를 내야 하네."라고 주장했고, 에우아틀로스는 "제가 이기면 판결에 따라 수강료를 내지 않고, 제가 져도 계약에 따라 수강료를 내지 않아도 됩니다."라고 말했다고 한다.

012

Friday

실천적 지혜

잘 사는 것에 관해 숙고하는 사람이 갖추어야 할 지혜를 가리키는 말. 그리스어로 '프로네시스'이다. 아리스토텔레스의 《니코마코스 윤리학》에 나오는 개념이다. 아리스토텔레스의 아들 이름이 니코마코스이므로 '니코마코스 윤리학'은 '아들에게 주는 윤리학' 정도의 의미이다. 게다가 윤리학에 해당하는 그리스어 '에티카'는 정확히는 성격 또는 품성에 관한 논의라는 뜻이므로, '니코마코스 윤리학'은 '아들을 위해 성격 또는 품성에 관해 논의한 책' 정도의 의미이다.

《니코마코스 윤리학》의 핵심 개념이 행복이므로 그리스 시대의 자기 계발서라고 해도 틀린 말은 아니다. 아리스토텔레스는 어떻게 해야 행복하게 살 수 있는지 묻고 동물과 구분되는 인간의 특징인 이성의 기능을 탁월하게 수행하면 행복할 수 있다고 대답한다. 그는 탁월함에는 두 가지 종류가 있다고 말하는데, 하나는 지적 탁월성이고 다른 하나는 성격적 탁월성이다. 지적 탁월성은 누군가로부터 가르침을 받아서 생기는 것이고 성격적 탁월성은 습관의 결과로 생기는 것이다. 결국 아리스토텔레스가 말하는 행복한 삶을 살기 위해서는 다양한 지식을 쌓고, 어릴 때부터 좋은 성격을 습관화하여 탁월한 성격을 갖추어야 한다.

지적 탁월성 중 대표적인 것이 '소피아'라고 부르는 철학적 지혜이다. 철학적 지혜라는 것은 영원불변하는 진리를 관조하는 지성을 말하는데, 정말 중요하지만 이것만 알아서는 '연애를 책으로 배웠어요.'라고 말하는 사람처럼 헛똑똑이가 되고 만다. 행복해지기 위해서는 구체적이고 가변적인 일들에 대해 잘 헤아리는 지성도 필요한데 그것이 실천적 지혜, 곧 프로네시스이다. 아리스토텔레스가 직접 든 예로 설명해 보면 연한 고기가 소화도 잘되고 건강에도 도움이 된다는 것을 아는 것은 철학적 지혜이지만, 그것만 안다고 해서 건강해지는 것은 아니다. 실제로 어떤 고기가 연한 고기인지 알아야 하기 때문이다. 이런 실천적 지혜가 있어야 연한 고기를 먹을 수 있다.

○ 아리스토텔레스는 새 고기가 연한 고기라고 말한다.

013

Saturday

딜레마에서 빠져나오기

딜레마에 빠지면 꼼짝 못 하게 되므로 딜레마에서 빠져나오는 방법도 알아야 한다. 딜레마는 선택 가능한 상황이 두 가지 있을 때 어떤 쪽을 선택해도 곤란하게 되는 논증이다. 이 두 가지 가능한 선택을 비유적으로 딜레마의 두 뿔이라고 말한다. 이쪽 뿔을 피하자니 저쪽 뿔에 찔리고, 저쪽 뿔을 피하자니 이쪽 뿔에 찔리는 것이다. 딜레마를 우리 말로 양도 논법이라고 하니 뿔 대신에 칼로 생각해도 되는데, 흔히 뿔로 비유한다.

딜레마를 피하는 방법으로는 먼저 두 뿔 사이로 피해 가는 것이 있다. 그 두 가지 말고 다른 것을 선택하면 된다. 또 다른 방법은 뿔 하나를 꺾는 것이다. 그렇게 하면 두 가지 중 하나를 선택해도 꼭 곤란한 상황에 빠지지 않을 수 있다.

예를 들어 보자. 원자력 발전은 핵 사고의 위험이 크다. 또 화력 발전은 온실 효과 때문에 환경 오염의 가능성이 크다. 이러면 우리는 어떤 발전 방식을 선택해도 곤란한 상황에 처하는 딜레마에 빠진다. 이 딜레마에서 빠져나오기 위해서는 우선 두 뿔 사이로 피해 가는 방법이 있는지 살펴보면 된다. 원자력 발전과 화력 발전 말고 다른 발전 방식이 가능하지 않을까? 태양광 발전이나 풍력 발전 같은 친환경 발전이 그 대안이 될 수 있을 것이다. 이번에는 각 뿔을 꺾는 방법이 있는지 살펴보면 된다. 가령 원자력 발전에서 핵 사고의 위험을 근본적으로 없앨 수 있거나, 아니면 화력 발전에서 오염을 대폭 줄일 수 있다면 그게 가능하다.

반대 딜레마를 만들어서 딜레마에서 빠져나오기도 한다. 이것은 일종의 역발상을 해 보는 것으로 논리적인 방법이라기보다는 수사학적인 방법이다. 위의 예에서 원자력 발전은 환경 오염의 가능성이 없어서 좋고, 화력 발전은 핵 사고의 위험이 없어서 좋다고, 어떤 선택을 해도 좋다고 거꾸로 생각하는 것이다.

○ 신라의 고승 원효는 대립되는 논쟁을 화합으로 바꾸는 화쟁 사상을 펼친 것으로 유명하다. 그리고 책을 지을 때 붓과 벼루를 소의 두 뿔 사이에 놓아두었다는 (또는 두 뿔에 걸어 두었다는) 일화가 전해 온다. 원효는 화쟁 사상으로 딜레마의 두 뿔 사이를 피해 가려고 한 것 아닐까?

014
Sunday

철학자 만화 캐릭터

자동차 주유구나 화장실(아마 남자 화장실에만) 벽에 이 만화의 소년 캐릭터가 소변을 보는 모습의 스티커가 붙어 있는 것을 본 적이 있을 것이다. 미국의 만화가 빌 워터슨(1958~)이 1985년부터 1995년까지 신문에 연재한 만화 '캘빈과 홉스'의 주인공 캘빈이다. 또 다른 주인공인 홉스는 장난꾸러기 캘빈의 호랑이 봉제 인형이다. 홉스는 디즈니의 애니메이션 〈토이 스토리〉(1995)의 인형들처럼 캘빈과 있을 때는 살아 있는 호랑이가 되어 캘빈과 장난을 치고 놀지만, 다른 사람들이 있을 때는 그냥 봉제 인형일 뿐이다.

캘빈과 홉스는 철학자 이름이다. 캘빈은 종교 혁명기의 프랑스 신학자 장 칼뱅(1509~1564)의 영어식 발음이고, 홉스는 《리바이어던》으로 유명한 영국의 철학자 토머스 홉스이다. 작가가 철학자를 좋아해서 철학자 이름을 붙였다고 한다.

그래서인지 이들은 철학적인 대화를 많이 나눈다. 예를 들어 숲속을 산책하던 캘빈은 "나는 이제는 윤리를 믿지 않아. 힘이 곧 옳은 거야. 목적이 수단을 정당화하지. 강자가 역사를 쓰는 거야. 먹고 먹히는 세상이야."라고 홉스에게 말한다. 다른 게 아니라 홉스의 철학이다. 그러자 홉스는 캘빈을 밀어 진흙탕에 빠뜨린다. 그러고 "네가 내 앞을 막아서 밀었어. 목적이 수단을 정당화한다고 했잖아."라고 말한다. 홉스는 이렇게 말한다. "나는 모두에게 그렇다고 말한 게 아냐. 나한테만 그런 거야."

○ 댄 하이어맨과 톰 하이어맨은 2011년에 '캘빈과 베이컨'이라는 일종의 오마주 만화를 인터넷에 연재했다. 성인이 된 캘빈이 같은 반 친구였던 수지와 결혼해서 딸 베이컨을 낳은 후의 이야기이다. 물론 베이컨은 철학자 프랜시스 베이컨이다. 인형 홉스는 베이컨에게 준다.

015

Monday

내게 달려 있는 것과
달려 있지 않은 것

> 존재하는 것들 가운데 어떤 것들은 우리에게 달려 있는 것들이고, 다른 어떤
> 것들은 우리에게 달려 있는 것들이 아니다. 우리에게 달려 있는 것들은 믿음,
> 충동, 욕구, 혐오, 한마디로 말해서 우리 자신이 행하는 모든 일이다. 반면에
> 우리에게 달려 있지 않은 것들은 육체, 소유물, 평판, 지위, 한마디로 말해서
> 우리 자신이 행하지 않는 모든 일이다.
>
> – 에픽테토스, 《엥케이리디온》

에픽테토스(55?~135?)는 기원전 1세기의 스토아 철학자로서 노예 출신의 철학자로
유명하다. 그는 내게 달려 있는 것과 달려 있지 않은 것, 다시 말해서 내가 통제할
수 있는 것과 통제할 수 없는 것을 나누어 보라고 말한다. 우리가 통제할 수 있는
것은 믿음, 충동, 욕구, 혐오 따위로서 결국 내 마음이다. 반면에 통제할 수 없는 것
은 매우 많다. 몸, 재산, 명성 그리고 부모나 동료를 비롯한 주변 사람도 그렇고, 날
씨도 마찬가지이다. 물론 건강이나 재산이나 명성은 어느 정도 나의 노력에 달려
있기는 하지만, 그래 봤자 한계가 있음은 누구나 인정할 것이다. 죽음은 내 마음대
로 할 수 없는 대표적인 것이다.

에픽테토스는 나의 마음 이외의 일은 나의 통제력 밖에 있다는 것을 인정해야
한다고 말한다. 우리가 괴로워하고 무력감을 느끼고 화를 내는 것은 그것을 인정
하지 않기 때문이다. 늙고 병들고 헤어지고 쫓겨나고 죽고 하는 불행을 초연한 자
세로 받아들여야 한다. 대신 나에게 달려 있는 것에만 가치를 두고 그것만 철저히
통제하는 삶을 사는 것이 지혜롭다.

○ '엥케이리디온Encheiridion'은 고대 그리스어로 '손안에 든 작은 것'이란 뜻이다. 그러니 도덕 편람 또는 행동
지침서 정도가 되겠다.

○ 1992년 미국 대통령 선거 때 제3 후보인 로스 페로의 부통령 후보로 출마한 제임스 스톡데일
(1923~2005)은 해군 조종사로 베트남 전쟁 참전 중 포로로 붙잡혔다. 8년 동안 무자비한 고문을 당했지
만, 대학 때 배운 에픽테토스의 철학을 통해 통제력 밖에 있는 것과 안에 있는 것을 구분하여 버텼다고 한다.
그는 《전화戰火 속의 용기: 인간 행동 실험실에서 에픽테토스의 주장 검증하기》(1993)라는 책을 썼다.

016

자유 의지

무엇인가에 의해 강요받지 않고 스스로 선택했다고 생각되는 강한 느낌. 강요받은 선택일 때는 다른 선택이 가능하지 않고 그 선택을 할 수밖에 없었지만, 자유 의지로 선택했을 때는 다르게 선택할 수 있었어도 그 선택을 했다고 생각한다.

그러나 자유 의지는 그런 느낌일 뿐이고 그것을 증명하는 증거는 따로 없다. 다만 자유 의지를 지지하는 철학자들은 그것이 없다면 생기는 심각한 문제를 거론하며 자유 의지가 필요함을 역설한다. 먼저 인간은 자유 의지가 없다면 태엽이 풀어지면서 작동하는 기계나 본능에 따라 움직이는 동물과 다를 바 없다고 생각된다. 인간의 존엄성을 위해서는 자유 의지가 필요하다는 것이다. 그리고 자유 의지가 없다면 인간의 행동을 칭찬하거나 처벌할 수 없게 된다. 도덕적으로 나쁜 짓을 저지른 사람을 비난할 수 있는 것은 그 사람이 누군가의 강압이 아닌 자유 의지로 그 행동을 했고, 그 행동을 하지 않을 수 있었는데도 했다고 생각하기 때문이다. 이렇게 자유 의지는 필요성에 의해서 증명되는데, 자유 의지에 대한 이마누엘 칸트의 '선험적 증명'이 이런 내용이다.

그러나 결정론은 자유 의지를 위협한다. 결정론은 세상의 모든 일에는 원인이 있다는 주장이다. 더구나 자유 의지와 달리 결정론은 과학의 발달이라는 증거의 뒷받침을 받는다. 만약 결정론이 옳다면 우리의 행동에는 원인이 있고, 그 원인을 계속 거슬러 올라가면 내가 태어나기 전의 사건까지 올라갈 것이다. 내가 태어나기 전의 사건이 원인이 되어 나의 행동이 일어났다면 그 행동은 자유 의지로 한 것이라고 말하기 어려워진다. 한편 자유 의지가 있다면 결정론이 틀린 것도 같다. 어떤 행동을 자유 의지로 했다는 말은 무엇인가에 의해 결정되었다는 뜻이 아니기 때문이다. 결정론과 자유 의지가 둘 다 성립하도록 하는 것은 철학자들의 오랜 고민거리이다.

○ '선험적 증명'은 주어진 경험이나 사실로부터, 그 경험이나 사실을 가능하게 하는 필요조건이지만 우리 경험을 넘어서는 어떤 것을 증명하는 것을 말한다. 칸트는 감성의 형식인 시 · 공간이나 선험적 개념인 범주의 존재는 경험을 위해 필요하므로 '선험적 증명'으로 증명한다.

017

Wednesday

아리스토텔레스

플라톤의 제자인 아리스토텔레스(기원전 384~기원전 322)는 좁은 의미의 철학에만 전념한 플라톤과 달리 천문학, 물리학, 생물학, 논리학, 수사학, 정치학 등 거의 모든 학문의 분야에서 연구 업적을 남겼다. 과학에 대한 아리스토텔레스의 견해는 그의 권위에 기대어 오랫동안 지배적인 이론이었지만, 근대 과학 이후로는 상당 부분이 폐기되었다. 그러나 형이상학, 윤리학, 논리학 분야의 철학적 영향은 지금까지도 이어져 온다.

아리스토텔레스는 알렉산드로스 대왕의 스승이다. 아리스토텔레스와 알렉산드로스는 당시 아테네에서 외국인으로 취급받던 마케도니아 왕국 출신이다. 지금의 북마케도니아 공화국은 원래 마케도니아 공화국이라는 이름을 쓰다가 '마케도니아'라는 이름을 놓고 그리스와 분쟁을 벌이다 지금의 이름을 갖게 되었다. 그리스와 북마케도니아 공화국 사이의 이름을 둘러싼 싸움은 알렉산드로스 대왕이나 아리스토텔레스를 서로 자국 출신이라고 생각하기 때문에 일어났다.

그리스인 이외의 사람들은 천성적으로 노예에 어울린다고 주장한 것이나, 남성과 여성의 관계는 지배하는 자와 지배받는 자의 관계라고 주장한 것은 옥에 티이다. 2004년에 개봉한 올리버 스톤 감독의 영화 〈알렉산더〉('알렉산드로스'의 영어식 발음)나 지금도 연재 중인 일본의 이와아키 히토시(《기생수》의 작가)의 만화 《히스토리에》에도 아리스토텔레스가 그리스 밖의 사람들은 노예에 어울린다고 말하는 대목이 나온다.

그의 강의록을 후대에 정리한 것들이 여러 권의 저서로 남아 있다. 움베르토 에코의 소설 《장미의 이름》(1980)은 그의 《시학》 중 전해져 오지 않는 2권을 두고 생기는 이야기이다. 아리스토텔레스는 알렉산드로스 대왕이 죽은 후 그와 친했다는 이유로 소크라테스가 기소당한 불경죄로 똑같이 기소당한다. "아테네인들이 철학에 두 번째로 죄를 짓지 않게 하기 위해" 아테네를 떠났다고 한다.

○ 고대 그리스어 '바르바로스'는 그리스어를 할 줄 모르는 외국인을 뜻한다. 그리스인들에게 외국어가 '바르바르'(우리로 치면 '쌀라쌀라' 같은 느낌)라고 들렸기 때문이다. 여기서 야만인을 뜻하는 영어 barbarian이 나왔다. 그리스 밖의 사람들을 야만인으로 본 흔적이다.

018

Thursday

삼단 논법

두 개의 전제(대전제와 소전제)에서 결론을 논리적으로 타당하게 끌어내는 추론. 아리스토텔레스가 고안하였다. 삼단 논법에는 정언 삼단 논법, 선언 삼단 논법, 가언 삼단 논법 따위가 있는데, 우리가 보통 삼단 논법이라고 말하는 것은 엄밀하게 말하면 정언 삼단 논법이다. 이것은 "모든 x는 y이다.", "어떤 x도 y가 아니다.", "어떤 x는 y이다.", "어떤 x는 y가 아니다."의 네 종류의 정언 명제로 이루어진 삼단 논법을 말한다. 이 각각을 A, E, I, O 명제라고 부른다. 대전제, 소전제, 결론에 4개씩의 명제가 가능하니 총 64개의 삼단 논법이 가능하고, 각 삼단 논법마다 x와 y의 위치가 달라짐에 따라 4개의 격이 있어서, 가능한 삼단 논법은 256개이다.

삼단 논법이라고 하면 흔히 "모든 사람은 죽는다. 소크라테스는 사람이다. 따라서 소크라테스는 죽는다."를 떠올리지만 이것은 표준적인 삼단 논법이 아니다. x, y 자리에 집합(이것이 category인데 여기서 정언^{categroical}이라는 말이 나왔다)에 해당하는 개념이 들어와야 하는데, 소크라테스는 개체를 가리키기 때문이다. 다음이 전형적인 삼단 논법의 예이다.

모든 사람은 죽는다.
모든 가수는 사람이다.
따라서 모든 가수는 죽는다.

전제가 참일 때 결론이 반드시 참이면 타당한데, 이 삼단 논법(AAA 1격이라고 부른다)은 타당하다. 256개의 삼단 논법 중 타당한 논증은 15개밖에 되지 않는다. 논리학을 공부하면 삼단 논법의 타당성 여부를 검사하는 방법을 배운다. 중세 시대에 수도원이나 학교에서 논리학을 필수 과목으로 가르쳤는데, 학생들은 이걸 일일이 검사하기가 귀찮아 타당한 삼단 논법들에 이름을 붙여 시^{詩}의 형태로 외웠다. 예컨대 위 삼단 논법의 이름은 Barbara인데, B는 1격을 뜻하고 가운데 a 3개가 AAA를 뜻한다.

삼단 논법을 중심으로 하는 논리학은 19세기까지 쓰였지만, 기본적으로 A, E, I, O 명제만을 다루는 한계 때문에 현대 기호 논리학으로 대체되었다.

019

불안

편하지 않고 조마조마한 마음 상태. 걱정이나 공포가 구체적인 대상이 있는 반면에 불안은 특정한 대상이 없는 심리 상태를 말한다. 불안을 깊이 있게 다룬 철학자는 실존주의 철학자인 쇠렌 키르케고르이다. 그는 불안의 원인을 아담이 선악과를 따 먹은 자유에서 찾는다. 아담은 선악과를 앞에 두고 '이것이냐, 저것이냐'(키르케고르의 책 제목이기도 하다) 선택하는 갈림길에 섰을 것이다. 한편에는 자유를 향한 욕망이 있고, 다른 한편에는 신의 명령을 어겨서는 안 된다는 고민이 있다. 선택할 가능성은 있으나 아직 어느 쪽도 아닌 무無의 불안 상태인데 이것이 불안의 첫 번째 의미이다. 선택지가 늘어날수록 더 불안해진다. 선택 장애가 있는 사람들은 이 기분을 이해할 것이다. 하지만 자유가 없다면 불안도 없다. 천사나 동물은 자유가 없기에 이런 불안이 없을 것이다.

결국 아담은 선악과를 따 먹는 자유를 선택했지만 거기서 느끼는 죄의식이 불안을 낳는다. 이것이 불안의 두 번째 의미이다. 인간은 선택을 통해 자유를 얻었으나 그 대신에 신에게서 분리되었다는 감정을 느낀다. 그 분리는 신의 명령을 어긴 데서 생겼기 때문에 죄의식이다.

키르케고르는 이 불안에서 벗어나려고 발버둥 치거나 불안을 망각한 채 그 안에 안주하려 들면 오히려 절망하게 된다고 말한다. 이 절망이 곧 '죽음에 이르는 병'(역시 키르케고르의 책 제목)이다. 그에 따르면 불안은 벗어나거나 없애야 하는 병이 아니라, 오히려 인간에게 봉사하는 것이다. 생물학적인 공포는 동물도 느끼는 것이지만 유익한 기능이 있다. 진화론에서는 공포를 포식자를 비롯한 위험한 환경으로부터 스스로를 보존하는 생존 본능으로 설명한다. 키르케고르도 이와 마찬가지로 불안을 한 번도 느껴 보지 못한 사람이나 불안 속에 빠진 사람은 절망에 빠지지만, 불안을 올바르게 배운 사람은 불안이 자유의 가능성에 대한 기대임을 깨닫는다고 말한다. 비록 우리는 불안할 수밖에 없더라도 그 불안은 무엇인가를 선택할 수 있는 자유 때문에 주어졌으니 그것을 반갑게 받아들여야 하는 것이다.

o 《이것이냐, 저것이냐》와 《죽음에 이르는 병》은 모두 키르케고르 자신의 이름이 아닌 필명으로 출간되었다. 특히 《이것이냐, 저것이냐》의 경우 1부는 A가, 2부는 B가 쓴 것으로 되어 있는데, 각각 심미적 인생관과 윤리적 인생관을 가지고 있다. 독자에게 그중 하나를 선택하게 하는 것이다. 더 특이한 것은 1부에 요하네스라는 사람이 쓴 〈유혹자의 일기〉라는 원고가 들어 있는데, A가 우연히 발견한 원고 뭉치로 설정된다. 키르케고르는 당시 〈유혹자의 일기〉가 인기를 끌어 당황했다고 한다.

020

Saturday

소크라테스의 문답법

소크라테스가 대화 상대방과 사용한 대화 방법. 일종의 교차 심문 방식을 이용해 상대방에게 캐물어서 무지를 일깨울 목적으로 사용한다. 주로 플라톤의 초기 대화편에서 찾을 수 있다. 변증법이라고도 한다.

이 문답법에는 파괴적인 면과 구성적인 면이 있다. 파괴적인 면으로는 상대방에게 덕이나 용기나 절제 따위가 무엇이라고 생각하는지 물은 다음에 그것이 적용되지 않는 반대 사례를 제시하거나 자기모순에 빠지게 한다. 이것을 아포리아^aporia에 빠졌다고 하는데 난관 또는 막다른 골목 정도의 뜻이다. 이 아포리아를 출발점 삼아 참된 지식을 상기해 내는 과정이 구성적인 면이다. 이 방법은 진리를 낳는 것을 도와준다는 의미에서 산파술이라고 부르는데, 소크라테스의 어머니가 산파였던 것과도 연관이 있다.

그러나 소크라테스의 문답법은 상대방의 무지를 드러내기에 수치심과 분노를 일으킬 수 있다. 실제로 소크라테스가 이 문답법으로 당시 아테네 사람들을 불편하게 한 것도 그가 처형당한 이유 중 하나이다. 또 어떤 개념에 대해 완벽한 정의를 내리지 못한다고 해서 그 개념을 모른다고 말할 수 있느냐는 비판도 가능하다. 처음부터 필요충분조건을 제시해 만든 개념이 아닌 이상 대략적으로만 사용되는 개념이 많다.

1970년대의 유명 미국 드라마인 〈하버드 대학의 공부벌레들^The Paper Chase〉에서 킹스필드 교수가 소크라테스의 문답법을 사용한 것으로 알려져 있다. 그러나 킹스필드 교수는 교수라는 권위를 가지고 평가 대상인 학생에게 질문한다는 점에서, 자발적으로 찾아온 시민들과 대등하게 대화한 소크라테스와 근본적인 차이가 있다. 〈금발이 너무해〉(2001)에서도 스트롬웰 교수가 소크라테스 문답법을 하는 것을 볼 수 있다. 그는 첫 수업에서 주인공 엘을 지명하여 질문하지만 대답을 못 하자 면박을 준다. 선배들은 면전에서 면박을 주고 대답 못 한다고 쫓아내는 것을 두고 '소크라테스식'이라고 말한다.

○ 미국 로스쿨에서 학생을 지목하여 질문을 하는 이른바 '소크라테스식' 교수법은 교육 효과 면에서 논란이 된다. 많은 학생이 모욕감으로 우울증을 앓고, 여성이나 저소득층 학생에게 불리하다는 연구 결과가 있다.

021

Sunday

아모르 파티

가수 김연자 씨의 노래 〈아모르 파티〉는 흥겨운 곡조 때문에 amor party로 알고 있는 사람이 많지만, 실은 amor fati다. 이것은 "네 운명을 사랑하라."라는 뜻의 라 틴어로 프리드리히 니체의 《이 사람을 보라》와 《즐거운 학문》에 나오는 용어이다. '운명애'라고도 한다.

니체는 《즐거운 학문》에서 "나는 사물에 있어 필연적인 것을 아름다운 것으로 보는 법을 더 배우고자 한다. 그렇게 하여 사물이 아름답게 만드는 사람 중 하나 가 될 것이다. 네 운명을 사랑하라. 이것이 지금부터 나의 사랑이 될 것이다."라고 말한다. 운명을 사랑하라고 해서 자신에게 닥친 운명을 묵묵히 따르라는 말은 아 니다. 니체가 받아들인 영원회귀 사상에 따르면 우리가 살고 있는 이 삶은 영원 히 반복되고 이미 지나간 삶의 괴로움도 되돌아온다. 그러나 아무리 괴로움으로 점철된 삶이라고 하더라도 그것을 받아들이고 사랑하면 거기서 새로운 삶의 방 식이 창조된다고 니체는 주장한다. 이러한 긍정의 태도는 비유적으로 말해 보면 창의적인 미래를 선물로 가지고 오는 소중한 손님이다. 〈아모르 파티〉의 "연애는 필수/ 결혼은 선택/ 가슴이 뛰는 대로 하면 돼/ 눈물은 이별의 거품일 뿐이야/ 다가올 사랑은 두렵지 않아"라는 노래 가사도 소중한 손님을 맞는 한 가지 긍정 의 태도일 것이다.

○ '아모르 파티'는 김연자 씨의 노래 제목일 뿐만 아니라 2014년에 나온 에픽하이의 노래와 2016년에 나 온 이은미 씨의 앨범 제목이기도 하다. 외국에도 이 제목의 앨범이나 노래가 상당히 많다.

022

Monday

별이 빛나는 하늘과 내 안의 도덕 법칙

그에 대해서 자주 그리고 계속해서 숙고하면 할수록 점점 더 새롭고 점점 더 큰 경탄과 외경으로 마음을 채우는 두 가지가 있다. 그것은 내 위의 별이 빛나는 하늘과 내 안의 도덕 법칙이다.

– 칸트,《실천 이성 비판》

위의 구절은 칸트의《실천 이성 비판》맺음말 중 첫 대목이다. 그리고 칸트가 태어나 평생을 보낸 프로이센의 쾨니히스베르크(지금은 러시아의 칼리닌그라드)에 있는 칸트 기념 동판에도 새겨져 있다. 무미건조한 칸트의 저술에서 드물게 은유적인 표현이다.

'별이 빛나는 하늘'은 필연적인 자연법칙을 가리킨다. 칸트의《순수 이성 비판》의 주된 목표 중 하나는 근세 이후 발전한 자연 과학의 법칙이 어떻게 필연적이고 보편적인 동시에 세계에 대한 지식을 넓혀 주는지 밝히는 작업이었다. 그런데 인간도 자연법칙의 지배를 받는다고 생각하면 인간의 존엄성은 상실되고 만다. 칸트가《실천 이성 비판》에서 말하는 도덕 법칙에는 자율성을 갖춘 인간이 전제되어 있다. 도덕 법칙은 자율적 인간이 이성적 반성에 의해 스스로 입법立法하여 복종하는 것이기 때문이다. 칸트 철학에서는 필연성과 보편성의 지배를 받는 자연 세계와 이성을 실천적으로 사용하는 당위의 세계가 구분된다. 따라서 위의 구절은 자연법칙이 지배하는 결정론적 세계에서 인간은 자유로운 존재라는 것을 말한다. 칸트는 결정론과 자유 의지 논쟁에서 양립 가능론을 받아들이는 셈이다.

023

Tuesday

결정론

세상 모든 일에는 원인이 존재한다는 주장. 결정론에 따르면 인간을 비롯한 세상의 모든 것은 인과 법칙의 지배를 받으며, 인과 법칙에 따라 작동한다. 따라서 결정론에서는 이러이러한 원인이 있다는 것을 완벽하게 안다면 어떤 결과가 일어날지 예측할 수 있다고 본다. 물론 세상사에는 그 원인을 완벽하게 알 수 없는 일이 많고, 특히 인간의 심리처럼 복잡한 것에서는 원인을 더욱 알 수 없다. 그러나 라플라스의 악마처럼 그것을 완벽하게 아는 존재가 있다고 가정한다면 어떤 결과가 일어날지 완벽하게 예측할 수 있을 것이다.

결정론은 먼저 상식으로 지지된다. 우리는 상식적으로 이 세상의 일은 지금은 모르더라도 어떤 원인에 의해 일어난다고 생각한다. 그리고 결정론은 과학의 발전에 의해 한층 더 뒷받침된다. 예전에 몰랐던 원인을 과학이 하나씩 밝혀 주고 있기에 현재 모르는 원인을 앞으로 밝혀 주리라 기대한다.

그런데 과학 중 양자 역학은 오히려 결정론이 틀렸다는 증거로 받아들여진다. 양자 역학에 따르면 입자들의 현재 상태를 완벽하게 알아도 미래 상태를 확률적으로만 알 수 있기에 라플라스의 악마라고 하더라도 어떤 일이 일어날지 알 수 없기 때문이다. 그러나 철학자들은 양자 역학에 대해 그리 심각하게 생각하지 않는다. 양자 역학은 눈에 보이지 않는 입자 차원의 이론일 뿐이고, 눈에 보이는 세상은 여전히 결정론적으로 돌아간다고 보기 때문이다. 또 양자 역학이 말하는 확률적 예측도 넓게 봐서는 결정론적인 것으로 봐야 한다고 생각하기 때문이다.

결정론이 철학에서 중요한 것은 결정론이 옳으면 인간에게 분명히 있는 것 같은 자유 의지를 부정하는 것으로 보인다는 점 때문이다. 결정론에 따르면 내 행동의 원인을 계속 거슬러 올라갈 수 있고 결국에는 내가 태어나기 전의 사건까지 올라가게 되는데, 내가 태어나기 전의 사건이 원인이 되어 내 행동이 일어났다는 것은 자유 의지로 한 것이라고 말하기 어렵기 때문이다.

024

Wednesday

르네 데카르트

데카르트(1596~1650)는 서양 근세 철학을 연 철학자이다. 철학사에서 중요한 위치를 차지할 뿐만 아니라 현대 철학에 끊임없는 논쟁거리를 제공하는 이론을 펼쳤다. 인식론에서 영화 〈매트릭스〉(1999)로 만들어진 방법적 회의와, 존재론에서 '데카르트 이원론'이라고도 부르는 심신 이원론이 그 대표적 이론이다.

데카르트 스스로는 회의론자가 아니었으나 더 이상 의심할 수 없는 확실한 지식을 찾으려고 일부러 회의를 했을 뿐이며, 현대에 데카르트 이원론을 지지하는 철학자도 거의 없다. 그런데도 그를 끊임없이 거론하는 것을 보면 맞는 말을 하는 것보다 논쟁거리를 만드는 것이 철학자로서 중요한 작업임을 알 수 있다. 데카르트는 철학자인 동시에 수학자로서도 유명하다. 수학에서는 함수 좌표계를 도입하였다. 함수를 정의할 때 쓰는 '데카르트 곱(x×y)'이 데카르트에서 나온 개념이다.

군인이었으나 천성이 게으르고 몸이 약해서 침대에 늦게까지 누워 사색하고 글을 썼다고 한다. 함수 좌표계도 침대에 누워 천장에 붙은 파리가 움직이는 것을 보고 생각해 냈다는 도시 전설이 있다. "나는 생각한다. 고로 나는 존재한다."라는 유명한 말도 군대 시절에 난로 안에서 꼼지락거리다가 꿈을 꾼 결과 생각해 낸 말이라고 한다.

1649년에 스웨덴의 크리스티나 여왕의 초청을 받고 스웨덴으로 가서 여왕의 가정 교사를 했다. 그러나 부지런한 여왕 때문에 새벽 5시에 수업을 해야 했는데, 천성에도 맞지 않고 스웨덴의 추운 날씨도 겹쳐 다음 해에 죽고 말았다. 스웨덴에 묻힌 그의 시신은 나중에 프랑스로 옮겨졌는데, 그 과정에서 머리뼈가 없어진 것이 드러난다. 그의 머리뼈를 둘러싼 당시 유럽의 지성계를 그린 러셀 쇼토의 《데카르트의 사라진 유골》(2008)이라는 책이 있다.

○ 데카르트는 정말로 난로 '안'에dans un poêle 들어가 철학적 사색을 했다고 말했다. 사실은 난로가 있는 방 안에 들어갔다는 것을 그렇게 표현했다는 해석도 있고, 당시 주택에 난방만을 목적으로 하는 방이 있었다는 주장도 있다.

○ 위 그림은 피에르-루이 뒤메닐이 그린 〈크리스티나 여왕과 대신들〉(1884) 중 일부.

025

Thursday

아레테

주로 '뛰어남', '탁월함'으로 번역되는 고대 그리스어. 플라톤과 아리스토텔레스 철학에서 아주 빈번하게 등장하는 개념이다.

모든 것에는 좋은 상대가 있다. 잘 드는 칼이 좋은 칼이고, 구두를 잘 만드는 제화공이 좋은 제화공이고, 잘 보는 눈이 좋은 눈이다. 그리스 철학에서 '좋음'은 이렇게 사물이 가지고 있는 기능과 관련해서 정의되는데, 이 기능이 뛰어나게 잘 발현된 상태를 아레테arete라고 부른다. 제화공은 자신의 아레테가 무엇인지 잘 알아야 훌륭한 제화공이 될 수 있을 것이다. 마찬가지로 인간도 인간의 핵심적 부분인 영혼의 아레테를 알아야 아레테를 제대로 실현할 수 있다는 것이 플라톤의 생각이다. 아리스토텔레스는 아레테를 아는 것보다 그것을 실천하는 습관의 중요성을 강조한다. 이것은 제대로 알지 못하기에 실천하지 못하는가, 알면서도 실천을 못하는가 하는 '아크라시아' 논쟁으로 이어진다.

고대 그리스의 '좋음'이나 '탁월함'은 '선'이나 '덕'으로 번역되는 경우가 흔한데, 주의해야 한다. 그리스에서는 인간뿐만 아니라 사물 일반도 좋거나 훌륭하다고 말하는데, 선이나 덕은 인간에 국한되기 때문이다. 인간이든 컴퓨터든 의자든 제 기능을 잘하면 좋고 탁월하다. 치료를 잘하는 의사가 좋은 의사이지, 선한 의사가 좋은 의사는 아니지 않은가? 물론 탁월한 영혼은 당연히 선해야 할 것이다. 따라서 플라톤이나 아리스토텔레스 철학에서는 인간의 아레테를 논의하므로 '선'이나 '덕'으로 이해해도 상관은 없지만 본디의 뜻을 이해하고 있어야 한다.

○ 아레테는 '뛰어남'이라는 뜻 때문에 단체 이름이나 상호에 잘 쓰인다. 아레테라는 이름의 카페나 학원이 있는데, 뛰어난 커피, 뛰어난 교육을 뜻할 것이다.

026
Friday

돈으로 살 수 없는 것

자본주의 사회에서는 돈을 최고의 가치로 생각하지만, 그래도 돈으로 살 수 없다고 생각되는 것들이 있다. 신체 장기나 대학 입학이 그런 예이다. 그러나 돈으로 처리되는 일들이 늘어나고 있는 것이 현실이다. 비행기의 일등석 고객은 먼저 탑승하고, 이와 비슷하게 놀이공원에서 줄을 안 서도 바로 입장하는 패스트 트랙이 있다. 탄소 배출권을 얻으면 탄소를 배출할 권리를 돈을 받고 팔 수 있다. 미국에서는 의회 공청회를 참관하려는 로비스트를 대신해서 밤새 줄을 서는 아르바이트가 있다. 암표를 파는 것과 비슷해 보인다.

돈으로 살 수 없는 것이 있다면 왜 그럴까? 《정의란 무엇인가?》(2010)가 선풍적인 인기를 끌어 우리나라에서도 인지도가 높은 미국의 철학자 마이클 샌델(1953~)은 한국과 미국에서 동시 출간된 《돈으로 살 수 없는 것》(2012)이라는 책에서 돈으로 살 수 없는 것이 있는 이유를 '공정성에 관한 반박'과 '부패에 관한 반박'으로 제시한다. 자유 경제 시장은 자발적인 거래가 핵심인 공정성을 전제로 한다. 그러나 굶주리는 가족을 먹여 살리려는 가장이 콩팥을 판다고 했을 때 과연 자발적으로 동의했는지 의문이다. 불공정한 강요를 의심할 수밖에 없다.

샌델이 부패라고 할 때는 뇌물이나 불법 거래를 말하는 것이 아니라, 어떤 사회 관행의 고유한 가치를 합당한 수준보다 낮게 평가한다는 뜻이다. 예를 들어 의회에는 대의 정치 기관이라는 가치가 있는데 그 방청권을 사고파는 것은 의회를 사업체로 생각하는 꼴이다. 학문 연구의 전당인 대학도 마찬가지이다. 반면에 비행기나 놀이공원은 사업체가 분명하므로 돈을 더 주고 먼저 입장해도 된다.

그러나 '합당한 가치'가 무엇인지 판단하기 어려운 '재화'가 많다. 우리의 몸은 우리가 원하는 대로 사용하고 처분할 수 있는 소유물일까, 아니면 어떻게 사용하는가에 따라 스스로를 비하하게 되는 것일까? 우리는 직간접적으로 몸을 써서 합법적으로 돈을 번다. 심지어 유모는 신체의 일부를 이용해 돈을 벌지만 아무도 비도덕적이라고 생각하지 않는다. 하지만 장기나 난자 거래, 대리모, 성매매는 불법이라고 생각한다. 차이가 뭘까?

○ 야구팬인 샌델은 우리나라에서 야구 경기의 시구도 했다. 그는 한국의 학자들과 노래방에서 노래도 불렀는데, 그때 부른 노래가 비틀스의 〈사랑은 돈으로 살 수 없어^Can't buy me love〉이다.

027
Saturday

오컴의 면도날

더 복잡한 것을 끌어들이지 않고서도 무엇인가를 충분히 설명할 수 있다면 그 설명이 가장 좋은 설명이라는 원리. 서양 중세의 철학자 오컴(1285~1347)이 자주 사용하여 그의 이름을 땄다. 오컴은 '오컴의 윌리엄'이라고 불러야 정확하다. '윌리엄'이라는 이름이 많아서 오컴 출신임을 밝힌 이름이다. 그러나 흔히 오컴이라고 부른다. 그는 프란체스코회의 수도사였다. '면도날'은 불필요한 것은 모두 잘라 낸다는 비유이다. '경제성의 원리', '단순성의 원리', '절약의 원리'라고도 한다.

밤하늘에서 반짝이는 불빛을 보았다고 하자. 그것의 정체를 비행기나 인공위성이라고 설명할 수도 있고, UFO(미확인 비행 물체)라고 설명할 수도 있다. 그런데 두 설명의 설명력이 똑같다면 전자의 설명으로 충분하다. 후자의 설명은 비행기나 인공위성 외에 UFO를 별도로 가정해야 하고 그것을 설명할 수 있는 전제나 원리를 추가로 도입해야 하기 때문이다.

오컴의 면도날을 설명할 때 "존재는 필요 이상으로 늘려서는 안 된다."라는 경구가 자주 쓰인다. 그러나 이 말은 후대에 만들어진 것이고, 오컴 스스로는 "복수성은 불필요하게 상정해서는 안 된다."라거나 "더 적은 것으로 할 수 있는데 더 많은 것으로 하는 것은 헛된 일이다."라고 말했다.

○ '오컴의 면도날'이라는 면도기 브랜드가 실제로 있다. 영국의 이 회사는 디자인에서 단순성을 추구한단다.

028

Sunday

철학자의 돌

수은과 같은 값싼 금속을 금 또는 은으로 바꿀 수 있다고 생각된 연금술 물질. 물론 전설 속의 물질일 뿐이다. 그러나 왜 하필 '철학자'의 돌일까 궁금하다. 플라톤의 《티마이오스》는 우주가 어떻게 생겼는지를 다루는데, 불, 공기, 물, 흙 네 가지로부터 우주가 생겼다고 한다. 플라톤이 의도했든 의도하지 않았든 《티마이오스》는 중세 연금술사의 중요한 텍스트가 되는데, '철학자의 돌'은 거기서 붙은 이름으로 추측된다.

당시 철학은 과학을 총칭하는 이름으로 쓰였고 연금술사는 곧 과학자였으므로 '철학자의 돌'은 '과학자의 돌'이라는 뜻으로 이해해도 된다. 그렇긴 해도 엄격한 방법론을 추구하는 철학이 일종의 미신의 이름으로 쓰인 것은 치욕이다. 실제로 러셀은 《서양 철학사》(1945)에서 《티마이오스》를 "다른 저술들보다 단순하고 어리석어 보이는 주장이 훨씬 많이 포함되어 있기 때문에" 중세에 널리 읽혔고 "철학으로서는 중요하지 않다."라고 혹평한다. 철학적 의미가 별로 없는 철학 저술이 철학 이외의 영역에서 쓰인 꼴이다.

현대에 '철학자의 돌'을 알린 것은 《해리 포터와 철학자의 돌》(1997)로서, 해리 포터 시리즈의 첫 번째 책이다. 본디 영국에서는 이 제목으로 출간되었다가 미국에서는 다음해에 《해리 포터와 마법사의 돌》로 바뀌어 출간되었다. 미국 어린이들은 '철학자'라는 말에서 지루한 나이 든 남자(꼰대)를 떠올리지 마법사라는 이미지를 떠올리지 않을 것이라는 이유에서였다.

029

Monday

정의는 남에게 좋은 것

트라시마코스: 말하자면 올바름(정의) 및 올바른 것이란 실은 '남에게 좋은 것', 즉 더 강한 자 및 통치자의 편익이되, 복종하며 섬기는 자의 경우에는 '자신에게 해가 되는 것'인 반면에, '올바르지 못함'(불의)은 그 반대의 것이어서, 참으로 순진하고 올바른 사람들을 조종하거니와, 다스림을 받는 사람들은 저 강한 자에게 이익이 되는 것을 행하여, 그를 섬기며 그를 행복하게 만들지, 결코 자신들을 행복하게 만들지는 못한다는 사실[조차도 소크라테스 선생께서는 모르고 계실 정도라는] 말씀입니다. 하니 지극히도 순진하신 소크라테스 선생이시어, 이에 대해서는 이렇게, 즉 올바른 이는 올바르지 못한 자보다 어떤 경우에나 '덜 가진다'라고 생각해서야만 합니다. (…)

소크라테스: 선생은 나라나 군대, 강도단이나 도둑의 무리 또는 다른 어떤 집단이 뭔가를 공동으로 도모할 경우에, 만약에 그들이 자기네끼리 서로에 대해 정의롭지 못한 짓을 저지른다면, 그 일을 그들이 조금인들 수행해 낼 수 있을 것으로 생각하오? (…) 어쩌면 그건 올바르지 못함이 서로 간에 대립과 증오 및 다툼을 가져다주나. 올바름은 합심과 우애를 가져다주기 때문일 것이오, 그렇지 않소?

– 플라톤,《국가》

트라시마코스는 정의가 더 강한 자의 이득이라고 했다가, 통치자들에게 복종하는 것이라고 했다가, 남에게 좋은 것이라고 한다. 정의가 더 강한 자의 이득인데 남에게 좋은 것이라고 하면 앞뒤가 안 맞는 것 같기도 하다. 그러나 그 '남'을 '더 강한 자'라고 생각하면 말이 된다. 예나 지금이나 불의한 사람이 더 많이 가지며 정의로운 사람은 덜 가진다.

소크라테스는 이에 대해 아무리 강도나 도둑처럼 불의한 집단이라고 해도 합심이나 우애와 같은 정의가 없다면 대립과 증오밖에 없지 않겠느냐고 말한다. 그러나 이건 깡패의 의리 아닌가? 소크라테스의 대응이 적어도 이 대목에서는 그리 적절해 보이지 않는다.

○ 플라톤의《국가》는 10권으로 되어 있는데, '정의란 무엇인가'를 주제로 한 1권은 초기 대화편과 논박 방식이 비슷해서 초기에 저술된 것으로 추측된다. 등장인물인 트라시마코스의 이름을 따서《트라시마코스》라고 부르기도 한다. 트라시마코스는 "정의에 관해서 앞의 모든 것과도 다른, 아니 그것들보다 더 나은 대답을 제시한다면 어쩌시겠어요?"라고 자신만만해하는 소피스트이다.

030

Tuesday

인간 동일성

어떤 사람을 그 사람이라고 말할 수 있는 근거가 되는 것. 20년 전의 나는 지금의 나와 외모나 생각이 아주 다르다. 그럼에도 동일한 사람이라고 볼 수 있는 근거가 무엇인지 묻는 것은 중요하다. 사람을 식별할 수 있어야 사회생활이 가능할 뿐만 아니라, 포상이나 처벌 또는 소유권 주장 등 법적인 일 처리도 가능하기 때문이다.

우리는 흔히 얼굴을 보고 사람을 알아본다. 얼굴을 포함한 신체가 동일성의 기준이라는 이론을 '신체 이론'이라고 부른다. 그러나 얼굴은 나이 들면서 변하고 무엇보다도 성형이 가능하다. 인간 동일성 문제를 처음으로 제기한 로크는 동물의 동일성도 신체가 기준인데 감히 그것을 인간 동일성의 기준으로 제시할 수 없다고 생각한다. 그래서 그는 《인간 지성론》에서 인간 중 "이성과 반성을 가지고 자기를 자기로서 (…) 사유하는 지적인 존재"를 '인격'이라고 함으로써, 생물학적 인간이라고 해서 모두 인격인 것은 아님을 밝힌다. 그리고 '인간 동일성human identity' 대신 '인격 동일성personal identity'이라는 말을 쓴다.

로크는 의식을 동일성의 기준으로 제시한다. 곧 어제의 나와 지금의 나를 같은 인간으로 볼 수 있는 까닭은 의식 또는 기억을 똑같이 가지고 있기 때문이라는 것이다. '심리 이론'이라고 불리는 이 이론은 스코틀랜드의 철학자인 토머스 리드 (1710~1796)의 나이 든 장군의 예에 의해 쉽게 논박된다. 장군은 젊은 장교 시절에 무공을 쌓은 것을 기억한다. 한편 젊은 시절의 장교는 사과를 훔친 소년 시절을 기억하지만, 나이 든 장교는 그것을 기억하지 못한다. 심리 이론에 따르면 나이 든 장군은 소년과 동일한 사람이 아니게 되는데, 이는 우리 상식에 맞지 않는다.

하지만 이 반론은 쉽게 해결된다. 인격을 기억의 연속성으로 정의하면 되기 때문이다. 지금의 나는 작년의 기억을 모두는 아니어도 상당히 가지고 있고, 작년의 나는 재작년의 기억을 모두는 아니어도 상당히 가지고 있는 것처럼, 소년 때부터 나이 든 장군이 될 때까지 기억이 쭉 연속되어 있을 것이니 동일성은 유지된다.

○ 방탄소년단은 인간 동일성 문제를 끊임없이 물어 온 아티스트이다. 앨범 〈페르소나〉(2019)의 인트로는 "나는 누구인가 평생 물어 온 질문/ 아마 평생 정답은 찾지 못할 그 질문"이라고 노래한다. 또 다른 앨범 〈Map of the Soul: 7〉(2020)의 주제는 '온전한 나를 찾기 위한 솔직한 이야기'이다.

031

Wednesday

바뤼흐 스피노자

"비록 내일 지구의 종말이 와도 오늘 나는 한 그루의 사과나무를 심겠다."라는 말을 들어 본 사람들이 많을 텐데, 네덜란드의 유대인 철학자 스피노자(1632~1677)가 한 말로 알려져 있다. 그러나 스피노자가 한 말이 아니다. 서구에서는 종교 개혁가 루터가 한 말로 알려졌는데 심지어 루터가 한 말도 아니다. 20세기에 들어 누군가가 만든 말이라고 한다.

15세기 무렵에 이베리아반도에서 이슬람 세력이 물러난 후 유대인 박해가 극심해지자 많은 유대인이 종교의 자유가 허락된 네덜란드로 이주하였다. 스피노자의 부모도 스피노자가 태어나기 몇 해 전에 포르투갈에서 암스테르담 유대인 공동체로 이주했다. 그래서 스피노자는 가정에서는 포르투갈어를 쓰고 저술은 라틴어로 했다.

스피노자는 데카르트의 뒤를 잇고 스스로 데카르트주의자라고 선언한 이성론 철학자이다. 그의 주저는《윤리학》('에티카'라는 라틴어로도 많이 부른다)인데 이 책의 정식 이름은《기하학적 순서로 증명된 윤리학》이다. 기하학은 공리와 공준에서 출발하여 증명 과정을 거쳐 정리를 연역해 내고, 이렇게 이끌어 낸 정리는 의심의 여지 없이 확실한 것이다. 스피노자는 윤리학에도 마찬가지의 방법이 적용될 수 있다고 생각했다.

스피노자는 신이 유일한 실체이고, 신이 자연을 창조한 것이 아니라 신이 곧 자연이라고 주장했다. 이른바 범신론을 주장한 것인데, 유대교 전통의 인격적인 초월신 개념을 부정했다는 이유로 유대교 공동체에서 파문당했다. 종교 박해를 피해 이주한 사람들에 의해 박해를 받았다는 사실이 아이러니하다. 스피노자는 이후 평생 과학자들이 쓰는 망원경이나 현미경의 렌즈를 가공하는 것을 생업으로 삼았는데, 이때 렌즈 가루를 많이 마셔 폐렴으로 죽었다고 한다.

현대 프랑스의 철학자 질 들뢰즈(1925~1995)가 스피노자를 높이 평가하여 '철학자들의 왕자' 또는 '철학자들의 그리스도'라고 불렀다.

○ '바뤼흐'는 유대식 이름이다. 라틴어로 저술을 하면서는 라틴어 이름 '베네딕투스'를 썼다.
○ 위 사진은 1677년《윤리학》초판본.

032

Thursday

형이상학의 시작

형이상학은 사물의 본질이나 존재의 가장 근본적인 원리를 탐구하는 철학의 한 분과이다. 아리스토텔레스의 저술 제목《형이상학》에서 나온 말이다. 1세기 무렵에 아리스토텔레스의 강의록을 편집하던 로도스의 안드로니쿠스가《자연학》(피지카)의 다음(메타)에 나온다는 의미에서 '메타피지카'라는 제목을 붙였는데, 여기서 형이상학이라는 이름이 생기게 되었다. 철학에서 가장 중요한 학문의 이름이 단순히 도서 분류의 편의 때문에 나왔다고 분개하는 철학자도 있지만, 꼭 그렇게 생각할 일도 아니다. 아리스토텔레스는 형이상학을 '존재 자체로서의 존재'를 다루는 학문으로서, 우리가 직관적으로 존재한다고 믿는 것들에 근거를 부여하는 탐구로 의도했기 때문에 자연학 다음에 오는 (너머에 있는) 학문이라는 것은 그 나름의 의미가 있다.

우리말 '형이상학'은 동양의 고전인《주역》의 '형이상자 위지도, 형이하자 위지기形而上者 謂之道,形而下者 謂之器'(형상 이후의 것은 도라고 하고 형상 이전의 것은 기라고 한다)에서 따온 말인데, 기가 막힌 번역이다. 다만 우리말에서 뭔가 추상적이고 사변적일 때 '형이상학적'이라고 말하고, 거꾸로 물질적이고 육감적인 것을 가리킬 때는 '형이하학적'이라는 말을 쓰는데, 형이상학은 그 근원이 아리스토텔레스에 있지만 형이하학은 그렇지 않다. 형이하학에 해당하는 것은 자연학이다.

형이상학은 존재, 진리, 실체, 인과, 변화, 자유, 신 따위의 주제를 다룬다. 아리스토텔레스 이래로 철학의 핵심 학문이었지만, 20세기 초반에 한때 논리 실증주의는 형이상학이 논리적인 진술도 아니고 경험적인 탐구 영역도 벗어났기에 무의미한 언명에 불과하다고 폄하했다. 그러나 윌러드 콰인에 의해 논리 실증주의의 핵심 주장이 무너지고 철학의 자연화가 진행됨에 따라, 본질을 찾으려는 형이상학은 부활한 정도가 아니라 가장 뜨거운 분과가 되었다. 어쩌면 형이상학에 반대하는 논리 실증주의의 주장마저도 인간의 언어와 사고의 개념적 구조를 언급한 또 하나의 형이상학적 주장이라고 볼 수 있다.

○ 존재론ontology은 형이상학 중 '존재'의 문제를 다루는 영역으로서 형이상학의 핵심 분야이다. 최근에는 컴퓨터 과학에서 각 지식(또는 '개념')이 전체 지식 체계에서 어디에 위치하는지 탐구하는 연구 분야를 '온톨로지'라고 부른다. 존재자든 지식이든 관념이든 그 본성이나 서로 간의 관계를 탐구한다는 점에서 '존재론'과 '온톨로지'는 공유하는 점이 있다.

033

Friday

삶의 의미

누구나 "삶의 의미는 있는가?" 또는 "삶의 의미는 무엇인가?"를 철학적인 질문으로 생각한다. 그러나 애석하게도 철학자들은 이런 질문에 별로 관심이 없고 중요한 주제로 다루지도 않는다. 그 질문에 관심 있는 철학자도 직업병으로 "'삶의 의미'라는 의미는 무엇인가?"를 묻는다.

삶의 의미가 있다고 생각하는 사람들은 우리가 삶에서 추구해야 하는 어떤 거대한 목표가 있다고 생각한다. 그것을 찾아 추구해야 의미 있는 삶이 되는 것이다. 종교가 있는 사람들이 여기에 해당할 것이다. 그들에게는 신의 가르침이 삶의 의미이고 그것대로 살아야 의미 있는 삶이 된다. 크리스트교 신자들은 블레즈 파스칼(1623~1662)이 《팡세》에서 말한 "이 무한한 심연은 오직 무한하고 불변하는 존재, 즉 신에 의해서만 채워질 수 있다."를 자주 인용하는데, 이 말이 이런 견해를 잘 드러낸다. 그러나 종교적 견해는 그 신을 믿지 않으면 그만이다.

어떤 철학자는 삶의 의미를 묻는 질문을 '지그소 퍼즐 모델'과 '모자이크 모델'로 설명한다. 지그소 퍼즐은 수십, 수백 개로 쪼개진 조각을 맞춰 그림을 완성하는 놀이이다. 이 퍼즐을 완성하기 위해서는 완성된 그림을 보아야 한다. 각 조각은 그 그림으로 완성되어야 하고, 그러지 않으면 아무 쓸모가 없다. 이 모델을 염두에 둔 사람은 우리 삶이 기쁘기도 하고 슬프기도 한 수많은 경험으로 이루어져 있는데, 모두가 하나의 '큰 그림'(삶의 의미)을 추구하지 않으면 무의미하다고 생각한다.

반면에 모자이크는 다양한 빛깔의 조각이 모여 큰 그림을 완성한다. 수많은 조각이 모여 그림이 완성되는 방식은 여러 가지가 있다. 삶의 의미를 모자이크 모델이라고 생각하는 사람은 다양한 의미 있는 삶을 인정하고, 의미는 그 안에 있다고 생각한다.

○ '모자이크'라면 특정 부위를 안 보이게 처리하는 것부터 떠올리는 사람은 미술 작품보다는 텔레비전이나 영상물을 많이 본 사람이다. 물론 모자이크에는 미술 작품과 특정 부위를 가리는 것 두 가지 뜻이 다 있다. 위 그림은 구스타프 클림트의 〈키스〉(1907~1908)로, 모자이크 기법이 사용되었다.

034

Saturday

열거에 의한 귀납

한 집단의 일부를 관찰한 것을 근거로 집단 전체에 관해 일반화된 결론을 내리는 논증. 추곡 수매를 할 때 농민이 포대에 담은 쌀을 가져오면 거기서 표본을 채취해서 등급을 매긴다. 표본은 전체 쌀 중 일부분에 불과하지만 표본이 1등급을 받으면 포대 전체가 1등급이라고 생각한다.

열거에 의한 귀납은 귀납 논증 중 가장 단순하면서도 가장 많이 쓰이는 논증이다. 포대 안의 쌀 한 톨 한 톨을 다 조사할 수는 없는 노릇 아닌가? 몇 번 방문한 식당이 맛있으면 그 식당은 언제나 맛있는 식당이라고 결론을 내리며, 거꾸로 몇 번 방문한 식당이 불친절하면 그 식당은 불친절한 식당이라고 결론을 내린다. 열거에 의한 귀납의 결론이 꼭 "언제나"나 "모두"라는 보편적 진술만 나오는 것은 아니다. 500명을 대상으로 한 여론 조사에서 민트 초콜릿을 좋아하는 사람의 비율이 60%라고 하면 우리나라 국민 중 60%가 민트 초콜릿을 좋아한다고 통계적 진술로 말할 수도 있다.

열거에 의한 귀납은 귀납 논증이기에 결론이 언제든 거짓으로 드러날 수 있다. 그래도 표본이 충분히 크면 결론이 거짓일 가능성은 줄어든다. 아주 작은 표본을 근거로 일반화된 결론을 내린다면 '성급한 일반화의 오류'를 저지를 수 있다. 표본이 얼마나 커야 하는지는 표본의 종류마다 다르다. 음식의 맛은 요리할 때마다 달라지지는 않으므로 한두 번의 방문으로 일반화된 결론을 내려도 성급하지 않을 수 있다. 그러나 친절은 상황에 따라 다를 수 있으므로 한두 번의 방문으로 일반화된 결론을 내리면 성급할 것이다.

아무리 많은 표본을 관찰해도 그 표본이 편향되어 있으면 '편향된 통계의 오류'를 저지르게 된다. 민트 초콜릿을 좋아하는지 아무리 많은 사람에게 물어봤더라도 어린이에게만 물었거나, 어르신에게만 물었다면 신뢰도 있는 결론을 내릴 수 없다.

○ 열거에 의한 귀납이 곧 일반화 작업이다. 그러니 일반화 자체는 꼭 필요하고 훌륭한 논증이다. 가끔 '일반화의 오류'라고 말하는 사람이 있는데, '성급한 일반화의 오류'라고 해야 정확하다.

035

Sunday

철학에 갖는 오해

사람들이 철학에 흔히 갖는 오해가 몇 가지 있다. 다른 나라와 달리 우리나라에만 있는 오해는 '철학원'이라는 이름 때문에 철학은 점을 치는 것이라고 생각하는 것이다.《주역》의 팔괘가 점을 치는 데 이용되는 것은 사실이다. 철학에 갖는 또 다른 오해는 철학은 각자의 생각 또는 신념이라고 보는 것이다. '경영 철학'이나 '통치 철학'이라는 말도 그런 뜻으로 쓰인다. 회사나 국가를 운영하는 방식은 사람마다 다르고 그것은 스타일의 문제이지 어느 쪽이 더 옳고 그르고의 문제가 아니라고 생각한다. 어떤 사람의 철학이든 모두 옳을 수 있다고 본다. 한편 철학자는 끊임없이 질문만 던지고 딴지만 건다는 오해도 있다. 다른 학문처럼 궁금한 문제를 해결하지도 않는다. 그러다 보니 철학에서는 발전이 없다고 생각한다.

그러나 이런 오해들은 철학이라는 학문에 대한 무지에서 비롯된다. 먼저 점은 미신이다. 과학적 추론과 달리 미신은 왜 신뢰성이 없는가, 또 과학과 사이비 과학은 어떻게 구분하는가 자체가 철학에서 중요한 주제이다. 그러니《주역》을 철학에서 형이상학적 연구 대상으로 삼을 수는 있어도 철학과 점은 전혀 관련이 없다. 철학과 철학원은 물리학과 물리 치료가 관련이 없는 것만큼이나 관련이 없다. 물론 물리 치료는 철학원과 달리 엄연한 과학이다.

모든 학문이 그렇듯이 철학도 어떤 주장을 할 때는 이유가 제시되고, 그 이유가 합리적이고 보편적인지 토론하는 작업이 주된 학문 활동이다. 특히나 철학은 눈에 보이는 경험적 탐구 방법론을 사용하지 않고 개념적이고 사변적인 방법론을 사용하기에 이유에 대한 검토는 더 엄격하고 치밀하게 진행된다. 그러니 철학은 사람마다 다르므로 모두 옳다는 생각도 철학이 근거를 묻는 학문임을 생각하면 오해임을 쉽게 알 수 있다. 어떤 근거가 옳은지 따지는 것이 철학의 주된 작업이므로 모두 옳을 수는 없다. 그리고 학문의 진보라는 것은 꼭 지식이 쌓이는 형태로만 이루어지지는 않는다. 혼동되는 것을 명확하게 해서 질문을 명확하게 하고, 더 나아가 대답될 수 없는 질문이 있다는 것을 보여 주는 것도 진보이다.

○ 물리학자가 물리 치료의 이름을 바꾸라고 할 수 없는 것처럼 철학자가 오해를 살 수 있으니 '철학원'이나 '경영 철학'에서 철학을 쓰지 말라고 말할 수는 없다. 다만 서로 다른 뜻임은 얼마든지 주장할 수 있다.

036

Monday

가짜 뉴스에 속지 않는 법

첫째, 명증적으로 참이라고 인식한 것 외에는 그 어떤 것도 참된 것으로 받아들이지 말 것, 즉 속단과 편견을 신중히 피하고, 조금도 의심의 여지가 없을 정도로 명석하고 판명하게 내 정신에 나타나는 것 외에는 그 어떤 것에 대해서도 판단을 내리지 말 것.

둘째, 검토할 어려움들을 각각 잘 해결할 수 있도록 가능한 한 작은 부분으로 나눌 것.

셋째, 내 생각들을 순서에 따라 이끌어 나아갈 것, 즉 가장 단순하고 가장 알기 쉬운 대상에서 출발하여 마치 계단을 올라가듯 조금씩 올라가 가장 복잡한 것의 인식에까지 이르고 본래 전후 순서가 없는 것에서도 순서를 상정하여 나아갈 것.

끝으로, 아무것도 빠뜨리지 않았다는 확신이 들 정도로 완벽한 열거와 전반적인 검사를 어디서나 행할 것.

— 데카르트, 《방법서설》

《방법서설》은 정식으로는 《이성을 잘 인도하고, 학문에서 진리를 탐구하기 위한 방법서설 그리고 이 방법에 관한 에세이들인 굴절광학, 기상학 및 기하학》이라는 긴 제목이다. 흔히 과학 쪽은 빼고 《방법서설》만 따로 출간한다. 여기서 데카르트는 "내 정신의 역량 안에 있는 모든 사물에 대한 인식에 도달하게 해 주는 참된 방법"으로 위 네 가지 규칙을 제시했다. 원래는 《방법서설》보다 8년 먼저 쓴 《정신 지도를 위한 규칙들》에 나온 것을 단순화한 것이다.

가짜 뉴스가 판치는 세상이다. 가짜 뉴스에 속지 않기 위해서는 위의 규칙을 인쇄해서 벽에 붙여 놓고 시간 날 때마다 들여다보고 곱씹는 게 하나의 방법이다. 데카르트의 말대로 "내 이성을 완전하게는 아니지만 적어도 힘이 미치는 한 가장 잘 사용하"게 될 것이고, "내 정신은 대상을 더욱 명석하고 판명하게 인식하는 데 점점 익숙해졌"음을 느낄 것이다.

○ 《방법서설》은 프랑스어로 쓰였는데, 당시 철학을 비롯한 학문 서적이 라틴어로 쓰인 현실을 생각하면 파격이다. 데카르트의 다른 저서도 대부분 라틴어로 쓰였다. 이 책을 프랑스어로 쓴 이유는 위와 같이 사람들에게 명석한 인식의 방법을 강조하기 위함이리라.

037
Tuesday

현상 vs 실재

현상은 겉으로 보이는 것을 말하고 실재는 실제로 있는 것을 말한다. 모든 것의 근원은 물이라고 주장한 탈레스를 철학의 시조로 보는 이유 중 하나는, 겉으로 보이는 자연은 물이 아니지만 실재는 물이라고 보아 현상과 실재를 구분했기 때문이다. 탈레스 이전에는 자연 현상을 실재에 의해 설명하지 않고 신화에 의해 설명했다. 그만큼 철학에서는 중요한 구분이다.

그러나 러셀이 《철학의 문제들》(1912)에서 철학에서 가장 골치 아픈 구분 중 하나라고 할 정도로 이 구분은 어렵다. 당장 겉으로 보이는 현상은 누구에게나 같을 것 같지만 이것부터가 다르다. 상식적인 견해로는 내 눈앞에 있는 사과 그 자체가 현상이다. 그러나 빨간 색깔, 매끈매끈한 촉감, 새콤달콤한 맛 등 감각으로 직접 인식되는 것(철학자들은 이것을 '감각 자료'라고 부른다)이 현상이라고 보는 철학자도 많다.

실재가 무엇인지도 철학자마다 다르게 생각한다. 플라톤은 이데아가 실재이며, 현상은 그것을 완벽하지 못하게 흉내 낸 것이라고 주장한다. 반면에 아리스토텔레스는 감각으로 파악되는 물질세계가 곧 실재라고 말한다. 그는 실재는 현상에 있다고 주장하는 것이다. 버클리의 이론에서는 우리의 감각과 독립적인 물질세계는 존재하지 않는다. 그는 감각으로 인식되는 현상이 곧 실재라고 주장한다. 칸트는 우리가 현상만을 인식할 수 있고 실재(그는 이것을 '물 자체'라고 부른다)는 인식할 수 없다고 주장한다.

철학자들은 대체로 현상보다는 실재를 더 중요하고 가치 있게 생각한다. 애초에 철학이 현상과 구분되는 실재를 찾는 데서 시작했기 때문이다. 버클리처럼 현상만 있다고 주장하는 철학자도 있지만, 그가 보기에 현상이 곧 실재이다.

○ 출판 편집자인 김철호 씨는 《언 다르고 어 다르다》(2020)에서 우리말의 '참'과 '거짓'이 각각 '(속이) 차다'와 '가죽'(거죽/겉)에서 나왔다고 주장한다. 일종의 민간 어원설인데, 우리말의 참과 거짓이 곧 실재와 현상을 바라보는 철학자의 시각과 일치하는 것을 보면 일리가 있어 보인다.

038

Wednesday

고트프리트 라이프니츠

라이프니츠(1646~1716)는 데카르트처럼 철학과 수학 양 분야에서 인류 지성사에 남는 공헌을 했다. 조숙했다는 점에서나 팔방미인으로 업적을 남겼다는 점에서나 천재형 학자였다. 학교에 들어가기 전부터 독학으로 라틴어와 스콜라 철학을 공부했으며 12살 때 논리학 문제를 탐구하기 시작했다. 14살 때 라이프치히 대학에 입학하였고, 졸업 후 법학 박사 과정에 입학하려고 했으나 나이가 어리다는 이유로 허가받지 못했다. 그래서 알트도르프 대학으로 옮겨서 21살에 박사 학위를 받았다. 그의 첫 직장은 특이하게도 연금술 연구회의 비서였다. 그 후 마인츠 후국의 법률 고문, 파리 주재 외교관, 궁중 고문, 도서관장을 지냈다.

철학에서는 단자(모나드)론의 형이상학과 이성론의 인식론, 종교 철학의 변신론 등에서 중요한 업적을 남겼다. 법률 고문과 도서관 사서로 근무하는 중에 철학 연구를 했기에 생전에 저술로는 《변신론》만 출간했다. 《단자론》을 비롯한 주요한 저술들은 유럽의 여러 학술지에 발표한 짧은 글들이다. 로크의 《인간 지성론》을 반박하는 《신인간 지성론》을 썼지만 로크가 죽었다는 말을 듣고 출간하지 않았다. 그 외 방대한 유고를 남겼다.

라이프니츠는 미적분학을 발명한 장본인인데, 거의 같은 시기에 같은 연구 결과를 발표한 뉴턴과 누가 원조인가를 놓고 당시부터 현대까지 격렬하게 논란이 벌어졌다. 현대에 쓰이는 미적분학은 라이프니츠의 것을 이어받고 있다. 현대 컴퓨터의 기반이 되는 이진법을 개발했다. 말년에는 중국에 다녀온 선교사의 저서를 통해 중국에 관심이 생겨 중국에 관한 저술도 하였다. 그의 이진법이 주역의 64괘 때문에 생긴 것 아니냐는 설도 있다. 그러나 라이프니츠와 서신을 주고받던 선교사 조아킴 부베(1656~1730)가 이진법이 주역과 비슷해서 놀랐다는 기록이 남아 있다.

○ 검색 사이트인 구글에서 특별한 날에 만든 첫 화면의 로고를 '두들'이라고 한다. 구글은 2018년 7월 1일에 라이프니츠의 372번째 생일을 축하하는 두들을 선보였다. '철학자 라이프니츠'보다는 '수학자 라이프니츠'를 축하했다. 라이프니츠가 깃털 펜을 이용해서 이진법 아스키 코드로 '구글'을 쓰는 모습이다.

039

Thursday

설계 논증

영국 국교의 성직자이며 철학자인 윌리엄 페일리(1743~1805)가 제시한 신神 존재 증명. 바닷가에서 둥그런 돌을 발견했다고 해 보자. 그 돌이 아무리 당구공처럼 둥글어도 바닷물 때문에 그렇게 되었다고 생각하지 누군가가 그렇게 만들었다고 생각하지는 않는다. 이번에는 시계를 발견했다고 해 보자. 이것은 누군가가 그렇게 만든 시계라고 생각하지 바닷물과 바람에 의해 그렇게 만들어졌다고는 아무도 생각하지 않는다. 시계는 돌과 비교할 수 없이 복잡하기 때문이다. 그런데 인간의 눈은 시계와 비교할 수 없이 복잡하다. 따라서 인간의 눈도 누군가가 만들었다고 생각해야 한다. 그 제작자는 신이므로 신의 존재를 믿어야 한다는 게 페일리의 논증이다.

시계의 설계자가 있어야 하는 것처럼 인간과 자연의 설계자도 있어야 한다고 주장하므로 '설계 논증'이라고 부른다. 그 설계자가 자연이 아니라 지적인 존재이므로 '지적 설계 논증'이라고도 한다. 돌이야 거기 있을 뿐이지만, 제작자는 어떤 목적을 가지고 제작한다. 시계는 시간을 알려 주고 인간의 눈은 보게 한다. 그래서 '목적론적 논증'이라고도 부른다.

이 논증은 시계와 인간의 눈의 유사성에 착안한 유비 논증이다. 그러나 인간 눈과 돌 사이에 유사성이 더 많다고 볼 수도 있다. 시계와 달리 인간의 눈은 그것을 만든 사람을 아무도 보지 못했는데, 그 점에서 돌과 더 유사하다. 그리고 바닷물에 씻겨 둥그런 돌이 된다는 것을 아는 것처럼, 페일리 시대와 달리 우리는 찰스 다윈(1809~1882)의 진화론을 통해 5억 년 전쯤 유기체에 돌연변이로 빛을 감지하는 단백질 분자가 생겨 그것이 진화한 후 현재의 눈이 되었다는 것을 안다. 그러니 유비 논증은 실패하고 만다.

영국의 생물학자 리처드 도킨스(1941~)의 베스트셀러인 《눈먼 시계공》(1986)은 설계 논증에서 제목을 따왔다. 진화에 의한 자연 선택이 생명을 설계한 시계공이고, 이 시계공은 어떤 목적도 가지고 있지 않으므로 눈먼 시계공이라고 말이다.

○ 드라마 〈눈이 부시게〉(2019)에서 주인공은 바닷가에서 시계를 줍는데, 이 시계가 중요한 기능을 한다. 설계 논증의 패러디이다.

040

Friday

삶과 철학

희망 고문

가망이 별로 없는데 희망을 품어 오히려 더 괴로운 상황을 가리키는 속된 말. 19세기 프랑스 소설가 빌리에 드 릴아당(1838~1889)의 단편 소설 〈희망이라는 이름의 고문〉에 그 기원이 있다. 희망이란 어떤 일을 이루거나 하기를 바라는 것을 말한다. 그런데 우리는 무엇을 희망할 수 있는가? 칸트는 《순수 이성 비판》에서 인간 이성의 관심이 "나는 무엇을 알 수 있는가?", "나는 무엇을 행해야만 하는가?", "나는 무엇을 희망해도 좋은가?"라는 세 물음으로 통합된다고 말했다. 보통 이 각각의 질문은 그의 3대 비판서인 《순수 이성 비판》, 《실천 이성 비판》, 《판단력 비판》에 담겨 있다고 말해진다. 칸트는 《순수한 이성의 한계 안에서의 종교》에서 기적과 은총은 이론적 관점에서는 부정하지 않지만 실천적 관점으로는 수용하지 않는다고 '합리적 희망'을 보여 준다.

일어날 것 같은 확실한 증거가 있고, 우리 삶을 풍요롭게 하는 데 실제로 도움이 될 수 있을 것 같은 희망을 품는 것이 합리적이다. 일어날 가능성이 거의 없는 상황인데도 희망을 품는 것은 '고문'과 마찬가지로 사람을 더 괴롭게 만들고 큰 실망감을 낳는다. 희망 고문은 그러면 좋겠다고 바란다는 이유만으로 참으로 믿는 '소망적 사고'를 보이기도 한다. 술을 마시고 자신은 정상적으로 운전할 수 있다고 믿는 운전자의 예가 대표적이다.

심리학에는 긍정을 긍정하는 반대의 흐름이 있다. 미국 심리학자인 마틴 셀리그먼(1942~)이 창시한 긍정 심리학은 그동안 심리학이 부정적인 질병 모델만 연구했다고 비판하면서 행복을 증진하는 긍정적인 측면에 관심을 가져야 한다고 주장한다. 긍정적 사고를 하면 행복해진다는 메시지의 긍정 심리학은 학문적 연구뿐만 아니라 대중서로도 많이 출간되는데, 마음만 먹으면 물리적 법칙도 뛰어넘을 수 있다는 《시크릿》(2006)이 대표적이다.

아르투어 쇼펜하우어(1788~1860)는 삶을 비관적으로 보는 대표적 철학자이다. 그는 《의지와 표상으로서의 세계》에서 낙천주의는 "어리석은 사고방식으로 나타날 뿐만 아니라 실로 비양심적인 사고방식이며, 인류의 이루 말할 수 없는 고뇌에 대한 쓰라린 조롱"이라고 평가한다. 영국의 보수주의 철학자 로저 스크러턴(1944~2020)은 긍정주의를 북돋우는 이론들을 '비양심적인 낙관주의'라고 호되게 비판한다. 마치 로또를 사면서 확실한 증거를 무시하고 당첨되는 최상의 시나리오만 상상하는 도박꾼의 심리 상태와 다름없다는 것이다.

041

Saturday

편향된 통계의 오류

대표성이 없는 표본을 근거로 일반화된 진술을 할 때 저지르는 오류. 열거에 의한 귀납은 표본이 클수록 결론의 개연성이 높아진다. 그러나 아무리 표본이 크더라도 표본을 무작위로 뽑지 않고 무지로 인해 또는 무의식적으로 편향되게 뽑을 때는 개연성이 낮아진다. 여론 조사를 할 때 유선 전화 조사는 편향된 결과를 낳기 쉽다. 유선 전화로 일과 시간에 집에서 전화를 받는 사람은 주부나 노인 인구가 많기 때문이다. 그러나 20세기 초반에는 유선 전화에 의한 여론 조사 방법이 다른 이유로 편향된 결과를 낳았다. 당시 전화는 부유층만 가지고 있었기에 부유층에 편향된 여론만 조사하게 된 것이다. 그래서 여론 조사에서는 편향성을 줄이려는 연구를 많이 한다.

편견이나 미신은 편향된 표본에서 생기는 경우가 많다. 외국인 노동자 중에 범죄자가 많다고 생각하는 사람은 언론에서 보도되는 외국인 범죄를 근거로 했기에 성급하게 일반화한 것이 아니라고 강변한다. 외국인 노동자 중에 범죄자가 많다는 생각도 일종의 가설이므로 가설을 검증하기 위해서는 유리한 증거든 불리한 증거든 공평하게 취합해야 한다. 그러나 국내인의 범죄나 범죄를 저지르지 않는 외국인처럼 자신의 가설을 반증하는 증거는 무시하고, 가설을 확증하는 증거만 받아들이는 편향을 보인다. 심리학 용어로 '확증 편향'이라고 하는 이것은 성실하지도 정직하지도 못한 가설 검증 방법이다. 이렇게 생긴 편견은 혐오로 이어진다.

그래도 범죄자 관련 가설은 범죄 통계를 찾아보는 방법으로 검증이 가능하다. 그러나 "혈액형이 A형인 사람은 소심하다."와 같은 미신은 어떤 행동을 소심하다고 말하는지 객관적인 합의가 없기에 어지간한 행동이면 모두 소심하다고 판단한다. 또 그런 행동을 한 사람만 눈에 들어온다. 이중의 확증 편향이 나타난다.

자신과 정치적인 견해가 비슷한 사람들과만 어울리거나 그런 인터넷 사이트에서 활동하여 정치적 신념을 고착화하는 것도 편향된 통계이다. 정치적 견해든 편견이든 자신의 견해가 공정한지 판단하기 위해서는 견해가 다른 사람의 말에 귀기울여 보는 자비의 원리가 필요하다.

○ 편향된 통계의 오류는 '태만한 귀납의 오류'라고도 부르고 '오도된 생생함의 오류'라고도 부른다. 성실하지 못한 귀납이기에 '태만'하다고 하고, 눈에 띄는 것만 확증하기에 '오도된 생생함'의 오류라고 한다.

042

Sunday

아테네 학당

르네상스 시대의 화가 라파엘로가 1509년에서 1511년에 걸쳐 바티칸 궁전에 그린 벽화. 고대 철학자들을 한곳에 모아 그린 그림이다. 모두 54명이 그려져 있다.

라파엘로가 등장인물의 이름을 써 놓지 않았기 때문에 누가 누구인지 추측할 수밖에 없다. 가장 중요한 인물은 한가운데에서 손가락으로 하늘을 가리키고 있는 플라톤과 손바닥으로 땅을 가리키고 있는 아리스토텔레스이다. 플라톤은 이상 세계를, 아리스토텔레스는 현실 세계를 강조한다는 것을 그림으로 나타낸 것이다. 각각 들고 있는 책에 《티마이오스》와 《니코마코스 윤리학》이라고 쓰여 있는 것을 찾아내는 것도 잔재미이다. 《티마이오스》가 우주론을, 《니코마코스 윤리학》이 삶의 문제를 다룬다는 것도 의미심장하다.

그 외 중요한 철학자로는 소크라테스, 에피쿠로스, 피타고라스(기원전 570?~기원전 495?), 헤라클레이토스(기원전 535?~기원전 475?), 디오게네스 등이 있다. 히파티아는 여기서 유일한 여성으로 그림의 왼쪽 앞쪽에 서 있다. 가장 재미있는 것은 라파엘로 자신이 그림에 등장한다는 점이다. 일종의 카메오이다. 또 라파엘로는 플라톤은 레오나르도 다빈치, 헤라클레이토스는 미켈란젤로의 얼굴로 그렸다.

043

Monday

친구와 포도주

> 일상적 삶 안에 있는 나머지 즐거움과 관련해서 마땅한 방식으로 즐거운 사람은 '친애를 가진 사람^{philos}'이며 그 중용은 '친애^{philia}'이다. 이 점에서 지나친 사람은, 만약 그가 아무 목적 없이 그리하다면 '속없이 친하려는 사람'이며, 자신의 이익을 목적으로 그러하다면 '아첨꾼'이다. 반면 이 점에서 모자라 어떤 상황에서나 불쾌한 사람은 일종의 싸움꾼이요, '뿌루퉁한 사람'이다.
>
> — 아리스토텔레스, 《니코마코스 윤리학》

아리스토텔레스의 《니코마코스 윤리학》에서 가장 중요한 개념은 '행복'이다. 행복을 얻기 위해서 우리는 삶 전체에 걸쳐 완전한 덕을 실천해야 하고, 욕망이나 분노와 같은 감정을 잘 다스려야 한다. 그 감정이 지나치거나 모자라지 않은 어떤 중간 상태가 바로 '중용'이다. 아리스토텔레스에 따르면 중용이 있는 품성이 곧 덕이 있는 품성이다. 반면에 감정이 지나치거나 모자라면 악덕이다. 예컨대 '용기'라는 덕이 지나치면 '무모'가 되고 모자라면 '비겁'이 된다.

'필리아'는 '우정'이나 '우애'로 번역되지만 그보다는 넓은 개념이다. 우정이 형제나 친구 사이에서 성립하는 데 비해, 필리아는 직장 선후배나 동료 시민에게도 적용된다. 그러니 필리아는 '친애' 정도의 뜻이라고 할 수 있겠다. 필리아가 넘치면 비굴한 사람(속없이 친해지려는 사람)이나 아첨꾼이 될 것이다. 반대로 모자라면 툭하면 싸움을 거는 사람이 될 것이다.

아리스토텔레스는 진정한 필리아는 세 가지 조건을 만족해야 한다고 말한다. 필리아를 주고받는 대상을 편의상 '친구'라고 해 보자. 첫째, 순수한 마음에서 친구가 잘되기를 바라는 마음이 있어야 한다. 둘째, 친구가 잘되기를 바라는 마음은 일방적이지 않고 상호적이어야 한다. (잘되기를 바라는 일방적인 마음은 '선의^{eunoia}'라고 말한다.) 셋째, 상대방이 잘되기를 바라는 마음을 서로 알고 있어야 한다. 이런 조건을 만족하지 않고 좋아하는 것은 필리아가 아니라 '애호^{philesis}'이다. 그는 애호의 예로 포도주 애호를 든다. 맛있는 포도주를 먹고 싶은 이기적인 마음에서 좋아하고, 나만 포도주를 좋아하고 포도주는 내가 좋아하는 것을 모르지 않는가? 흔히 포도주처럼 오래된 친구가 좋다고 하지만, 결정적으로 다르다.

044

Tuesday

인식론

인간 지식의 본성, 근원, 한계 따위의 문제를 다루는 철학의 한 분과. 형이상학, 윤리학, 논리학과 함께 철학의 핵심 분과이다. 영어로 epistemology라고도 하고 theory of knowledge라고도 한다. epistemology의 어원은 지식이라는 뜻의 그리스어 epistēmē이다. 그러니 인식론은 '지식론'이라고 불러도 된다.

소피스트에 의해 모든 진리가 똑같이 옳다는 상대주의나 무엇인가를 알 수 없다는 회의론이 주장되었고, 플라톤에게는 지식의 정의가 중요한 주제였음을 볼 때 고대 그리스 때부터 중요한 주제였다. 근세는 가히 인식론의 시대라고 할 만큼 이성론과 경험론을 중심으로 지식의 근원이 중요한 논잇거리였다. 현대 철학에서는 주로 영미 분석 철학을 중심으로 전문적인 논의가 진행된다. 특히 현대에 가장 중요하고 신뢰를 받는 지식은 과학 지식이기에 과학 철학의 주제 중 상당 부분은 인식론과 관련되어 있다.

심리학도 지식의 문제를 다루는 학문이지만 인식론과 방법론이 전혀 다르다. 그리스어 '에피스테메'는 한갓 개인의 의견인 '독사doxa'('억견'이라고도 한다)와 구분되어 참된 지식이라는 뜻이다. 인식론은 참된 지식이나 정당화된 지식을 대상으로 하고, 지식이 가능한지나 지식의 근원은 무엇인지 등 지식에 메타적으로 접근한다. 반면에 심리학은 참된 지식이든 개인의 의견이든 인간이 무엇인가를 안다고 할 때 거기서 일어나는 과정을 경험적으로 탐구한다. 인식론과 심리학의 관계는 논리학과 심리학의 관계를 생각하면 도움이 된다. 논리학은 인간의 추론을 연구 대상으로 하지만 추론 또는 추리는 심리적 활동이므로 심리학의 연구 대상이기도 하다. 그러나 논리학은 정당화된 추론을 다룬다는 점에서, 정당화된 추론이든 오류가 있는 추론이든 추론과 추리를 할 때 일어나는 심리적 과정을 모두 다루는 심리학과 다르다.

045

Wednesday

프리드리히 니체

니체(1844~1900)는 철학뿐만 아니라 문학, 음악, 미술, 건축, 심리학, 신학 등에 큰 영향을 끼친 철학자이다. 그는 24살의 이른 나이에 박사 학위도 없이 바젤 대학의 비전임 교수가 되고 다음 해에 정교수가 되었다. 그러나 10년 정도밖에 강의하지 못하고 건강상의 이유로 교수직을 그만두고 이후에는 대부분을 요양 생활로 보냈다. 말년에는 정신 이상 징후까지 보여 정신 병원에 입원했다.

신의 죽음을 주장하고, 당시의 지배적인 종교와 형이상학의 권위에 도전했다. 모든 생명체에 존재하는 힘에의 의지가 더 완벽한 상태에 도달하기 위한 근본 동기이며, 신이 죽은 세상에서 초인(위버멘슈)이 인간이 추구해야 할 이상이라고 주장했다. 그의 철학에 약자를 보호하기보다 강한 영웅을 지지하는 면모가 분명히 있기는 하지만, 인종주의자나 민족주의자는 아니었다. 그러나 그가 온전한 정신을 잃은 후부터 그의 저술을 관리한 여동생 엘리자베트가 니체의 사후에 인종주의자이며 민족주의자인 자신에게 유리한 문구만 짜깁기하여 《힘에의 의지》(1901)를 출간했다. 이 책이 나치즘을 옹호하는 데 쓰였다.

짧은 경구와 성찰 스타일로 쓴 경우가 많기에 그의 철학은 이해하기 어렵고 해석에서 논란이 많은 반면에, 그만큼 많은 상상력을 불러일으켜서 철학 저술로서뿐만 아니라 문학 작품으로도 많이 읽힌다. 우리말로 그의 전집이 세 출판사에서 나온 사실을 보면 그의 책이 얼마나 많이 읽히는지 짐작할 수 있다. 《차라투스트라는 이렇게 말했다》, 《도덕의 계보》, 《우상의 황혼》 등이 대표작이다.

○ 복싱 헤비급 챔피언이었던 마이크 타이슨이 2013년에 〈월스트리트 저널〉에 기고한 글에서 키르케고르와 니체를 읽고 있다고 말했다. 니체는 자신이 가장 좋아하는 철학자이며, 지능지수가 적어도 300은 되어야 이해할 수 있다고도 했다.

○ 이름의 로마자Nietzsche에 자음 5개가 연속으로 나와 쓰기 어렵다. 외국 만화 중 대학생이 보고서에 "니체가 말했다."를 타이핑하다가 철자가 계속 틀리자 "칸트가 말했다."로 바꾸는 장면이 있다.

046

철학사

우주론적 논증

아퀴나스가 제시한 신 존재 논증. 아퀴나스는 《신학 대전》에서 다섯 가지 신 존재 증명을 내놓는데, 우주론적 논증은 그중 첫 번째이다. 이 논증은 아리스토텔레스의 《자연학》과 《형이상학》에 이미 제시된 논증이며, 크리스트교 신학뿐만 아니라 이슬람 신학에서도 널리 받아들여졌다. 현대의 신학자인 윌리엄 크레이그(1949~)는 이슬람 신학 논증을 현대화하여 '칼람 우주론적 논증'이라는 이름으로 부활시켰다.

세상 모든 일에는 원인이 있다는 게 상식이다. 그런데 원인의 원인이 있고, 그 원인의 원인이 있고, … 이 인과의 사슬을 끝없이 거슬러 올라가면 최초의 원인, 곧 제1 원인이 있을 텐데 그게 바로 신이라는 것이다. 아리스토텔레스는 이것을 모든 것의 운동을 일으키기에 '최초의 운동자', 그렇지만 자신은 무엇인가에 의해 움직이지 않기에 '부동의 원동자'라고 불렀다. 우주가 존재하기 위해서는 원인이 있어야 한다고 가정하므로 '우주론적 논증'이라고도 하고, 신이 제1 원인이기에 '제1 원인 논증'이라고도 한다.

최초의 원인이 있어야 한다는 생각에는 원인이 무한히 거슬러 올라가지 않고 어디선가 멈춰야 한다는 생각이 전제된다. 그런데 원인이 뒤쪽으로 무한히 계속된다면 이상하게 생각하면서 일의 결과가 앞으로 계속된다는 것은 이상하게 생각하지 않는다. 그래서 무한 진행에 이상함을 느끼지 않는다면 무한 퇴행에도 이상함을 느낄 필요가 없다는 반론이 제기된다.

한편 무한 퇴행이 어딘가에서 멈추고 최초의 원인이 있다고 하더라도 그 원인이 왜 꼭 신이어야 하느냐는 반론도 있다. 신이라고 하더라도 아리스토텔레스가 생각한 신일 수도 있고, 아퀴나스가 생각한 신일 수도 있으며, 어떤 민족의 신화에 나오는 신일 수도 있다. 이런 반박을 예상한 아퀴나스는 절대자가 원인이라는 것을 아는 것만으로도 도움이 된다고 말한다. 그러나 어떤 절대자든 최초의 원인이라고 해도 최초의 사건 이후에는 관여하지 않을 수도 있다.

현대 과학은 우주의 제1 원인이 되는 사건이 빅뱅(대폭발)이라고 설명한다. 그러면 빅뱅의 원인은 또 무엇이냐고 물을 것이다. 그러면 우주론적 논증을 비판하는 쪽은 신에게는 그것을 묻지 않고 빅뱅에만 묻는 것은 공평하지 못하다고 대답한다. 과학에는 더 이상 대답할 수 없이 그냥 주어진 사실도 많다고 말이다.

047

Friday

태어나지 않는 것이 더 낫다

인생이 살 만한 것인지 아닌지 사람들은 자기가 살아 본 경험으로 말한다. 그러나 이것은 어디까지나 자신의 경험일 뿐이므로 일반화할 수 없다. 남아프리카 공화국의 철학자 데이비드 베나타(1966~)는 《태어나지 않는 것이 낫다》(2006)에서 존재하게 되는 것은 누구한테나 항상 심각한 해악이라는 논증을 제시한다.

이런 주장의 근거에는 고통과 쾌락의 비대칭성이 존재한다. 고통은 나쁘니까 고통이 없으면 좋지만, 거꾸로 쾌락은 좋다고 해도 쾌락이 없다고 해서 꼭 나쁜 것은 아니라는 것이다. 예를 들어 우리는 머나먼 섬나라에 기아와 전쟁으로 고통을 받는 사람들이 있다는 말을 들으면 슬퍼하고 그 고통이 없어지기를 바란다. 반면에 머나먼 섬이 정말 살기 좋다는데 아무도 살지 않는다는 말을 듣고, 그 섬에 사람들이 살지 않는다는 사실에 슬퍼하지는 않는다. 고통은 있으면 나쁘고 없으면 좋지만, 쾌락은 있으면 좋기는 해도 없어도 나쁘지 않다고 생각하기 때문이다.

이제 어떤 사람이 존재하게 되는 시나리오와 존재하지 않게 되는 시나리오를 비교해 보자. 존재하게 되면 고통이 있을 수도 있고 쾌락이 있을 수도 있다. 고통이 있으면 나쁘고 쾌락이 있으면 좋으니, 본전치기이다. 반면에 존재하지 않게 되면 고통도 없게 되고 쾌락도 없게 된다. 고통이 없으니 좋지만 쾌락이 없다고 해서 꼭 나쁜 것은 아니니, 남는 장사이다. 본전치기보다는 남는 쪽을 선택하는 게 합리적인데, 그것은 바로 존재하지 않게 되는 시나리오 쪽이다.

스스로 태어나기를 결정하는 사람은 없으니, 우리는 태어나게 하느냐 마느냐를 고민해야 한다. 베나타의 주장이 옳다면 태어나게 해서는 안 된다는 결론이 나온다. 곧 출산은 항상 잘못이게 된다. 새로운 사람이 전혀 태어나지 않으면 인류는 머지않아 멸종될 터인데 그것도 오히려 좋은 일이다.

○ 《성서》의 전도서에도 태어나지 않는 것이 낫다는 구절이 있다. "그래서 나는 아직 목숨이 붙어 살아 있는 사람보다 숨이 넘어가 이미 죽은 사람들이 복되다고 하고 싶어졌다. 그보다도 아예 나지 않아서 하늘 아래 벌어지는 악한 일을 보지 못한 것이 더 좋다고 생각되었다." 독일의 시인 하인리히 하이네(1797~1856)의 시 〈모르핀〉도 "잠이 들면 좋지, 죽으면 더 좋고—물론/ 가장 좋은 거야 이 세상에 태어나지 않는 것이고."라고 노래한다.

048

Saturday

직관

감각 경험이나 추론의 도움을 받지 않고 진리를 직접 파악하는 능력. 몇몇 철학자는 이 개념을 특별한 의미로 쓴다. 칸트는 개념이 매개되지 않은 인식을 말하고, 스피노자는 사물의 보편적 특징을 파악하는 최고의 인식을 말하며, 앙리 베르그송은 분석과 대비되는 의미로서 지적 공감을 말한다. 이런 특별한 개념어가 아닐 때는 상반되는 의미로 쓰인다. 한편에서는 "그건 네 직관일 뿐이야."라고 할 때처럼 신뢰성이 없는 개인만의 생각을 가리킨다. 다른 한편에서는 철학적 증명을 할 때 자명하다고 생각하는 출발점을 말한다. 수학의 증명에서 공리가 하는 역할을 맡는 것이다. 실험 데이터를 이용하지 않는 철학에서는 중요한 탐구 출발점이 된다.

두 번째 의미에서의 직관은 특히 윤리학, 정치 철학, 인식론, 심리 철학 등의 증명에서 많이 쓰인다. 예를 들어 동물에게도 인간과 마찬가지로 도덕적 지위가 있다고 주장할 때 "동물을 재미로 괴롭히는 것은 옳지 않다."라는 직관에서 출발한다. 이 직관에 동의 못 하거나 왜 그런지 묻는 사람이 있다면 또 다른 직관을 이용해서 그것을 정당화한다. 가령 "동물은 괴롭힘을 당하면 고통을 느끼고 동물이라도 고통을 피하고 싶어 한다."라고. 이 정당화는 계속될 수 있다. 또다시 정당화를 요구하면, "도덕의 기본은 내가 대우받고 싶은 것처럼 남을 대우하는 것인데, 당신도 고통을 느끼면 피하고 싶어 하는 것처럼 고통을 느끼는 다른 존재도 고통을 느끼면 피하고 싶어 한다."라고 또 다른 직관을 제시한다. 만약 이 직관에도 동의하지 못하는 사람이 있다면 그는 남이 자기를 어떻게 대우하든 상관없다고 생각하는 것이므로 도덕적 토론의 영역에서 제외해야 할 것이다.

철학자의 직관은 앙케트를 통해 사람들의 전반적인 의견을 찾은 것은 아니다. 최근 실험 철학은 그런 방법으로 철학자가 의존하는 직관이 지역마다, 성별마다 다름을 보여 주기도 한다. 그러나 철학자는 자신의 느낌으로 직관을 내놓고 위와 같이 끊임없는 정당화 과정을 통해 논리적 모순이 없는지 찾는다.

049

Sunday

철학의 악마

우리는 악마를 못된 존재로만 아는 경향이 있지만, 못되기만 해서는 악마가 아니다. 힘이 세야 한다. 그래야 사람들이 무서워하는 존재가 된다. 축구 국가 대표 응원단인 '붉은 악마'도 그 점을 부각했을 것이다. 신은 진통적으로 전지·전능·지선至善의 속성을 가지고 있는 존재를 말한다. 악마는 이 중 지선만 못 가진 존재이다.

철학에서 널리 알려진 악마로는 데카르트의 악마와 라플라스의 악마가 있다. 전지전능한 악마가 실제 존재하는 것은 아니니 모두 사고 실험의 형태로 제시된다. 데카르트의 악마는 우리가 전혀 의심할 수 없이 확실하다고 생각하는 것마저도 속이는 존재이다. 2+3=5임을 아무도 의심하지 않는다. 그런데 사실은 2+3=4인데, 전지전능한 악마가 모든 사람이 2+3을 계산할 때마다 5라고 속일 수 있다고 데카르트는 상상한다. 라플라스의 악마는 이 세상이 시작될 때부터 원자 하나하나의 움직임부터 사람의 심리까지 모두 꿰뚫고 있는 존재이다. 그러니 자연의 법칙은 물론이고, 다음 주 로또 당첨 번호도, 10년 후의 날씨도, 오늘 아침 내 첫 번째 밥숟가락에 밥알이 몇 알 올라올지까지 모두 알고 있다.

이 악마들은 악한 것보다는 전지전능함이 핵심이다. 물론 데카르트의 악마는 속임수를 쓰니 착하지는 않지만 이 정도는 애교이다.

○ 철학이 아닌 분야에서 유명한 악마 사고 실험은 맥스웰의 악마이다. 제임스 맥스웰(1831~1879)은 두 종류의 기체가 있는 방 중간에 문이 있을 때 악마가 문을 여닫아 속도가 빠른 분자와 느린 분자를 각 방에 모으는 사고 실험을 제시한다. 그러면 본디는 같았던 두 방의 온도가 달라질 텐데, 이는 열역학 제2 법칙에 어긋나게 된다.

050

죽음은 두려워할 것이 없다

> 그러므로 가장 두려운 악인 죽음은 우리에게 아무것도 아니다. 왜냐하면 우리
> 가 존재하는 한 죽음은 우리와 함께 있지 않으며, 죽음이 오면 우리는 이미 존
> 재하지 않기 때문이다. 그렇다면 죽음은 산 사람이나 죽은 사람 모두와 아무
> 런 상관이 없다. 왜냐하면 산 사람에게는 아직 죽음이 오지 않았고, 죽은 사람
> 은 이미 존재하지 않기 때문이다."
>
> – 에피쿠로스, 〈메노이케우스에게 보내는 편지〉

누구나 죽음을 두려워한다. 대체로는 죽음의 원인이 되는 병이나 사고가 고통을 주기 때문이다. 만약 그런 고통이 없다고 가정한다면 그래도 죽음은 나쁜 것일까? 고통 없이 죽더라도 그 죽음을 두려워할 이유가 있을까?

에피쿠로스는 죽음을 두려워하는 까닭이 죽음에 대한 잘못된 믿음에 있다고 보았다. 어떤 사람이 존재할 때는 아직 죽음이 일어나지 않았다. 그리고 죽음이 일어났을 때는 그 사람이 더 이상 없다. 무엇인가 나쁜 일이 생기려면 그 일이 일어나는 시점에 그 나쁜 일이 생기는 사람이 있어야 한다. 이것을 굳이 어려운 말로 하자면 '동시성 조건'이다. 그런데 죽음의 경우에는 동시성 조건이 만족되지 않으니 나쁜 일이 일어나지 않는 것이다.

살아남은 사람은 죽은 사람을 영영 보지 못하니 슬퍼하기도 하지만, 죽은 사람에게 죽음이 나쁘다고 생각하기 때문에 슬퍼하기도 한다. 그러나 에피쿠로스의 말대로 죽음이 그리 나쁜 일이 아니라면 위로가 되지 않을까?

에피쿠로스의 논변을 반박하기 위해서는 동시성 조건을 부정하면 된다. 비록 죽음과 동시에는 아니더라도 한 번이라도 이 세상에 존재했다면 죽음은 그 사람이 오래 살았더라면 얻었을 행복을 빼앗아 가므로 나쁘다고 말이다. 이 세상에 있었으면 행복했을 사람이 없어지면 행복이 없어지니 그 사람에게도 불행이라는 것이다.

○ 에피쿠로스가 직접 남긴 문헌은 〈헤로도토스에게 보내는 편지〉, 〈메노이케우스에게 보내는 편지〉, 〈피토클레스에게 보내는 편지〉 세 통으로, 각각 자연학, 윤리학, 천체 기상학의 내용을 담고 있다.

051

Tuesday

회의론

내가 아는 것이 맞는지 틀리는지 알 수 없다는 주장. 철학자들은 우리가 감각으로 경험하는 세계를 '외부 세계'라고 부른다. 외부 세계는 내가 사는 세상 밖에 있는 세계가 아니라 나의 의식 밖에 있는 세계를 가리키는 말이다. 내 눈앞에 있는 컴퓨터도, 창밖에 있는 나무도, 그리고 내 몸뚱이도 모두 외부 세계이다. 그러니 지금 말하는 회의론은 정확하게 '외부 세계 회의론'이라고 해야 다른 여러 가지 회의론과 구별할 수 있다. 이 회의론은 외부 세계가 있다는 것을 우리가 감각 경험으로 안다고 해도 그 앎이 정말로 외부 세계가 있어서 생긴 것인지 확신할 수 없다는 것이다.

데카르트의 전지전능한 악마 사고 실험이나 그것의 현대적인 형태인 통 속의 뇌 사고 실험이 회의론을 뒷받침한다. 데카르트는 아무리 의심해도 절대 의심할 수 없는 확실한 지식을 찾으려고 일부러 의심을 한다. 그래서 사실이 아닌데 사실인 것처럼 속일 수 있는 전지전능한 악마를 가정한다. 통 속의 뇌는 배양액이 든 통에 뇌가 담겨 있고 그 뇌에 연결된 슈퍼컴퓨터가 뇌에 자극을 보내 현실과 똑같은 경험을 만든다는 사고 실험이다. 전지전능한 악마의 역할을 슈퍼컴퓨터가 대신 맡는데, 영화 〈매트릭스〉(1999)가 떠오를 것이다.

다음 두 가지를 비교해 보자. 내가 창밖에 나무가 있다고 생각했는데 정말로 나무가 있다고 해 보자. 이번에는 내가 창밖에 나무가 있다고 생각했는데 사실은 전지전능한 악마 또는 통 속의 뇌가 그렇게 생각하도록 조작했다고 해 보자. 두 경우 나무를 보고 있다는 감각 경험은 똑같다. 그러니 그것이 정말로 나의 외부에 나무가 있어서 생긴 것인지, 악마 또는 슈퍼컴퓨터가 조작해서 생긴 것인지 알 수가 없다. 그렇다면 내가 나무가 있다는 것을 안다고 할 때 정말로 나무가 있어서 그런 앎이 생겼다고 믿을 이유가 없다는 것이 회의론의 주장이다.

○ 영화 〈매트릭스〉에서는 매트릭스 안에 사는 사람의 지식만이 의심의 대상이 된다. 그러나 외부 세계 회의론은 모든 사람의 지식을 대상으로 한다는 점에서 다르다.

052

Wednesday

쇠렌 키르케고르

유럽 대륙에서 독일과 프랑스를 제외한 나라의 철학자 중 서양 철학사에서 이름이 알려진 철학자는 드물다. 그리고 신학의 시대인 중세 이후에 독실한 종교적 신앙이 철학에 반영된 철학자도 드물다. 키르케고르 (1813~1855)는 그런 드문 철학자이다. 키르케고르는 덴마크의 코펜하겐에서 태어나 거기서 평생 살고 코펜하겐 대학에서 박사 학위를 받았다. 부유한 상인이었던 아버지 덕분에 평생 직업 없이 저술 활동을 하며 살았다. 칸트처럼 주목할 만한 사건이 없는 삶을 살았고, 칸트와 달리 코펜하겐 밖을 여행한 적이 몇 번 있기는 하다.

실존주의의 선구자이다. 쇼펜하우어나 니체도 실존주의에 큰 영향을 끼쳤으나 그들을 실존주의자로 부를 수는 없지만, 키르케고르는 '실존'에 관해 많이 언급하였다. 키르케고르 당시 유럽 철학은 게오르크 헤겔이 가장 중요한 철학자였다. 키르케고르는 헤겔 철학의 이성론이 보편적이고 추상적인 원리를 강조함에 따라 인간의 실존적인 개성이 말살된다고 생각했다. 그는 개인의 주체성을 강조하여 참된 실존을 회복하기 위해서는 '신 앞에 선 단독자'가 되는 종교적 결단이 필요하다고 주장했다.

《이것이냐, 저것이냐》,《공포와 전율》,《불안의 개념》,《죽음에 이르는 병》등 많은 저서를 썼는데, 대부분은 서로 다른 가명으로 출판했다. 플라톤이 철학을 전달하는 한 가지 방식으로 대화편을 선택한 것처럼, 키르케고르도 자신의 철학을 전달하는 독특한 방식으로 여러 가명을 쓰는 방식을 선택했다. 예컨대 저자의 이름이 권위로 작동하지 않게 한 것이다.

053

Thursday

존재론적 논증

이탈리아의 철학자 안셀무스(1033~1109)에 의해 제시된 신 존재 증명. 안셀무스는 신을 상상할 수 있는 가장 위대한 존재로 정의한다. 우리가 상상할 수 있는 것은 많다. 도깨비도 상상할 수 있고 요정도 상상할 수 있다. 그러나 도깨비나 요정은 가장 위대한 존재가 아니다. 이와 달리 신은 그보다 더 위대한 것을 상상할 수 없는 존재인데, 가장 위대한 존재가 존재하지 않고 상상 속에만 있는 일은 있을 수 없다. 그러니 신은 존재한다는 게 이 논증이다.

존재론적 논증은 정의만 있는 전제로부터 논리적 법칙을 이용해서 중요한 철학적 결론을 끌어낸다는 점에서 주목할 만하다. 그러나 이 논증은 안셀무스가 살았던 시절에 이미 비판을 받았다. 프랑스의 수도사였던 가우닐로는 더 이상 위대할 수 없는 가장 위대한 섬을 상상해 보라고 한다. 그렇다고 해서 그 섬이 존재한다는 결론은 따라 나오지 않는다. 이 반론에서 위대한 섬 대신에 위대한 술이나 위대한 자동차 등 무엇을 집어넣어도 그것은 존재해야만 한다. 그런 술이나 자동차를 어디 가면 살 수 있을까? 안셀무스의 굴욕이다.

'커피'와 '뜨거운 커피'는 분명히 다르다. 그러나 '커피'와 '존재하는 커피'가 다른 것은 아니다. 커피를 주문할 때 "뜨거운 커피요?"라고는 물어보지만, "존재하는 커피요?"라고는 묻지 않는다. 칸트는《순수 이성 비판》에서 이 점에 주목하여 안셀무스를 비판한다. 단순히 상상할 수만 있는 신과, 상상할 수 있을 뿐만 아니라 존재하기까지 하는 신 사이에 의미 있는 차이가 있는 것은 아니다. 존재는 '뜨겁다'와 다르게 어떤 것을 다른 종류가 되게 만드는 속성은 아니다.

무엇이 존재하기까지 해야 더 위대하다고 생각하는 것도 문제이다. 최근에 대중문화에 빠진 사람 중에서는 현실의 사람보다 대중문화에 나오는 가상의 캐릭터에 더 빠지는 경우가 많다. 실제로 존재하지 않을 때 더 위대하다고 생각하는 것이다. 마찬가지로 신도 존재하면서 이 세상에 관여하는 것보다 존재하지 않으면서 관여하는 게 더 위대해 보인다는 비판이 가능하다.

존재론적 논증은 이성만을 이용해서, 다시 말해서 분석적이고 선험적이고 필연적인 전제만을 이용해서 신의 존재를 증명한다. 그런 이유로 여러 철학자들이 이 논증을 시도했다. 안셀무스가 존재론적 논증을 최초로 했고, 데카르트와 라이프니츠도 동참했으며, 심지어 현대의 수학자·논리학자인 쿠르트 괴델(1906~1978)도 시도했다.

054

Friday

당혹스러운 결론

오지랖 넓은 사람은 아이가 없는 부부에게 왜 아이를 안 낳느냐고 묻는다. 아이가 하나인 부부에게는 왜 하나만 낳느냐고 딴지를 건다. 아이가 있으면 또는 많으면 더 행복할까?

영국의 철학자 데릭 파핏(1942~2017)은 《이성과 인격》(1984)에서 그 반대로 해석 될 수 있는 논증을 제시한다. A라는 사회와, A보다 인구가 약간 많은데 약간만 못 사는 B라는 사회가 있다고 해 보자. A와 B 중에는 어디가 더 나은 사회일까? A보 다 B가 나은 사회라고 생각하는 사람이 많을 것이다. 한 사람, 한 사람의 행복의 양은 A가 B보다 약간 더 많지만, A의 인구보다 B의 인구가 많으므로 전체 행복의 양은 A보다 B가 많기 때문이다. 이제는 B보다 인구가 약간 많은데 약간만 못 사 는 사회 C가 있다고 할 때, 똑같은 이유로 B보다 C가 나은 사회라고 생각할 것이 다. 이런 식으로 쭉 나아가다 보면 인구는 아주 많은데 아주 못사는 Z가 가장 나은 사회라는 결론에 이르게 된다. 파핏은 이를 '당혹스러운 결론'이라고 부른다.

이런 당혹스러운 결론을 피하기 위해서는 A보다 B가 나은 사회라는 생각을 바 꾸어야 한다. 아이가 늘면 가족의 삶의 질은 약간 낮아지겠지만 행복한 사람의 수 가 늘어나므로 더 행복하다는 생각을 밀고 나가면 이런 당혹스러운 결과를 낳게 되는 것이다.

아이 낳는 것을 여전히 권하려거든 파핏의 논변을 반박해야 한다. 반박하는 한 가지 방법은 A보다 B가 낫고, B보다 C가 낫다고 해서 A보다 C가 낫다는 결론이 따라 나오는 것은 아니라고, 전문 용어로 말해 보면 '더 낫다'는 이행적인 관계가 아니라고 주장하는 것이다. 가령 짜장과 짬뽕 중 짬뽕을 고르고 짬뽕과 우동 중 우 동을 고른다고 해서 꼭 짜장과 우동 중 우동을 고르는 것은 아닌 것처럼, 이행성은 언제나 성립하지는 않기 때문이다. 또 다른 반박 방법은 Z 사회가 가장 낫다는 결 론을 받아들이는 것이다. 그런 사회가 뭐가 어떤가?

○ 당혹스러운 결론은 인구 몇 명을 단순히 추가한 사회가 연쇄되어 생기는 문제이므로 '단순한 추가의 역 설'이라고도 부른다.

피장파장

너도 마찬가지라는 뜻. 논증에서는 어떤 주장을 펼친 사람의 행동이 그 주장과 모순됨을 비난하는 것을 가리킨다. "흡연은 몸에 해로우니 피워서는 안 돼."라고 말하는 아버지에게 "근데 아버지도 피우시잖아요?"라고 대꾸하면 피장파장 논증을 한 것이다. '내로남불'(내가 하면 로맨스 남이 하면 불륜)이라는 유행어가 피장파장을 잘 보여 준다. 피장파장은 대인 논증 중 하나이다. 대인 논증은 상대방의 논증 내용이 아니라 논증을 하는 사람에 주목하는 논증을 말하는데, 피장파장은 상대방의 일관되지 못한 행동을 끌고 들어간다.

피장파장은 일반적으로 오류로 취급된다. 그러나 '피장파장'이라는 말 자체나, 이에 해당하는 라틴어 tu quoque('너도'라는 뜻)에는 오류라는 함축은 없다. 누군가를 내로남불이라고 비난하는 게 꼭 잘못된 일은 아니다. 피장파장이 오류가 되는 때는 피장파장으로 상대방의 주장의 내용까지 비판할 때이다. 가령 아들이 "근데 아버지도 피우시잖아요?"라고 말하면서 흡연은 몸에 해롭다는 아버지의 말은 틀렸다고 주장했다면 피장파장은 오류이다. 설령 아버지가 일관되지 못한 사람이라고 하더라도 흡연이 몸에 해롭다는 주장의 거짓을 보여 주지는 않기 때문이다.

그러나 아들이 아버지는 그런 충고를 할 자격이 없다는 의도로 말했다면 오류는 아니다. 상대방의 비일관성은 얼마든지 비판할 수 있다. 그렇기에 우리는 일관적인 사람이 되도록 노력해야 한다. 비록 맞는 말을 하더라도 말과 행동이 모순되면 말발이 서지 않을 수 있기 때문이다.

○ 피장파장을 가리키는 말이나 속담이나 유행어는 '내로남불' 말고도 "똥 묻은 개 겨 묻은 개 나무란다.", "사돈 남 말하고 있네.", "털어서 먼지 안 나는 사람 있으면 나와 보라고 그래." 등 많다. 그만큼 말과 행동의 일치를 중요하게 생각한다는 증거이다.

056

Sunday

철학적 좀비

영화 〈부산행〉이나 드라마 〈킹덤〉, 트와이스 노래 〈Ooh-Ahh하게〉의 뮤직비디오 등 좀비는 이제 대중문화에서 흔하게 접하게 되는 존재이다. 좀비는 살아 있는 송장이다. 송장처럼 창백하고 무기력하며 칼에 찔려도 아파하지 않는다.

대중문화의 좀비는 누가 봐도 살아 있는 사람과 구분이 된다. 이 점에서 철학자가 말하는 좀비와 다르다. 철학적 좀비는 겉으로 볼 때는 사람과 전혀 구분되지 않지만, 사실은 주관적인 경험을 전혀 하지 못하는 존재를 말한다. 이 좀비도 우리처럼 칼에 찔리면 "아악!" 하고 소리 지르고 피를 흘리지만 아프다는 느낌은 전혀 없다. 실제로는 아프다는 느낌이 있는데 없는 척 흉내 낸다는 뜻이 아니다. 아무리 뛰어난 연극배우라고 하더라도 칼에 찔리는 극심한 고통을 실제로 느낀다면 주변 사람들이 눈치챌 것이다. 철학적 좀비는 고통을 느끼면서도 고통을 안 느끼는 척하는 것이 아니라 정말로 고통을 느끼지 못하는 존재이다. 좀비로 감염은 되었지만 느끼지 못하는 일종의 무증상 감염자인지도 모른다.

이런 철학적 좀비를 상상하는 것은 심신 문제와 관련해 동일론을 반박하기 위해서이다. 만약 육체(물질)와 정신이 동일하다면 고통을 느끼는 신체적인 움직임은 보이면서도 정신은 고통을 느끼지 못하는 일은 있을 수 없다. 그러나 그런 좀비를 상상 할 수 있다는 것은 육체와 정신은 동일하지 않다는 뜻이다. 이후 철학자들은 좀비가 정말로 상상 가능한가, 상상 가능하다고 해서 가능한가를 놓고 치열한 논쟁을 벌인다.

O 〈좀비, 철학을 위협하다!〉, 〈좀비의 철학 침략〉은 좀비 문제를 다룬 철학 잡지의 제목이다.

해악의 원리

Monday

> 자유에 관한 아주 간단한 원리는 (…) 인류가 개인적으로든 집단적으로든 누
> 군가의 자유를 침해할 수 있는 유일한 목적은 자기 보호라는 것이다. 문명사
> 회의 일원에게 그의 의사에 반해서 권력을 행사해도 되는 유일한 근거는 누군
> 가에게 끼치는 해악을 막는 데 있다. 그 사람 자신의 신체적 또는 도덕적 선을
> 위한다는 것도 간섭의 충분한 명목이 되지 못한다. 그 사람에게 더 좋다는 이
> 유로, 그 사람을 더 행복하게 한다는 이유로, 다른 사람이 볼 때 더 현명하거나
> 심지어 옳다는 이유로 그 사람에게 무슨 일을 강제로 시키거나 금지해서는 안
> 된다. 그런 것은 그 사람에게 불평하거나 논리적으로 따지거나 설득하거나 아
> 니면 간청할 이유는 되지만, 강제로 시키거나 처벌할 이유는 되지 못한다.
>
> － 밀,《자유론》

다윈의《종의 기원》과 같은 해(1859)에 출간된 존 스튜어트 밀의《자유론》에서
가장 유명한 내용은 '해악의 원리'이다. 다른 사람에게 해악을 끼치지 않는 한 사
람들은 자기가 하고 싶은 대로 자유롭게 행동할 수 있어야 한다는 원리이다. 사실
누군가를 때리려고 할 때 '내 맘'이라는 이유로 허용되지 않는다는 것은 상식이다.
밀의 해악의 원리가 특별하고 중요한 것은 압도적인 여론과 다른 생각을 하는 사
람이라도 그 사람을 위한다는 이유로 그 생각을 강제로 바꾸게 해서는 안 된다고
말한 점 때문이다. 밀이 그렇게 생각한 까닭은 인간 특유의 판단 능력이나 도덕 능
력은 개별성이 있어야 가능한데 획일성만이 존재하는 사회에서는 그런 능력을 기
를 수 없다는 데 있다. 공리주의자다운 주장이다.

물론 해악의 원리의 적용은 철학자들 사이에서 논란이 없는 것은 아니다. 노출
이 심한 옷을 입는 취향이 있는 사람이 다른 사람에게 주는 불쾌감은 해악일까 아
닐까? 다른 사람을 구할 수 있는데도 신념에 의해 구하지 않는 사람은 해악을 끼
친 것일까 아닐까? 그럼에도 밀이 우려한 '대중의 전제專制'는 현대 사회에도 여전
히 존재함을 잊지 말아야 한다.

○ 작가인 유시민 씨는《유시민의 글쓰기 특강》(2015)에서 글쓰기에 도움이 되는 책으로 박경리의 소설《토
지》와 칼 세이건(1934~1996)의 과학 도서《코스모스》와 함께《자유론》을 권한다. 높은 수준의 철학을 담
고 있으면서도 평범한 수준의 독해력만 있으면 누구나 이해할 수 있는 문장이라는 점이 추천 사유이다.

058

Tuesday

가족 유사성

어떤 개념에 공통되는 특성은 찾을 수 없음을 말하는 비트겐슈타인의 개념. 소크라테스 이후 철학의 주류는 개념의 본질을 찾으려는 시도였다. 플라톤의 대화편을 보면 소크라테스가 대화 상대방에게 가령 '정의'나 '덕'의 정의를 내려 보라고 한 다음에 그 정의가 적용되지 않는 반례를 보여 주는 모습을 흔히 볼 수 있다. 그는 어떤 것을 어떤 것이게끔 하는 본질을 제시하기를 요구하는 것이다.

비트겐슈타인은 《철학적 탐구》에서 그런 본질적 특성은 찾을 수 없다고 말하기 위해서 가족을 비유로 든다. 한 가족에서 아버지와 형은 눈매가 닮았다. 형과 동생은 코가 닮았다. 그렇지만 그 셋을 한 가족으로 묶을 수 있는 공통점은 없다. 그래도 우리는 그들이 같은 가족임을 한눈에 알아본다.

'게임'이라는 개념을 예로 들어 보자. 수영과 축구는 운동 경기라는 공통점이 있다. 축구와 술래잡기는 공동체 정신을 함양한다는 공통점이 있다. 술래잡기와 온라인 게임은 오락이라는 공통점이 있다. 그러나 이 모든 게임이 공통으로 가지고 있는 특성은 없다. 비트겐슈타인이 보기에 어떤 개념의 본질을 찾으려는 소크라테스의 시도는 부질없는 짓이다. 그것은 닮은 가족끼리는 유사성만 있을 뿐인데 공통되는 어떤 것이 있으리라고 찾는 시도와 같다.

그러나 가족 유사성은 어떤 두 대상에서도 유사성을 찾을 수 있기에 이 세상에는 서로 닮지 않은 것이란 없다는 데 문제가 있다. 하늘과 바다도 유사하다. 파랗다는 점에서. 그렇다면 가족 유사성은 공허한 개념이 된다.

○ 평행 이론은 어떤 두 인물이 소름 끼치게 비슷한 점이 많다고 말한다. 링컨과 케네디의 공통점이 흔한 예이다. 링컨과 케네디는 모두 암살당했고, 둘 다 이름이 알파벳 7자이고, 둘 다 뱀띠이고…. 그러나 평행 이론은 도시 전설의 일종으로 근거가 없다.

059

Wednesday

카를 마르크스

현대 정치에 가장 큰 영향을 끼친 철학자를 꼽으라면 누구나 마르크스(1818~1883)를 들 것이다. 그 덕분에 20세기에는 지구상의 3분의 1이 공산주의 국가였다. 마르크스는 독일의 트리어에서 태어나 베를린 대학에서 법학을 공부했고 예나 대학에서 철학으로 박사 학위를 받았다. 사회 현실에 비판적인 청년 헤겔학파의 영향을 많이 받았기에 대학에 자리 잡기 힘들다고 생각하고 〈라인 신문〉의 편집장이 되었다. 사회 현실과 정부를 비판한 이 신문은 크게 성장했는데 정부의 탄압으로 폐간하게 되었다.

1843년에 파리로 망명하여 다양한 사상가와 혁명가 들과 교류하고, 이 시기에 급진적 민주주의자에서 혁명적 공산주의자로 변모했다. 그리고 평생의 동지인 프리드리히 엥겔스(1820~1895)를 만났다. 청년 헤겔학파의 관념론을 비판한《신성 가족》, 역사적 유물론을 체계화한《독일 이데올로기》, "만국의 노동자들이여, 단결하라!"라는 문구로 유명한《공산당 선언》은 마르크스와 엥겔스가 함께 쓴 저서이다. 파리에서도 추방당하여 벨기에의 브뤼셀로 망명하고, 거기서 "지금까지 철학자들은 세계를 다양하게 해석해 왔다. 그러나 중요한 것은 세계를 변혁하는 것이다."라는 구절로 유명한《포이어바흐에 대한 테제》를 작성했다.

1848년에 유럽 각국에서 혁명의 바람이 일어나자 독일로 가 〈신라인 신문〉으로 유럽 각국의 혁명 소식을 전했다. 또다시 정부의 탄압으로 폐간하자 다음 해에 런던으로 망명하여 죽을 때까지 34년 동안 살았다. 영국 도서관에서 틀어박혀 경제학 연구에 매진하여 역사에 길이 남을《자본론》을 저술하였다.

지식인의 이중적 모습은 항상 비판의 대상이지만 마르크스는 특히 공산주의에 반감을 갖는 쪽에서 비판을 많이 받는다. 마르크스는 런던에서 엥겔스의 지원을 받기도 하고 신문 기고도 해서 수입은 꽤 됐는데 낭비벽이 심해서 궁핍하게 살았다. 경제학자가 경제관념이 없다고 비판받는 대목이다. 영국의 보수적인 언론인 폴 존슨(1928~)의《지식인의 두 얼굴》(1988)에 따르면, 마르크스가 노동자 출신의 혁명가를 경멸했으며 하녀를 무임금으로 착취하고 사생아까지 낳았는데 자식으로 인정하지 않았다고 한다. 이거야 인신공격성 비판이지만, 경제학자로서 객관적 자료를 찾은 게 아니라 도서관에서 자신의 가설에 맞는 증거만 찾았다는 비판도 한다.

060

Thursday

악의 문제

전지·전능·지선한 신이 있다는 사실과 이 세상에 악이 있다는 사실은 모순이기에 신은 존재하지 않는다는 주장. 에피쿠로스에 의해 제기된 것을 흄이 《자연 종교에 관한 대화》에서 정식화한 문제이다. 이 세상에는 자연재해, 질병, 전쟁, 약탈 따위로 수많은 사람이 고통을 받고 잔인하게 죽임을 당한다. 악이 있다는 것을 신이모른다면 신은 전지하지 못한다. 없애려고 해도 없앨 수 없다면 신은 전능하지 못하다. 악이 있다는 것을 알고 없앨 능력도 있으면서 없애지 않는다면 신은 지선하지 못하다. 전지·전능·지선이 신의 정의이므로 신이 존재하면서 악이 존재한다는 것은 마치 둥근 삼각형처럼 모순이라는 것이 악의 문제이다.

신의 존재를 믿는 쪽에서는 당연히 악의 문제에 답변해야 할 텐데 이를 신을 변호한다고 해서 '변신론'이라고 한다. 가장 널리 알려진 변신론은 신이 우리에게 선또는 악을 행할 자유 의지를 주었기 때문에 악이 있다는 대답이다. 자유 의지는 인간과 다른 존재를 구분해 주는 특징이기에, 비록 인간이 나쁜 짓을 하더라도 그런세상이 인간의 존엄성을 지켜 준다는 것이다. 아우구스티누스도 이런 답변을 한다. 그러나 인간에게 자유 의지는 선과 악의 선택에서만 필요한 것이 아니다. 요리사가 될지 미용사가 될지 선택할 때처럼 악이 개입하지 않아도 자유 의지가 있다. 그리고 자연재해로 생기는 악은 인간의 자유 의지와 상관없는 악이다.

악이 있어야 선이 돋보인다거나 악은 더 큰 선을 낳는다는 주장도 있다. 악이있어야 선이 좋은지 알고, 악을 겪은 후의 선은 더 값지게 느껴지기 때문이다. 라이프니츠는 이 세계가 신이 만들 수 있는 가장 좋은 세계라며 이런 식의 답변을 한다. 그러나 그런 목적이라면 약간의 악만 있어도 되는데, 현재 세상에 있는 악은지나치게 많고 크다는 비판을 받을 것이다.

○ 1755년에 포르투갈의 리스본에 대지진이 일어나 리스본과 주변 도시에서 사망자가 4만에서 5만 명에이르렀다. 이것은 볼테르(1694~1778), 장 자크 루소, 칸트 등 철학자들에게 신의 존재를 의심하게 만드는큰 사건이었다. 20세기의 홀로코스트에 비견되는 악이었지만, 그건 사람이 벌인 일인 데 반해 이쪽은 자연재해라 신이 내렸다고 생각해서 더 회의감이 컸다.

061

Friday

부모 면허증

아동 학대가 심각하게 일어나면 그 아동은 학대한 부모와 격리되어 보호를 받는다. 사람들은 그런 조치가 당연하다고 생각하고, 아동 학대를 한 부모는 부모가 될 자격이 없다고 목소리를 높인다. 그런데 처음부터 부모가 될 사격이 있는 사람에게만 아이를 낳게 하자고 하면 동의할까?

미국의 철학자 휴 라폴레트(1948~)는 운전을 하기 위해서는 운전면허증이 필요한 것처럼 아이를 낳고 기르기 위해서는 부모 면허증이 필요하다고 주장한다. 운전면허증이 필요한 이유로는 첫째, 운전은 무고한 사람을 해칠 수 있는 가능성이 매우 높기 때문이고, 둘째, 운전을 잘하기 위해서는 상당한 능력이 필요하기 때문이다. 라폴레트는 아이를 낳고 기르는 데도 이런 필요성이 적용된다고 본다. 부모에게 심리적으로나 육체적으로나 학대를 받는 아이들의 소식은 뉴스를 통해 자주 접하게 된다. 그리고 아이를 기르는 데는 거기에 걸맞은 지식이나 기질이 필요함을 우리는 알고 있다.

아이를 낳고 기르는 것은 사람들의 본능이고 그것을 바라는 사람이 많은데 국가가 자격을 심사하는 것은 월권이라는 비판이 가능하다. 그러나 운전을 통해 빨리 이동하고 스피드를 즐기고 싶은 것도 사람들의 본능이고 바람이지만, 거기에 국가가 간섭하는 데는 다들 동의한다. 또 부모가 될 능력이 있는지 검증하는 신뢰할 만한 방법이 없다는 비판도 있다. 하지만 아주 좋은 부모가 될 사람에게만 면허를 부여하는 검사가 아니라, 매우 나쁜 부모가 될 사람만 부모가 되는 길을 막는 검사라면 그리 어렵지 않을 것 같다.

062

Saturday

훈제 청어

사람들의 관심을 논리적으로 무관한 것으로 돌리게 할 때 쓰는 말. 훈제 청어는 냄새가 강하다. 사냥개가 목표로 하는 냄새를 쫓아가다가 다른 냄새에 끌려가지 않도록 훈련용으로 쓴다. 그래서 '훈제 청어 red herring'는 '주위를 다른 곳으로 돌린다'라는 뜻의 관용구로 쓰인다. 애거사 크리스티의 소설《그리고 아무도 없었다》(1939)에서는 범인이 일부러 '훈제 청어'라고 쓴 단서를 남겨 놓는데 이게 오히려 훈제 청어 역할을 한다. (더 이상의 자세한 내용은 생략한다. 스포일러라서.) 코난 도일의 소설이 원작인 영국 드라마 〈셜록〉의 시즌 4(2017)에서는 피를 흘리며 개에게 쫓기던 범인이 정육점으로 도망가서 개를 헤매게 하는 장면이 나온다. 여기서는 정육점의 피 냄새가 훈제 청어 역할을 한 것이다.

논리학에서는 논점과 관련이 없는 주제로 벗어나게 할 때 훈제 청어라는 말을 쓴다. '논점 일탈의 오류'와 같은 말이다. 자신이 불리할 때 논점에서 의도적으로 벗어나게 할 때도 있고 자신도 모르게 논점에서 일탈할 때도 있다. 자신에게 불리한 말을 하는 상대방에게 "오늘 옷 참 예쁘네요."라고 말을 돌리는 것은 의도적이긴 하지만 애교 수준이다. 정부에 불리한 사건이 터졌을 때 국민의 관심을 돌리기 위해 연예인 스캔들을 터뜨리거나 심하면 다른 나라와 전쟁을 일으킨다는 음모론이 있다. 만약 사실이라면 의도적인 훈제 청어이다. 하지만 방금 든 사례들에서 개인이나 정부의 불리한 상황은 논증의 형식은 아니기에 엄격하게 말하면 논점 일탈의 오류는 아니다.

소프트웨어나 책의 무단 복제를 주제로 토론하면서 소프트웨어나 책이 비싸다는 것을 근거로 무단 복제가 문제가 안 된다는 논증을 한다고 해 보자. 무단 복제는 다른 사람의 허락 없이 권리를 취득하는 것이므로 비싼가 비싸지 않은가는 논점과 상관이 없다. 소프트웨어나 책이 아닌 상품, 가령 전자 제품이나 옷의 경우 비싸다고 해서 훔치는 것이 허용되지 않는 것을 생각해 보면 된다. 따라서 비싸다는 것은 논점을 흐리는 훈제 청어이다.

카르페 디엠

"지금 이 순간을 잡으라."라는 뜻의 라틴어 경구. 영화 〈죽은 시인의 사회〉(1989)에서 키팅 선생님이 자주 외친 말로 유명하다. 이 경구를 좌우명으로 삼고 있는 사람이 많으며, SNS의 프로필 메시지에 올려놓기도 한다. 아마 이 말을 '지금 이 순간 최선을 다하라'라거나 '성실하거나 긍정적인 삶을 살라'라는 뜻으로 이해하는 듯하다.

그러나 본디 뜻은 사뭇 다르다. 이 구절은 본디 로마의 시인 호라티우스(기원전 65~기원전 8)의 시에 나온다. "지금 이 순간을 잡으라. 가급적 내일이란 말은 최소한만 믿고."라는 구절의 일부이다. 이솝은 개미와 베짱이 우화를 통해 내일은 생각지도 않고 오늘만 즐기는 베짱이처럼 살지 말고 미래를 준비하기 위해 현재의 고생을 참는 개미처럼 살라고 가르친다. 그러나 개미처럼 살지 베짱이처럼 살지는 각자가 어떤 인생관을 선택하느냐에 달려 있지, 어느 쪽이 더 잘 산다고 말하기 어렵다. 호라티우스의 시는 베짱이의 인생관에 손을 들어 준다. 위의 구절 바로 앞에 포도주도 좀 마시면서 현명하게 살라는 구절도 있다.

이 경구를 쾌락주의를 대표하는 말로 받아들이는 것은 맞기도 하고 틀리기도 하다. 호라티우스는 에피쿠로스의 가르침을 따랐지만 에피쿠로스가 주장하는 쾌락주의는 꼭 육체적인 쾌락만을 말하는 것은 아니기 때문이다. 호라티우스가 말하는 카르페 디엠은 인생은 짧다는 것을 깨닫고 하고 싶은 것을 지금 해야지, 미래에 대한 헛된 기대 때문에 현재를 놓치면 안 된다는 주장이다. 지금 어떻게 해 볼 수 있는 것은 현재밖에 없기 때문이다.

카르페 디엠이 우리의 옛날 가요인 〈노세 노세, 젊어서 노세〉와 딱 부합한다고 말하기는 어렵다. 그보다는 '인생은 오직 한 번뿐You Only Live Once'이라는 욜로YOLO족의 생활 철학과 맞는 것 같다.

○ 카르페 디엠carpe diem을 패러디한 '카르페 녹템carpe noctem'이라는 말도 있다. 밤을 잡으라, 곧 최대한 즐기라는 뜻으로 쓴다. diem은 dies의 목적격으로, dies에는 날뿐만 아니라 낮이라는 뜻도 있다.

064

Monday

삶에 대한 질문

> 도대체 왜 이렇게 된 거지? 무엇 때문이지? 이럴 수는 없어. 삶이 이렇게 무의미하고 추악할 수는 없는 것 아닐까? 삶이 이처럼 추악하고 무의미한 것이라면, 왜 죽어야 하며 그것도 이처럼 고통스럽게 죽어야 하는 걸까? 분명 뭔가 잘못된 거야.
>
> '내가 잘못 살아온 건 아닐까?' 문득 이런 생각이 들었다. "하지만 마땅히 해야 할 일들을 다 하면서 살았는데 어떻게 그럴 수가 있는지?" 그는 이렇게 혼잣말을 했다가 바로 다음 순간 삶과 죽음의 모든 수수께끼를 풀 단 하나의 해답을 마치 절대 있을 수 없는 것인 양 머릿속에서 몰아냈다.
>
> — 톨스토이, 《이반 일리치의 죽음》

톨스토이(1828~1910)는 통상 철학자로 분류되지도 않고 그의 소설을 철학 책으로 읽지도 않는다. 그러나 '삶의 의미는 무엇인가?'를 묻는 것만큼이나 철학적인 질문이 어디 있겠는가? 톨스토이만큼 삶의 의미를 천착한 작가도 드물고, 특히 《이반 일리치의 죽음》은 그 질문을 직접 하는 작품이다.

지방 법원의 판사인 이반 일리치는 남들이 보기에 성공한 삶을 살고 가족 관계도 행복해 보인다. 그런데 어느 날 불치의 병에 걸려 자신을 덮쳐 오는 죽음의 공포를 느낀다. 의사를 비롯한 주변 사람도, 심지어 가족도 도움이 되지 않는다. 그는 그들이 자신을 진실로 위로해 주지 않고 이기적 타산에 따라 대하는 것에 괴로워한다. 그런 그는 자신의 삶을 되돌아보아, 죽음이 두려운 것은 물질적 삶과 동물적 본능만을 추구하고 그것을 초월한 정신적 삶이 없기 때문임을 깨닫는다. 이런 깨달음의 순간에 그는 육체적 고통과 죽음의 공포에서 해방되고 죽음을 맞는다.

톨스토이는 철학자가 아니기에 이런 결론을 논증의 형태로 제시하지 않았다. 그렇기에 '삶의 의미'에 대한 일리치의 깨달음은 "그건 네 생각이지."일 가능성이 크다. 물질적 삶과 동물적 본능을 더 누렸어야 하는데 누리지 못해서 죽는 순간에 아쉬워하는 사람도 얼마든지 있기 때문이다. 물론 톨스토이의 의도와 다르게 읽는 것은 소설을 읽는 올바른 방법은 아닐 것이다.

065

Tuesday

결과론

행동의 옳고 그름은 결과에 따라 정해진다는 윤리 이론. 우리는 도덕과 상관없는 개인적인 선택을 할 때도 흔히 결과를 고려하여 실행에 옮긴다. 잠을 더 잘까 일어나서 운동할까 고민될 때 어느 쪽이 내 몸에 더 좋을지 계산하여 행동한다. 도덕적인 판단에서도 결과를 고려하여 결정하는 일은 흔하기도 하고 깔끔해 보이기도 한다. 음주 운전이 그른 이유는 애먼 사람을 다치게 할 가능성이 크기 때문이고, 자선이 옳은 이유는 어려운 사람의 형편을 나아지게 하기 때문이다.

가장 좋은 결과를 가져오는 행동을 하는 것이 의무라고 주장하는 결과론은 결과가 무엇인가에 따라 몇 가지로 나뉜다. 먼저 자신만 고려할 것인가, 행동으로 영향받는 모든 사람을 고려할 것인가에 따라 '(윤리적) 이기주의'와 '공리주의'가 있다. 공리주의에는 다시 영향받는 모든 사람의 쾌락을 최대화하고 고통을 최소화하는 행동을 하라는 고전적인 '쾌락 공리주의'와, 영향받는 모든 사람의 선호를 증대하는 행동을 하라는 다소 현대적인 '선호 공리주의'가 있다. 우리가 선호하는 것 중에 대표적인 것이 쾌락이므로, 선호 공리주의는 크게 보아 쾌락 공리주의라고 볼 수 있다. 다만 사람을 고통 없이 죽여도 안 되는 이유를 쾌락 공리주의보다는 선호 공리주의가 더 잘 설명한다. 사람을 고통 없이 죽이면 고통은 주지 않지만 선호하는 것을 실현하지 못하게 하기 때문이다.

결과론은 어떤 행위의 옳고 그름은 그 행위가 목적을 이루는 데 도움이 되는지에 따라 결정된다고 보는 '목적론'과 같은 이론으로 여겨진다. 다만 목적론은 '의무론'과 대비되는 이론이고, 결과론은 '동기론'과 대비되는 이론으로 이해해야 한다. 그런데 "목적이 수단을 정당화하지 않는다."라는 격언에서 보듯이 결과론(목적론)에 부정적인 상식이 있는 것도 사실이다. 교회를 지으라고 기부한 유산을 인류를 구하는 신약을 개발하는 데 썼다고 하면 그 결과는 좋더라도 분명히 약속을 어긴 행동이다. 또 인류를 구하는 신약을 개발하는 과학자가 장기 기증이 필요한 병을 앓게 되자 사회에 무익하고 해롭기까지 한 사람을 납치해 그의 장기를 적출해서 과학자에게 이식하는 수술을 한다면 역시 결과는 좋더라도 개인의 권리를 침해하는 것이다.

○ 결과론의 다른 이름인 목적론은 윤리 이론으로서의 목적론이다. 형이상학으로서의 목적론은 기계론과 대비되는 전혀 다른 이론이다.

066

Wednesday

탈레스

대부분의 철학사는 탈레스(?~?)를 철학의 시조로 소개한다. 그는 기원전 6세기 무렵에 살았을 것으로 추측되는 그리스의 철학자이자 수학자이자 천문학자이다. 직접 쓴 저서는 전해져 오지 않고 여러 학자의 저서에 일생이나 그가 남긴 말이 전해져 내려온다. 아리스토텔레스는 그가 모든 것의 근원은 물이라고 말했다고 전하며 철학의 시조로 떠받든다.

플라톤의 《테아이테토스》에는 탈레스가 밤하늘의 별을 쳐다보다가 우물에 빠진 일화가 나온다. 그것을 보던 하녀가 "하늘의 것들을 보는 데는 열심이면서 자기 앞의, 발치에 있는 것들은 알아채질 못"한다고 놀려 댔다는 이야기가 전해져 온다. 플라톤은 이 이야기에 "철학에 종사하는 모든 이들이 그와 똑같은 놀림을 받을 만"하다고 덧붙인다.

철학자에 대해서는 예나 지금이나 세상 물정 모른다는 비아냥이 있었던 것 같다. 그러나 아리스토텔레스는 《정치학》에서 탈레스를, 더 나아가 철학자를 다르게 평가한다. 그는 탈레스가 "가난하다고 비난받았는데, 아마도 철학이 무용지물이라는 것을 보여 주기 위함이었으리라."라고 말한다. 그러고 나서 탈레스가 기상학적 지식을 이용해 다음 해의 올리브 풍작을 확신하고 올리브기름 짜는 기계 사용권을 대거 예약한 다음에 떼돈을 번 이야기를 전한다. 요즘 말로 하면 일종의 콜옵션을 행사해 돈을 번 것이다. 아리스토텔레스는 이어서 철학자도 원하면 많은 돈을 벌 수 있지만 그러고 싶지 않을 뿐이라는 것을 증명했다고 말한다.

○ 기원전 6세기 무렵에 살았을 것이라고 추측하는 것은 헤로도토스의 《역사》에 탈레스가 일식을 예측했다는 기록이 남아 있기 때문이다. 천문학자들이 밀레토스가 있는 이오니아 지방(지금은 그리스가 아니라 터키 땅이다)에 기원전 585년에 개기일식이 있었다는 것을 계산해 냈는데, 이것으로 그가 살았던 시기를 추측한 것이다.

067

Thursday

서양의 근세 철학

서양의 역사에서 근세를 특징짓는 중요한 사건들로 흔히 르네상스, 종교 개혁, 천문학의 발전, 구텐베르크의 활자 발명, 대항해 시대 따위를 든다. 이 사건들의 공통점은 모두 세상에 대한 인간의 지식을 풍부하게 만들었다는 데 있다. 서양의 중세 사회가 교회를 중심으로 움직이고 신학이 궁극의, 그리고 거의 유일한 지식이었다면, 이제 사람들은 주변 세상과 사람들에게 관심을 돌리기 시작하고 자연과 인간을 대상으로 하는 지식을 넓혀 가게 된다.

철학도 근세에 들어서 비슷한 궤적을 보인다. 철학은 인간이 점점 쌓게 되는 지식으로 관심을 돌려, 그 본성과 근원은 무엇이고 그 한계는 무엇인지 묻게 된다. 우리는 무엇인가를 어떻게 알게 되는가? 우리가 무엇인가를 안다는 것은 어떻게 정당화되는가? 이것이 근세의 철학자들이 가장 관심을 두는 문제였다.

철학에서 지식의 근원, 토대, 정당화와 같은 주제를 다루는 분과를 인식론이라고 부른다. 서양 철학사에서 17세기 데카르트에서 시작하는 근세 철학은 가히 인식론의 시대라고 할 만하다. 이성론이나 경험론이 바로 이 근세에 시작된 철학 사조이고 인식론의 주요 이론이다.

근세의 인식론자들은 지식의 원천이 무엇이고 지식이 어떻게 생기는지에 관심을 가졌다. 이런 심리적이고 기술적인 접근은 19세기 후반부터 20세기 전반의 기간 동안 고틀로프 프레게와 에드문트 후설 그리고 논리 실증주의자에 의해 사실적인 것과 규범적인 것이 혼동됐다는 비판을 받는다. 그러다가 20세기 중반 콰인의 인식론의 자연화 주장에 따라 부활한다.

○ 시대순으로는 데카르트보다 베이컨이나 홉스가 먼저이다. 그러나 베이컨은 철학 방법론, 홉스는 정치 철학에 치중했기에 인식론의 시대인 근세 철학은 흔히 데카르트부터 시작한다고 말한다.

068

Friday

모르는 게 죄일까?

A는 친구와 소주를 마시고 있다. A가 자리를 비운 사이에 누군가가 소주병에 메탄올을 넣었고, 돌아온 A가 따라 준 술을 마신 친구가 죽었다고 하자. A는 죄가 있을까? 이번에는 화학자인 B가 실험실에서 친구와 술을 마시고 있다. B는 실수로 실험대에 놓인 메탄올을 친구 술잔에 따라 주었고 친구는 그것을 마시고 죽었다고 하자. B는 죄가 있을까?

B의 무지와 달리 A의 무지는 도덕적으로 책임이 없다고 말하는 게 상식이다. 왜 그럴까? 합리적으로 피할 수 없는 무지에 의해 저지른 일은 책임질 수 없다고 생각하기 때문이다. 자신이 없는 사이에 누군가가 소주병에 메탄올을 넣는다는 사실을 A는 알 수 없었기에, A의 무지는 합리적으로 피할 수 없었다. 그러나 화학자인 B는 유독 약품인 메탄올 병에 해골 표시를 해 놓는 등의 방식으로 소주와 구분하는 주의를 기울여야 하기에 B의 무지는 합리적으로 피할 수 있었다. A와 달리 B는 도덕적 책임을 져야 한다.

그러나 이런 설명에 따르면 과거에 노예를 부린 사람 중 어떤 사람은 책임지고 어떤 사람은 책임지지 않게 된다. 노예를 부리는 행동이 도덕적 책임의 소지가 있다는 것을 반성할 능력이 있거나 다른 사람과 대화할 기회가 있는 철학자나 교육자 등의 지식인이 노예를 소유했다면 도덕적 책임을 져야 한다. 그러나 그런 능력과 기회가 없는 일반인은 책임질 필요가 없게 된다. 같은 행동에 책임의 유무가 달라지는 것은 이상하다. 결국 도덕적으로 비난받을 만한 태도나 믿음을 가지고 있느냐에 의해서만 행동을 평가해야 한다는 비판이 나온다. 지식인이든 아니든 그 사람이 다른 사람을 물건처럼 대했느냐 여부만 가지고 판단해야 한다는 것이다.

여기서 '상황의 무지'와 '도덕의 무지' 두 가지를 구분하고 그에 따라 도덕적 책임을 달리 물어야 한다는 주장이 나온다. A가 술을 따르는 행동은 애초에 도덕과 관련된 특성이 아니니 메탄올이 든 것을 모르더라도 상황의 무지일 뿐이다. 여기서는 도덕적 책임이 없다. 그러나 B가 부주의하게 술을 따르는 행동이나 노예 소유주가 사람을 대하는 행동은 애초에 도덕과 관련된 특성이다. 메탄올이 들어 있을 수 있다는 것을 모르거나 자신의 행동이 자유를 빼앗는 행동이라는 것을 모르는 것은 도덕의 무지이고, 이것은 도덕적 책임을 져야 한다는 것이다.

069

Saturday

유비 논증

비교 대상들이 몇 가지 점에서 비슷하다는 사실이 확인된 것을 토대로, 다른 측면에서도 비슷하리라고 추론하는 논증. 신약을 개발할 때 쓰는 동물 실험은 유비 논증을 근거로 한다. 실험동물로 많이 쓰이는 포유류는 인간과 생리직 구조가 비슷하다고 알려져 있다. 이를 토대로 실험동물이 신약에 보이는 반응을 인간도 똑같이 보일 것이라고 추론하는 것이다.

유비 논증은 이미 알고 있는 전제에서 새로운 결론을 도출한다는 점에서 유용하다. 그러나 이미 알고 있는 비교 대상의 유사성이 약하거나 전제가 충분하지 않다면 유비 논증은 실패하고 만다. 동물 실험의 경우에도 우리가 미처 알지 못하는 인간과 실험동물의 생리적 차이 때문에 인간이 실험동물과 다른 반응을 보이는 일이 적지 않게 생긴다.

철학에서도 유비 논증이 널리 쓰인다. 시계도 누군가에 의해 설계된 것처럼 시계보다 훨씬 정교한 인간의 눈도 누군가—신—에 의해서 설계되었다고 주장하는 설계 논증, 다른 사람도 나와 비슷한 행동을 하므로 내가 마음을 가진 것처럼 다른 사람도 마음을 가졌으리라고 추론하는 논증이 대표적이다. 설계 논증은 시계와 달리 인간의 눈은 인공물이 아니라는 것이 진화론에 의해 알려졌다는 점에서 비교 대상의 유사성이 약하다고 비판받는다. 그리고 다른 사람의 마음의 존재 증명은 나의 마음이라는 단 하나의 사례에만 의존한다는 점에서 약한 논증이라는 비판을 받는다.

○ 1950년대 후반에 독일에서 개발된 입덧 완화제인 탈리도마이드는 동물 실험을 거쳤는데도 이 약을 복용한 산모에게서 1만 명 이상의 기형아가 태어나는 부작용이 생겼다. 유비 논증이 실패한 대표적이고 치명적인 사례이다.

070

가장 위대한 철학자

가장 위대한 철학자는 누구일까? 철학이 육상처럼 기록경기가 아닌 만큼 무의미한 질문이다. 그래도 이러저러한 매체에서 이런 질문을 던져 본다. 2005년에 영국의 BBC 라디오의 〈In Our Time〉이라는 프로그램에서 청취자에게 가장 위대한 철학자를 물었는데 3만 명이 참여했다. 그 순위는 다음과 같다.

1. 마르크스 2. 흄 3. 비트겐슈타인 4. 니체 5. 플라톤 6. 칸트 7. 아퀴나스 8. 소크라테스 9. 아리스토텔레스 10. 포퍼

다분히 영국적인 결과이다. 마르크스는 독일 사람이지만 영국에서 34년을 살았고, 비트겐슈타인과 칼 포퍼도 오스트리아 출신이지만 영국에서 오랫동안 가르쳤다. 일반인에게 물은 것도 고려해야 한다. 1위인 마르크스가 27.93%를 득표했는데 2위인 흄의 12.67%보다 갑절이 넘는다. 마르크스는 철학자로서도 위대하지만 역사에 끼친 영향도 지대하다. 아마 다윈이나 뉴턴을 철학자로 생각했다면 그들도 높은 순위에 들었을 것이다.

미국의 철학자인 브라이언 라이터(1963~)는 철학 소식을 전하는 블로그를 운영한다. 2017년에 가장 중요한 '서양' 철학자를 묻는 투표에 1,160명이 참여했다. 이 블로그에는 주로 철학 전공자가 방문했을 텐데, 그 결과는 다음과 같다.

1. 아리스토텔레스 2. 플라톤 3. 칸트 4. 흄 5. 데카르트 6. 소크라테스 7. 로크 8. 비트겐슈타인 9. 아퀴나스 10. 라이프니츠

영국의 철학자인 데이비드 에드먼즈(1964~)와 나이절 워버턴(1962~)은 철학 팟캐스트인 〈Philosophy Bites〉를 운영한다. 거기서 철학 교수들과 인터뷰를 하면서 질문지를 미리 주지 않고 즉석에서 가장 좋아하는 철학자가 누구냐고 물었더니 20%가 흄이라고 대답했다. 물론 좋아하는 철학자와 위대한 철학자는 다르다.

BBC나 라이터의 블로그 순위에 10위는커녕 20위 안에도 여성 철학자는 없었다. 이 점을 두고 댓글에서 논란이 있었다.

071

Monday

신은 죽었다

그대들은 밝은 아침에 등불을 켜고 시장으로 달려가며 끊임없이 "나는 신을 찾고 있노라! 나는 신을 찾고 있노라!"라고 외치는 광인에 대해 들어 본 적이 있는가? 그곳에는 신을 믿지 않는 사람들이 많이 모여 있었기 때문에 그는 큰 웃음거리가 되었다. 신을 잃어버렸는가? 그들 중 한 사람이 이렇게 물었다. 신이 아이처럼 길을 잃었는가? 다른 한 사람이 말했다. 신이 숨어 버렸는가? 신이 우리를 두려워하고 있는가? 신이 배를 타고 떠났는가? 이민을 떠났는가? 이렇게 그들은 웃으며 떠들썩하게 소리쳤다. 광인은 그들 한가운데로 뛰어들어 꿰뚫을 듯한 눈길로 그들을 바라보며 소리쳤다. "신이 어디로 갔느냐고? 너희에게 그것을 말해 주겠노라! 우리가 신을 죽였다—너희들과 내가! 우리 모두가 신을 죽인 살인자다! (…) 신은 죽었다! 신은 죽어 버렸다! 우리가 신을 죽인 것이다!"

— 니체, 《즐거운 학문》

니체가 말하는 신은 물론 크리스트교의 신이다. 그러나 꼭 그뿐만 아니라 인간이 의지하고 지향하는 초감각적이고 구속력을 가진 절대자를 말한다. 따라서 그런 존재가 죽었다는 것은 우리가 의지할 구심점이 없다는 '허무주의'(니힐리즘)로 연결된다. 니체에 따르면 자신의 삶을 끊임없이 질문하여 현재를 극복하는 초인(위버멘슈)이 우리가 지향해야 할 삶의 방식이다.

"신은 죽었다."라는 말은 니체의 《차라투스트라는 이렇게 말했다》에도 나온다. 성자가 "나는 이제 신을 사랑하노라."라고 말하자, 차라투스트라가 마음속으로 '저 늙은 성자는 숲속에 살고 있어서 신이 죽었다는 소문을 듣지 못했다는 말인가!'라고 말한다. 더 나아가 '그 신은 죽어 마땅했다!'라고도 말한다.

○ 위 사진은 니체의 묘지로, 니체와 어머니의 동상이 서 있다.

072

Tuesday

의무론

행동의 옳고 그름은 그 결과와 상관없이 우리가 지켜야 할 의무에 따라 정해진다는 윤리 이론. 의무는 그 자체로서 옳으므로 의무를 다하려는 동기를 가지고 행동하는 것이 옳다고 주장한다. 이런 점에서 의무론은 '동기론'과 동의어로 쓰인다. 의무를 다한다는 것은 규칙 또는 원칙을 지킨다는 말이다. 우리는 규칙을 따를 의무가 있고, 어떤 행동의 옳고 그름은 규칙을 따르는가를 보고 판단한다. 십계명이라는 규칙을 지키라고 말하는 크리스트교 윤리도 의무론이지만, 대표적인 의무론은 칸트의 윤리학이다. 그의 의무론에서 의무에 따라 행동한다는 것은 도덕 법칙에 따라 자율적으로 행동함을 뜻하는데, 도덕 법칙은 법칙이라는 점에서 보편성과 필연성을 지녀야 한다.

그러나 규칙을 엄격하게 지키다 보면 예외를 허용하지 않기에 의무론에서는 사람들이 직관적으로 받아들이기 힘든 상황이 생기게 된다. 가정 폭력에 시달리다 숨은 부인을 찾는 남편에게 의무론자는 "거짓말하지 말라."라는 의무에 따라 거짓말을 해서는 안 된다. 나치 점령하의 프랑스에서 레지스탕스를 수레에 숨겨 가던 수녀에게 나치 군인이 "혼자예요?"라고 물었다. 수녀는 "우리 같은 사람은 하느님이 항상 함께 계시죠."라고 대답했다고 한다. 재치 있는 대답이긴 하지만 역시 거짓말하지 말라는 의무를 어기지 않으려는 노력이 보인다. 가정 폭력에 시달리는 부인 상황이든 레지스탕스 상황이든 우리 상식은 그럴 때는 거짓말이 허용될 뿐만 아니라 의무이기까지 하다고 말한다.

의무론의 규칙이라고 하는 것도 결국에는 장기적인 결과를 보고 만들어진 것 아니냐는 의문이 제기된다. 거짓말을 하면 지금 당장에는 곤란을 넘어갈 수 있지만 멀리 보면 신용도가 떨어져 손해가 되므로 거짓말을 하지 않는 것이 이득이라는 것이다. 이런 점에서 의무론은 결과론, 그중에서도 규칙 결과론과 같은 이론이라고 볼 여지가 있다. 결과론이 더 나은 결과를 낳는 행위를 하라는 것이라고 해서, 행위 하나하나마다 그 결과를 계산하기에는 우리에게 시간도 부족하고 쓸 수 있는 정보도 많지 않다. 그래서 더 나은 결과를 낳는 규칙을 평소에 익혀 두었다가 그것을 대체로 따르는 것이 더 현명하다. 앞의 결과론이 '행위 결과론', 뒤의 결과론이 '규칙 결과론'이다.

○ 의무론은 동기론과 같기에 의무를 다하려는 동기를 가지고 행동하면 설령 그 결과가 나쁘더라도 용서된다. "지옥으로 가는 길은 선의로 포장되어 있다."라는 서양 속담이 이를 비꼬는 데 쓰인다.

073

Wednesday

자연 철학자

철학의 시조로 일컬어지는 탈레스가 모든 것의 근원은 물이라고 말한 이후, 자연 현상이 어떻게 생겼고 그것을 지배하는 원리가 무엇인지에 대해 관심을 가지는 철학자들이 생겼다. 이들을 '자연 철학자'라고 부른다. 소크라테스에 이르러서 철학적 관심을 인간으로 돌리게 되었는데, 그래서 자연 철학자는 '소크라테스 이전 철학자'라고도 한다. 이들은 모두 직접 쓴 글들이 전해져 오지 않는다. 그 대신에 후대의 철학자들의 저서에 그들이 한 말이 조각 글로 전해져 온다고 해서 이들이 남긴 말들을 '단편斷片'이라고 한다.

자연 철학자들로는 먼저 탈레스를 뒤이은 아낙시만드로스(기원전 610?~기원전 546?)와 아낙시메네스(기원전 586?~기원전 526?)가 있다. 이들 역시 만물의 근원에 관심이 있었는데, 각각 아페이론(무한한 것, 미규정된 것이라는 뜻)과 공기가 만물의 근원이라고 말한다. 탈레스, 아낙시만드로스, 아낙시메네스는 밀레토스를 중심으로 활동했다고 해서 '밀레토스학파'라고 부른다. 피타고라스 정리로 잘 알려진 피타고라스도 자연 철학자인데, 그는 만물의 근원이 수數라고 주장한다. "같은 강에 두 번 들어갈 수 없다."라고 말한 헤라클레이토스는 이 세상이 끊임없이 변한다고 주장한 반면에, 파르메니데스(기원전 510?~기원전 450?)로 대표되는 엘레아학파는 불변하는 일자一者만이 존재한다고 주장한다. 다원론자는 이런 일자 사상을 부정했는데, 엠페도클레스(기원전 493?~기원전 430?)는 불, 공기, 흙, 물이 적절히 섞여 실재가 만들어진다고 주장하고, 아낙사고라스(기원전 500?~기원전 428?)는 자연은 질적으로 다양한 원소로 이루어져 있다고 주장한다. 그리고 레우키포스(?~?)나 데모크리토스(기원전 460?~기원전 380?)와 같은 원자론자는 이 세상은 무수히 많은 원자로 이루어져 있다고 말한다.

자연 철학자의 자연 탐구는 사변으로 이루어진다는 점에서 관찰과 실험을 도구로 삼는 근대 이후의 과학자와 다르다. 사변이라고 해서 밑도 끝도 없이 생각을 던지는 것은 아니다. 논리적·합리적 추론을 한다는 점에서 그 이전의 신화적 사고와 다르다.

○ 그리스 남자의 이름은 대부분 '이스'나 '에스'로 끝나고, 가끔 '-아'나 '-온'으로 끝난다. 그래서 자연 철학자 이름이 온통 '-스'로 끝난다. 여자 이름은 대부분 '-아'나 '-이'로 끝난다.

074

Thursday

이성론

지식은 이성이 발휘되어 생긴 것이라고 주장한 서양 근세의 인식론 전통. 데카르트, 스피노자, 라이프니츠가 이성론을 대표하는 철학자이다. 이들이 영국이 아니라 유럽 대륙 출신이기에 '대륙 이성론'이라고도 한다.

이성을 사용할 때 참된 지식을 얻을 수 있으며, 감각 경험으로는 지식의 확실성을 담보할 수 없다고 주장한다. 이성론은 수학은 공리적 방법을 사용하기 때문에 정확하고 엄밀한 지식을 얻을 수 있다고 보았기에, 수학을 지식을 추구하는 방법의 표본으로 삼았다. 공리적 방법이란 이미 자명성이 증명된 공리로부터 추론 규칙에 따라 정리를 논리적으로 도출하는 방법을 말한다. 수학 이외의 지식도 자명한 제1 원리로부터 도출되어야 보편타당성을 띨 수 있다는 것이다. 이성론은 또한 경험과 상관없이 확실성이 보장되는 선험적 진리의 존재를 인정하고, 우리에게는 그것을 알 수 있는 직관이 있다고 주장한다.

근세의 이성론자들 이전에 플라톤도 최고의 지식인 이데아는 감각 경험이 아니라 이성에 의해 파악할 수 있다고 주장했기에 이성론자였다. 현대에 들어서는 이성론과 경험론의 논쟁이 언어에 국한되는 면이 있는데, 선천적인 언어 습득 능력이 있다고 주장하는 언어학자 노엄 촘스키(1928~)가 대표적인 이성론자이다.

'이성론'은 한때 '합리론'이라고 번역되었다. 그러나 이성론은 지식 획득에서 합리적 방법이 아니라 이성의 능력을 중요하게 생각한 이론이므로 이성론이 정확한 번역어이다. 이성론과 대비되는 인식론 이론인 경험론도 합리적 방법을 중시한 것은 마찬가지이다. 오히려 합리론이라고 한다면 종교적 신념, 도덕감, 감정과 같은 비합리적인 요소를 강조하는 쪽과 대비되는 명칭이다.

○ 수학을 지식의 표본으로 삼는 이성론자 중 데카르트는 함수 좌표계, 라이프니츠는 미적분을 발명한 뛰어난 수학자였다. 스피노자의 주저인 《윤리학》의 정식 명칭은 《기하학적 순서로 증명된 윤리학》이고, 실제 내용도 공리와 공준에서 정리를 증명하는 방식을 사용했다.

075
Friday

개고기와 문화 상대주의

아직도 복날 무렵이 되면 개고기를 먹는 것이 옳으냐는 논쟁이 반복된다. 그때 자주 나오는 주장은 어떤 음식을 먹느냐는 각 문화에 상대적이므로 개고기를 먹는 것에 반대해서는 안 된다는 것이다. 서로 다른 문화에는 서로 다른 도덕 규칙이 존재하니 자기 문화의 기준으로 다른 문화를 비판하는 것은 옳지 못하다는 것이다.

그러나 문화 상대주의는 서로 다른 문화에 속한 사람들이 무엇을 '믿는지'를 주장할 뿐이지 '실제로 도덕적인지'를 주장하지는 않는다. 이 말을 쉽게 이해하기 위해서는 200년 전 미국 백인이 노예제가 옳다고 믿고 나치 시대에 독일 사람이 집단 학살이 옳다고 믿었다고 해서 그런 제도나 관행이 실제로 도덕적이지는 않다는 것을 생각해 보면 된다.

그렇다고 해서 문화 상대주의가 옹호될 수 없다는 말이 아니다. 각 문화가 사람들이 보편적으로 받아들이는 도덕 규칙에 어긋나지 않는다면 상대적인 문화는 얼마든지 허용될 수 있다. 가령 사람들끼리 인사를 할 때 어떤 문화에서는 고개를 숙이고 어떤 문화에서는 포옹하고 어떤 문화에서는 뺨을 비빈다. 거기에는 "만나는 사람에게 반가움이나 존중의 뜻을 표시해야 한다."라는 도덕 규칙이 숨어 있고 그 도덕 규칙이 서로 다른 문화에서 서로 다른 방식으로 드러나는 것뿐이다. 그리고 이런 인사법은 이 도덕 규칙이나 또 다른 도덕 규칙에 어긋나지 않기 때문에 문화 상대적으로 허용되는 것이다.

결국 개고기를 먹는 문화가 도덕적으로 정당하다고 주장하기 위해서는 단순히 문화 상대적이라고 주장하기만 해서는 안 되고, 보편적인 도덕 규칙에 어긋나지 않는다는 주장이 뒷받침되어야 한다. "무고한 생명을 음식으로 먹기 위해서 죽여서는 안 된다."가 그런 규칙의 예가 될 것이다. 그러나 이것은 소나 돼지도 무고한 생명이 아니냐는 반례에 부딪히게 된다. 그러면 다시 "인간과 가까우면서 무고한 생명을 음식으로 먹기 위해서 죽여서는 안 된다."를 규칙으로 제시하는 식으로 논쟁이 이어질 것이다.

⊙ 개고기처럼 문화 상대주의와 보편 도덕 규칙이 충돌하는 사례는 일본의 고래 사냥, 이누이트의 물개 사냥, 에스파냐의 투우, 유대인이나 이슬람교도의 제의(祭儀)에 의한 도축 등 많다.

076

Saturday

자비의 원리

논쟁에서 상대방의 논증을 공격하기 쉽게 해석하는 것이 아니라 최대한 강한 논증으로 해석하는 원리. 이렇게 하는 이유는 상대방의 논증을 공격하기 쉽게 해석하다 보면 상대방이 실제로 하지도 않은 주장을 한 것으로 오해하는 허수아비 공격의 오류에 빠지기 쉽기 때문이다. 그러다 보면 결국에는 논쟁에서 불리해진다. 자비롭게 해석하는 또 다른 이유는 논쟁에서 꼭 상대방을 이기려고 논증에 참여하는 것이 아니라 토론을 통해 상대방에게 무언가를 배우려는 목적에서도 논증에 참여하기 때문이다. 테니스든 바둑이든 잘하는 상대와 대전해야 하나라도 배울 수 있는 것과 같다.

누군가가 동물에게도 평등한 권리가 있다고 주장했다고 해 보자. "동물에게 평등한 권리가 있다면 동물에게도 학교에 다닐 권리를 주고 투표권을 주란 말이냐?"라고 반론한다면 상대방을 전혀 자비롭게 해석한 것이 아니다. 동물의 평등한 권리를 말할 때 모든 점에서 평등하다고 말했을 리는 없고 특정한 측면에서 평등하다고 말했을 텐데, 그것을 이해하려고 노력해야 한다.

위와 같이 상대방이 내가 평소에 동의하지 않거나 생각하지도 못했던 주장을 할 때 자비의 원리가 필요하다. 그럴 때 "저런 말도 안 되는 주장을 하고 있어."라고 말하는 대신에 "똑똑한 사람이 왜 저런 주장을 했을까?"라고 논증의 본뜻이나 주장에 숨어 있는 전제를 생각하려고 노력해야 한다. 내가 논증에 참여한다는 것은 상대방을 논쟁이 가능한 똑똑한 사람으로 인정한다는 뜻이기도 하고, 내가 먼저 그렇게 인정해야 상대방도 나를 똑똑한 사람으로 인정할 것이기 때문이다. 자비의 원리는 모든 것을 의심해 보는 악마의 변호사와 반대된다. 그러나 자비의 원리는 남의 주장을 대상으로 하고 악마의 변호사는 자신의 주장을 대상으로 한다.

자비의 원리는 언어 철학에서도 중요한 개념이다. 낯선 언어를 번역해야 하는 원초적 상황에서 그 언어의 화자가 말하는 것은 모두 참이라고 해석해야 한다는 원리로서, 콰인 그리고 미국의 철학자 도널드 데이비드슨(1917~2003)이 제시했다.

077

Sunday

철학자의 동성애

플라톤의 대화편 《향연》은 그리스어로 '심포시온'이고, 여기서 토론회라는 뜻의 '심포지엄'이 나왔다. 심포시온은 함께 술을 마시는 모임이라는 뜻이고 번역어인 '향연饗宴'도 잔치라는 뜻이니, 심포지엄은 원래는 술을 마시며 즐기는 자리이다.

《향연》은 소크라테스를 포함해 7명의 등장인물이 에로스를 주제로 연설하는 내용이다. 극작가인 아리스토파네스는 인간은 본디 남성과 여성만 있었던 게 아니라 양성을 모두 갖춘 남녀추니가 있었다는 신화를 말한다. 이 남녀추니가 능력이 출중해 신에게 대들자 제우스가 남녀추니를 비롯해 인간의 몸을 반으로 잘라 버렸다고 한다. 그래서 우리 주변에는 남자와 여자만 있는 것 같지만, 순전한 남성에서 갈라진 남성, 순전한 여성에서 갈라진 여성, 남녀추니에서 갈라진 남성과 여성이 있고 이들은 갈라진 짝을 찾으려고 노력하는데, 남녀추니에서 갈라진 이들 중에 이성을 좋아하는 사람이 많고, 순전한 남성이나 여성에서 갈라진 이들 중에는 동성애자가 많다는 것이다. 또 본디부터 남성이었던 이들은 가장 남성다운 이들이므로 동성애는 남성다움에 대한 확신 때문에 자신과 비슷한 사람을 사랑한다고 한다. 이러니 《향연》에 따르면 동성애는 불순한 것이 아니다. 반면에 남녀끼리의 사랑은 종을 재생산하기 위한 목적이다.

《향연》의 마지막에서는 당시 아테네에서 가장 아름다운 청년인 알키비아데스가 자신이 소크라테스를 유혹했지만 넘어가지 않았다고 연설한다. 알키비아데스는 소크라테스의 절제력을 찬양하려는 의도로 이런 말을 했는데, 플라톤은 아름다운 사람과의 사랑은 괴로움을 낳으므로 아름다움 그 자체(이데아)와 사랑해야 한다는 것을 보여 주는 의도로 이 연설을 소개한 것 같다. 소크라테스가 동성애를 거부했다기보다는 동성애든 이성애든 현실의 육체와의 사랑을 절제한 것이다.

○ 위 그림은 장 밥티스트 르뇨의 〈관능적 쾌락으로부터 알키비아데스를 끌어내는 소크라테스〉(1791).
○ 고대 그리스는 남성 중심 사회였기 때문에 여성 동성애에 대해서는 많이 언급하지 않았다. 여성 동성애자인 '레즈비언'은 시인 사포의 고향 레스보스섬에서 유래했다.

078

Monday

자유인 vs 노예

> 오직 정서나 속견에만 인도되는 인간과 이성에 인도되는 인간 사이에 어떤 차이가 있는지 쉽게 알 수 있을 것이다. 왜냐하면 전자는 자신이 원하든 원하지 않든 간에 자신이 전혀 모르는 것을 행하지만, 후자는 자기 이외의 어떤 사람도 따르지 않고 그가 인생에서 가장 중대하다고 아는 것, 그러므로 자기가 가장 욕구하는 것만을 행하기 때문이다. 그러므로 나는 전자를 노예라 부르고 후자를 자유인이라 부른다.
>
> - 스피노자, 《윤리학》

스피노자는 상식적으로 보기에는 인간에게 자유가 없는 것처럼 보이지만, 진정한 의미에서의 자유는 분명히 존재하고 우리는 그런 자유에 도달할 수 있다고 주장한다. 그에 따르면 육체적 상태의 작용 원인이 무엇인지 제대로 파악한다면 우리는 능동적으로 작용하게 되고 그럴 때 우리는 자유인이라고 말할 수 있다. 그러나 정념(감정이나 의견)에 따른 유혹에 따라 행동하면 외부적 원인으로 조정되는 노예나 꼭두각시와 같으므로 자유롭지 않다. 정념이란 욕구, 기쁨, 슬픔 따위의 수동적으로 생긴 여러 가지 감정을 말한다.

게임을 예로 들어 보자. 똑같이 게임을 즐기더라도 자유인으로 즐기는 사람이 있고 노예로 즐기는(실은 그렇게 생각되는) 사람이 있다. 한 사람은 취미 생활로서의 컴퓨터 게임이 삶의 활력소가 되고 스트레스 해소에 도움이 된다는 것을 알고 게임을 적절하게 즐긴다. 반면에 다른 사람은 게임에 중독되어 온종일 게임에 빠져 있거나, 하지 않더라도 머릿속에 온통 게임 생각뿐이다. 앞의 사람은 인간의 본성이 무엇인지를 이성으로 인식하고 그것에 따라 자신의 행동을 능동적으로 이끌어가는 자유인이지만, 뒤의 사람은 외부의 정념에 완전히 예속되어 스스로 통제하지 못하는 노예이다.

079

Tuesday

타입 vs 토큰

타입^{type}은 집합을 가리키고 토큰^{token}은 거기에 속하는 개체를 말한다. 각각 '유형'과 '사례'라고 말하기도 한다. 찰스 샌더스 퍼스가 언어에 대해 구분했다. 가령 "비가 온다."와 "비가 온다."는 같은 유형의 문장이지만 사례로는 다르다. 형식이나 내용이 같으므로 유형으로는 같지만, 글자가 쓰여 있는 위치가 다르므로 개체로는 다르다.

언어뿐만 아니라 형이상학에서도 중요한 구분이다. 저 사람이 찬 시계가 내 시계와 같다고 말할 때, 내 시계와 같은 종류의 시계를 의미했다면 '유형 동일성'을 가리키고 내가 잃어버린 바로 그 시계를 의미했다면 '개체 동일성'을 가리킨다. 저 사람과 어제의 그 사람을 동일한 사람으로 볼 수 있는 근거가 무엇인지 묻는 '인간 동일성' 문제의 관심사는 유형 동일성이 아니라 개체 동일성이다.

심신 이론 중 정신은 물질(뇌)과 동일하다고 주장하는 동일론은 다시 '유형 동일론'과 '개체 동일론'으로 나뉜다. 유형 동일론은 특정 정신 상태의 유형과 뇌의 상태의 유형이 동일하다고 주장한다. 예컨대 '고통스럽다'에 해당하는 뇌의 상태의 유형을 찾을 수 있다는 것인데, 철학자들은 그것을 '뇌의 C-섬유의 발화'라고 이름 붙인다. 이에 반해 개체 동일론은 지금 이 순간의 이 고통과 특정 시간의 C-섬유의 발화 사이의 동일성만 성립한다고 주장한다.

애니메이션 〈패딩턴 곰의 모험〉에는 타입과 토큰을 구분 못 한 에피소드가 있다. 패딩턴은 은행 강도가 들었다는 말을 듣고 돈을 모두 찾으러 (그래 봤자 5파운드밖에 안 된다) 은행에 갔는데 직원이 준 지폐가 예전에 맡긴 지폐(마멀레이드를 묻힌 지폐)와 다르다고 항의한다. 직원은 그 지폐는 강도가 가져간 것 같다고 대답한다. 일반적으로 돈은 타입만 같으면 기능을 하지 토큰까지 같을 필요는 없다. 그러나 패딩턴처럼 유아적인 캐릭터에게는 토큰으로서의 동일성이 중요할 수도 있다. 지폐 수집가에게도 그렇다.

○ 〈패딩턴 곰의 모험〉의 원작은 영국의 마이클 본드(1926~2017)가 쓴 책이다. 우리나라에서는 EBS에서 〈유쾌한 곰돌이 패딩턴〉이라는 제목으로 방송되었다.

080

Wednesday

소피스트

소피스트는 기원전 5세기에서 4세기 무렵에 그리스에서 활동한 지식인 집단을 가리킨다. 철학의 어원이 지혜(소피아)를 사랑하는 사람인 것처럼, 소피스트도 그 어원으로는 '지혜로운 사람'이다. 그러나 소피스트는 오랫동안 궤변을 일삼는 사람으로 알려졌고 실제로 '소피스트'라는 명칭 대신에 '궤변론자'로 불려 왔다. 그러나 그리스 문화의 전성기의 정신을 대변한다는 점에서 재평가하는 운동이 일어나 지금은 중립적인 '소피스트'라는 이름으로 불린다.

정치를 꿈꾸는 그리스 젊은이들에게 변론술과 수사학을 가르치는 것을 직업으로 삼았다. 당시 아테네가 번성하고 민주주의가 발전함에 따라 고등 교육과 토론 방법을 배우려는 수요가 생겨서 생긴 직업이다. 당대에는 소피스트라는 말에 부정적인 의미가 없었으나 플라톤이나 아리스토텔레스의 저술에서는 토론에 이기기 위해 궤변을 일삼고 돈에 눈이 먼 사람으로 그려졌다. 대화편 중《대*히피아스》에서 소피스트인 히피아스가 "내가 시칠리아에 갔을 때 유명한 프로타고라스가 거기 있었는데도 나이도 어린 내가 단기간에 150미나나 벌었고, 아주 작은 마을인 이니쿠스에서는 20미나나 벌었습니다."라고 돈 자랑을 한다. 소피스트들의 저술은 전해져 오는 것이 없고 플라톤이나 아리스토텔레스의 저술을 통해 이들의 이미지가 굳어졌기 때문에 억울한 면이 있다. 그러나 현대 철학에서 중요한 주제인 상대주의나 회의론에서 선구적인 작업을 했다고 평가받는다. 프로타고라스와 고르기아스(기원전 483?~기원전 376?)가 각각 상대주의와 회의론을 주장한 대표적인 소피스트이다.

○ '세련되다, 정교하다'라는 뜻의 영어 단어 sophisticated는 소피스트에서 나왔다. 그렇지만 sophistry는 궤변이라는 뜻이다.
○ 《대히피아스》는 정말로 플라톤이 쓴 작품인지 진위 논란이 있지만 정말로 썼다는 견해가 우세하다.

경험론

Thursday

모든 지식은 감각 경험과 관련되어 있다고 주장한 서양 근세의 인식론 전통. 로크, 버클리, 흄이 경험론을 대표하는 철학자이다. 이들이 영국 출신이기에 '영국 경험론'이라고도 한다.

경험론의 주장은 로크가 《인간 지성론》에서 "감각들이 어떤 것을 전달하기 전에는 마음속에 어떤 관념도 없는 것처럼 보인다."라고 한 말에 잘 드러나 있다. 감각이 인식의 유일한 원천이라는 것이다. 그런데 사실 이 말보다는 "감각에 있지 않은 어떤 것도 지성에 있지 않다.Nihil est in intellectu, quod non fuerit in sensu"라는 비슷한 내용의 라틴어 문장이 경험론의 모토로 더 잘 알려져 있다. 이 말은 라이프니츠가 《신인간 지성론》에서 경험론을 비판하기 위해 로크의 주장을 라틴어로 옮긴 것이다.

'빈 서판'('타불라 라사tabula rasa'라는 라틴어로 많이 알려져 있다)이라는 비유가 경험론의 주장을 더 쉽게 보여 줄 것 같다. 서판은 종이가 대중적이지 않던 시절에 글씨를 쓰기 위해 진흙이나 밀랍 따위로 만든 판을 말한다. 경험론자들은 우리가 태어날 때는 그 위에 아무것도 쓰이지 않은 빈 서판의 상태와 같지만, 경험을 통해 서판에 무엇인가가 쓰이게 된다고 생각한다. 경험론은 또한 관찰하고 실험하여 사례를 수집하는 과학의 방법이 지식 추구의 참된 방법이라고 주장한다.

경험론은 수학이나 논리학처럼 경험과 상관없이 참인 지식을 설명하는 데는 어려움이 있다. 그래서 20세기에는 의미 있는 지식으로 경험적으로 참인 지식 이외에 논리적 지식까지 인정하는 논리 경험론(논리 실증주의)이 등장한다. 그러나 핵심 전제인 분석-종합 구분이 콰인에 의해 비판받음에 따라 논리 경험론은 20세기 중반 이후로는 세력을 잃게 된다.

○ '빈 서판'(타불라 라사)이라는 비유가 워낙 강렬해서 로크가 쓴 말로 아는 사람이 많지만 《인간 지성론》에서는 그 말을 쓰지 않았다. 로크는 그 대신에 "글자가 쓰이지 않은 흰 종이"라는 비유를 했다.

082

Friday

유전 공학의 윤리

운동선수의 스테로이드성 약물 복용을 찬성하는 사람은 없다. 이유는 안정성과 공정성 때문이다. 스테로이드는 인체에 해로운 부작용을 일으키고, 스테로이드를 복용한 선수는 불공평하게 우수한 기량을 보이기 때문이다. 그렇다면 안정성과 공정성 문제가 해결된다면, 곧 약물에 따르는 부작용이 없고 모든 선수가 똑같이 복용한다면 문제가 없는 것 아닐까? 운동선수의 신체 능력 향상뿐 아니라 기억력을 강화하여 업무 능력을 향상한다고 할 때도 부작용과 공정성 문제가 없다면 반대할 명분이 없지 않을까?

부모가 아이의 유전자를 자신이 원하는 대로 선택하는 이른바 '맞춤 아기'(디자이너 베이비)는 설령 안정성과 공정성 문제가 해결된다고 하더라도 자율성 문제 때문에 반대하는 의견이 있다. 당사자의 동의 없이 유전자에 개입하면 아이의 자율성이 침해된다는 것이다. 그러나 유전 공학의 개입 없이 태어난 아이라고 해서 자신의 신체적 특성을 스스로 선택하는 것은 아니므로 이런 반론은 적절하지 않다.

마이클 샌델은 다른 방향에서 반론을 펼친다. 그는 우리의 재능과 능력은 자연에 의해 우연히 주어진 '선물'이어야 하는데, 유전 공학에 의한 인간 향상은 우리에게 너무 많은 책임을 부과한다는 점에서 반대한다. 예를 들어 현재는 키가 작거나 치아가 고르지 못해도 내 책임이라고 비난받지 않지만, 유전 공학이 발달한 시대에는 왜 시술을 받지 않았느냐는 비난을 받을 수 있다는 것이다. 또 자신보다 운이 없는 사람들과의 연대감이 줄어들 것이라는 점도 우려한다. 현재는 키가 크거나 치아가 고르면 우연히 주어진 선물에 감사하는 마음을 갖게 되는데, 유전 공학의 시대에는 내 노력으로 얻었다고 생각하게 되면 그러한 연대 의식이 사라질 것이기 때문이다.

○ 맞춤 아기 같은 유전 공학 기술은 히틀러의 우생학적 개량을 떠올리게 한다. 가장 큰 차이는 히틀러의 우생학은 국가에서 강제했지만, 유전 공학 기술은 시장에서 결정된다는 점이다.

083

Saturday

사고 실험

가상의 상황을 상상하여 가설을 검증하는 방법. 실험을 실제로 할 수 없거나 이론 상으로만 가능할 때 "이렇게 가정해 보면 어떻게 될까?"라고 순전히 생각만으로 실험한다.

사고 실험은 어떤 이론을 뒷받침하기 위해서 진행되기도 하고 반박하기 위해서 진행되기도 한다. 데카르트의 전지전능한 악마 사고 실험은 전자의 대표적인 예이다. 모든 것을 의심하게 만드는 악마가 있을 수 있음은 회의론이 옳음을 보여 준다. 현대 미국의 철학자 존 설(1932~)의 중국어 방 사고 실험은 후자의 대표적인 예이다. 이 실험은 기계가 아무리 인간과 구분할 수 없는 행동을 하더라도 생각한다고 볼 수 없다고 반박한다.

이론을 뒷받침하거나 반박하려는 목적은 없고, 어떤 철학적인 이론을 드러내거나 모호하던 생각이 분명해지는 효과가 있는 사고 실험도 있다. 플라톤의 기게스의 반지 사고 실험은 투명 인간이 되어 다른 사람에게 전혀 들킬 염려가 없을 때도 과연 도덕적으로 살아야 하는지 질문을 던진다. 이를 통해 어떤 부정적인 결론이나 긍정적인 결론을 제시하지는 않는다. 다만 우리는 정의로워 보이는 행동을 하는 데는 도덕적인 이유가 있다고 생각하는 경향이 있는데, 이 사고 실험은 사실은 결과를 계산하는 타산적인 이유 때문이 아닌가 하는 반성을 하게 만든다.

사고 실험은 철학자뿐만 아니라 과학자도 많이 사용한다. 갈릴레오 갈릴레이 (1564~1642)의 유명한 자유 낙하 실험은 알려진 것과 달리 피사의 사탑에서 직접 떨어뜨린 실험이 아니라 가상의 사고 실험이다.

사고 실험은 쓸모없거나 심지어 해롭다고 비판하는 철학자도 있다. 사고 실험이 가정하는 가상의 상황이 모호하고, 사고 실험이 의존하는 직관이 증거로서의 역할을 못 한다는 것이 이유이다.

○ 사고 실험은 영어로 thought experiment지만 Gedankenexperiment라는 독일어가 그대로 쓰이기도 한다. 칸트도 《순수 이성 비판》에서 '순수 이성의 실험'이라는 말을 쓴 적이 있다.

084

Sunday

플라토닉 러브

육체적 관계가 배제된 정신적이고 낭만적인 사랑을 가리키는 말. 그러나 플라톤은 정말로 육체적인 사랑보다 정신적인 사랑이 더 가치 있다고 말했을까?

플라톤의 대화편 《향연》은 에로스를 다룬다. 고대 그리스어에서 사랑을 뜻하는 말로는 '필리아'도 있지만 이것은 성적인 관계에 한정하지 않고 친한 사이에 쓰는 말이며, '에로스'는 성적 상대를 향한 강한 욕망을 의미한다. 플라톤은 에로스를 아름다운 것을 추구하는 욕망으로 규정한다. 아름다운 것 또는 좋은 것을 영원히 소유하기 위해서 에로스는 육체적으로나 정신적으로나 아름다운 것 안에서 출산을 해야 한다. 언젠가 죽는 존재가 영원히 살기 위해서는 재생산하는 방법밖에 없기 때문이다. 그런데 출산은 육체적인 출산과 정신적인 출산으로 구별할 수 있다. 육체적인 출산은 당연히 육체적인 사랑에 의해 가능하다. 반면에 정신적인 사랑은 실천적 지혜(프로네시스)나 덕을 자식으로 낳아 후대에 남긴다. 불후의 명작을 남기거나 위대한 업적을 남기는 것이 그런 예다. 특히 아름다운 젊은이를 찾아 교육하는 것이 대표적인 정신적 출산의 예인데, 교육으로 낳은 아이는 육체로 낳은 아이보다 더 아름답고 더 불멸적이다.

육체적 출산보다 정신적 출산이 훨씬 더 생식력이 높음을 알 수 있다. 그렇다고 해서 플라톤이 육체적 사랑을 부정한 것은 아니다. 더구나 플라톤은 교육을 통한 출산을 비유이기는 하지만 동성애, 그것도 소년 애인을 향한 사랑으로 설명한다. 육체적 아름다움과 정신적 아름다움을 모두 갖춘 소년 애인을 통해 육체의 보편적 아름다움과 정신의 보편적 아름다움을 거쳐 아름다움 그 자체(이데아)를 알게 되는 상승 과정을 거친다고 말이다. 플라토닉 러브라고 할 때 동성을 향한 사랑을 떠올리는 사람은 없을 테니, 플라토닉 러브는 플라톤의 본뜻과 많이 다르다.

○ 에로스는 욕망을 뜻하는 일반 명사이기도 하지만 그리스 신화에서 사랑의 신의 이름이기도 하다(로마 신화의 큐피드). 플라톤에 따르면 에로스는 아름다운 존재인 아프로디테의 생일 잔칫날 구걸하러 온 페니아(결핍)가 포로스(풍요)와 관계하여 태어났기에 아름다운 것을 사랑하는 자일 수밖에 없다.

085

Monday

시시포스의 부조리

> 이제 나는 시지프를 산기슭에 남겨 둔다! 우리는 항상 그의 짐의 무게를 다시 발견한다. 그러나 시지프는 신들을 부정하며 바위를 들어 올리는 한 차원 높은 성실성을 가르친다. 그 역시 만사가 다 잘되었다고 판단한다. 이제부터는 주인이 따로 없는 이 우주가 그에게는 불모의 것으로도, 하찮은 것으로도 보이지 않는다. 그에게서는 이 돌의 부스러기 하나하나, 어둠 가득한 이 산의 광물적 광채 하나하나가 그것만으로도 하나의 세계를 형성한다. 산정頂을 향한 투쟁 그 자체가 인간의 마음을 가득 채우기에 충분하다. 행복한 시지프를 마음속에 그려 보지 않으면 안 된다.
>
> – 카뮈, 《시지프 신화》

카뮈는 인간은 한편으로는 행복을 바라고 그것의 의미를 찾는 반면에 세계는 덧없고 무의미한 대립에서 '부조리'가 생겨난다고 말한다. 그리고 결국에는 굴러 떨어질 바위를 산 정상으로 밀어 올리는 무의미한 노동을 반복하는 시시포스를 부조리의 전형이라고 말한다.

그리스 신화에서 시시포스는 신을 속였다는 이유로 위와 같은 형벌을 받았다. 그리스 신화에는 영원한 고통을 받는 캐릭터가 더 있는데, 독수리에게 간을 뜯어 먹히는 프로메테우스와, 손을 뻗으면 사과나무가 올라가고 몸을 숙이면 물이 낮아져 먹지도 마시지도 못하는 탄탈로스가 그들이다. 카뮈가 그중 시시포스에 주목한 것은 무의미한 부조리에 해당하기 때문이다.

삶이 덧없고 무의미하다는 점을 해결하는 방법이 있을까? 카뮈는 비록 굴러떨어지더라도 바위를 올리는 일 자체에 의미 부여를 하는 해결책을 말한다. 내가 일을 바꿀 수 없다면 마음을 바꿔서 그 일에서 행복을 찾을 수 있고, 이게 신에게 반항하는 것이다. 미국의 철학자 리처드 테일러(1919~2003)는 내면의 주관에서 가치를 찾을 게 아니라 무언가 가치 있는 일을 하는 쪽에서 해결책을 찾는다. 굴러떨어질 바위를 꼭대기까지 올리지 말고 언덕 중간에 아름다운 신전을 만들라는 것이다. 반복되는 일상 대신에 취미나 봉사 활동 등 외부에서 스스로 삶의 의미를 만들라는 것이다.

○ '시지프'는 시시포스의 프랑스어 표기이다. 영어식으로 '시지푸스' 또는 '시지프스'라고 한다.

086

Tuesday

지향성

어떤 것을 대상으로 하거나 그것이 이러이러하다고 표상하는 정신의 능력. 예로부터 정신은 물질과 다르다고 생각해서 그 다른 점이 무엇인지 설명하려는 철학자가 많았다. 데카르트가 물질에는 공간을 차지한다는 성질이, 정신에는 생각한다는 성질이 있다고 말한 것이 대표적이다. 독일의 철학자 프란츠 브렌타노(1838~1917)는《경험적 관점에서 본 심리학》(1874)에서 정신의 특징으로 어떤 다른 것을 가리키고 있다는 것을 들고, 이것을 '지향성'이라고 이름 붙였다. 우리는 무엇을 생각하며 무엇을 안다. 그러나 물질에는 그런 능력이 없다. 나무나 책상은 그 자체로 있을 뿐이고, 무엇을 향하지는 않는다.

물질과 구분되는 정신의 특징을 찾는 이유는 정신은 인간만이 갖는다고 생각하기 때문이다. 그러나 내가 꽃을 생각할 때 꽃을 대상으로 하듯이, '꽃'이라는 글자도 꽃을 대상으로 하지 않을까? 또 컴퓨터의 모니터에 '꽃'이라는 낱말이 표시되거나 인공 지능 스피커가 '꽃'이라고 말한다면 그것도 꽃을 대상으로 하지 않을까? 그렇다면 인간의 정신만 지향성을 갖는다는 주장이 틀리게 되는 것 같다.

그래서 존 설은 지향성을 '본래적 지향성'과 '파생된 지향성'으로 구분한다. 정신의 지향성은 정신이 본디부터 가지고 있는 성질이므로 본래적이다. 반면에 언어나 컴퓨터는 무엇인가를 표상하지만 그것은 파생적으로 그렇게 할 뿐이다. 다시 말해서 우리 인간이 그 언어나 컴퓨터 프로그램에 특정 의미를 부여한 것이지 본디부터 그런 의미를 가지고 있는 것은 아니다. 어떤 바위가 거북이처럼 보인다고 해서 바위 자체가 본래적으로 거북이라는 내용을 가지고 있는 것이 아니라 인간이 부여한 것임을 생각해 보면 쉽다.

그러나 대니얼 데닛(1942~) 같은 미국 철학자는 인간도 물리적 생명체이고 진화의 산물인데 인간의 지향성이 언어나 컴퓨터와 같은 인공물의 지향성보다 더 특별하거나 원초적일 이유는 없다고 주장한다. 인간이 세상을 표상할 수 있도록 자연 선택된 물리적 존재라면, 인간에서 의미를 이해하고 만드는 능력이 생긴 설계 과정과 우리가 인공물을 만들 때 사용한 설계 과정이 유사하다는 것이다.

후설은 브렌타노의 지향성 개념을 현상학의 핵심 개념으로 받아들인다. 지향성은 대륙 철학과 영미 철학에서 모두 중요한 개념이기에 두 철학 사이에 다리를 놓는 개념이라고 여겨진다.

087

Wednesday

장 자크 루소

제네바 출신의 스위스 철학자인 루소(1712~1778)는 파란만장한 삶을 살았다. 독서 이외의 교육을 따로 받지 못했다. 16살 때 제네바를 떠나 바랑 부인의 후원으로 신학교에 가기도 하고 귀족의 하인으로도 일하고 음악 가정 교사로도 일했지만 어느 일에도 정착하지 못했다. 13살 연상인 바랑 부인과 애인 관계였다고 한다. 29살에는 파리로 가 음악가로 활동하기도 하고 베네치아 대사의 비서로도 일했다. 음악가로는 어느 정도 성공해 그가 만든 오페라도 상연되었다. 33살에 자신이 묵던 여관의 하녀 테레즈와 동거에 들어갔는데, 20년 후에 정식으로 결혼한다.

37살에 "예술과 학문의 발전이 도덕의 향상에 기여하는가?"라는 주제의 디종 아카데미 논문 공모에 당선되어 드디어 유명해졌다.《에밀》의 반종교적 내용을 교회에서 문제 삼고, 민주주의를 지지하고 왕권신수설을 반대하는《사회 계약론》을 당국이 불편해해서 여기저기 떠돌다가 흄의 도움으로 영국으로 망명한다. 흄과는 루소의 피해망상이 원인이 되어 사이가 틀어졌다. 55살에 파리로 돌아와 시골에서 말년을 보냈다.

테레즈와의 사이에서 낳은 다섯 아이를 키울 돈이 없다는 이유로 낳자마자 고아원에 보냈다. 최고의 교육론 저서《에밀》을 쓴 그이기에 두고두고 비난을 받았다. 그도 이것을 의식하고《에밀》의 1권에 "누구든 인간으로서의 정을 가지고 있으면서 그토록 신성한 의무를 저버리는 자에게 예언하건대, 그는 오랫동안 자신의 잘못에 대해 통한의 눈물을 쏟게 될 것이며 결코 그 무엇으로도 위로받지 못하리라."라고 후회하는 말을 썼다.《에밀》에는 "이처럼 여성이 남성의 마음을 즐겁게 하고 그에게 복종하도록 만들어졌다면 남성에게 도전하기보다 남성의 뜻에 맞는 존재가 되어야 한다."와 같이 여성 혐오 발언이 자주 나온다. 이는 당대에도 최초의 페미니즘 저서인 울스턴크래프트의《여성의 권리 옹호》에서 맹비난을 받는다.

루소의《고백록》은 아우구스티누스의《고백록》과 톨스토이의《참회록》과 함께 서양의 3대 자서전으로 꼽힌다. 말하기 창피한 고백까지 적나라하게 하는데, 어릴 때 가정부에게 엉덩이를 맞을 때 성적 쾌감을 느꼈다거나 여자들에게 신체 특정 부위를 노출하는 '바바리맨'이었다는 것이 그런 예이다.

○ 우리나라에서 윤석중 선생이 가사를 붙인 노래 "주먹 쥐고 손을 펴서 손뼉 치고 주먹 쥐고 (…) 해님이 반짝 해님이 반짝 해님이 반짝 반짝반짝"은 루소가 만든 곡이다.

088

Thursday

선천적 종합 판단이 어떻게 가능한가

칸트는 주어 개념이 술어 개념을 포함하면 '분석 판단'이고 그렇지 않으면 '종합 판단'이라고 구분했다. 분석 판단은 주어 개념을 '분석'하면 술어 개념이 나오므로 세계가 어떻다고 새롭게 말해 주는 바가 없다. 반면에 종합 판단은 주어 개념과 술어 개념을 종합하여 세계에 대해 무엇인가 새로운 것을 말해 준다. 그는 이어서 '선천적$^{a\ priori}$ 지식'과 '후천적$^{a\ posteriori}$ 지식'을 구분하는데, 이는 판단 자체가 아니라 판단에 관한 지식을 구분한 것이다. 선천적 지식은 경험과 무관하게 알 수 있는 지식이고, 후천적 지식은 경험에 의해서 알 수 있는 지식이다.

칸트는 분석-종합 구분을 선천-후천 구분과 연결한다. 모든 분석 판단은 선천적으로 알 수 있다. "모든 총각은 결혼하지 않은 남자이다."에서 총각이 결혼했는지 알기 위해 경험이 필요하지는 않다. 또 후천적으로 알 수 있는 모든 지식은 종합 판단이다. "모든 까마귀는 검다."처럼 경험으로만 알 수 있는 지식은 종합 판단인 것이다. 문제는 선천적이면서 종합적인 판단이 있느냐는 것이다. 다시 말해서 어떤 진술이 경험과 무관하게 옳으면서, 분석 판단과 달리 세계에 대해서 무엇인가를 말해 줄 수 있느냐는 것이다.

"선천적 종합 판단이 어떻게 가능한가?"는 칸트가 《순수 이성 비판》에서 가장 중요하게 물은 물음이다. 그는 모름지기 학문적 지식이란 필연적이고 보편적인 동시에 세계에 대한 지식을 넓혀 주어야 한다고 생각했는데, 유클리드의 기하학을 바로 그런 지식으로 제시했다. 예컨대 "직선은 두 점 사이의 가장 짧은 거리이다."를 보면, '곧음'(직선)이라는 개념에서 '가장 짧은 거리'라는 개념이 나오지 않기에 종합적이다. 그리고 이 명제가 참인지는 종이에 직접 그려 보는 경험에 의하지 않아도 보장되기에 선천적이다.

칸트 이후 논리 실증주의는 분석-종합의 구분과 선천-후천의 구분이 일치한다고 생각했기에 선천적 종합 판단이라는 것은 자기모순이라고 보았다. 분석-종합의 구분에 근거가 없다고 주장한 콰인은 구분 자체를 부정했다. 미국의 철학자 솔 크립키(1940~)는 칸트의 구분을 받아들였지만, 선천적 종합 판단 대신에 후천적이면서 필연적인 진리가 있다며 본질주의를 내세운다. 많은 철학자들은 칸트의 의도와 달리 선천적 종합 판단의 가능성에 관해서는 회의적이지만, 《순수 이성 비판》의 위대성은 그것과 별개로 평가해야 한다고 생각한다.

089

Friday

역겨움

속에 거슬리게 싫은 감정. 윤리적으로 반대하는 주장을 할 때 약하게는 부자연스럽다는 느낌이나 강하게는 질색이나 혐오의 감정을 근거로 내세울 때가 많다. 주로 새로운 생명 의료 기술의 도입에 역겨움을 이유로 반대한다. 예컨대 동물의 장기를 사람에게 이식하는 이종 이식이나 인간의 세포나 조직을 동물에게 주입하는 일명 키메라에 혐오스럽다는 이유로 반대한다. 또 성 소수자나 근친상간, 짐승을 상대로 한 성행위, 인육 먹기도 역겹다는 이유로 반대한다.

역겨움이 인간의 진화에서 긍정적인 역할을 할 때가 있다. 상한 음식을 먹으면 역겨움을 느끼고 토하는 반응을 하는 것은 식중독의 위험에서 신체를 보호하는 메커니즘이다. 근친상간을 금기시하는 것도 유전적으로 정상적이지 못한 후손을 낳을 수 있다는 것을 알게 되어 생긴 관습이다.

그러나 대부분의 역겨움은 윤리적 반성을 거치지 않은 상태에서 생긴 직관이나 터부일 가능성이 크다. 익숙하지 않은 대상을 향해 생기는 막연한 불안감이 혐오로 증폭되고 거기서 비윤리적이라는 결론을 도출하는 것이다. 그러나 역겨움을 근거로 한 장애인, 이주 노동자, 빈민 차별이 옹호될 수 없음을 생각해 보면 역겨움이 정당한 근거가 될 수 없음을 알 것이다. 또 역겨움이 느껴지지만 꼭 필요한 것도 있다. 비의료인들은 수술 장면을 보면 역겨움을 느끼지만 그렇다고 해서 수술을 비난하지는 않는다.

○ 조지 W. 부시 대통령 시절 미국 생명 윤리 위원회의 의장을 지낸 리언 카스(1939~)는 역겨움을 지혜라고까지 말하며 인간 복제 등을 적극 반대한다. 그러나 미국의 법철학자 마사 누스바움(1947~)은 《혐오에서 인류애로》(2010)에서 역겨움이 혐오로 이어질 수 있다는 이유로 카스의 주장에 반대한다.

090

Saturday

귀류법

상대방의 주장에서 거짓 또는 모순을 끌어내어 그 주장이 틀렸음을 보여 주는 방법. 글자 그대로를 풀이하면 거짓^誣으로 돌아가게 하는^歸 방법^法이다. 그런데 논리학과 논리학이 아닌 논증에서 약간 다르게 쓰인다. 논리학(또는 수학)의 귀류법은 어떤 명제의 부정을 가정한 다음에 거기서 모순을 도출하여 애초의 명제가 참임을 증명하는 방식이다. 고등학교 수학에서 배우는 "√2가 무리수이다."의 증명이 대표적인 예이다.

그러나 논리학(또는 수학)이 아닌 논증에서는 "A이면서 A가 아니다."와 같은 엄격한 모순을 끌어낸다는 것이 쉬운 일이 아니다. 그래서 보통은 상대방의 주장에서 직관적으로 받아들이기 힘든 터무니없는 결과가 도출된다는 것을 보임으로써 그 주장을 반박하는 귀류법을 많이 쓴다. 소크라테스의 문답법에서 특히 이 방법이 많이 쓰인다.《국가》에서 케팔로스가 정의^{正義}는 '정직하고 빌린 것을 돌려주는 것'이라고 정의^{定義}한다. 그러자 소크라테스는 멀쩡한 사람에게 무기를 빌렸는데 돌려주기로 한 날짜에 그 사람이 미친 상태로 와서 돌려 달라고 하면 돌려주어야 하느냐고 묻는다. 케팔로스가 말한 정의의 정의에 따르면 돌려주어야 하는데, 이것은 직관적으로 받아들이기 힘든 터무니없는 일이므로 그 정의에는 문제가 있다는 것이다.

귀류법은 상대방의 주장이 맞는다고 인정하고 시작한다는 점에서 강력한 논법이다. 그래서 영국의 철학자 길버트 라일(1900~1976)은 실험이나 관찰에 의존하지 못하는 철학에 딱 맞는 논증 방법이라고 말한다. 그러나 논리학의 모순은 누구나 받아들일 수 없지만, 철학자가 터무니없다고 말한 것은 직관에 따라 달라지므로 확실한 논법이 아닐 수 있다. 케팔로스의 예에서도 그래도 무기를 돌려주어야 한다는 직관이 있을 수 있기 때문이다. 더구나 소크라테스가 터무니없다고 든 위 예는 일반 법칙을 특수한 경우에까지 적용해야 한다고 가정하는 '우연의 오류' 사례로 흔히 거론된다.

○ 귀류법은 '배리법^{背理法}'이라고도 한다.

091

Sunday

지양 vs 지향

표준국어대사전에서는 '지양止揚'을 "더 높은 단계로 오르기 위하여 어떠한 것을 하지 아니함."이라고 풀이하고 있고, 다른 한편으로 변증법의 중요한 개념인 철학의 전문 용어로도 소개하고 있다. 적확한 풀이이다. 그러나 이 '지양'을 "불필요한 소비를 지양한다."나 "개인별 행동을 지양한다."처럼 단순히 '어떠한 것을 하지 아니함'의 뜻으로 쓰는 사람이 대부분이다. 분명히 '더 높은 단계로 오르기 위하여'라고 단서가 붙어 있는데도 말이다. '지양'을 '지향志向'의 반대말로 생각하고 있는 것이다.

'지양'은 헤겔이 《정신 현상학》에서 쓴 말이다. 그는 갈등이나 모순의 극복을 지양이라고 말하는데, 단순히 모순을 없애는 것이 아니라 모순되고 대립되는 것을 발전적으로 전개해 나가는 것을 뜻한다. 지양은 독일어로 Aufheben이고 이것은 위로 던진다는 뜻이다. 헤겔에 따르면 Aufheben에는 끝낸다는 의미와 보존한다는 의미가 동시에 들어 있다. 그래서 무엇인가를 지양한다는 것은 그것을 소멸시킨다는 뜻이 아니라 자신과 대립되는 반대물과 통일을 이루어 종합을 이룬다는 뜻이다. 모순과의 대립으로부터 통일과 종합이 어떻게 가능하느냐고 의아해할 수 있는데, 여기에는 운동과 변화에 대한 헤겔의 낙관적인 시선이 들어 있다.

"불필요한 소비를 지양한다."나 "개인별 행동을 지양한다."라고 쓰는 사람이 변증법적 지양을 염두에 두고 쓰는 것 같지는 않다. 그럴 때는 그냥 "불필요한 소비를 피한다."나 "개인별 행동을 하지 않는다."라고 쓰면 그만이다. '지양'은 얼핏 들으면 '지향'으로 들리기까지 하니 더욱 그렇다. "그의 목표는 좌우 대립을 지양시켜 통일 국가를 건설하는 것이었다." 같은 경우는 '지양'의 적절한 용례이다.

○ 철학 전문 번역가인 전대호 씨는 '지양' 대신에 '거둠'이라고 번역한다. 벼를 거두는 행위는 벼에는 끝이지만 인간에게는 보존이니까.

092

Monday

나이 듦 예찬

타렌툼의 걸출하고 유명한 아르키타스는 (…) 다음과 같이 말했지. "인간에게 육체의 쾌락보다 더 치명적인 질병은 없다. 만족할 줄 모르는 욕망은 인간을 맹목적으로 그리고 제어할 틈도 주지 않고 육체적 쾌락의 노예가 되도록 부추긴다. (…) 욕망이 지배하는 곳에서 절제의 여지는 사라지며, 쾌락의 영역에서 덕은 결코 살아남을 수 없다. (…) 어떠한 것도 쾌락만큼 가증스럽고 파괴적인 것은 없다. 왜냐하면 진실로 쾌락이 넘치거나 오래 지속되면, 그것이 영혼의 빛을 소멸시키기 때문이다." (…) 왜 내가 위와 같은 이야기를 했느냐? 만약 우리가 이성과 지혜로 쾌락을 거부할 수 없다면, 해서는 안 될 것을 하지 못하도록 하는 노년에 대해 대단한 감사를 표해야 한다는 것을 자네들이 알았으면 해서일세. 쾌락은 심사숙고를 저해하며 이성理性에 대해 적대적이어서, 말하자면 마음의 눈을 무디게 하여 덕과의 관계를 제대로 못 맺기 때문이네.

- 키케로, 《노년에 관하여》

젊은이들은 빨리 나이 들고 싶어 하지만 늙은이는 나이 드는 것을 서러워한다. 가사와 곡이 국어 교과서와 음악 교과서에 실린 걸그룹 여자친구의 〈시간을 달려서〉에서는 "시간을 달려서 어른이 될 수만 있다면 거친 세상 속에서 너를 안아 줄게."라고 어서 어른이 되고 싶어 한다. 반면에 영화 〈은교〉의 "너희 젊음이 너희 노력으로 얻은 상이 아니듯 내 늙음도 내 잘못으로 받은 벌이 아니다."라는 명대사는 늙음이 벌로 생각되는 가혹한 현실을 보여 준다.

그러나 로마 시대의 철학자 마르쿠스 툴리우스 키케로(기원전 106~기원전 43)는 어리석은 자만이 늙음을 벌 또는 짐으로 생각하고 지혜롭고 의연한 사람은 그것을 오히려 장점으로 생각할 것이라고 말한다. 본능적 욕망에 따르는 탐욕이 온갖 타락과 악행을 저지르게 하는데, 그런 욕망이 차단되어 버리니 감사할 일 아닌가? 하지만 〈은교〉의 노인이 젊은 여자를 향한 욕정을 채우지 못해 괴로워하는 것을 보면 늙는다고 욕망이 모두 사라지는 것은 아닌 것 같다.

○ 키케로는 철학자일 뿐만 아니라 고대 로마 공화정에서 원로원 의원, 집정관을 지낸 정치가로도 유명하다. 명연설가이며 명문장가이기도 하다.

093

Tuesday

귀납의 문제

귀납이 정당화될 수 있느냐는 흄의 문제. 개별적인 사례들로부터 보편적인 법칙을 끌어내는 일은 일상생활에서나 과학 활동에서나 아주 흔하다. 예컨대 지금까지 아침마다 해가 동쪽에서 뜨는 것을 보고 혜는 언제나 동쪽에서 뜬다고 결론을 내린다. 이런 추론이 바로 귀납이다. 귀납이 없다면 우리는 매일 정말로 동쪽에서 해가 뜨는지 확인하는 수고를 해야 하기에 귀납은 매우 유용하다. 그러나 타당한 연역과 달리 귀납은 결론이 거짓일 가능성이 언제나 있다. 지구의 자전 방향이 바뀌면 해는 동쪽에서 뜨지 않을 수도 있다. 그런데도 귀납에 의한 결론을 받아들여야 할까? 귀납을 정당화할 수 있을까?

흄은 《인간 본성론》에서 귀납은 정당화될 수 없다고 주장했다. 그에 따르면 귀납이 정당화되는 방법은 귀납이 지금까지 성공적으로 작동했다는 것을 보여 주는 것밖에 없다. 해는 언제나 동쪽에서 뜬다는 것을 법칙으로 삼은 후, 새로운 날에도 해가 동쪽에서 뜬다는 것을 성공적으로 설명하고 예측해 냈다. 또 바닷물은 모두 짜다는 것도 법칙으로 삼은 후, 처음 본 바닷물이 짜다는 것을 성공적으로 설명하고 예측해 냈다. 이것 말고도 귀납을 통해 확립된 수많은 법칙은 새로운 현상을 성공적으로 설명하고 예측해 냈으니 귀납이 정당화되었다는 것이다.

그러나 이런 정당화 방법은 선결문제 요구의 오류이다. 귀납을 정당화하기 위해 바로 그 귀납을 이용했기 때문이다. 무엇인가를 증명하기 위해서는 증명하려고 하는 것을 전제로 삼아서는 안 된다. 이는 물에 빠졌을 때 자기가 자기 머리를 끌어당겨 구조하는 것이 말이 안 되는 것이나 마찬가지이다. 자기 아닌 다른 무엇에 의지해 구조되어야 한다. 그렇다면 과거에 일어난 일이 미래에도 일어날 것이라고 정당화하기란 불가능하다. 흄은 그런 믿음은 합리적이라기보다 무릎반사와 같은 무의식적인 반응일 뿐이라고 주장한다. 다시 말해서 우리 정신의 습관일 뿐이라는 것이다.

귀납의 문제를 해결하려는 시도가 많았지만 그리 성공적이지 못했다. 애저녁에 연역에나 어울리는 정당화를 귀납에 요구한 것이 무리라는 평이 지배적이다.

094

Wednesday

이마누엘 칸트

칸트(1724~1804)는 서양 근세 철학사에서 가장 위대한 철학자로 뽑힐 만하고 철학사 전체에서 가장 위대한 철학자로 뽑혀도 손색이 없다. 근세의 경험론과 이성론을 종합했고, 당시 자연 과학의 철학적 토대를 정립하려고 시도했다. 형이상학, 인식론, 윤리학, 미학 등 철학의 전 영역에서 지금까지도 큰 영향을 끼친다. 독일 관념론은 물론이고, 분석적 전통의 영미권 철학에서도 그의 영향을 받은 철학자를 찾기는 어렵지 않다.

당시는 독일 땅이고 지금은 러시아 땅이 된 쾨니히스베르크에서 태어나 평생을 거기서 살았다. 쾨니히스베르크 대학을 졸업한 후 7년 동안 생계를 위해 가정 교사 생활을 했다. 쾨니히스베르크 대학으로 돌아간 후 15년 동안 사강사를 했는데, 이는 학생들이 낸 수강료가 급여의 전부인 직책이다. 한때 일주일에 22시간까지 강의를 했는데, 학생들에게 인기가 많았다고 한다. 46살이 되어서야 쾨니히스베르크의 정식 교수가 되었다. 그 전에 독일의 다른 대학들에서 교수 자리를 제안했지만 고향에서 연구하겠다는 마음으로 거절했다.

《순수 이성 비판》, 《실천 이성 비판》, 《판단력 비판》의 세 비판서가 칸트의 대표작이다. 칸트에서 '비판'은 한계를 설정한다는 뜻이다. 칸트는 이성을 법정에 세우는 비유를 자주 드는데, 원고, 피고, 판사 모두 이성이다. 이성이 이성을 고발하면서 이성이 할 수 있는 것과 할 수 없는 것의 한계를 명확히 할 것을 판결한다. 《순수 이성 비판》은 당시에도 어려워 이해 못 하는 사람이 많았는데, 그러자 해설서인 《형이상학 서설》을 출간하고, 초판을 상당히 수정하여 재판(1787)도 출간했다. 초판과 재판의 내용 차이가 연구 소재가 된다.

영화 〈슈퍼맨 3〉(1983)에는 금발 미인인 로렐라이 앰브로시아가 남들 모르게 《순수 이성 비판》을 읽는 장면이 나온다. 악당의 회사에서 일하는 로렐라이는 멍청해 보이지만 실은 똑똑함을 숨기고 있다. 그는 "근데 칸트는 순수 범주가 선험적 논리학에서 객관적 의미가 전혀 없다고 어떻게 말할 수 있지? 종합적 통일은?"이라고 혼잣말하다가 악당이 들어오자 책을 얼른 숨긴다. 아마 어려운 책을 읽는 모습을 보여 주려고 《순수 이성 비판》이 나온 것 같다.

095

Thursday

현대 철학

20세기 이후의 철학. 영어권의 분석 철학과 독일과 프랑스 중심의 대륙 철학으로 양분된다. 분석 철학은 과학적이고 분석적인 방법론을 사용하며, 대륙 철학은 사변적이고 현상학적인 방법을 사용한다. 분석 철학은 프레게와 러셀에서 시작하여 비트겐슈타인 또는 콰인으로 이어진다. 대륙 철학은 후설과 마르틴 하이데거의 영향을 받는다. 분석 철학과 대륙 철학의 구분이 실제로 없다는 주장도 있고, 그런 구분이 철학에 해롭다는 주장도 있다. 베르그송, 미국의 실용주의, 마르크스주의 등 어느 쪽으로도 분류하기 어렵지만 영향력 있는 철학 사조도 있다.

분석 철학 또는 대륙 철학의 방법론을 독특하게 규정할 수 있다는 것은 현대 철학이 방법론에서 그만큼 전문화되었다는 뜻이다. 일단 현대 철학은 대학에서 철학으로 학위를 받은 전문가를 중심으로 진행된다. 이전 철학자들이 대체로 일반인 또는 철학 이외의 전문가도 읽을 수 있도록 저술을 한 데 비해 현대 철학자들은 애초부터 동료 전문가를 대상으로 집필한다. 이런 경향은 분석 철학에서 특히 심하게 나타나, 관련 개념에 익숙하지 않으면 철학 훈련을 받은 전문가도 이해하기 어렵다. 다른 학문에 끼치는 영향도 미미해서 윤리학과 정치 철학 정도나 사회 과학에 영향을 끼치거나 그것과 공동 연구를 한다. 대륙 철학 중 포스트모더니즘은 문학을 비롯한 예술이나 사회 과학에 이바지하는 바가 큰데, 일부 분석적인 성향의 철학자는 포스트모더니즘이 철학보다는 예술에 가깝기 때문이라고 폄하하기도 한다.

거대 담론을 논하는 저서보다는 논문 위주의 학술 활동을 하는 것도 현대 철학의 특징이다. 철학보다 먼저 전문화되었는데도 대중적인 저술이나 대중매체를 통해 활발하게 대중과 소통하는 과학과 달리 철학에서는 그런 활동도 상대적으로 드물다. 이는 현대 철학의 특징에서 비롯되었다기보다는 과학 전문가보다 철학 전문가가 훨씬 적은 탓이 크다.

096
Friday

스토아식으로 살기

스토아학파는 기원전 4세기 헬레니즘 시대부터 기원후 1세기 로마 제국 시대까지 유행한 철학 사조이다. 키티온의 제논(기원전 335?~기원전 263?)이 창시하였으며, 네로의 스승이었던 세네카, 노예였던 에픽테토스, 로마의 황제였던 마르쿠스 아우렐리우스(121~180)가 대표적인 스토아 철학자이다. 헬레니즘 철학은 이론적인 연구보다 영혼을 돌보고 마음을 치유하는 데 관심이 많았다. 그래서 현대에도 스토아식 삶을 실천하는 운동이나 조직도 있고, 이것을 알리는 일종의 자기 계발서도 여러 권 출간되었다. 여기서 강조하는 가르침은 다음과 같다.

첫째, 에픽테토스가 주장한 것처럼 우리의 불행 중 상당 부분은 우리가 실제로 통제할 수 없는데 통제할 수 있다고 생각하는 데서 온다는 것을 깨달아야 한다. 우리는 주변 사람들의 행동이나 말도, 우리의 몸도, 우리의 죽음도 통제할 수 없다. 우리는 주변 사람의 평판이나 경제적 곤란이나 건강의 악화에 대해 화내고 슬퍼하지만, 그런 것들은 좋은 것도 나쁜 것도 아니다. 그런 것을 좋고 나쁘다고 평가하는 것은 우리의 판단이고, 이것은 우리가 통제할 수 있으니 이것을 바꾸면 된다.

둘째, 우리가 통제할 수 있는 일과 없는 일을 사전에 점검하고 사후에 감찰하는 훈련이 필요하다. 세네카는 매일 아침 그날 무슨 일을 할지, 어떤 원리에 따라 살지 점검하고, 저녁에는 그날 일어난 일을 점검하고 혹시 사소한 일에 짜증을 내지 않았는지, 그럴 가치가 없는 일에 화를 내지 않았는지 점검하라고 권한다. 잘못을 점검함으로써 다음 날에는 더 나은 날을 살 수 있다. 글로 쓰면 성찰의 효과가 더 좋다.

셋째, 최악의 사태에 대비하는 훈련을 해야 한다. 마르쿠스 아우렐리우스는 최악의 사태가 일어나리라 생각하는 훈련은 그런 고난이 내가 통제할 수 없는 일임을 상기해 주고, 막상 그런 일이 일어났을 때 자연스러운 일로 받아들여 평정심을 유지할 수 있게 해 준다고 말한다.

○ '회복 탄력성'은 시련과 역경을 극복하는 능력을 말한다. 서구에서는 군대나 소방서 등 스트레스를 많이 받는 조직에서 회복 탄력성을 기르는 방법으로 스토아 철학을 공부하는 모임이 있다.

생각법

인과 관계

한 사건이 원인이 되어 다른 사건이 결과로 일어날 때 두 사건 사이에서 성립하는 관계. 배가 아픈 원인은 점심때 먹은 김밥이라고 말하거나, 운동을 꾸준히 하면 몸무게가 빠지는 결과가 일어난다고 말할 때처럼 일상생활에서 인과 관계는 흔하게 거론된다. 그러나 인과 관계가 무엇인지는 딱 잘라 말하기 어렵고 관심사에 따라 여러 가지로 분석된다.

먼저 '필요조건으로서의 원인 개념'으로서, 원인에 해당하는 사건이 일어나지 않으면 결과에 해당하는 사건이 일어나지 않는다는 의미일 수 있다. 뇌염모기가 뇌염의 원인이라는 것은, 뇌염모기에 물리지 않았다면 뇌염에 걸리지 않았으리라는 뜻일 것이다. 바람직하지 않은 결과를 어떻게 하면 제거할 수 있는가에 관심이 있을 때는 이러한 인과 개념에 주목한다. 뇌염모기를 없애면 뇌염에 걸리지 않을 것이기 때문이다. 그러나 산소가 없었다면 불이 일어나지 않았을 테지만 그렇다고 해서 산소만 있다고 해서 불이 나는 것은 아니라는 점을 생각하면 일상적인 원인 개념과 맞지 않는다.

'충분조건으로서의 원인 개념'도 있는데, 원인에 해당하는 사건이 일어나면 결과에 해당하는 사건이 항상 일어난다는 의미이다. 압력이 증가하면 항상 온도가 높아지므로 압력 증가가 온도 상승의 원인이라는 것이 그 예이다. 어떤 결과가 생기지 않게 하는 것이 아니라 결과를 생기게 하는 데 관심이 있을 때는 이와 같은 인과 개념에 주목할 것이다. 그러나 어떤 하나가 충분조건이 되어 결과가 일어나게 하는 경우는 드물다. 화재가 일어나려면 산소도 있어야 하지만 불똥도 튀어야 하고 주위에 연소되는 재료도 있어야 하기 때문이다.

위의 두 가지 경우에 해당하지 않는데도 인과 관계가 성립한다고 말할 때도 있다. 흡연한다고 해서 꼭 폐암에 걸리는 것도 아니고, 폐암에 걸렸다고 해서 꼭 흡연했다고 단정할 수도 없다. 그래도 우리는 흡연이 폐암의 원인이라고 말한다. 흡연하면 폐암에 걸릴 확률이 매우 높기 때문이다.

098

Sunday

이게 예술 작품인가?

서울의 테헤란로에 있는 포스코 센터 앞에는 9미터 높이의 철강 구조물이 있다. 고철 덩어리로 생각하겠지만 엄연한 미술 작품으로 미국 작가 프랭크 스텔라(1936~)가 1997년에 완성한 〈아마벨〉이다. 프랑스의 작가 마르셀 뒤샹(1887~1968)은 1917년에 남성용 변기를 전시회에 출품하고 〈샘〉이란 제목을 붙였다.

우리는 흔히 작가가 스스로 창작한 아름다운 작품을 예술 작품으로 생각한다. 그러나 〈샘〉은 창작품이 아니라 변기를 그대로 가져다 놓은 것이며, 〈아마벨〉은 아름답기는커녕 흉측스럽다는 말을 듣는다. 미술이든 음악이든 현대의 예술 작품을 두고 이러한 혼란이 많기에 무엇인가를 예술 작품으로 만드는 것은 무엇인지는 철학자에게 중요한 문제가 된다.

미국의 철학자 조지 디키(1926~2020)는 예술 제도론으로 이 주제에 접근한다. 그는 두 가지 조건을 갖추었을 때 예술 작품이라고 말한다. 첫째는 사람의 손길이 더해진 인공물이어야 한다. 이 조건은 꼭 사람의 손으로 만들어야 한다는 뜻이 아니라 자연물이라도 사람의 손으로 전시하는 것까지 포함한다. 둘째는 미술관 큐레이터, 평론가, 지휘자 등 예술계의 구성원들이 예술 작품으로 인정해야 한다. 그 분야에 권위가 있는 사람이 "예술이야!"라고 말하면 예술 작품이 되는 것이다.

이 정의는 많은 논쟁을 불러일으킨다. 예술계의 권위자가 예술 작품의 지위를 부여했을 때는 무슨 이유가 있었을 것이다. 무엇이 예술 작품인지 궁금할 때는 바로 그것이 궁금한 것인데, 그것으로 정의한 것은 순환 정의이다. 또 우리는 예술 작품의 정의가 어떤 것이 예술 작품인지 아닌지뿐만 아니라 어떤 것이 더 훌륭한 작품인지까지 말해 주기를 기대한다. 그러나 예술 제도론은 예술 작품을 분류만 해 주지 평가를 해 주지는 못한다. 또다시 예술계의 권위자가 높이 평가하면 훌륭한 작품이라고 말할 것인가?

099

Monday

모든 것의 근원은 물이다

> 최초의 철학자들 대부분은 질료적 근원들이 모든 것의 유일한 근원이라고 생각했다. (…) 탈레스는 그런 철학의 창시자로서 [근원을] 물이라고 말하는데 (그 때문에 그는 땅이 물 위에 있다는 견해를 내세웠다). 아마도 모든 것의 자양분이 축축하다는 것과 열 자체가 물에서 생긴다는 것 그리고 이것에 의해 [모든 것이] 생존한다는 것(모든 것이 그것에서 생겨나는 바의 것이 모든 것의 근원이다)을 보고서 이런 생각을 가졌을 것이다.
>
> — 아리스토텔레스, 《형이상학》

탈레스가 철학의 시조라고 한다. 기원전 6세기 무렵의 그리스 철학자인 탈레스가 쓴 책은 전해져 내려온 게 없고, 모든 것의 근원은 물이라고 말했다고 아리스토텔레스를 통해 전해져 내려온 게 전부이다.

달랑 이 말밖에 전해져 오지 않는데 그를 무려 철학의 시조로 떠받드는 것은 그를 통해 신화적 세계관에서 철학적 세계관으로 바뀌었기 때문이다. 전래 동화는 바닷물이 짠 이유가 소금이 무한히 나오는 맷돌이 바닷속에 빠졌기 때문이라고 말해 준다. 그러나 어린아이가 아니고서야 이런 신화가 자연 현상에 대한 합리적인 설명이라고 생각하는 사람은 없을 것이다. 탈레스 이전에는 자연 현상을 이렇게 신화적으로 설명했다면, 탈레스는 근거를 갖추어 합리적으로 설명한 것이다. 무엇인가 생존하기 위해서는 물기가 필요하기에 물이 모든 것의 근원이라고 생각한 것이다.

근원이 물이라는 말은 두 가지로 해석이 가능하다. 본디는 물이었다가 우리가 아는 현상으로 바뀌었다는 뜻도 되고, 그 시작이 무엇이든 근본 요소가 물이라는 뜻도 된다. 아리스토텔레스는 첫 번째 뜻으로 해석하는데, 우리보다는 탈레스와 가까운 시대에 살았으니 아마 맞는 해석이리라 생각된다.

철학은 합리적인 근거를 찾는 작업이다. 물론 이 근거가 틀렸다고 반박할 수 있지만 그런 반박을 통해 철학이 발전한다.

○ 여기서 근원이 고대 그리스어로 '아르케^{arché}'이다. 이것은 영어의 archetype(원형), archaeology(고고학) 따위의 말밑으로 남아 있다.

100

Tuesday

다른 사람의 마음 문제

우리는 자신의 마음만을 직접 알 수 있기에 다른 사람의 마음을 알 수 있는 합리적 근거가 있느냐는 문제. 우리는 가령 손가락이 베였을 때 아프다는 느낌을 직접 안다. 직접 안다는 것은 내가 아프다는 것을 나의 말이나 행동 따위를 보고 추론해서 아는 것이 아니라는 뜻이다. 이에 비해 다른 사람이 아파하는 느낌은 직접 알지 못한다. 내가 다른 사람의 느낌을 직접 들여다보거나 경험할 수는 없기에 아프다는 말이나 몸을 움츠리는 행동 따위를 근거로 추론하는 것이다.

이런 추론에는 유비 논증이 사용된다. 나에게 아픈 느낌이 있을 때 특정한 말이나 행동이 생기는 것을 보고, 다른 사람도 똑같은 말이나 행동을 하니 그도 역시 같은 마음을 가지고 있을 것이라고 추론하는 것이다. 그러나 이 유비 논증은 나의 마음이라고 하는 단 하나의 사례를 토대로 한다. 똑같이 생긴 수많은 종이 상자가 있는데, 그중 한 상자에 곰 인형이 들어 있으니 다른 상자들에도 곰 인형이 들어 있으리라고 추론한다고 하자. 이 추론은 단 하나의 사례에 근거한 매우 빈약한 논증이다. 다른 사람의 마음을 추론하는 것도 이와 마찬가지로 빈약하다.

다른 사람의 마음 문제는 다른 사람이 마음을 가지고 있다는 우리의 지식을 의심하는 회의론이다. 철학적 행동주의를 받아들이면 이 문제를 쉽게 해결할 수 있다. 우리의 행동이 곧 마음이라고 주장하면, 우리에 의해 관찰되는 다른 사람의 행동이 곧 마음이기 때문이다. 그러나 우리 마음의 세세한 부분까지 행동과 동일시할 수 없기에 철학적 행동주의는 그리 인기 있는 이론이 아니다.

○ 다른 사람의 마음 문제는, 의심할 수 없는 확실한 것은 자신의 마음뿐이라고 가정하므로 '유아론'이라고 도 부른다.

101

Wednesday

게오르크 헤겔

헤겔(1770~1831)은 독일 관념론 철학을 대표하는 철학자이다. 튀빙겐 대학에서 신학을 공부한 후, 가정 교사, 신문 편집국장, 예나 대학의 사강사, 김나지움의 교장을 지냈다. 46살에 하이델베르크 대학의 교수가 되었고 48살 때부터 베를린 대학으로 옮겨 가르쳤다. 예나 대학에서 가르치던 1806년에 나폴레옹 군대가 예나 대학을 점령했는데, 친구에게 보낸 편지에서 "황제가—세계정신이—(…) 말 위에 타고 세계를 압도하고 정복하고 있는 이런 개인을 목격하는 것은, 무어라고 형언할 수 없는 기분입니다."라고 자신의 조국을 점령한 나폴레옹을 찬미했다.

교수가 되기 전부터 꾸준히 저서를 냈다. 나폴레옹 군대가 예나에 입성한 날 그의 주저 《정신 현상학》을 탈고했다. 김나지움 교장 시절에 《논리학》을, 하이델베르크에서는 《엔치클로페디(철학적 학문의 집성)》를, 베를린에서는 《법철학》을 썼다. 모두 철학사에서 중요한 저술들이다.

헤겔의 철학은 20세기의 역사에 중요한 변혁을 일으킨 마르크스에게 상당한 영향을 끼쳤다. 프랜시스 브래들리(1846~1924)를 비롯한 영국의 절대적 관념론자도 그의 영향을 받았다. 3H라고 해서 헤겔, 후설, 하이데거를 독일의 난해한 철학자로 꼽는데, 그중 단연 헤겔이 가장 어렵기로 정평이 나 있다. 사실은 공허한 사상인데 심오한 척하는 허풍선이라거나, 헤겔 본인도 이해 못 한 것 아니냐는 혹평을 받는다. 논리 실증주의자는 그의 철학을 무의미한 명제의 전형으로 보고, 포퍼는 헤겔이 현대 전체주의 국가의 선구자라고 보았다. 모두 헤겔의 유명세 때문일 것이다. 분석적 훈련을 받은 윤리학자 싱어가 헤겔을 소개하는 단행본을 쓴 것은 뜻밖이다. 그는 헤겔 철학이 하나의 체계적인 세계관이 반영되어 있고, 자신의 사고방식에 익숙하지 않은 사람을 친절하게 배려하지 않아 어려울 뿐이라고 변호한다.

《역사 철학 강의》에서 "아프리카는 세계사에 속하는 지역이 아니며, 어떤 움직임도 발전도 보이지 않[고,] (…) 역사가 없는 폐쇄적인 사회이고, 지금껏 완전히 자연 그대로의 정신에 사로잡혀서 세계사의 문턱에 놓을 수밖에 없는 지역이다."라고 몇 페이지에 걸쳐 아프리카와 아프리카인을 혹평한다. 헤겔의 권위로 볼 때 이런 시각이 유럽인의 아프리카 침략을 정당화했을 것이다.

102

Thursday

실존주의

19세기 후반부터 20세기 중반까지 유럽 대륙을 중심으로 이성을 강조하는 철학에 반대하여 인간의 주체성을 강조한 철학. 쇼펜하우어, 니체, 키르케고르에서 시작했고, 독일의 카를 야스퍼스(1883~1969)와 하이데거, 프랑스의 장 폴 사르트르, 카뮈, 가브리엘 마르셀(1889~1973) 등이 주요 실존주의자이다. (하이데거와 카뮈는 실존주의라고 불리는 것을 거부했다.) '실존'이라는 말은 키르케고르가 처음 썼고, '실존주의'라는 용어는 제2차 세계대전 후에 마르셀이 붙였으나 그때는 실존주의가 유럽 대륙에서 이미 주요 철학 사상이었다.

실존주의는 인간의 가장 뛰어난 능력은 이성이며 이성으로 모든 문제를 해결할 수 있다는 이성적 전통에 반감을 품고 등장했다. 헤겔을 정점으로 하는 이성적 전통은 보편적이고 추상적인 원리를 강조하는데, 실존주의는 철학은 그것 대신에 개인의 구체적인 삶과 역사적인 상황을 다루어야 한다고 주장한다.

실존주의에서는 실존과 본질의 구분이 중요하다. 실존주의 이전의 많은 철학자는 어떤 것이 존재하는 방식은 본질에 의해 결정되고 본질은 존재가 따라야 하는 영원한 기준이라고 믿었다. 가령 의자의 본질은 누군가가 앉는 것인 것처럼 인간의 본질도 인간이 어떠해야 하는지 결정한다는 것이다. 그러나 실존주의자는 구체적인 상황에서 자유로운 선택을 하며 실제로 존재하는 개별적인 인간이 중요하다고 주장한다. 이 '실제 존재' 또는 '현실 존재'가 '실존'이다. 하이데거가 '지금 여기 구체적으로 있는 인간'이라는 뜻의 '현존재Dasein'로 인간을 규정한 것이나, "실존은 본질에 앞선다."라고 주장하여 인간의 본성은 신에 의해 미리 규정되는 것이 아니라 인간이 태어난 후에 스스로 결정한다고 본 사르트르의 주장이 이를 잘 드러낸다. 실존주의에서는 행동을 이끄는 외부의 기준은 없다. 자신의 책임하에 스스로 선택하여 '진정성' 있게 행동하는 것이 중요하다.

근세 이후 발달한 과학 기술과 18세기 후반의 산업혁명 이후 성장한 자본주의는 인간의 삶을 풍성하게 했지만 인간의 개성과 주체성을 말살한다고 생각되었다. 이런 역사적 상황에서 지금 여기서 구체적으로 존재하는 인간의 가치를 존중하는 실존주의는 철학뿐만 아니라 문학과 연극 및 영화에도 큰 영향을 끼쳤다. 20세기 후반 이후 실존주의 자체는 쇠퇴했으나 현상학 또는 포스트모더니즘의 방법론의 한 형태로 남아 있다.

103

Friday

불멸은 좋은 것일까?

영화 〈맨 프럼 어스〉(2007)의 주인공은 1만 4,000년 동안 살아온 사람이다. 이름마저 존 올드맨인 그는 35살의 육체 나이에서 늙지 않고 영원히 살고 있다. 그는 늙지 않는 외모 때문에 주기적으로 일터를 옮기는데, 동료들과 작별 인사를 하면서 자신이 살아온 1만 4,000년을 이야기해 주는 것이 영화 내용이다.

이 영화 주인공이 부러운 사람이 있을 것이다. 그러나 불멸은 꼭 좋은 것일까? 플라톤은 영혼의 불멸을 주장했다. 그러나 여기서는 육체가 죽지 않고 영원히 사는 불멸을 말한다. 불멸을 놓고 각자의 호불호를 말할 수 있다. 그러나 철학은 개인적 취향이 아니라 논증을 제시해야 한다.

영국의 철학자 버나드 윌리엄스(1929~2003)는 불멸은 나쁘다고 주장하는 논증을 제시한다. 그는 먼저 '절대적 욕구'라는 개념을 제시한다. 이것은 살고자 하는 이유가 되는 욕구를 말하는데, 돈을 많이 벌고 싶다거나 아이가 결혼하는 것을 보고 싶다거나 해외 여행을 가고 싶다거나 하는 것들이 그런 욕구일 것이다. 그런데 이 절대적 욕구는 윌리엄스에 따르면 언젠가 '없어진다'. 돈을 많이 벌고 싶다는 욕구를 가진 사람이 있다고 할 때, 돈을 많이 벌게 되면 그 욕구는 만족되어 없어지기도 하고, 돈을 많이 못 벌더라도 거기에 관심을 잃게 되어 또는 돈을 벌려고 노력했는데도 실패하여 지쳐서 없어지기도 한다. 다른 절대적 욕구를 가져도 역시 결국에는 없어지고 만다. 그렇게 되면 우리는 참을 수 없이 지루해진다. 그리고 어떤 욕구를 가져도 결국에는 없어지고 만다는 것을 알게 되니, 아예 어떤 꿈도 꾸지 않게 된다. 그래서 윌리엄스는 불멸은 좋은 것이 아니라고 주장한다.

윌리엄스의 주장에 동의가 되는가? '없어지지' 않는 절대 욕구도 있지 않을까? 돈은 아무리 많이 벌어도 만족되지 않을 수 있다. 지식의 추구나 사랑이나 우정을 쌓는 것도 그렇다. 그리고 한번 만족된 욕구라도 만족되었다는 사실을 잊어버리고 몇 번이고 새롭게 추구할 수 있다. 시간은 많고 기억력은 한계가 있으니 충분히 가능한 일이다. 한편 지루하다는 게 꼭 그렇게 나쁜 일인가? 다람쥐 쳇바퀴 도는 일이라도 거기에 의미를 부여하는 사람이 있다.

○ 불멸은 철학자가 많이 다루는 주제가 아니지만 그중에 윌리엄스는 불멸에 강력히 반대하는 철학자이다. 그래서 동료 철학자들은 그를 '불멸에 인색한 노인네'라고 부른다.

104

Saturday

인과 관계와 상관관계의 혼동

한 사건과 다른 사건 사이에 인과 관계가 있을 때, 원인에 해당하는 사건이 일어나면 결과에 해당하는 사건은 반복적이고 규칙적으로 일어난다. 그러나 거꾸로 한 사건이 일어날 때 다른 사건이 반복적이고 규칙적으로 일어난다고 해서 두 사건 사이에 꼭 인과 관계가 있는 것은 아니다. 단순히 하나가 발견될 때 다른 하나도 발견되는 상관관계만 있을 수도 있기 때문이다.

예를 들어 보자. 머리 염색을 하면 눈이 나빠진다고 말하는 사람들이 있다. 머리 염색과 눈이 나빠지는 것 사이에 인과 관계가 있다고 생각하는 것이다. 그러나 둘 사이에는 상관관계만 있고, 머리 염색과 눈이 나빠지는 것의 공통 원인이 따로 있다. 바로 나이가 들었기에 흰머리가 생겨 염색도 하고 노안으로 눈도 나빠지는 것이다.

사실은 상관관계에 불과한데 인과 관계로 착각하는 잘못된 판단은 개인이나 사회를 심각한 문제에 빠뜨린다. 홍역에 걸리면 붉은 반점도 생기고 고열도 생긴다. 그런데 고열이 붉은 반점의 원인이라고 생각하여 열만 낮추는 대증 요법을 쓰면 병이 악화될 수 있다. 붉은 반점과 고열은 상관관계만 있으며, 그 둘은 홍역 바이러스라는 공통 원인으로 생기는 것이다.

사회 정책을 세울 때도 이 혼동을 주의해야 한다. 청소년의 폭력 사건이 일어나면 폭력적인 게임을 그 원인으로 지목하곤 한다. 그러나 둘 사이에는 상관관계만 있고 폭력적인 성향이 공통 원인일 수 있다. 폭력적인 성향이 있어서 폭력적인 게임도 좋아하고 폭력 사건도 일으키는 것이다. 그렇다면 폭력적인 게임이 폭력 사건의 원인이라고 지목하여 폭력적인 게임을 없앤다고 해서 폭력 사건이 없어지지도 않을뿐더러, 폭력적인 게임으로 폭력적인 성향을 완화하던 사람이 폭력 사건을 더 일으킬 수도 있다. 홍역 환자의 열만 낮추는 돌팔이 의사처럼 돌팔이 행정가가 되는 것이다.

○ 인과 관계와 상관관계를 혼동하는 잘못을 '공통 원인의 무시' 오류라고도 부른다.

105

Sunday

고슴도치와 여우

고대 그리스의 시인인 아르킬로코스가 "여우는 많은 것을 알고 있지만 고슴도치는 하나의 큰 것을 알고 있다."라고 말했다. 르네상스 시대의 인문학자인 에라스뮈스는 《격언집》에서 이 말을 이렇게 해석한다. "여우는 다양하고 기상천외한 방법으로 사냥꾼을 속이지만 마침내 붙잡히곤 한다. 하지만 고슴도치는 오로지 한 가지 방법으로 사냥개의 이빨을 피한다. 몸을 둘둘 말고 가시 바늘을 세우면, 누가 고슴도치를 잡을 수 있겠는가?" 온갖 일에 참견하는 사람보다 한 가지 일에 깊은 통찰력을 가지고 집중하는 사람이 더 많이 성취한다는 것이다.

에라스뮈스의 《격언집》은 인쇄술이 나온 후 최초의 베스트셀러였다고 하지만, 위의 말은 수많은 격언 중 하나이므로 그다지 주목을 못 받았으리라. 고슴도치와 여우의 대비에 주목한 이는 영국의 철학자 이사야 벌린(1909~1997)이다. 그는 《고슴도치와 여우》(1953)에서 고슴도치를 편드는 에라스뮈스와 달리 각각을 사상가의 두 가지 스타일로 인정한다. 먼저 고슴도치형은 모든 것을 조직화하는 하나의 보편 원리 또는 핵심적인 비전에 근거해서 모든 것을 이해하고 생각한다. 이에 견줘 여우형은 생각의 방향을 하나의 목표로 좁혀 가기보다 다양한 목표를 추구하고 거기서 다채로운 경험과 대상의 본질을 포착해 나간다. 그리고 고슴도치형의 사상가로 플라톤, 루크레티우스(기원전 99?~기원전 55?), 파스칼, 헤겔, 니체를 들고, 여우형으로 헤로도토스, 아리스토텔레스, 미셸 몽테뉴(1533~1592), 에라스뮈스를 든다.

서양 철학은 크게 독일과 프랑스를 중심으로 한 대륙 철학과 영미권을 중심으로 한 분석 철학으로 나뉜다. 대륙 철학은 사변을 통해 큰 이론을 그리려고 하고, 분석 철학은 언어·개념 분석을 무기로 온갖 주제를 파헤친다. 그래서 대륙 철학을 고슴도치에, 분석 철학을 여우에 비유하기도 한다.

○ 《고슴도치와 여우》의 부제는 "우리는 톨스토이를 무엇이라 부르는가"이다. 벌린은 톨스토이가 본래 여우였지만 스스로는 고슴도치라고 믿었다고 말한다. 벌린은 라트비아 출신으로 소련 치하에서 살다가 19살에 영국으로 망명했기에, 러시아 사상가와 작가에 관심이 많았다.

106
Monday

흄의 포크

> 만일 우리가 예컨대 신학이나 학교에서 배우는 형이상학 책을 손에 쥐고 있다면 다음과 같이 물어보자. 거기에 양이나 수에 관한 추상적인 추론이 담겨 있는가? 아니다. 사실의 문제나 존재에 관련된 실험적 추론이 담겨 있는가? 역시 아니다. 그렇다면 그 책을 불 속에 던져 버려라. 거기에는 궤변과 망상 이외에는 아무것도 담겨 있지 않을 테니까.
>
> – 흄, 《인간의 이해력에 대한 탐구》

의미 있는 인간의 지식은 수학 또는 논리학의 명제이거나 감각 경험으로 알 수 있는 경험적인 명제들로 나누어진다는 이 주장을 흄의 포크라고 부른다. 정확하게 말하면 두 갈래로 갈라진 포크이다. 흄은 의도적으로 위와 같은 도발적인 발언을 했다. 당시 지성계에 충격을 주기 위해 요즘 말로 하면 '어그로를 끈' 것이다. 그가 언급한 무의미한 명제들에는 "우주는 최초의 원인을 갖는다.", "각자의 마음속에는 자아가 존재한다.", "세상에는 인과 법칙이 존재한다.", "신은 반드시 존재한다." 따위가 있다. 이와 같은 믿음은 당시(는 물론이고 현대에도) 철학에서뿐만 아니라 상식적으로도 받아들여진 것들인데 흄에 따르면 이런 것들은 모두 불태워져야 한다. 그것들은 수학이나 논리학에서 증명될 수도 없고, 감각 경험으로 알 수 있는 것도 아니기 때문이다.

흄의 포크의 철학적인 의미는 크다. 수학 또는 논리학의 명제는 필연적이기는 하지만 세계에 대한 명제는 아니다. 감각 경험으로 알 수 있는 명제는 세계에 대한 명제이지만 필연적이지 못하다. 그래서 세계에 대한 명제 중 필연적인 것은 없는 것이다. 칸트는 이에 대해 선천적 종합 판단이 그런 명제라고 주장했다. 한편 흄의 포크의 두 갈래는 각각 분석 명제와 종합 명제에 해당한다. 현대 철학자 콰인은 그 구분이 명확하지 않음을 보였다.

○ 흄의 포크는 두 갈래로 갈라진 쇠스랑이지만, 선천적 종합 판단을 인정한 칸트의 포크는 세 갈래로 갈라진 쇠스랑이라고 말하는 철학자도 있다.

107

Tuesday

감각 자료

색깔, 소리, 모양, 냄새, 촉감 등 오감으로 직접 지각되는 것을 가리키는 말. 감각 자료라는 말은 주로 20세기의 영국 철학자나 논리 실증주의자 들이 썼지만, 사실은 서양 근세의 경험론에서 나온 개념이다. 로크의 '개념', 버클리의 '감각 가능한 성질', 흄의 '인상'이 감각 자료에 해당한다. 20세기 철학자도 러셀과 A. J. 에이어(1910~1989)는 '감각 자료'라고 부르지만, C. D. 브로드(1887~1971)는 '감각된 것 sensa', 조지 에드워드 무어는 '감각 내용'이라고 불렀다. 감각 자료를 쉬운 말로 '감각에 주어진 것'이라고도 말하는데 '감각 소여所與'라는 어려운 한자말로 번역한다.

사과에서 지각되는 빨간 색깔, 매끈매끈한 느낌, 새콤달콤한 맛 따위가 감각 자료이다. 감각 자료는 감각을 하는 나만 경험할 수 있다는 점에서 사적私的인 것이기도 하고, 내가 감각하는 것은 의심할 수 없는 사실이므로 확실한 것이기도 하며, 다른 무엇의 도움을 받지 않고 직접 인식하는 것이기도 하다. 이와 반면에 사과라는 물질적 대상은 이 감각 자료를 통해 간접적으로 재구성한 것이다. 그래서 의심할 수 없이 확실한 것은 우리가 감각 자료를 지각한다는 사실이기는 하지만, 감각 자료를 통해 물리적 대상을 추론하는 것이 가능하다고 주장하는 경험론 철학자도 있다. 한편 감각 자료를 넘어 물리적 대상은 아예 알 수 없다는 회의론적인 결론을 내리는 경험론 철학자도 있다.

감각 자료를 부정하는 철학자도 있다. 우리가 헛것을 보았을 때도 감각 자료는 우리에게 존재하고, 똑같은 것을 보았는데도 사람들마다 감각 자료는 다 다를 것이기에 그것을 신뢰하지 못하는 것이다. 그래서 미국의 철학자 윌프리드 셀러스(1912~1989)는 감각 자료를 인식의 근거로 삼는 인식론을 '소여의 신화'라고 비판한다.

108

Wednesday

에피쿠로스

에피쿠로스(기원전 341~기원전 271)는 소크라테스보다 100년쯤 후대의 그리스의 철학자이다. 에게해에 있는 사모스섬 출신이다. 지지자들과 함께 아테네 근교에 집을 짓고 '정원'(호케포스)이라고 불린 철학 공동체를 이루고 소박하게 살았다. 이 공동체에는 여자, 고급 창녀, 노예도 있었는데, 여자와 노예는 인간으로 취급하지 않던 당시에는 진보적인 공동체였다.

에피쿠로스는 쾌락 전도사라고 부를 만하다. 철학 공동체에도 "낯선 자들이여, 여기 머무르십시오. 여기서 최고의 선은 쾌락입니다."라는 표지판이 걸려 있었다고 한다. 영어에서 epicurean이라고 하면 '고급 음식과 술에서 즐거움을 얻는'이라는 뜻이다. 그래서인지 '에피큐리언'이라는 이름은 현대의 세계적으로 유명한 요리 학교나 조리 도구에 붙어 있다.

에피쿠로스학파는 당시에도 밤새워 먹고 마시고 즐기는 방탕한 사람들로 인식되었는데, 이것은 에피쿠로스에 대한 오해이다. 그가 말하는 쾌락은 신체에 고통이 없고 영혼에 문제가 없는 상태이다. 그는 실제로 빵과 올리브기름 정도만 먹었고 잔칫날에도 치즈를 조금 먹었다고 한다. 산해진미를 먹으면 식욕이 더 왕성해져 또 다른 쾌락을 찾게 하기에 배가 불러도 불안하여 쉬지 못한다고 생각했기 때문이다. 쾌락의 노예가 되는 것이다. 그의 철학은 오히려 금욕주의에 가깝다.

에피쿠로스는 원자론자로도 유명하다. 그 이전에 원자론자로 유명한 철학자는 데모크리토스인데, 데모크리토스와 달리 에피쿠로스는 이 세상은 원자로 이루어졌다고 주장하면서도 결정론을 피하고 자유 의지를 인정했다. 카를 마르크스의 박사 학위 논문 제목이 〈데모크리토스와 에피쿠로스의 자연 철학의 차이〉였다.

에피쿠로스는 수많은 책을 쓴 것으로 알려져 있지만 지금까지 전해져 내려오는 것은 몇 편의 편지와 단편뿐이다. 200년 후에 로마의 루크레티우스가 에피쿠로스의 철학을 담은 철학 서사시《사물의 본성에 관하여》를 남겼다.

○ 에피쿠로스뿐만 아니라 철학자 피타고라스와 이솝 우화로 유명한 이솝도 사모스섬 출신이다.

109

Thursday

실용주의

실용주의는 19세기 후반에 미국에서 시작된 철학 사조이다. 영어 그대로 '프래그머티즘'이라고도 한다. 20세기 이후 미국 철학의 주된 경향인 분석 철학은 그기원이 독일의 프레게와, 독일과 오스트리아 중심의 논리 실증주의에 있기에 미국 고유의 철학이라고 말하기 어렵다. 퍼스에서 시작되어 윌리엄 제임스, 존 듀이 (1859~1952)로 발전하는 실용주의야말로 진정한 미국 철학이라고 평가할 만하다.

퍼스는 '실용주의자의 격률'을 애초에 개념을 명석하게 하려는 논리적 방법으로 제시했다. 우리가 어떤 대상에 갖는 관념을 알고 싶으면 그 대상이 가지는 실제적 효과가 무엇인지만 보면 된다는 것이다. 그는 이 격률을 가지고 철학의 전통적인 형이상학 문제들을 명석하게 하는 데 사용했다.

실용주의자마다 주장하는 바가 조금씩 다르나 진리를 실제 생활의 행동과 관련해서 정의한다는 점에서 공통적이다. 퍼스는 위의 격률을 사용하는 사람들 사이에서 최종 합의가 이루어지면 그것이 진리라고 본다. 제임스는 퍼스와 달리 실용주의를 논리적 방법에 한정하기보다는 도덕이나 종교의 문제 등 삶의 문제를 해결하는 데 사용해야 한다고 생각해서, 어떤 믿음이 우리에게 만족스럽고 유용하다면 진리라고 믿었다. 그는 개념 각각의 실제적인 결과를 추적해서 그것을 해석하려고 노력한 다음에, 아무 차이가 없으면 실제로 똑같은 것을 의미한다고 말했다. 듀이는 어떤 것을 주장할 수 있음이 보장되었을 때 그것을 진리라고 보았다. 듀이는 자신의 철학을 실험주의 또는 도구주의라고 부르고, 실용주의를 민주주의나 교육의 문제 등 사회·정치적 영역으로 확대했다.

실용주의자가 진리를 실제 생활과 관련시킨 것은 그들이 철학자인 동시에 과학자였다는 사실에도 기인한다. 퍼스는 화학을 전공하고 측량 일을 했으며, 제임스는 미국 심리학의 아버지로 불릴 정도로 유명한 심리학자였다. 그리고 듀이도 교육학 등 사회 과학자로 많이 알려져 있다.

이들만큼 실용주의를 명시적으로 내세우지는 않아도 20세기 후반의 미국 주요 철학자들에게 실용주의는 면면히 이어진다. 모든 이론은 경험에 의해 수정 가능하다고 주장하는 콰인이 대표적이다. 그리고 신실용주의로 불리는 리처드 로티 (1931~2007)나 힐러리 퍼트넘(1926~2016)은 실용주의 논의를 합리성이나 실재론 문제에도 적용한다. 독일의 위르겐 하버마스도 합의에 의한 실용주의적 진리 개념을 주장한다.

110
Friday

시간 여행이 가능할까?

〈터미네이터〉는 1994년에 1편이 만들어진 후 계속해서 속편이 만들어지는 인기 영화이다. 이 영화는 시간 여행을 모티브로 한다. 핵전쟁을 일으켜 인류의 절반 이상을 없애 버린 인공 지능 스카이넷이 지배하는 2029년에 존 코너를 중심으로 한 인간 반란군이 스카이넷과 전쟁을 벌인다. 스카이넷은 터미네이터를 타임머신에 태워 1984년으로 보내 존 코너의 어머니인 세라 코너를 죽이라는 명령을 내린다. 한편 이 정보를 입수한 존 코너도 카일 리스를 보내 어머니를 지키게 한다. 터미네이터와 카일 리스의 싸움이 영화의 주된 내용이다.

시간 여행은 가능할까? 이 질문은 과학자의 관심이기도 하지만 철학적 주제이기도 하다. 〈터미네이터〉와 비슷한 내용의 '할아버지 역설'은 시간 여행이 불가능하다는 것을 보여 준다. 팀이라는 사람이 과거로 가서 자신의 아버지 또는 어머니가 임신되기 전에 할아버지를 죽인다고 가정해 보자. 팀은 총을 가지고 있고 명사수라서 할아버지를 죽이는 것이 가능하다. 그러나 그가 할아버지를 죽이면 자신은 존재하지 않게 되기 때문에 할아버지를 죽이는 것이 불가능하기도 하다. 할아버지를 죽이는 것이 가능하기도 하고 불가능하기도 한 것은 모순이다. 시간 여행이 가능하다면 이러한 모순이 생기기 때문에, 귀류법에 의해 시간 여행은 불가능하다.

할아버지 역설에 두 가지 반론이 가능하다. 첫째는 '가능하다'와 '불가능하다'는 서로 다른 사실과 관련해서 하는 말이기 때문에 모순이 아니라는 것이다. 가능하다고 할 때는 팀이 총을 가지고 있고 명사수라는 사실과 관련해서 말하는 것이고, 불가능하다고 할 때는 할아버지가 과거 시점에 죽지 않고 살아 있다는 사실과 관련해서 말하는 것이기 때문이다. 둘째는 팀이 할아버지를 죽일 수 있다는 것을 부인한다. 팀이 할아버지를 죽일 수 있다면 "팀이 할아버지를 죽이려 한다면, 팀은 성공하거나 적어도 성공이 가능하다."가 참이어야 하는데, 이것은 위의 역설이 말한 바로 그 이유로 거짓이기 때문이다. 그러니 모순은 없다.

○ '할아버지의 역설'은 20세기 초에 공상 과학 소설에서 이미 제기된 문제이다. 철학자의 공헌은 '가능하다'의 양상적樣相的 의미를 분석하는 데 있다.

111

Saturday

무모순율

동일률, 배중률과 함께 사고의 기본 법칙으로, 어떤 진술과 그 진술의 부정은 동시에 참일 수 없다는 법칙. 그냥 '모순율'이라고도 한다. '정합적'이라거나 '일관적'이라고 말하는 것도 '무모순적'이라는 뜻이다. 무모순율을 정식화한 철학자는 아리스토텔레스이다. 그는 《형이상학》에서 "같은 것이 같은 것에, 그리고 같은 면에서, 속하는 동시에 속하지 않을 수는 없다."라는 원리라고 말한다. 아리스토텔레스는 무모순율 자체가 참임을 논증할 수 없다고 말한다. 논증에서 전제는 결론보다 앞에서 더 우선인 것이어야 하는데, 무모순율보다 우선인 것이 있을 수는 없기 때문이다.

모순된 진술을 말하는 것은 치명적이다. 논리학에서는 모순된 진술로부터는 어떤 진술이든 도출될 수 있기 때문이다. '아무 말 대잔치'를 해도 되는 것이다. 사실 모순된 생각을 자주 하는 사람이라면 논리적으로뿐만 아니라 심리적으로도 문제가 있을 것이다.

대놓고 모순된 신념을 유지하는 사람은 없다. 그래서 다른 사람을 비판하는 좋은 방법의 하나는 그 사람의 신념 체계 중에서 얼른 눈에 띄지는 않지만 사실은 모순된 진술을 찾아 공격하는 것이다. 예컨대 사형제를 찬성하는 사람이 태아도 엄연한 사람인데 죽일 수 없다는 이유로 낙태에는 반대한다고 해 보자. 그러나 사형제도 사람을 죽이는 것이므로, 그 사람은 "사람을 죽여서는 안 된다."라는 생각과 "필요에 따라서 사람을 죽여도 된다."라는 모순된 생각을 하는 것이다. 물론 이 사람은 다시 자신이 지지하는 것은 그냥 "사람을 죽여서는 안 된다."가 아니라 "무고한 사람을 죽여서는 안 된다."라고 수정할 수 있을 것이다. 사형의 대상이 되는 사람은 무고한 사람이 아니라는 식으로 모순의 비판에서 빠져나가는 것이다.

○ 동일률은 모든 것은 자기 자신과 같다는 법칙이고, 배중률은 어떤 명제와 그것의 부정 중 하나는 반드시 참이라는 법칙이다.

112

Sunday

장난감을 함부로 다루면?

디즈니의 애니메이션 〈토이 스토리〉(1995)에는 시드라는 남자아이가 빌런(악당)으로 등장한다. 장난감을 애지중지하는 옆집 앤디와 달리 시드는 여동생의 장난감을 빼앗아 목을 자르고, 화살을 꽂거나 돋보기로 태우는 따위의 고문을 하고, 로켓 폭죽에 매달아 쏘아 올려 폭파한다. 영화 관객은 시드가 장난감에만 못된 짓을 한다고 생각할까?

칸트는 동물을 함부로 다루어서는 안 되는 까닭으로 만약 그렇게 하면 인간의 품성에 나쁜 영향을 끼치기 때문이라고 말했다. 인간과 동물은 유사하므로, 동물에게 친절한 사람은 사람도 친절하게 대할 것이고 동물에게 잔인한 사람은 사람도 잔인하게 대할 것으로 생각했기 때문이다. 장난감도 인간과 비슷하게 생겼으므로 마찬가지 아닐까? 시드는 장난감에만 못된 짓을 하는 게 아니라 사람에게도 할 것이며, 결국 잔인한 어른으로 크지 않을까?

책상머리에서의 추측으로는 충분히 그럴 것 같다. 그러나 정말 그럴지는 경험적으로 검토해야 한다. 동물에게는 잔인하지만 다른 사람에게는 한없이 자비롭거나 거꾸로 동물에게는 친절하지만 다른 사람에게는 잔인한 사람을 상상하는 것은 어렵지 않기 때문이다. 시드도 장난감만 괴팍하게 취급하는 취미가 있는지 모른다. 〈토이 스토리 3〉(2010)은 앤디와 시드가 청년이 된 때의 이야기인데, 시드는 청소부로 맡은 일을 즐겁게 하는 청년으로 성장했다.

〈토이 스토리〉에서는 어릴 때 시드의 집에 사슴 머리 박제가 걸려 있는 장면이 나온다. 사냥을 취미로 하는 인구가 많은 미국에서는 사냥한 사슴의 머리를 잘라 만든 장식품을 '트로피'라고 부르는데, 이 목적으로 사냥하는 사람이 많아 동물 보호 단체로부터 비난을 받는다. 영화 제작자는 부모가 동물에게 잔인하니 아이도 잔인한 성품을 배웠다는 것을 말하고 싶어 한 것 아닐까? 한편에서는 사냥으로 한 방에 동물을 죽이는 것이 좁은 우리에서 고통스럽게 길러서 잡아먹는 것보다 덜 잔인하다고 말하기도 한다.

113

Monday

한 마리의 제비가 날아온다고

> 인간적인 좋음은 탁월성에 따르는 영혼의 활동일 것이다. 또 만약 탁월성이 여럿이라면 그중 최상이며 가장 완전한 탁월성에 따르는 영혼의 활동이 인간적인 좋음일 것이다. 더 나아가 그 좋음은 완전한 삶 안에 있을 것이다. 한 마리의 제비가 봄을 만드는 것도 아니며, [좋은 날] 하루가 봄을 만드는 것도 아니니까. 그렇듯 [행복한] 하루나 짧은 시간이 지극히 복되고 행복한 사람을 만드는 것도 아니다.
>
> — 아리스토텔레스, 《니코마코스 윤리학》

아리스토텔레스에 따르면 인간의 모든 행동은 좋음을 목표로 한다. 그리고 최상으로 좋은 것은 행복이다. 사람들은 쾌락, 부, 명예, 건강 따위를 행복으로 생각한다. 그러나 아리스토텔레스는 행복은 궁극적이고 자족적인 것이어야 하는데, 위와 같은 것들은 다른 목적을 위한 수단이지 그 자체로 추구할 목적이 아니기 때문에 진정한 행복이 아니라고 본다. 그는 인간의 행복을 인간의 고유한 기능이 탁월하게 발휘되는 활동성으로 정의한다. 하프를 잘 연주하는 사람이 좋은 하프 연주자인 것처럼 사람으로서 마땅히 해야 할 기능을 잘 수행하는 사람이 좋은 사람, 곧 행복한 사람이라는 것이다. 그런데 사람만이 지닌 특별한 기능은 바로 이성이다. 이성적인 정신(영혼)을 탁월하게 활동해 낼 때 인간은 행복하다.

그렇다면 무엇인가를 하나 이루었다고 해서 행복하고 무엇인가를 하나 실패했다고 해서 불행한 것은 아닐 것이다. 행복이 인간의 본질적인 기능인 이성을 발현하는 것이라면 그것은 온 생애에 걸쳐 이루어져야 한다. 아리스토텔레스의 주장에 따른 행복한 삶인지 여부는 삶을 마칠 때나 판단할 수 있을 것 같다.

〇 '니코마코스'는 아리스토텔레스의 아들 이름으로(아버지 이름도 니코마코스이기는 하다), 니코마코스가 이 책을 편집했기에 《니코마코스 윤리학》이 되었다. 아리스토텔레스의 또 다른 윤리학 저술인 《에우데모스 윤리학》은 친구인 에우데모스가 편집했기에 그런 제목이 되었다. 《대윤리학》이라는 윤리학 저술도 있는데, 위서라는 게 학계의 대체적인 견해이다.

114

Tuesday

진리

어떤 명제나 판단이 갖는 참인 성질. 진리라고 하면 참된 이치나 참된 도리라는 뜻이 있기에 철학자가 진리를 주제로 탐구한다고 하면 인생에 가르침이 되는 참된 이치를 찾는 것으로 생각하기도 쉽다. 그러나 철학적 주제로서 진리는 아주 형식적인 개념이기에 그런 생각을 한 사람은 실망할 것이다. 과학자가 진리인 주장들을 탐구하고 일반인도 무엇이 참인지 찾는다면 철학자는 진리의 본성을 묻는다. 다시 말해서 명제나 판단이 어떨 때 참이 된다고 말할 수 있는지 그 조건을 찾는다.

널리 알려진 진리 이론으로는 세 가지가 있다. 첫째, '대응설'에 따르면 어떤 진술에 해당하는 사실이 있을 때 그 진술은 참이 된다. 아리스토텔레스가 《형이상학》에서 "있는 것에 대해서 있다고 하고 없는 것에 대해서는 없다고 하는 것이 참이다."라고 말한 것처럼, 가령 "지금 비가 오고 있다."라는 진술은 정말로 지금 비가 오고 있으면 참이 된다. 그러나 대응론이 전제하는 '사실'이 정말로 있는지 의심하는 철학자들이 많고, '대응'한다는 것이 정확히 무엇인지도 논란이 많다.

둘째, '정합설'에서는 어떤 지식이 기존의 지식 체계와 논리적인 모순이 없을 때 참이다. 특히 수학이나 논리학 또는 이론과학처럼 실재와 대응하는지 검토하지 않는 학문에서는 정합설이 잘 설명된다. 영국의 관념론 철학자인 브래들리가 이 이론의 대표적 학자이다. 그러나 한 개인이 어떤 진술이 체계 전체와 정합적인지 파악하기는 쉬운 일이 아니다. 또 서로 정합적이지 않은 두 체계가 있을 때 어느 쪽이 진리인지 판단하기 어렵다.

셋째는 실용주의의 진리관으로서, 어떤 진술이 유용하거나 잘 작동할 때 참이라고 말한다. 어떤 진술은 그 자체로 참이거나 거짓이지 않고, 그것을 실천에 옮겨 본 다음에 결과를 보고 참·거짓을 결정한다. 이러면 똑같은 진술이 상황에 따라 참이 되거나 거짓이 되는데, 이는 진리에 대한 우리의 직관과 맞지 않는다.

이런 전통적인 진리 이론을 받아들이지 않는 현대 철학자도 많다. 영국의 철학자인 프랭크 램지(1903~1930)는 "p이다."나 "p는 참이다."는 결국 같으므로 진리 개념이 따로 필요 없다는 '진리 잉여설'을 주장한다. 그리고 폴란드 출신의 미국 논리학자 알프레트 타르스키(1901~1983)의 분석을 따라 "p이면, 그리고 오직 그때에만 p는 참이다."라는 논리적 주장이 진리에 관해 말할 수 있는 전부라고 말하는 '최소주의 진리설'도 있다.

115

Wednesday

디오게네스

직업적인 강단 철학자가 나오기 전 철학자의 직업은 다양했지만, 가장 극단적인 경우는 황제 철학자(마르쿠스 아우렐리우스)와 노예 철학자(에픽테토스)였다. 그런데 디오게네스(기원전 412?~기원전 323?)는 거지 철학자였다.

지금은 터키 땅인 흑해 연안의 시노프 출신이다. 환전상의 아들이라고 하니 본디 가난한 사람은 아니었다. 그는 진정한 행복과 자유를 위해서는 문명을 좇는 욕망을 버려야 한다고 생각해서 넝마 같은 옷을 입고 구걸을 하고 살았다. 남들이 보는 통 속에서 자고 먹고 용변을 보고 심지어 자위행위를 했다고 한다. 악한 행동이라면 남들이 보지 않는 곳에서도 해서는 안 되고, 악한 행동이 아니라면 남들이 보는 곳에서 해도 된다고 생각했기 때문이다. 알렉산드로스 대왕이 통에 찾아와서 원하는 것을 말하라고 하니 "햇빛을 가리지 말아 주시오."라고 말한 일화는 유명하다.

개처럼 살았다고 해서 견유학파라고 부른다. 견유학파는 키니코스학파라고도 하는데, 개를 뜻하는 그리스어 키논에서 유래한다. 여기서 '냉소적'이라는 뜻의 영어 '시니컬cynical'이 나왔는데, 견유학파는 결코 냉소주의가 아니다. 남들의 시선이나 비웃음에 신경 쓰지 않는다는 점에서는 냉소적인 게 맞지만, 그것을 넘어서 진정한 도덕적 자유를 추구하였기 때문이다. 남들의 시선이 항상 두려운 사람들은 배워 볼 만하다.

○ 명탐정 셜록 홈스의 형인 마이크로프트 홈스가 '디오게네스 클럽'의 창립 멤버이다. 셜록의 형은 고위 관료이니 이 모임은 가난한 사람의 모임은 아니고, 사람 만나는 것을 극도로 싫어해서 혼자 있는 시간을 즐기는 사람들의 모임이다.
○ 위 그림은 장 레오 제롬이 그린 〈디오게네스〉(1860)이다.

116

Thursday

이데아

초월적이고 영원한 보편자를 가리키는 플라톤의 용어. '이데아^{idea}' 대신에 '에이도스^{eidos}'나 '형상^{形相}'이라는 개념도 많이 쓴다.

플라톤 철학에서 가장 널리 알려진 개념이다. 컴퍼스나 컴퓨터로 아무리 정교하게 원을 그려도 평면 위의 일정한 점에서 같은 거리에 있는 점들의 집합이라는 원의 정의를 만족하지 못한다. 공간과 시간을 차지하지 않고 영원하게 존재하는 이데아로서의 원이야말로 그런 정의를 만족한다. 컴퍼스나 컴퓨터로 그린 현실의 개별적인 원은 원의 이데아의 본성을 분유^{分有}하는데(나누어 가지는데) 그 본성을 불완전하게 가진다. 그래서 플라톤은 이데아로서의 원이 실재이고 감각으로 인식되는 원은 현상이라고 본다.

플라톤에 따르면 수학적 대상뿐만 아니라 정의($正義$), 좋음, 아름다움 등 모든 것의 이데아를 말할 수 있다. 곧 아름다운 사람이나 아름다운 꽃뿐만 아니라 아름다움의 이데아가 있다. 이것이 아름다움 그 자체이다. 그런데 우리가 일상생활에서 불완전한 아름다운 것들만을 볼 수 있다면 아름다움의 이데아는 알지 못한다는 문제가 생긴다. 플라톤을 한 번도 본 적이 없는 사람이 플라톤의 초상화를 보고 플라톤인지 알겠는가? 그래서 플라톤은 인간은 아름다움의 이데아를 희미하게 기억한 채 태어나는데, 불완전한 아름다운 것들을 보고 이데아를 상기해 낸다는 '상기설'을 주장한다. 또 통치자가 될 사람은 이데아를 인식하는 교육을 받아야 한다는 주장도 한다.

플라톤이 '이데아'와 같은 말로 쓰는 '에이도스'는 아리스토텔레스도 쓰지만 그 의미가 다르다. 아리스토텔레스의 이론에서는 구체적인 대상이 질료(힐레)와 형상(에이도스)을 가지고 있으므로 플라톤의 이론에서처럼 초월적 세계에 있는 것은 아니다.

근대 또는 현대에 시공간을 떠나 영원하게 존재하는 이데아를 인정하는 철학자는 별로 없지만 철학사에서의 의미는 크다. 이데아의 그리스어는 영어 '아이디어'와 철자가 같다. 그래서 영어에서는 idea라고 하면 '관념'과 헷갈리므로 '형상^{Form}'이라는 말을 많이 쓴다. 관념은 우리 마음속에 있지만 형상은 천상계에 있으므로 전혀 다르다.

117
Friday

그건 네가 아니잖아

임신을 계획하고 있는 한 여자가 건강 상태 때문에 지금 임신하면 장애가 있는 아기를 낳지만, 3개월이 지난 다음에 임신하면 건강한 아기를 낳게 된다는 말을 들었다. 그러나 그 여자는 바로 임신했고 장애가 있는 아기를 낳았다. 아기는 자라서 엄마에게 "엄마는 왜 그때 나를 낳았어요? 3개월 후에 임신했다면 나는 장애 없이 태어났을 텐데요."라고 말했다. 그러자 엄마는 이렇게 대답했다. "3개월 후에 임신했다면 그건 네가 아니잖아. 비록 장애를 가지고 태어나더라도 네가 태어났으니 나는 너에게 잘못한 것이 없어."

이것은 미국의 철학자 파핏이 《이성과 인격》에서 제기한 문제이다. 누구나 장애가 있게 태어나는 쪽과 없게 태어나는 쪽에서 선택하라면 장애가 없는 쪽을 고를 것이니 아기의 항의는 일리가 있어 보인다. (이런 선택이 장애가 있는 사람은 살 가치가 없다는 뜻이 아님은 분명하다.) 그러나 엄마의 대답도 일리가 있다. 누군가가 도덕적으로 그른 행동을 했다고 비판하기 위해서는 그 행동으로 영향을 받은 사람이 사전에 존재해야 한다. 가령 내가 누군가를 때린 행동은 피해를 본 사람이 존재하기 때문에 잘못이다. 그러나 위의 사례에서 엄마가 3개월 후에 임신하지 않고 당시에 임신한 행동을 통해 피해를 끼친 사람은 없다. 엄마가 당시가 아니라 3개월 후에 임신했으면 그 아기는 태어나지 않았을 것이고, 장애가 있더라도 태어나는 것이 태어나지 않는 것보다는 낫기 때문이다.

이것을 '비동일성 문제'라고 부른다. 위와 같은 사례는 실제로 없겠지만, 이 문제는 정치적으로나 경제적으로 어려운 시기에 아이를 낳아야 하는가, 안전성이 확보되지 않은 복제 인간을 낳아야 하는가 따위의 질문과 관련이 있다. 비동일성 문제에 대한 한 가지 대답으로 다음과 같은 상황이 제시된다. 헬리콥터에서 금괴가 떨어져서 가난한 사람이 맞아 글자 그대로 벼락부자가 되었는데 대신에 팔이 부러졌다고 하자. 팔이 부러진 대신에 부자가 되었다고 해서 조심성 없이 금괴를 떨어뜨린 사람의 행동이 면책되는 것은 아니다. 마찬가지로 장애를 가지고 태어난 아기도 태어났다는 사실이 장애가 있다는 것을 면책해 주는 것은 아니지 않은가? 하지만 만족스러운 대답이 아닌 것 같다. 가난한 사람은 이미 존재하는 사람이기에 아예 존재하지 않았을 수 있는 아기와 다르기 때문이다.

반론 vs 다른 의견

논증은 전제와 결론을 뒷받침하는 구조로 되어 있다. 따라서 논증에 '반론'을 하기 위해서는 전제가 결론을 제대로 뒷받침하지 못한다고 말해야 한다. 그러나 반론을 한다고 하면서 실제로는 '다른 의견'을 제시하는 데 그치는 경우가 많다.

사형제를 두고 토론하면서 사형제는 범죄를 억제하기에 존치되어야 한다고 주장한다고 해 보자. 이 사형제 찬성 논증은 "사형제는 범죄를 억제한다."라는 전제와 "사형제는 존치해야 한다."라는 결론으로 이루어져 있다. 따라서 이 논증을 반론하기 위해서는 사형제가 있는 국가가 그렇지 않은 국가보다 오히려 범죄율이 높다든가 사형에 해당하는 범죄를 저지르는 사람이 범죄를 저지르는 순간에 사형이 겁나서 그만두지는 않는다는 식으로 말해야 한다. 찬성 논증의 전제가 거짓이라는 것을 보여 주는 반론인 것이다.

그러나 사형제는 오심의 경우 돌이킬 수 없으므로 폐지되어야 한다고 주장한다고 해 보자. 이것은 반론이 아니라 사형제에 대해 그냥 다른 의견을 제시한 것일 뿐이다. 전제와 결론으로 이루어진 사형제 존치 논증의 전제를 전혀 언급하지 않기 때문이다. 쉽게 말해 '딴소리'이다.

논증은 전제가 결론을 뒷받침하는 구조이므로, 반론은 그 구조를 무너뜨려야 한다. 그러니 논증에 반론하기 위해서는 상대방의 전제가 거짓임을 보여 주든가, 전제가 설령 참이라고 하더라도 그 전제는 결론을 뒷받침해 주지 못한다고 해야 한다. 그러지 않고 결론과 다른 의견만 제시해서는 논증이 끝나지 않는다. 양쪽이 서로 계속해서 자기 의견만 말할 것이기 때문이다. 반론은 상대방의 결론에 동조하는 사람도 할 수 있다. 가령 사형제 존치에 찬성하는 사람도 사형제가 범죄 억제 효과가 있다는 데에는 반대할 수 있다. 이게 반론의 묘미이다.

○ 반론은 영어로 counterargument이다. 권투의 카운터펀치처럼 '맞받아치는[counter] 논변[argument]이다. 반면에 다른 의견은 허공에 치는 섀도 복싱이다.

119

Sunday

철학사를 알아야 하는 걸까?

과학자는 과학사를 꼭 알 필요가 없다. 알아서 나쁠 거야 없지만 좋은 과학자가 되기 위해서 반드시 알아야 하는 것은 아니다. 철학은 어떨까? 좋은 철학자가 되기 위해서는 철학사를 꼭 알아야 할까? 콰인은 그럴 필요가 없다고 생각한 철학자이다. 그는 자서전인《내 생애 최고의 시간》에서 교수 시절 철학사 강의로 유일하게 흠을 가르쳤는데 재미를 못 느꼈다고 말하면서 과학과 과학사를 비교한다.

> 과학과 과학사는 그 성질이 매우 다르다. 과학의 진보는 모호함, 얽힘, 복잡성, 우아하지 못함을 해결하여, 과학자는 기꺼이 그런 것들을 떨쳐 버리고 잊어버린다. 과학사가는 과학자가 벗어나려고 간절히 바란 바로 그 얽힘, 혼란, 모호함을 다시 붙잡으려고 노력한다.

콰인은 여기서 '과학'의 자리에 '철학'을 대입해도 똑같다고 생각한 듯하다. 실제로 콰인처럼 분석적 전통의 철학자들은 철학사에 큰 의미를 부여하지 않는다.

칸트도 철학사보다 철학을 강조하는 듯한 발언을 했다. 그는《순수 이성 비판》에서 "결코 철학은─무릇 역사적인 것이라면 모를까─배울 수 없으며, 이성과 관련해서는 기껏해야 철학함을 배울 수 있다."라고 말했다. 이 구절은 보통 '철학'을 배우는 것보다 '철학함'을 배우는 것을 강조한 구절로 알려져 있지만, 철학사를 철학함과 다르게 생각하고 있음을 확인할 수 있다.

그러나 철학사를 강조하는 철학자들이 훨씬 더 많다. 철학의 개념은 그 특성상 인간 지성의 맨 끝(한계)에 있기에 우리가 잘 이해했는지 알기 어렵고, 그래서 그것을 파헤친 선배 철학자를 참조할 수밖에 없기 때문이다. 그래서 철학자는 플라톤까지 2,000년 이상을 거슬러 올라가는 일이 흔하다. 그러나 그것은 어디까지나 철학함을 위해서라는 것을 잊지 말아야 한다. 물론 철학에 역사로서 관심을 가질 수 있다. 그러나 그것은 역사로서 과학에 관심을 보이는 것이나 마찬가지이다.

120

Monday

고독의 행복

> 각자 살아가는 세계는 무엇보다 그의 세계관에 의해 좌우되므로 생각의 차이에 따라 달라진다. 이러한 차이에 따라 세계는 빈약하고 진부하거나 하찮은 것이 되기도 하고, 풍요롭고 재미있거나 의미심장한 것이 되기도 한다. (…) 반면 평범한 사람은 인생의 향유에 관련해 자신의 바깥에 있는 사물, 즉 소유물이나 지위, 여자, 자식, 친구나 사교계 등에 의존한다. 그가 느끼는 인생의 행복은 이러한 것에 의해 지탱된다. 그 때문에 이 같은 것들을 잃어버리거나 이 같은 것에 환멸을 느끼면 인생의 행복은 무너지고 만다.
>
> – 쇼펜하우어, 《여록과 보유》

쇼펜하우어는 철학사에서 그리 중요하게 다루어지지는 않지만 대중에게는 많이 알려진 철학자이다. 주로 《인생론》이나 《행복론》이라는 제목으로 알려진 그의 저서 때문인데, 정확한 제목은 《여록과 보유》이다.

그는 일반적인 생각과 달리 '맹목적인 삶의 의지'가 이성에 앞선다고 보았다. 그러나 속물적인 인간은 맹목적인 의지에 전적으로 지배되는 가장 열등한 삶을 산다고 주장한다. 그는 노동 이외의 여가를 어떻게 보내느냐로 이를 설명한다. 속물적 인간은 내면 바깥에 있는 소유물이나 지위 그리고 사람 만나기에서 행복을 찾기에 그것이 없을 때는 의지의 활동도 멈추게 되고 내면의 의식이 공허해진다. 반면에 내면이 풍요로운 사람은 이성이 의지를 압도하기에 정신적인 감수성에서 드러나는 행복을 즐긴다. 이런 정신적인 감수성은 물질이나 사교 모임보다는 시 쓰기나 철학적 사유에서 찾아지기에 내적 행복을 위해서는 필연적으로 자기 자신에 머물러 있어야 한다. 그래서 쇼펜하우어는 "고독은 행복과 마음의 평정의 원천"이라고 주장한다.

이 '고독한 사람'을 다른 사람과 교류하지 않는 사람으로 생각해서는 안 된다. 외부 세계에 의존하지 않고 자신만의 독자성을 굳건히 갖는 사람으로 생각할 수 있다. 그런 개성이 있는 사람은 사교 활동을 해도 내적 행복이 있고, 그런 개성이 없다면 '은둔형 외톨이', 이른바 '히키코모리'가 되어도 내적 행복이 없을 것이다.

○ 《여록과 보유》라는 제목이 어려운데 독일어 제목 자체가 그리스어에서 가져온 말이다. 그냥 '부록' 정도의 뜻이다. 쇼펜하우어 자신의 주저인 《의지와 표상으로서의 세계》를 읽고 덤으로 읽으라는 의도이다.

121

Tuesday

유물론의 여러 이름

정신과 물질 중 오직 물질만 있다는 이론인 유물론은 여러 가지 다른 이름으로 불린다. 먼저 '일원론'이라고도 한다. 그러나 오직 정신만 있다고 하는 이론(유심론)도 일원론이므로 헷갈릴 수 있다. 물론 유심론 중 의미 있는 이론은 버클리의 관념론 정도밖에 없기는 하다.

오직 물질만 있다고 해서 정신이 없다고 주장하는 것이 아니다. 모든 심적 상태는 뇌의 상태와 동일하다고 주장하기에 '동일론'이라고도 한다. 누군가가 거꾸로 모든 뇌의 상태가 심적 상태라고 주장한다면 그것도 동일론이라고 부를 수는 있겠지만, 그렇게 주장하는 철학자는 없다. 우리 뇌에는 뉴런 외에 아교 세포도 있는데 그것에서 정신이 생긴다고 생각하지는 않기 때문이다. 유물론자 중 정신은 없고 물질만 있다고 주장하는 이론도 있기는 하다. '제거적 유물론'이 그것인데, 과격한(?) 이론이라 지지하는 철학자는 소수이다.

존재하는 모든 것은 물리적이라고 주장하는 '물리주의'도 유물론의 다른 이름이다. 모든 현상을 더 단순하고 근본적인 다른 현상으로 설명하는 '환원주의'도 그렇다. 아르케로 환원된다고 설명하는 고대 철학도 환원주의이기는 하지만, 현대에 환원주의라고 하면 흔히 유물론을 가리킨다. 그런데 '비환원적 물리주의'라는, 뭔가 모순되어 보이는 이름이 중요한 심신 문제 이론 중 하나이다. 인간의 심적 상태나 로봇의 심적 상태나 화성인의 심적 상태는 각각 어떤 물리적 상태로 설명되기는 하지만 이 모든 것을 환원하는 한 가지 물질 상태는 없다고 생각하기에 그런 이름이 붙었다.

여기까지 말해도 숨이 차다. 근데 또 있다. 유물론은 마르크스주의를 떠올리게 하는데, '변증법적 유물론' 때문이다. 이 이론은 역사의 발전 과정에서 의식은 물질의 지배를 받는다는 주장이므로, 형이상학 주제인 심신 문제와 초점이 다르다.

○ 유물론을 '물질 만능주의'로 이해하는 것은 순전히 오해이다. 재물은 물질의 아주 일부이기 때문이다.

122

Wednesday

세네카

세네카(기원전 4~기원후 65)는 고대 로마의 철학자로 스토아 철학자의 거장이다. 예수가 태어난 해를 서기 1년으로 정했지만 계산 잘못으로 예수가 태어난 해는 실은 기원전 4년이니 세네카는 예수와 동갑이다. 둘은 같은 로마 제국에 살았지만, 세네카가 예수를 알았다는 기록은 없다.

스토아 철학은 좌절을 딛고 행복에 이르는 길을 모색했지만 세네카의 삶은 온갖 불행의 연속이었다. 20대 초반에는 병으로 6년 동안 앓아누워 있어야만 했고, 당대의 폭군 칼리굴라의 미움을 받아 죽임을 당할 뻔하기도 했고, 클라우디우스 황제 때는 메살리나 황후의 모함을 받아 섬으로 8년 동안 유배를 가기도 했다. 또 다른 폭군 네로가 아직 어릴 때 그의 가정 교사가 되었는데, 네로가 황제가 된 후 세네카도 10년간 꽤 큰 권력을 행사했다. 하지만 네로의 폭정이 극에 달하자 스스로 은퇴하여 3년 동안 철학 연구에 전념했다. 그러나 네로 제거 음모에 가담했다는 이유로 세네카는 자살을 명령받고 생을 마감하였다. 세네카의 자살 장면은 루벤스와 다비드를 비롯해 여러 화가에 의해서 그려졌을 만큼 서양사에서 주요 장면이다.

세네카는 행복을 위해서는 부가 필요 없을 뿐만 아니라 부를 갈망하는 것은 부도덕하고 불행을 가져온다고까지 말했다. 그러나 세네카 자신은 영국을 비롯한 로마 제국의 여러 영토에서 은행업자(라고 쓰고 '고리대금업자'라고 읽는다)와 지주로서 막대한 부를 축적했다. 세네카는 언행의 불일치에 대한 비판을 알았는지 부는 올바로 쓰인다면 그 자체는 악이 아니라는 말도 했다. 그리고 실제로 검소하고 절제하는 삶을 살았다고 하는데, 이것은 젊을 때의 병 때문이라는 말도 있다.

○ 위 그림이 바로 다비드가 그린 〈세네카의 죽음〉(1773)의 일부인데, 다비드는 〈소크라테스의 죽음〉을 그린 것으로도 유명하다.

123

Thursday

같은 강에 두 번 들어갈 수 없다

고대 그리스의 철학자 헤라클레이토스는 "같은 강에 두 번 들어갈 수 없다."라는 말을 남긴 것으로 유명하다. 오늘 강을 건널 때 그 강에 있는 물방울이 어제 강을 건널 때 있던 물방울과 같지 않기 때문이다. 헤라클레이토스는 이런 이유로 "모든 것은 흐른다."라고 주장한 것으로 알려졌고, 이는 사자성어로 '만물유전萬物流轉'이라고 말한다.

정말로 강에는 같은 물방울이 있을 것 같지 않다. 그렇다면 우리는 그 강을 같은 강이라고 부를 수 없을 것 같다. 예를 들어 우리가 한강이라고 부르는 강은 순간마다 다른 물방울로 차 있으므로 동일하게 유지되는 한강은 없는 것이다. 강뿐만이 아니다. 우리 몸의 뼈 조직도 끊임없이 죽고 새로운 조직으로 바뀌며, 피부도 계속 벗겨지고 새 피부로 바뀐다고 한다. 모든 것이 끊임없이 변한다면 이 세상에는 같은 것은 없을 것이다. 어제의 나는 오늘의 나와 동일한 사람이 아니게 된다.

그렇기에 플라톤은 모든 것이 끊임없이 변하더라도 그 변화를 일으키기 위해서는 무엇인가가 존재해야 한다고, 다시 말해서 사물에 나타나는 변화에도 불구하고 계속 존재하는 사물이 있어야 한다고 주장한다. 그는 초월적이고 완전한 이데아가 존재하며, 일상에서 우리가 보는 사물들은 그 이데아를 불완전하게 복사한 것이라고 주장한다. 플라톤에서는 강이든 사람이든 끊임없이 변하더라도 그 변화를 가능하게 하는 이데아가 있으므로 문제가 되지 않는다.

반면에 중세의 오컴이나 근세의 홉스와 같은 유명론자는 그런 이데아가 필요하다는 플라톤의 의도에는 동의하면서도, 이데아는 실제로 존재하는 것이 아니라 우리가 만든 언어 또는 개념에 불과하다고 주장한다. 매 순간 변하는 한강에 한강$_1$, 한강$_2$, …라고 매번 다른 이름을 붙일 수는 없다. 비록 변화가 있더라도 그것들은 매우 비슷하므로 한강이라고 같은 이름을 붙이는 것이다. 한강은 우리가 만든 말일 뿐이라는 것이다.

○ "모든 것은 흐른다."는 고대 그리스어로 '판타 레이panta rhei'라고 한다. 이 말이 멋있어 보여서인지, 록 밴드, 회사, 앨범 따위의 제목으로 많이 쓰인다. 심지어 국내 유명 웹툰에서는 인사말로도 쓰인다.

124

Friday

태아가 사람이더라도

낙태의 도덕성 논쟁은 주로 태아가 사람인가를 둘러싸고 진행됐다. 태아가 사람이라면 낙태는 살인과 같기 때문이다. 그러나 태아가 사람인지는 판단하기가 지극히 어려운 문제이다. 수정란 때부터 출생까지는 연속되는 시간이기에 어디서부터 사람인지 딱 잘라 말하기 어렵기 때문이다. 미국의 철학자 주디스 자비스 톰슨(1929~2020)이 1971년에 발표한 논문 〈낙태의 옹호〉는 태아가 생명에 대한 권리가 있는 사람이라고 인정해도 낙태가 옹호될 수 있다고 주장한다는 점에서 유명한 논문이 되었다. 이 글은 윤리학 이론을 현실의 문제에 적용하는 '응용 윤리학'의 시대를 연 기념비적 논문이기도 하다.

당신이 친구 병문안을 하려고 병원에 갔는데 엘리베이터 단추를 잘못 눌러 엉뚱한 곳에 내렸다고 하자. 거기에는 아주 유명한 바이올리니스트가 심각한 콩팥 질환으로 누워 있는데, 의료진이 당신을 마취해 복잡한 장치로 그 사람과 연결한다. 당신은 깨어난 후 바이올리니스트와 9개월 동안 연결되어 있어야 그가 낫게 되고, 그러지 않으면 그는 죽게 된다는 말을 듣는다. 당신을 원래 오기로 한 자원자로 착각해서 연결했단다. 9개월 동안 연결을 유지할 의무가 당신에게 있을까? 비록 바이올리니스트에게는 살 권리가 있지만 그렇다고 해서 내 몸을 사용할 권리까지 있는 것은 아니다. 마찬가지로 태아에게 생명에 대한 권리가 있더라도 임신을 선택할 여자의 권리보다 우선하지 않는다는 게 톰슨의 주장이다.

톰슨의 논증은 유비에 의존한다. 바이올리니스트는 태아, 당신은 임신한 여자, 엘리베이터 단추를 잘못 누른 것은 피임에 실패한 것이다. 톰슨의 논문은 엘리베이터 단추를 잘못 누른 것이 아니라 바이올리니스트 애호가들에게 당신이 납치된 것으로 설정한다. 성폭력을 비유한 것이다. 하지만 성폭력의 경우는 낙태를 옹호하기가 쉽기에 위와 같이 바꾸어 보았다. 엘리베이터 단추를 잘못 누른 게, 곧 피임에 실패한 게 9개월 동안 희생해야 할 정도의 잘못일까? 태아는 바이올리니스트와 다르게 9개월 이후에도 책임져야 하는데? 유비 논증의 성공은 이 대답에 달려 있다.

○ 톰슨은 트롤리 문제에서 제기한 '뚱보 사고 실험'으로도 유명하다.

125

Saturday

사용 vs 언급

언어가 대상을 가리킬 때는 '사용'한다고 하고, 낱말 자체를 가리킬 때는 '언급'한다고 한다. 예컨대 "플라톤은 고대 그리스의 철학자이다."라고 할 때 '플라톤'은 사용되었고, "한글로 쓸 때는 플라톤이지만 영어로 쓸 때는 Plato이다."에서 '플라톤'과 'Plato'는 언급되었다. 사용과 언급을 구분하기 위해서 언급될 때는 따옴표를 친다. 두 번째 예는 "한글로 쓸 때는 '플라톤'이지만 영어로 쓸 때는 'Plato'이다."라고 해야 정확하다.

일상생활에서 사용과 언급을 구분 못 하는 경우는 흔하지 않다. 그래서 이 혼동은 대체로 개그의 소재로 사용된다. "미닫이를 소리 나는 대로 쓰시오."라는 문제에 "드르륵"이라고 쓰면 맞는 답일까? "미다지"라는 답을 의도했다면 "'미닫이'를 소리 나는 대로 쓰시오."라고 해야 한다.

철학에서 사용과 언급을 혼동한 예는 안셀무스의 존재론적 논증이다. 이 논증은 신은 상상할 수 있는 가장 완벽한 존재인데, 가장 완벽한 존재가 존재하지 않을 수 없으므로 신은 존재한다고 주장한다. 그런데 신은 상상할 수 있는 가장 완벽한 존재라고 할 때 '신'은 사용된 것이 아니라 언급된 것이다. 무슨 말인고 하니, 신이라고 하는 존재를 상상 가능한 다른 어떤 존재와 비교해 보니 다른 어떤 존재보다 완벽하다고 주장하는 것이 아니라, 어떤 존재가 다른 어떤 상상 가능한 존재보다 완벽하다고 정하면 그 존재를 '신'이라는 이름으로 부르는 것이다. 이것을 더 쉽게 이해하기 위해서는 "MVP는 기자단 투표에서 가장 많은 표를 얻은 선수이다."를 생각해 보면 된다. MVP라는 사람이 따로 있어서 그 존재가 기자단 투표에서 가장 많은 표를 얻은 것은 아니라는 걸 누구나 알 것이다. 기자단 투표에서 가장 많은 표를 얻은 선수를 'MVP'라고 부를 뿐이다.

○ 플라톤은 그리스어로 Platōn이지만 영어로는 Plato이다. Platon의 라틴어가 Plato인데(라틴어는 남성형의 경우 n으로 끝나는 단어가 별로 없다) 영어는 라틴어에서 받아들여 Plato가 되었고, 그리스어에서 바로 받아들인 독일어나 프랑스어는 Platon이다. 대화편 제목이기도 한 사람 이름 '메논'도 영어로는 Meno이다.

126

Sunday

캡차

컴퓨터와 사람을 구분하기 위해 완전히 자동화된 공적인 튜링 테스트(Completely Automated Public Turing test to tell Computers and Humans Apart)의 약자. 웹사이트에서 사람이 접근하는지 매크로 프로그램(봇)이 접근하는지 판별하기 위한 테스트이다. "I'm not a robot."에 체크하라든가, 휘어지고 가운뎃줄이 그어진 낱말을 보고 입력하게 한다든가, 특정 그림을 고르게 한다든가 하는 방식이 쓰인다.

튜링 테스트는 20세기 초 영국의 수학자 앨런 튜링(1912~1954)이 인간과 기계(로봇)를 구분하기 위해 제시한 테스트로서, 철학적으로 매우 중요하다. 인공 지능의 발달로 우리와 똑같이 생각하는 로봇이 출현할 것이라고 생각하는 사람이 많다. 그러나 '생각한다'를 판별하는 기준을 제시하지 않으면 똑같은 행동을 보고 사람마다 다르게 판정할 수 있기에 논쟁은 제자리걸음이 될 수 있다. 이때 튜링 테스트는 '생각한다'의 기준을 제시한다는 점에서 철학적으로 의의가 크다.

튜링 테스트는 상대가 누구인지 알 수 없는 상황에서 오로지 필담으로만 질문을 주고받아 상대가 사람인지 로봇인지 맞히는 게임이다. 질문자는 사람만이 알 수 있는 질문을 해서 상대방이 사람인지 알아내야 하고, 로봇은 최대한 사람에 가깝게 대답함으로써 질문자가 맞히지 못하도록 해야 한다. 만약 로봇이 튜링 테스트를 통과한다면, 다시 말해서 질문자가 답변자가 로봇이라는 것을 알아맞히지 못한다면, 그 로봇은 생각할 수 있다는 결론을 내려도 된다고 튜링은 생각했다.

이 테스트를 통과하면 사람처럼 생각한다고 보아야 하고 또 사람처럼 생각할 수 있어서 이 테스트를 통과해야 한다면, 튜링 테스트가 성공했다고 말할 수 있다. 현재 로봇 기술로는 생각하는 로봇은 요원하지만, 캡차도 성공적인 테스트라면 사람만이 캡차를 통과해야 하고 캡차를 통과하면 사람이라고 보아야 한다. 그러나 광학식 문자 판독 기술(OCR)이 발달하면서 캡차를 통과하는 기술이 늘어났고, 사람 중에서도 시각 장애인이나 난독증이 있는 사람은 캡차를 통과하지 못하는 일이 생긴다. 캡차는 아직까지 성공적인 튜링 테스트가 아닌 것이다.

○ 튜링 테스트는 일종의 모방 게임이다. 튜링을 주인공으로 한 2014년 영화 제목이 〈이미테이션 게임〉이다.

127
Monday

죽음 후의 시간이 아쉽다면

> 또한 돌아보라. 영원한 시간 중, 우리가 태어나기 전에 흘러간 과거가 우리에게 얼마나 아무것도 아니었는지를. 그러므로 자연은 이것을 우리에게, 앞으로 올, 우리가 마침내 죽은 다음의, 시간의 거울상으로서 제시한다.
>
> — 루크레티우스, 《사물의 본성에 관하여》

에피쿠로스는 죽음을 두려워할 특정 시점은 없다고 주장했다. 살아 있을 때는 아직 죽지 않았고 죽은 다음에는 그 사람이 없기 때문이다. 그럼에도 우리는 우리가 죽을 것이라는 사실에 암울해하고 두려워한다. 그것은 죽지 않으면 누릴 시간을 아쉬워하기 때문이다. 그 시간을 박탈당하기에 죽음은 나쁜 것이다.

에피쿠로스의 철학을 계승한 루크레티우스는 죽은 후의 시간이 아쉽다면 왜 태어나기 전의 시간은 아쉬워하지 않느냐고 묻는다. 우리가 태어나기 전에도 영겁의 시간이 있었다. 그러나 "좀 더 일찍 태어났더라면." 하고 후회하는 사람은 없고 그런 후회는 어리석다. 마찬가지로 "조금 더 살았으면." 하는 후회나 아쉬움도 똑같이 어리석다는 것이 루크레티우스의 생각이다. 죽음은 그리 나쁜 것이 아니다.

짧은 시에 불과한 루크레티우스의 주장은 심오한 철학적 논쟁을 불러왔다. 현대 미국의 철학자 토머스 네이글(1937~)은 태어나기 전의 비존재와 죽은 후의 비존재를 다르게 볼 이유가 있다고 말한다. 죽은 후의 시간은 분명히 나에게서 박탈된 시간이고 내가 죽지 않았으면 이어 갔을 시간이다. 그러나 태어나기 전의 시간은 나로부터 박탈된 시간이 아니다. 더구나 내가 먼저 태어났다면 그 사람을 나라고 말할 수 있겠는가? 그가 보기에 죽음은 역시 나쁜 것이다.

○ 루크레티우스는 에피쿠로스의 철학을 계승했을 뿐만 아니라 데모크리토스의 원자론도 계승한 것으로 유명하다. 그는 "자연 전체는 그러므로, 그것이 자체적인 한에서, 두 가지 것으로 이뤄져 있다. 원자들과 빈 공간으로 말이다. (…) 원자들의 일부는 사물들의 기원이고, 일부는 시초적 존재들의 결합이다."라고 노래한다.

128

Tuesday

유물론 찬반

마음은 물질에 불과하다는 유물론은 고대의 원자론부터 시작되었다. 그러나 이때만 하더라도 사변적인 이론이었지만, 프랑스의 물리학자 피에르 가상디(1592~1655)나 홉스는 근대 과학의 발전에 힘입어 유물론을 내세웠다. 그리고 현대의 신경 과학에서 심적 상태가 뇌의 상태에 불과하다는 것을 보여 주는 증거가 늘어남에 따라 유물론은 점점 더 힘을 얻고 있다. 마음 이외의 영역에서 물이 H_2O와 동일하다든가 번개가 전기의 방전과 다름없다든가 하는 식으로 그 물질적 구조가 하나씩 하나씩 밝혀지고 있듯이 언젠가는 심적 상태가 모두 뇌의 상태라는 것이 드러날 것이라고 유물론자는 생각한다.

유물론에 반대하는 사람은 라이프니츠의 '동일자 식별 불가능 원리'로 반대 논변을 펼친다. 이 원리는 어떤 두 대상이 똑같다면 그 둘은 모든 속성을 똑같이 가져야 하고, 거꾸로 공통으로 갖지 않는 속성이 하나라도 있다면 그 둘은 다른 대상이라는 내용이다. 이순신과 충무공이 같은 사람이라고 할 때, 이순신이 명량 해전을 승리로 이끈 장군이라면 충무공도 마찬가지여야 한다.

반유물론자는 물과 H_2O에는 이 원리가 적용되므로 문제가 없다고 생각한다. 물도 섭씨 100도에서 끓고 H_2O도 섭씨 100도에서 끓는다. 유물론자는 고통이 뇌의 C-섬유의 흥분과 동일하다는 예를 즐겨 든다. (정확한 신경 과학적 지식은 아니고 그렇게 가정한다.) 그런데 반유물론자는 고통과 C-섬유의 흥분에는 라이프니츠의 원리가 적용되지 않는다고 본다. 예컨대 문지방에 발을 찧었을 때 C-섬유의 흥분은 뇌에서 일어나지만 고통은 발에서 일어난다. 그리고 발을 찧었을 때 눈에 불이 번쩍이고 참을 수 없는 느낌이 생기지만 C-섬유의 흥분에 그런 느낌이 있는 것은 아니다. 거꾸로 C-섬유의 흥분은 전기적이고 화학적인 작용이지만 우리의 고통에 그런 작용이 있는 것은 아니다. 따라서 고통은 뇌의 C-섬유 흥분이 아니라는 것이다.

다시 유물론자는, 번개가 전기의 방전이라는 것을 상상도 못 한 시대에 살던 사람에게 번개에 전압이 있다고 한다면 지금 고통이 뇌의 작용이라고 할 때와 비슷한 당황스러움을 느낄 것이라고 대답한다. 여하튼 과학은 발전했다.

○ 노벨상 수상자이며 DNA의 이중 나선 구조를 발견한 영국의 프랜시스 크릭(1916~2004)은《놀라운 가설》(1994)을 집필했는데, 의식이 물리적으로 설명될 수 있다는 사실을 놀라운 가설이라고 불렀다. 그러나 유물론자들은 그 가설을 놀랍게 생각하지 않는다.

129

Wednesday

히파티아

히파티아(370?~415)는 라파엘로의 그림 〈아테네 학당〉에 그려진 유일한 여성으로, 그림의 왼쪽 앞쪽에 서 있는 인물이다. 이집트 알렉산드리아의 수학자, 천문학자, 철학자이다. 젊을 때부터 학자와 선생으로 명성이 높아 그에게 배우러 당시 문명의 중심지였던 알렉산드리아로 많은 사람이 찾아왔다. 수학자와 천문학자로 많은 업적을 남겼는데, 그에게 수학과 천문학은 플라톤과 아리스토텔레스의 철학적 주장이 옳은지 검토하는 수단이었다. 만물의 원천인 일자, 즉 하나가 세상을 지배한다고 주장한 플로티노스(205?~270)의 신플라톤주의를 따랐다.

그는 크리스트교인이 아니었는데도 크리스트교인이나 유대교인에게 존경을 받았다. 당시 막 국교로 인정받은 크리스트교도와 이교도 사이에서 폭동이 일어났는데, 히파티아는 그 와중에 크리스트교인에게 잔혹하게 죽임을 당하고 주검은 갈기갈기 찢기고 불태워졌다. 크리스트교인이 아니었고, 종교의 가르침에 반대하는 과학자며 철학자였으며, 특히 여성이라는 이유가 크게 작용했을 것이다. 그의 죽음은 한 개인의 죽음이 아니라 문명의 몰락이기도 했다. 알렉산드리아는 문명의 중심지 자리를 잃었고, 과학은 암흑의 시대에 접어들었다.

여성 철학자로 상징적인 인물이다. 히파티아의 극적인 인생은 에스파냐에서 영화 〈아고라〉(2009)로 만들어졌다. 러셀의 두 번째 부인인 도라 러셀은 여성의 불평등을 주제로 한 책 제목을 《히파티아 또는 여성과 지식》(1925)이라고 지었다. 〈히파티아〉는 현대에 페미니스트 철학을 다루는 학술지이다.

130

Thursday

닭이 먼저인가
달걀이 먼저인가

아리스토텔레스는《자연학》에서 자연을 탐구하는 방식에는 네 가지가 있다고 제시한다. 첫째는 질료로서 한 사물을 구성하는 재료를 말한다. 둘째는 형상인데, 꼭 겉모습이나 형태만을 말하는 것이 아니라 사물의 구조나 기능, 더 나아가 본질과 정의를 말한다. 셋째는 그것을 있게 한 작용 또는 운동이다. 넷째는 목적이다. 후대의 철학자들은 여기에 '질료인', '형상인', '운동인', '목적인'이라는 이름을 붙인다. '원인'은 그리스어로 'aitia'인데 이것을 키케로가 'causa'로 번역해서 현대에는 '원인cause'이라고 불린다. 그러나 aitia의 정확한 뜻은 '탐구 방식'이다.

네 가지 원인을 좀 더 쉬운 말로 말해 보면 "그것은 무엇으로 되어 있는가?", "그것은 무엇인가?", "그것은 무엇이 만들었는가?", "그것은 무엇을 위한 것인가?"라는 질문이 된다. 예를 들어 보자. 집이 있다고 할 때 질료인은 집을 만든 재료이고, 형상인은 집을 만든 사람이 머릿속에 그린 형태이고, 운동인은 집을 지은 사람이고, 목적인은 집의 쓰임새이다.

아리스토텔레스는 자연물에서는 질료인을 제외하고 나머지 세 가지 원인이 일치하는 경우가 흔하다고 말한다. 그래서 질료와 형상의 결합이 아리스토텔레스의 실체가 된다.

닭이 먼저인가 달걀이 먼저인가는 오래된 수수께끼이다. 그런데 아리스토텔레스에 의하면 이 문제가 단박에 해결된다. 닭의 본질 중 하나는 달걀을 낳는 것(형상인)이고, 닭은 달걀을 있게 한 원인(운동인)이고, 닭은 달걀이 되려고 하는 목적(목적인)이다. (설마 달걀 프라이가 달걀의 목적이겠는가?) 그러니 닭이 달걀보다 먼저이다. 재미있는 것은 17세기의 프랑스 신학자 프랑수아 페늘롱(1651~1715)이 쓴《고대 철학자의 삶》에 따르면 닭이 먼저인가 달걀이 먼저인가라는 수수께끼를 처음 제시한 사람이 아리스토텔레스라고 한다. 그러나 아리스토텔레스가 이 수수께끼에 네 가지 원인을 직접 적용해 본 것은 아니다.

아리스토텔레스의 네 가지 원인 중 특별한 것은 목적인이다. 여기에 바탕을 둔 목적론은 오랫동안 받아들여져 왔지만, 근세 과학의 기계적 설명 방식과 다윈의 진화론 때문에 이제는 지지자가 그리 많지 않다.

131
Friday

착한 것도 운인가?

부자가 나쁜 짓을 했다는 뉴스를 들으면 사람들은 고소해한다. 그러면서 자신은 비록 돈은 없어도 그 사람에 비해 도덕적인 것을 뿌듯해한다. 여기에서 재산은 어떤 부모를 만나느냐에 좌우되지만, 도덕적인 것은 자신의 의지로 정해진다는 생각이 깔려 있다. 도덕적 평가는 운에 따라 달라져서는 안 된다는 것이 윤리의 기본 전제이다. 운은 자신의 의지로 통제할 수 없는데, 운에 따라 누구는 도덕적이 되고 누구는 그렇지 않게 되면 공평하지 않기 때문이다.

그러나 운에 따라 도덕적 평가가 달라진다는 '도덕적 운'을 주장하는 철학자들이 있다. 먼저 태어날 때부터 누군가는 순하게 태어나고 누군가는 포악하게 태어난다. 우리의 행동이 성품에 의해 결정되는 면이 많다는 것은 많은 사람이 인정할 것이다. 한편 똑같은 성품을 가지고 있더라도 상황에 따라 그런 성품이 발현되기도 하고 안 되기도 한다. 가령 두 유부남에게 똑같이 바람기가 있는데, 유혹할 만한 여자가 한 사람에게는 있었고 다른 사람에게는 없었다고 하면 전자만 비난받는다. 자신이 통제할 수 없는 성품이나 상황에 따라 도덕적 평가가 달라진 것이다.

통제할 수 없는 결과에 따라 도덕적 비난이 달라지기도 한다. 위 그림 〈타히티의 여인들〉(1891)로 유명한 프랑스의 화가 폴 고갱은 자신의 예술적 이상을 위해 처자식을 버리고 남태평양의 타히티로 떠났다. 다행히도(!) 그는 화가로서 성공했기에 그의 이기적인 행동을 비난하는 사람이 없지만 실패했다면 그렇지 않았을 것이다. 똑같은 행동인데 타히티로 떠날 때의 의지에 따라 판단하는 게 아니라 성공했느냐는 결과를 보고 판단하는 것이다.

도덕적 운을 인정하게 되면 도덕적 평가가 불가능할 것 같다. 도덕적 평가가 가능하기 위해서는 우리의 상식을 바꿔야 한다. 일단 어떤 성품을 가지고 태어났느냐는 평가의 대상이 아니다. 포악한 성품을 가지고 태어났어도 불굴의 의지로 억누를 수 있기 때문이다. 한편 바람기가 있다고 해서 유혹할 만한 여자가 있을 때 꼭 바람을 피울지는 알 수 없다. 그러니 실제로 바람을 피운 유부남만 비난하는 것은 불공평하지 않다. 그리고 처자식을 버린 행동은 화가로서의 성공 여부와 상관없이 똑같이 비난하면 된다.

연역 vs 귀납

논증에서 전제가 결론을 뒷받침하는 정도에 따른 구분. 전제가 참일 때 결론도 반드시 참인 논증은 '연역'이다. 반면에 전제가 참일 때 결론이 참일 가능성이 높다고 하더라도 반드시 참은 아닌 논증이 '귀납'이다. "모든 인간은 죽는다. 소크라테스는 사람이다. 따라서 소크라테스는 죽는다."는 연역 논증이다. 두 전제가 참이라고 할 때 결론이 거짓일 가능성은 전혀 없기 때문이다. "인간이 지금까지 관찰한 까마귀는 모두 검다. 따라서 모든 까마귀는 검다."는 귀납 논증이다. 전제가 참이라고 할 때 결론이 참일 가능성이 아주 높지만 거짓일 가능성을 무시할 수 없기 때문이다. 인간이 미처 관찰하지 못한 까마귀나 앞으로 태어날 까마귀도 검을지는 알수 없는 것이다.

연역과 귀납은 철학의 용어가 일상 언어와 크게 동떨어지게 쓰이는 예이다. 일상 언어에서 연역은 일반적인 것에서 개별적인 것을 이끌어 내는 추론이고 귀납은 그 반대인 추론이라고 알려져 있다. 그러나 이런 설명은 완전히 틀렸다. "소크라테스가 사람이면 소크라테스는 죽는다. 소크라테스는 사람이다. 따라서 소크라테스는 죽는다."도 연역이지만 개별적인 것에서 개별적인 것을 이끌어 낸다. "소크라테스는 사람이고 죽는다. 플라톤은 사람이고 죽는다. 아리스토텔레스는 사람이다. 따라서 아리스토텔레스는 죽는다."는 귀납이지만 역시 개별적인 것에서 개별적인 것을 이끌어 낸다.

전문 용어와 일상 언어의 용어가 다른 경우가 흔하니, 연역과 귀납도 전문 용어와 일상 언어가 다른 의미인가 보다고 생각할 수도 있다. 그러나 문제는 표준국어대사전이나 국어 교과서에서 논리학의 전문 용어를 보편적인 것과 개별적인 것의 관계로 버젓이 설명하고 있다는 점이다.

○ 논리학 교재에서 논증의 예로 자주 나오는 '죽는다'라는 말은 지금 죽는다는 뜻이 아니라 '죽을 운명이다', '언젠가는 죽는다'라는 뜻이다. 영어로는 mortal이다. '불멸'의 반대말이다.

133

Sunday

우리가 사는 세상이
가상 현실이라면?

우리가 사는 세상이 진짜가 아니라 컴퓨터가 만든 가상 현실이 아닐까 하는 생각은 데카르트에서부터 시작된다. 데카르트는 우리가 참이라고 믿는 지식은 실은 거짓인데 전지전능한 악마가 참이라고 속이는 것이라는 가설을 제시했다. 현대에는 컴퓨터가 악마의 자리를 대신한다. 영화 〈매트릭스〉처럼 우리가 사는 삶은 사실 컴퓨터가 만든 가상 현실이라는 것이다.

스웨덴의 철학자 닉 보스트롬(1973~)은 기술이 엄청나게 발전하면 인류가 어떻게 발전해 왔는지 연구할 목적으로 또는 단순히 시뮬레이션 게임처럼 오락의 목적으로 사실과 구분할 수 없는 정교한 시뮬레이션을 만들 수 있다고 주장한다. 그러면 우리가 사는 세상은 기술이 발전한 미래의 후손들이 조상들은 어떻게 살았는지 알기 위해 정교하게 만든 가상 현실인지도 모른다.

만약 우리의 삶이 그런 가상 현실이라면 어떻게 해야 할까? 이 세상은 가상 현실에 불과하다는 것을 주위 사람들에게 알려야 할까? 〈매트릭스〉의 주인공 네오처럼 빨간 약을 먹고 매트릭스에서 벗어나 매트릭스에서 사람들을 구해야 할까? 어떤 철학자는 이 세상이 가상 현실이라는 것을 눈치챘다고 하더라도 그것을 아는 척하지 말아야 한다고 주장한다. 기술이 발전한 미래에 가상 현실을 만든 목적은 인류가 어떻게 발전했는지 알고자 하는 것인데, 만약 가상 현실 속의 사람이 눈치챘다는 것을 알게 된다면 운영자는 가상 현실을 계속 유지할 이유가 없기 때문이다. 신약을 실험할 때 신약과 위약을 각각 복용하는 사람이 어떤 약을 먹는지 몰라야 하는데, 알게 된다면 실험을 중지하는 것이나 마찬가지이다. 그러니 운영자는 가상 현실을 유지하는 컴퓨터를 꺼 버릴 것이고, 이는 나를 비롯한 이 세상의 종말을 의미한다. 그러니 알더라도 조용히 살아야 한다. 흠, 이게 사실이라면 좀 무섭다.

○ 기업가인 일론 머스크(1971~)는 2016년의 한 인터뷰에서 보스트롬의 주장을 인용하며 우리가 가상 현실 안에 사는 것이 아닐 가능성은 수십억분의 일이라고 주장했다. 그는 그 이전부터 SNS를 통해 보스트롬의 저서 《슈퍼인텔리전스》(2014)를 추천하고, 인공 지능이 핵무기보다 위험하다고 말했다.

134

Monday

너 자신을 알라

소크라테스: 부디 나의 말과 델피에 있는 글귀를 받아들여 자네 자신을 알도
록 하게.

- 플라톤, 《알키비아데스》

"너 자신을 알라."는 철학에 대해 모르는 사람도 다들 한 번씩은 들어 보았을 말이고, 소크라테스가 한 말로 널리 알려져 있다. 그러나 소크라테스가 처음으로 한 말은 아니고 당시 아테네의 델피 신전에 새겨져 있던 말이다. 사실은 그렇지만 소크라테스가 자신이 알키비아데스에게 한 말과 델피의 신전에 쓰인 말을 동일시하고, 소크라테스의 대화를 담은 플라톤의 대화편에 여러 번 나오기 때문에 소크라테스가 한 말이라고 생각해도 크게 틀렸다고 하기는 힘들다.

이 말이 단지 무지를 깨닫고 지식을 많이 쌓으라는 의미라면 별로 대단한 말같이 들리지 않는다. 위의 말은 소크라테스가 알키비아데스에게 한 말이다. 알키비아데스는 잘생기고 집안도 좋은 젊은이로서 정치를 꿈꾸고 있다. 그는 전문적인 군사 훈련을 받았기에 전쟁에 대해 잘 알고 있다고 생각한다. 그러나 소크라테스는 전쟁이나 평화에 대한 진정한 앎은 전쟁에서 이기는 전략이 아니라 무엇이 정의로운 전쟁이고 정의롭지 않은 전쟁인가를 분별하는 앎이라고 말한다. 그래야 많은 사람에게 이로울 수 있기 때문이다. 소크라테스가 정말로 알아야 한다고 말하는 것은 내가 안다고 생각하는 것도 진정으로 아는 것인지 고민한 결과 나오는 근원적 앎인 것이다.

○ 알키비아데스는 능력, 외모, 출신 모두 남부러운 것 없는 청년으로 요즘 말로 하면 '금수저'에 '엄친아'였다. 그러나 신은 모든 것을 주지 않는다고, 오만하고 이기적인 성격이었다고 한다. 액션 롤플레잉 게임인 〈어쌔신 크리드: 오디세이〉에 소크라테스와 알키비아데스 모두 나온다.

135

Tuesday

도덕 상대주의

도덕은 사람마다, 문화마다, 시간과 장소마다 다르다는 주장. 도덕 규칙이나 원칙은 모든 사람이나 문화에 보편적으로 적용된다는 주장을 거부한다.

　도덕 상대주의자는 자신의 주장을 뒷받침하기 위해 도덕 규칙은 각 문화마다 다르다는 것을 근거로 내세운다. 어떤 한 문화에서 도덕적이라고 생각되는 관행이 다른 문화에서는 도덕적이지 않다고 생각되는 사례는 흔하다. 가령 사막처럼 물이 부족한 사회에서는 물을 함부로 쓰는 행위가 도덕적으로 옳지 못하다고 받아들여질 것이다. 이에 반해 물이 풍부한 사회에서는 물을 함부로 쓰더라도 도덕적인 문제를 일으키지 않는다. 이런 점에서 도덕 상대주의는 도덕적인 관용을 정당화하는 데 쓰일 수 있다.

　그러나 이런 사례는 문화 상대주의를 말하고 있지 도덕 상대주의를 말하는 것은 아니다. 문화 상대주의를 통해 도덕 상대주의를 뒷받침하려는 의도일 수는 있다. 하지만 문화마다 또는 사람마다 다르다고 생각되는 규칙도 잘 들여다보면 그렇게 다르지 않고, 오히려 공통되는 도덕 규칙을 전제하고 있음을 발견하게 된다. 위의 예에서 두 문화는 모두 "되도록 많은 사람이 생존하는 것이 바람직하다."라는 도덕 규칙을 받아들이고 있다. 이런 상위의 도덕 규칙은 문화마다 또는 사람마다 다르지 않으며, 다만 서로 다른 문화에서나 사람에게서 다른 방식으로 드러나는 것뿐이다.

　도덕 상대주의는 더 심각한 문제를 낳는다. 만약 도덕 상대주의가 옳다면 어떤 사회의 관습이 다른 사회의 관습보다 도덕적으로 더 낫다고 평가할 수 없게 된다. 노예제나 나치의 집단 학살은 그 문화나 시대의 기준으로만 옳고 그름을 판단해야 하고, 그런 관습이 없는 사회가 더 나은 사회라고 비교할 수 없게 된다. 마찬가지로 예전 시대보다 도덕적으로 더 나은 방향으로 진보한다는 말도 할 수 없게 된다.

136

철학자

고틀로프 프레게

프레게(1848~1925)는 독일의 수학자이지만 철학자로 더 유명하고, 철학의 새로운 시대를 여는 업적을 남겼다. 분석 철학이 프레게에서 시작되었다는 평가를 많이 한다. 러셀은《수학의 원리》(1903)에서 프레게가 자신이나 비트겐슈타인에게 큰 영향을 끼쳤다고 언급했다. 살아 있을 때는 러셀과 비트겐슈타인 정도나 그의 철학을 인정했을 뿐이지 철학계에는 잘 알려지지 않았다. 그러나 미국의 철학자 밀턴 뮤니츠(1913~1995)는《현대 분석 철학》(1981)에서 "한 철학자가 분석 철학적인 전통에 속해 있는가 속해 있지 않은가를 판가름하는 것은 그가 프레게의 사상에 얼마나 가깝게 접근해 있느냐에 달려 있다."라고 말했다. 아예 대놓고 철학사(분석 철학사가 아니라 철학사)는 프레게에서 시작한다고 말하는 철학자도 있다.

프레게는 예나 대학과 괴팅겐 대학에서 공부하고 예나 대학에서 수학을 가르쳤다. 수학의 기본적인 개념은 모두 논리적인 개념으로 환원할 수 있다는 논리주의를 주장했다. 이를 위하여《개념 표기법》에서 새로운 기호를 창안했다. 기호 논리학을 현대적인 형태로 발전시키고 체계화한 것은 프레게의 큰 업적 중 하나이다. 그의 논리주의는《산수의 기초》에서도 본격적으로 제시된다. 논리주의를 확립하기 위해 언어 철학 연구를 진행했는데, 이는 러셀에 이어 크립키까지 중요하게 논의하는 주제가 되었다. 그가 쓴 언어 철학 논문인〈함수와 개념〉,〈뜻과 지시체에 관하여〉,〈개념과 대상에 관하여〉는 분석 철학을 공부할 때 반드시 읽는 고전이 되었다.

러셀이 1902년에 논리주의에서 중요한 모순을 발견했다는 편지를 프레게에게 보낸다. 그는 이것을 해결하려고 노력했지만 성공하지는 못했다. 자신의 핵심 아이디이가 실패로 돌아갔다는 생각에 말년을 쓸쓸하게 보냈다고 한다. 최고의 프레게 연구자로 평가받는 영국의 마이클 더밋(1925~2011)은 그가 남긴 일기에서 민주주의와 유대인을 강하게 혐오하는 내용을 보고 깜짝 놀랐다는 말을《프레게: 언어 철학》(1973)의 머리말에 썼다. 프레게는 히틀러가 등장하기 전에 죽었으므로 나치주의자는 아니다.

137

Thursday

철학은 신학의 시녀

교회가 모든 권력과 문화의 중심이었던 서양 중세에 철학의 위상이 어떠했는지 드러내는 말. 사실 '시녀'라고 번역하지만 라틴어 ancilla는 하녀, 계집, 종의 뜻이다. 그만큼 철학은 신학보다 하찮은 것이라는 생각이 들어 있다.

그러나 이 말을 주장한 토마스 아퀴나스의 의도를 살펴보면 이런 생각은 오해이다. 그는 《신학대전》에서 '거룩한 가르침', 곧 신학은 "자신이 전달하는 것들을 더 명백하게 드러내기 위해서" 철학이 필요하다고 말한다. 실제로 신학은 철학이 없으면 신의 존재나 신에 대한 믿음을 정당화하기 위해 아무것도 할 수 없다. 그런데 아퀴나스는 학문의 우위성을 나누는 기준으로 첫째는 확실성이 더 큰 학문이 우위이고, 둘째는 더 거룩한 학문이 다른 학문에서 그 가치를 받는다고 말한다. 굳이 학문의 우열을 가른 이유는 거룩한 가르침인 신학이 최고의 학문임을 말하려고 했기 때문이라고 이해가 되는데, 왜 주는 쪽이 아니라 받는 쪽이 우위인지는 선뜻 이해되지 않는다. 거꾸로일 수도 있는데 말이다. 아마 모든 것을 받기만 하는 왕녀가 주는 시녀보다 높다고 생각한 듯하다.

결국 철학이 신학의 시녀라는 말은 철학이 신학에 이바지한다는 뜻이지 신학이 철학을 노예화한다는 뜻은 아니다. 시녀나 하녀가 없으면 궁중이든 집이든 제대로 돌아가지 않을 것이니 생각에 따라서는 그들이 더 우위에 있다. 그러나 아무리 좋게 해석해도 왕이나 왕비가 시녀보다 위라는 것은 부정할 수 없다. 아이돌과 에이전시의 관계로 비유하면 철학에 좀 더 자율성과 독립성을 줄 수 있지 않을까?

신을 향한 관심이 사그라든 서양 근세 이후 철학에서는 더 이상 신학의 시녀라는 말은 나오지 않는다. 그러나 철학이 새롭게 인간의 지식의 정당화에 관심을 가지게 되고 그 지식은 과학의 산물임을 생각해 볼 때, 철학은 신학의 시녀에서 이제 '과학의 시녀' 노릇을 하도록 바뀐 것 아니냐는 비판이 나오기도 한다. 그러나 신학은 그 정당화를 위해 철학을 반드시 필요로 했지만 과학은 철학을 굳이 필요로 하지 않는다. 과학은 철학의 시중이 필요 없다는데, 철학이 과학의 시녀라는 말은 적절하지 않다.

○ 아퀴나스가 '신학' 대신에 '거룩한 가르침'이라는 말을 쓰는 까닭은 철학의 한 분과로 자리 잡은 신학과 구분하기 위해서이다. 철학의 신학은 이성에 의한 것이지만 그의 신학은 신의 계시에 의한 것이다.

138

Friday

도덕 vs 취향

옳고 그름을 판단하는 도덕적 판단은 개인의 취향과 다르다. 일단 도덕은 그것이 옳거나 그르다고 판단하는 '이유'를 제시할 수 있는 데 반해 취향은 그렇지 못하다. 낙태가 그르다고 주장하는 사람은 그 이유를 제시할 수 있지만, 초콜릿 맛 아이스크림을 좋아하는 사람은 왜 그 맛을 좋아하는지 이유를 댈 수 없다. 그냥 좋아할 뿐이다.

물론 취향에 대해서도 이유를 제시할 수는 있다. 가령 탕수육을 소스에 찍어 먹는 취향이 있는 사람은 탕수육은 바삭한 맛에 먹는데 소스를 부으면 눅눅해지므로 맛이 안 난다는 이유를 제시한다. 그러나 소스를 탕수육에 부어 먹는 취향이 있는 사람이 바로 그 눅눅한 맛을 좋아한다고 말하면 그 이유로는 상대방을 설득할 수 없다. 도덕은 취향과 달리 제시된 이유가 '보편화 가능'해야 한다. 내가 제시한 이유가 같은 조건에 있는 모든 사람이나 상황에 적용될 수 있어야 하는 것이다.

한편 도덕은 '공정'해야 한다. 개인이든 사회든 다르게 대우해야 할 이유가 없다면 똑같이 고려해야 하지 나 또는 내가 속한 집단이라고 해서 더 고려하면 안 된다. 취향은 개인의 문제이므로 뭘 골라도 상관없다. 다만 그것이 개인의 취향을 넘어 도덕적 판단이 되려면 불편부당하고 중립적인 관점을 취해야 한다.

과학 법칙도 방금 말한 이유 제시, 보편화 가능성, 공정성의 조건을 모두 만족한다. 다시 말해서 법칙이 성립하는 이유가 제시되며, 비슷한 상황에서 언제나 성립하며, 특정 개인이나 집단을 위한 것이 아니다. 그렇다고 해서 과학 법칙이 도덕일 수는 없으니, 도덕은 과학 법칙과 달리 규범적인 성격을 띠기 때문이다. 자연이나 사회가 '어떠하다'라고 말하는 과학 법칙과 달리 도덕적 판단은 '어떠해야 한다'라고 하는 규범을 말하는 것이다.

도덕의 영역인지 취향의 영역인지 논란이 되는 문제도 있다. 과거에는 혼전 순결이나 동성애처럼 대체로 성性과 관련된 문제를 부도덕하다고 주장하는 사람들이 많았으나, 지금은 개인의 취향으로 생각하는 사람들이 더 많다. 도박이나 습관성 약물 복용은 여전히 논란거리이다.

○ "De gustibus non est disputandum."는 "취향은 논쟁의 대상이 아니다."라는 뜻의 라틴어 격언이다. 그러나 도덕은 논쟁의 대상이다.

139

Saturday

허수아비 공격의 오류

상대방이 하지 않은 주장을 공격하는 오류. 허수아비를 만들어 공격하는 이유는 오해했기 때문이기도 하고, 공격하기 쉽게 하려고 일부러 약한 주장으로 만들기 위해서이기도 하다. 전자의 경우는 논증 해석의 기본적인 원리인 '자비의 원리'를 적용하지 않아서 생긴다. 최대한 상대방의 주장을 참이 되도록 자비롭게 해석한 다음에 공격해야 하는데 그러지 않는 것이다. 후자의 경우는 야비한 짓이다. 그러나 선동적인 대중 연설에서 많이 쓰이는 방법이다.

일상생활에서 자주 저지르는 오류이다. 국이 차갑다고 말하는 남편에게 "그럼 팔팔 끓는 국 먹을래?"라고 말하는 부인이나, "당신은 언제나 그렇게 과장해서 말해."라고 답하는 남편이나 모두 허수아비를 공격하는 것이다. 차가운 국이 싫다고 해서 팔팔 끓는 것을 좋아한다는 뜻도 아니고, 남편이 '언제나' 과장만 할 리는 없기 때문이다. 행복한 가정을 위해서도 자비로운 해석은 꼭 필요하다.

정치인 또는 정치적 성향이 다른 사람을 공격할 때도 즐겨 사용된다. 북한과 협력을 강조하는 정치인에게 대북 지원을 중단하라고 말하자 그 정치인이 "그럼 북한과 전쟁을 하자는 말이냐?"라고 말한다면 허수아비 공격의 오류를 저지르는 것이다. 대북 지원을 중단하라는 요구가 전쟁을 하자는 말은 아니기 때문이다.

허수아비 공격의 오류는 '훈제 청어', 곧 논점 일탈의 오류의 하나이다. 공격의 대상으로 삼는 상대방의 주장이 상대방이 원래 한 주장과 관련이 없을 때 생기기 때문이다. 따라서 허수아비 공격의 오류라고 비판받을 때 그것을 피하려면 자신이 공격하는 주장이 상대방이 실제로 한 주장과 관련이 있음을 보여 주면 된다. 예컨대 대북 지원은 전쟁을 막는 효과적인 정책이므로 대북 지원을 중단하면 전쟁으로 이어질 가능성이 크다는 식으로 말이다.

○ 새뮤얼 존슨 박사(1709~1784)가 돌을 발로 차면서 버클리의 회의론을 반박한 것은 오해에 의한 허수아비 공격의 예이다. 돌을 발로 찰 때 아픈 경험을 한다는 것을 버클리가 부정한 것은 아니기 때문이다.

빙의

사람의 몸에 영혼이 옮겨 붙는 현상. 무속에서 악령이 들었다고 생각하는 현상으로 이를 내보내기 위해 엑소시즘(퇴마) 의식을 한다. 드라마, 영화 또는 소설에서 자주 볼 수 있다. 드라마 〈시크릿 가든〉(2010~2011)에서는 남녀의 몸이 바뀌고, 히가시노 게이고의 소설 《비밀》(1998, 영화와 드라마로도 만들어졌다)에서는 어머니와 딸의 몸이 바뀐다. 드라마 〈오 나의 귀신님〉(2015)에서는 요리사의 몸에 귀신이 들어왔다 나갔다 하며, 소설 《82년생 김지영》(2016)에서는 산후 우울증을 앓는 주인공에게 여러 사람이 빙의하여 주인공이 정신 의학과 상담을 받는다.

빙의는 공상으로나 가능한 이야기지만 철학에서 인간 동일성 문제와 관련해서 중요한 소재이다. 로크는 《인간 지성론》에서 몸이 바뀐 왕자와 신기료장수 이야기를 꺼낸다. 왕자의 몸을 한 사람은 신기료장수의 기억을 가지고 있고, 신기료장수의 몸을 가지고 있는 사람은 왕자의 기억을 가지고 있는 것이다. 인간 동일성이란 어떤 한 사람을 그 사람이라고 말할 수 있는 근거는 무엇인지 묻는 문제이다. 현대에는 지문이나 홍채나 아이디가 그 근거라고 말하는 사람이 많을 것이다. 그러나 그것들은 바뀔 수도 있고 몇백만분의 1이라도 같은 사람이 있기도 하다는 문제가 있다. 로크는 빙의라는 현상을 믿은 것은 아니지만 기억으로 대표되는 심리 현상을 보고 사람의 동일성을 판단한다는 주장을 하고 싶어 했다. 분명히 몸은 왕자여도 기억은 신기료장수인 사람이 신기료장수이다.

이런 빙의에 의해 심리 이론을 뒷받침하는 것을 싫어하는 철학자도 있다. 심리 이론이라고 할 때는 꼭 기억만 말하는 것이 아니라 말버릇이나 습관까지 말하는 것인데 완전히 다른 사람에게서는 (특히 성별이 다르면) 그런 게 나타나기 힘들기 때문이다. 설령 비슷한 사람끼리 빙의가 이루어졌다고 하더라도 기억이라는 것은 인과적 개념인데 인과적 사슬이 몸을 건너 연결될 수 없기 때문이기도 하다. 이런 점에서 빙의보다 뇌를 맞바꾸는 수술은 그 인과적 사슬을 유지해 주므로 기억 이론을 뒷받침하는 더 좋은 사고 실험일 수 있다. 어쨌든 그럴 때도 기억이 동일하면 동일한 사람으로 간주하는 것을 보면 기억 이론은 강력한 인간 동일성 이론이다.

○ 영화 〈미녀는 괴로워〉(2006)에서는 전신 성형 수술로 못 알아보게 된 사람을 예전의 독특한 습관을 보고 알아본다. 기억 이론은 기억, 말버릇, 습관 따위 모두를 동일성 판단의 근거로 본다.

141

Monday

정념의 노예

> 이성은 정념의 노예이고 노예일 뿐이어야 하며, 정념에 봉사하고 복종하는 것
> 외에 결코 어떤 직무도 탐낼 수 없다.
>
> — 흄, 《인간 본성론》

철학자는 대체로 이성과 감정 가운데 이성의 편을 든다. 플라톤은 《파이드로스》에서 우리의 영혼을 한 명의 마부와 두 마리의 말로 이루어진 쌍두마차에 비유하는데, 여기서 마부가 이성이고 두 마리의 말은 각각 기개(명예와 절제)와 욕망이다. 기개를 상징하는 말은 이성인 마부의 말을 잘 따르지만, 욕망을 상징하는 말은 마부의 명령에 아랑곳하지 않고 제멋대로이다. 그러기에 감정은 이성의 통제를 받아야 한다는 것이 플라톤의 생각이다.

그러나 흄은 감정의 편을 든다. 그는 감정에 따라 일어나는 생각을 '정념'이라고 불렀는데, 우리의 행동 의지에 영향을 끼치는 것은 이성이 아니라 정념이라고 주장한다. 예를 들어 상한 음식을 먹지 않는 이유는 상한 음식을 먹으면 병에 걸린다는 지식 때문이 아니라 상한 음식을 먹을 때 생기는 고통을 예상하기 때문이다. 어떤 대상에서 고통과 쾌락을 예상할 때 그에 걸맞은 혐오나 집착과 같은 감정을 느끼게 되며, 그래서 우리는 불만이나 만족을 주는 것을 피하거나 받아들이게 되는 것이다. 이성은 말을 끄는 마부에서 흄에 이르러 말과 다름없는 신세로 전락했다. 거꾸로 감정은 말 신세에서 노예를 부리는 주인 신세로 상승했다.

이성이 정념의 노예이니, 흄에 따르면 도덕의 뿌리가 되는 것은 실천 이성이 아니라 도덕감이다. 도덕 이론은 보편성을 띠어야 하기에, 그는 보편적 관점이 될 수 있는 도덕감으로 공감 또는 동정심을 든다. 정념^{pathos}을 같이^{sym} 느끼는 것이 곧 공감^{sympathy}이다. 타인의 고통과 기쁨에 공감할 때 도덕이 가능하다는 것이다. 그러나 안타깝게도 타인의 고통에 기뻐하고 기쁨에 배 아파하는 사람이 많다. 또 인류의 역사를 보면 특정 집단에 대한 혐오처럼 부도덕한 감정을 공유한 적도 많다. 역시 감정은 이성의 채찍질을 받아야 할 것 같다.

O '정념'은 영어로 passion이다. 정념이나 passion은 억누르기 어려운 감정이나 열정을 뜻한다. 그러나 흄은 정념으로 오늘날의 감정, 느낌, 욕구 따위를 뜻했다.

142

Tuesday

존재 vs 당위

세상이 어떻다고 하는 '존재'와 세상이 어떠해야 한다고 규정하는 '당위'의 구분. '사실'과 '가치'의 구분이라고도 말한다. 영어로는 동사를 써서 'is'와 'ought'의 구분이라고 한다. 이 둘이 논리적으로 구분된다고 생각하는 철학자는 세상이 어떠하다는 사실적 진술에는 가치가 개입되지 않으므로, 거기서 규범적인 가치 판단을 도출할 수 없다고 주장한다. 예컨대 성인 여자가 임신할 수 있다는 것은 자연적 사실이지만, 그렇다고 해서 성인 여자가 꼭 아이를 낳아야 한다는 당위가 도출되지는 않는다. 기술記述과 규범은 완전히 다른 영역이라고 생각하는 것이다.

존재와 당위 사이에 논리적인 간격이 있다고 처음으로 주장한 철학자는 흄이다. 그리고 무어는 사실에서 규범을 도출하려는 시도에 '자연주의의 오류'라는 이름을 붙였다. 그는 '열린 질문 논증'으로 그것이 오류라는 것을 보여 준다. 자연주의자는 '좋음'과 같은 규범적 성질을 특정한 자연적 성질로 정의 내리려는 사람들이다. 그들은 "x는 좋다."를 "x는 어떤 자연적 성질을 갖는다."라고 정의한다. 이때 "x가 그 자연적 성질을 가졌지만 좋은 것이니?"라는 질문은 열린 질문, 다시 말해서 가능한 질문이다. 그런 자연적 성질을 가지면서도 좋음이라는 규범적 성질은 없는 x를 얼마든지 생각할 수 있기 때문이다. 이런 이유로 자연적 성질에서 규범적 성질을 도출하려는 시도는 오류를 저지른다는 것이다.

자연주의의 오류는 오류가 아니라고, 다시 말해서 존재에서 당위가 도출된다는 것을 보여 주려는 시도도 꾸준히 있다. 존 설이 대표적인데, 그는 언어의 의미에 주목해서 그렇게 주장한다. 예컨대 우리가 누군가와 약속을 했다는 사실에는 약속을 지켜야 한다는 규범이 이미 들어 있다는 것이다. 종이는 자연에 있는 물질에 불과하지만 거기에 돈이라는 가치가 있는 것을 생각해 보면 된다.

O 쾌락이라는 자연적 성질로 좋음이라는 규범적 성질을 정의하는 쾌락주의가 대표적인 자연주의이다.

143

Wednesday

루트비히 비트겐슈타인

오스트리아 출신의 영국 철학자인 비트겐슈타인 (1889~1951)은 20세기의 가장 중요한 철학자 중 한 명으로 꼽힌다. 경제적인 면으로나 학문적인 면으로나 안정된 삶을 살 수 있었지만 그것을 박차고 파란만장한 삶을 살았다. 비트겐슈타인이 인기 있는 이유는 그의 체제 변혁적인 철학 때문이기도 하지만 드라마 같은 삶 때문이기도 하다.

재벌 2세로 태어났으나 상속받은 재산을 예술가들에게 기부했다. 독일 베를린에서 기계 공학을 공부하고 영국 맨체스터에서 항공 공학을 공부했다. 그러다가 수학의 기초에 관한 프레게와 러셀의 책을 읽고 철학에 관심이 끌려, 케임브리지 대학에서 러셀에게 철학을 배웠다. 노르웨이의 오두막에서 1년 정도 머물다가, 제1차 세계대전이 발발하자 오스트리아군에 자원입대했다. 전쟁의 와중에 《논리 철학 논고》를 집필했다. 철학의 모든 문제를 해결했다고 생각하여 오스트리아 시골에서 6년 동안 초등학교 교사로 지냈다. 체벌이 문제가 되어 교직을 떠나 수도원의 정원사로 일하기도 했다.

그러다가 빈학파의 철학자들과 접촉하며 자신의 철학에서 만족스럽지 못한 면을 깨닫고 케임브리지로 돌아갔다. 《논리 철학 논고》를 학위 논문으로 인정받아 박사 학위를 받고 강의를 시작했다. 이때 작성된 원고와 강의록이 사후에 《철학적 탐구》를 비롯해서 여러 권의 유고로 출간되었다. 제2차 세계대전 때는 강의만 하면 안 된다는 생각에 병원에서 자원봉사자로 일했다. 종전 후 대학으로 복귀했지만 3년 만에 사임하고 아일랜드 해변의 오두막에서 집필에 몰두했다.

까칠한 성격에 주변 사람들과 잘 어울리지 못했다. 노르웨이에 있던 자신을 찾아온 무어에게 독설을 퍼붓고 절교를 하거나, 토론 도중 포퍼를 부지깽이로 공격한 일화 따위가 전해져 온다.

영미 분석 철학의 중요한 출발점이 되는 철학자인 것은 맞지만, 영향력은 주로 그의 제자에 한정된다. 체계적이지 못하고 함축적인 서술 스타일 탓이 크다. 오히려 프레게, 러셀, 콰인으로 이어지는 노선이 분석 철학의 주류라고 할 만하다.

○ 대학에서 철학을 전공한 가수 신해철이 만든 밴드 이름이 '비트겐슈타인'이었다.

144

Thursday

정언 명령

정언 명령은 칸트가 도덕 법칙이 갖추어야 한다고 생각한 형식으로, 원치 않아도 무조건 따라야 하는 규칙을 말한다. 이에 견줘 가언 명령은 원할 때만 따르는 규칙이다. 예를 들어 "매일 영어 단어를 10개씩 외우라."라는 규칙은 영어를 배우고 싶을 때만 따라야 하는 규칙이다. 그러나 "거짓말하지 말라."는 적어도 칸트 윤리학에서는 원하든 원하지 않든 반드시 따라야 하는 규칙이다.

칸트의 《윤리 형이상학 기초》에 따르면 정언 명령이 될 수 있는 도덕 법칙은 다음과 같다.

> 마치 너의 행위의 준칙이 너의 의지에 의해 보편적 자연법칙이 되어야 하는 것처럼, 그렇게 행위하라.

'준칙'은 자기 나름대로 정한 의지의 원리를 말한다. 준칙이 도덕 법칙이 되려면 모든 사람이 그것에 따라 행동하는 보편적 법칙이 되어야 한다. 공연을 보고 싶을 때 모두가 개구멍으로 숨어 들어가 공짜로 본다는 준칙을 따른다면 수익이 나지 않아 공연은 취소되고 말 것이다. 그러니 이 준칙은 보편적 법칙이 될 수 없다.

칸트는 정언 명령을 다음과 같이 이해할 수도 있다고 말한다.

> 네가 너 자신의 인격에서나 다른 모든 사람의 인격에서 인간(성)을 항상 동시에 목적으로 대하고, 결코 한낱 수단으로 대하지 않도록, 그렇게 행위하라.

우리는 어떤 사람을 수단으로 삼지 않을 수는 없다. 이 책을 읽는 사람도 지은이를 수단으로 삼아 지식을 얻을 것이다. 문제는 수단으로만 삼을 때 생긴다. 공연을 공짜로 본다면 공연하는 사람을 목적으로 대하지 않고 수단으로만 삼은 것이다. 칸트에서 모든 사람은 이성적이고 자율적인 목적 자체이다.

칸트에 따르면 누군가에게 거짓말하는 것은 그 사람을 수단으로 삼는 것이기 때문에 옳지 않다. 그러나 가정 폭력에 시달리다 숨은 부인을 찾는 남편에게 거짓말을 해서는 안 되는가? 사실대로 말하는 것이 그 부인을 나의 신념을 위한 한갓 수단으로 삼는 것 아닐까? 칸트 당시부터 이런 비판이 있었기에 그는 〈인류애 때문에 거짓말할 수 있다고 생각되는 권리에 관하여〉(1797)라는 글에서 답변을 시도했다.

145

Friday

호의가 계속되면
그게 권리인 줄 알아요

영화 〈부당거래〉(2011)에서 주양 검사(류승범 분)가 한 말. '호의'는 도덕적 의무가 없는데도 상대방에게 베풀 때 쓴다. 호의를 베풀면 상대방으로부터 칭찬받지만 베풀지 않더라도 비난받지 않는다. 이에 견줘 상대방의 '권리'를 침해하면 상대방에게 도덕적으로 비난받는다.

권리는 소극적인 권리와 적극적인 권리로 나뉜다. 소극적인 권리는 다른 사람이나 정부의 간섭 없이 자유롭게 행동할 권리를 말한다. 생명, 신체, 언론에 대한 권리가 여기에 해당한다. 누구도 우리의 생명을 침해할 수 없고, 마음대로 돌아다니거나 말할 권리를 침해할 수 없다. 이에 반해 적극적 권리는 다른 사람에게 또는 정부에 무엇인가를 요구할 권리를 말한다. 주로 의식주를 비롯해 기본적인 복지를 부모에게 또는 정부에 요구할 권리를 말한다. 호의와 짝을 이루는 권리는 적극적인 권리에 한정된다. 소극적인 권리는 호의를 베풀든 베풀지 않든 존중해야 하기 때문이다.

직장 동료가 밥을 사 달라고 한다. 이때 사 주면 호의를 베푸는 것이지만 사 주지 않았다고 해서 도덕적으로 비난받지는 않는다. 그러나 가족의 경우는 달라진다. 부모는 자식에게 기본적인 의식주를 제공할 의무가 있고, 그 의무를 다하지 않으면 아동 학대로 비난받는다. 물론 이것은 미성년의 경우에 한정된다. 성인이 된 이후의 부모의 지원은 호의를 베푸는 것이지 의무를 다하는 것이 아니다.

장애인의 이동권 요구는 권리를 요구하는 것인데 호의를 베풀어 달라는 것으로 오해하는 이들이 있다. 이동권은 사람이라면 누구나 가지는 권리이므로 장애인이라고 해서 예외는 아니다. 그러므로 턱이 없는 출입구나 저상 버스 등 장애인에게 이동할 수 있는 기본적인 장치나 시설을 제공하는 것은 호의를 베푸는 것이 아니라 권리를 인정하는 일이다.

146

Saturday

애매함

하나의 낱말에 두 개 이상의 뜻이 있는 것. 어느 나라 말이나 동음이의어나 다의어가 있으나 대체로는 문맥에서 무슨 뜻인지 파악되기에 크게 문제가 안 된다. 먹는 배와 타는 배의 발음이 같아도 그것을 헷갈리는 경우는 거의 없다. 애매한 말들은 말장난의 소재로 쓰이기도 한다.

그러나 가끔 논증 속에서 발음이 같은 두 낱말이 다른 뜻으로 쓰이는데 같은 뜻으로 오해할 때는 혼란이 생긴다. '양심'은 글자 그대로 착한 마음이라는 뜻도 있지만 신념이라는 뜻도 있다. '양심적 병역 거부'나 '양심수'에서 '양심'은 신념의 뜻으로 쓰였다. 그런데 양심적 병역 거부자에게 "우리는 양심이 없어서 군대에 갔느냐?"라고 비아냥대는 사람은 양심을 착한 마음으로 오해하는 것이다. 군대에 간 사람이든 양심에 따라 병역 거부를 한 사람이든 양심, 곧 신념에 따라 행동한 것이다.

'인간'이라는 말을 이해 못 하는 사람은 없을 것 같다. 하지만 난자와 정자가 만나는 순간부터 세상에 태어나는 순간까지 딱 잘라 언제부터 인간이라고 말할 수 있는지 애매하다. 난자와 정자가 수정하는 순간부터 인간이라고 주장하는 쪽은 어떤 형태의 낙태도 반대할 것이다. 반면에 감각 능력이나 자의식 능력이 있어야 인간인데 수정란이나 초기의 태아는 그런 능력이 없으므로 낙태를 찬성하는 주장도 있다. 인간이라는 말은 애매하기에 논증이 쉽게 해결되지 않는다.

논증에서는 상대방이 특정 개념을 나와 다른 뜻으로 쓰고 있지 않나 헤아리는 자비의 원리가 필요하다. '애매함'과 '모호함'을 구분하여, 한 낱말의 적용 범위가 정확하지 않은 경우를 모호하다고 하기도 한다. 그렇다면 '인간'이라는 말은 모호하다.

○ 삼단 논법에서는 애매함에서 생기는 오류를 '4개념의 오류'라고 부른다. 삼단 논법은 대개념, 소개념, 매개념으로 개념이 3개 있어야 하는데, 애매한 개념이 있으면 개념이 4개가 되기 때문이다.

147

Sunday

대중문화의 철학

드라마, 영화, 소설과 같은 대중문화를 철학적으로 읽는 저술은 꽤 많다. 미국 출판사인 블랙웰의 '블랙웰 철학과 대중문화' 시리즈는 《해리 포터와 철학》, 《슈퍼맨과 철학》 등 50여 종의 책이 출간되었고, 역시 미국 출판사인 오픈코트의 '대중문화와 철학' 시리즈도 영화나 소설 외에 《축구와 철학》, 《페이스북과 철학》 등까지 영역에 넓혀 130권까지 출간되었다. 이 중 몇 권은 우리말로도 번역되었다.

세상사 어떤 것도 철학적으로 볼 수 있으니 놀랄 일이 아니다. 다만 본디 철학적인 담론이 있는 게 아니라 훈련받은 철학자의 눈으로 '부러' 철학적으로 본다는 느낌이 강하다. 아예 철학자의 이름이 나오는 매체는 더 눈길이 간다. 미국 드라마 〈로스트〉가 그런 경우이다. 2004년에서 2010년까지 방영된 드라마인 〈로스트〉는 우리에게 한국계 배우인 김윤진과 대니얼 김이 나와서 더 유명하다.

드라마는 남태평양의 한 섬에 비행기가 불시착한 후 생존자의 이야기를 그린다. 14명의 생존자가 각각 주인공인데, 그중 한 명의 이름이 '존 로크'이다. 섬의 신비한 힘을 믿는 사람이므로 철학자 로크와 달리 경험론자는 아니다. 경험론을 추론할 수 있는 부분은 시즌 1의 3화 제목인 '타불라 라사'(빈 서판)이다. 태어날 때는 빈 서판이지만 경험이 거기에 글을 쓴다는 로크 경험론의 핵심 용어인데, 드라마의 존 로크는 한심한 인생을 살다가 조난으로 오히려 새로운 인생을 살게 되었다는 의미인 것 같다. 또 다른 주인공이 존 로크에게 제러미 벤담이라는 별명을 붙여 준다. 플라톤이라는 별명의 등장인물도 있다. 주인공은 아니지만 데스몬드 데이비드 흄과 대니얼 루소는 철학자 흄과 루소의 이름을 땄음을 쉽게 짐작할 수 있다. 그러나 흄이 가끔 회의적인 발언을 한다는 것과, 루소가 '프랑스' 여성이라는 것 말고는 공통점을 찾기 어렵다. 아무리 봐도 뭔가 '있어 보이는 척' 철학자 이름들을 붙인 것 같다. 그 외에 소소하게 철학적 내용이 종종 나오기는 한다. 지도에 "Cogito ergo doleo(나는 생각한다. 고로 나는 고통스럽다)."라고 쓰여 있다든가, 키르케고르의 책 《공포와 전율》이 나오는 식이다. 그러나 역시 아무 맥락이 없다.

소설 《헝거 게임》에도 세네카를 비롯해 고대 철학자와 정치인이 등장인물로 많이 나온다. 헝거 게임 자체의 모티브가 로마 원형 경기장에서 열린 검투사 경기이므로 이해가 되기는 한다.

148

Monday

나는 생각한다
고로 나는 존재한다

나는 내가 어릴 때부터 많은 거짓된 견해들을 참된 것인 양 받아들여 왔고, 그런 원칙들에 근거해서 쌓아 올린 것이 매우 의심스럽다는 것을 여러 해 전에 깨달았다. 그래서 학문에서 어떤 확고부동한 것을 세우려고 한다면, 일생에 한 번은 지금까지 믿어온 모든 것을 철저하게 버리고 아주 기초부터 새롭게 시작해야 할 필요성을 느꼈다. (…) 나는 세상에는 하늘도, 땅도, 정신도, 육체도 없다고 스스로를 설득했다. 그러면 나 역시도 존재하지 않는다고 설득된 것 아닐까? 그렇지 않다. 내가 무엇인가를 스스로에게 설득했다면 나는 확실히 존재했을 것이다. 그러나 나를 언제나 속이는 유능하고 사악한 누군가가 있다. 만약 그가 나를 속인다면 그 경우에 나는 틀림없이 존재한다. 그리고 그가 온 힘을 다해 나를 속인다고 해 보자. 내가 나는 어떤 것이라고 생각하는 한, 그는 내가 아무것도 아니게 만들 수 없다. 이 모든 것을 철저하게 생각해 본 결과 나는 있다, 나는 존재한다는 명제는 내가 말할 때나 마음속에 품을 때마다 반드시 참이라는 결론을 내릴 수밖에 없다.

– 데카르트, 《성찰》

데카르트는 지식의 체계를 전혀 의심의 여지가 없는 토대 위에 올려놓으려고 한다. 그러기 위해서 더 이상 의심할 수 있는 것이 없을 때까지 의도적으로 의심하고 또 의심하는데, 이것을 '방법적 회의'라고 부른다. '유능하고 사악한' 악마가 있다면 '하늘도, 땅도, 정신도, 육체도 없다고' 의심할 수 있다. 그러나 그렇게 속기 위해서는 내가 있어야 한다. 내가 존재하지 않는다면 속을 수도 없기 때문이다. 《성찰》에서는 "나는 있다, 나는 존재한다."라고 표현되는 말이 《방법서설》과 《철학의 원리》에서는 "나는 생각한다. 고로 나는 존재한다."라는 유명한 명제로 정식화된다.

○ 《성찰》은 1641년에 라틴어로 출판되었고, 1647년에 데카르트의 감수를 받아 뤼용 공작이 프랑스어로 번역했다. 초판 제목은 《제일 철학에 관한 성찰. 여기서 신의 현존 및 인간 영혼의 불멸성이 증명됨》이고, 다음 해에 나온 재판 제목은 《제일 철학에 관한 데카르트의 성찰. 여기서 신의 현존 및 인간 영혼과 신체가 다름이 증명됨》이다.

149

Tuesday

여러 가지 실재론

실재론은 기본적으로 우리 마음과 독립적으로 무엇인가가 존재한다는 이론이다. 이 '무엇인가'에 해당하는 것에 따라 철학에는 여러 가지 실재론이 실재한다. 각 실재론에 따라 그것에 반대하는 이론의 이름도 다르다. 가장 먼저 기장 넓은 의미의 실재론은 '외부 세계 실재론'이다. 철학자들은 우리 마음을 제외한 세계를 외부 세계라고 하는데 이것은 외부 세계가 우리가 아는지와 상관없이 존재한다는 이론이다. 외부 세계 실재론에 반대하는 이론이 바로 회의론 또는 관념론이다.

외부 세계 전반이 아니라 특정 대상을 대상으로 하는 실재론이 여럿 있다. 개별 사물들뿐만 아니라 그 개별 사물에 공통되는 보편자^{universal}가 존재한다는 실재론도 철학의 주요 이론이다. 보편자는 존재하지 않고 오직 이름일 뿐이라는 '유명론'과 개념일 뿐이라는 '개념론'이 거기에 맞선다. '과학적 실재론'은 과학에서 전자나 쿼크와 같은 이론적 대상이 존재한다고 주장한다. 반면에 '도구주의'는 그런 대상이 우리가 이론적인 편의에 따라 가정한 것에 불과하다는 주장이다.

윤리학에서는 도덕적 가치가 실제로 존재한다고 하는 '도덕 실재론'이 있다. 여기에 맞서는 이론은 또 여러 가지가 있는데, 어떤 것이 옳다는 것은 개인의 생각이라는 '주관주의', 공동체의 생각이라는 '상호 주관주의', 그것은 주장이 아니라 느낌의 표현에 불과하다는 '정서주의'가 있다. 수와 도형과 같은 수학적 대상이 존재한다는 실재론도 있다. 이에 대해서는 수학의 진리는 약속에 불과하다는 '규약주의'가 있다.

주의할 것이 있다. 외부 세계 실재론에 반대되는 이론이 관념론이라고 했는데 여기서 관념론은 버클리의 관념론을 말한다. 다른 관념론, 그러니까 플라톤의 객관적 관념론과 헤겔의 절대적 관념론은 일종의 실재론이다. 이것만 해도 엄청나게 헷갈리는데, 더 어처구니없는 것은 버클리는 자신이 실재론자라고 말한다는 사실이다. 외부 세계 실재론 중에는 '소박한 실재론'(직접 실재론), '표상 실재론'(간접 실재론)도 있다고 말하면 아마 욕이 나올지 모른다.

○ 실재론은 영어로 '리얼리즘(realism)'인데, 문학이나 예술에서는 '현실주의'라고 번역한다. 전혀 다른 뜻이다.

150

Wednesday

버트런드 러셀

러셀(1872~1970)은 영국의 귀족 집안에서 태어났으나 부모가 일찍 죽어 조부모의 손에서 자랐다. 할아버지 존 러셀 경은 영국의 총리였다. 밀이 러셀의 대부였는데, 러셀이 1970년까지 살았으니 밀이 그리 옛날 사람 같지 않다. 그러나 러셀은 98살까지 살았고 밀은 러셀이 1살 때 죽었다. 케임브리지 대학에서 수학을 공부했고, 철학으로 박사 학위를 받았다.

러셀은 《자서전》에서 10대 때 관심사가 성과 종교와 수학이었다고 하는데, 이 세 분야에서 모두 업적을 남겼다. 《결혼과 도덕》 등을 통해 자유주의적 결혼관을 펼치는데, 결혼한 사람도 서로 성적 개방성을 인정해야 하고 성적 자유에 따르는 질투는 없어져야 할 감정이라고까지 주장한다. 여자에게만 순결과 정조를 강요하는 것은 부당하다거나 아이를 낳고 키우는 여성에게 국가가 보수를 지급해야 한다고 주장하는 등 꽤 자유주의적 주장을 하면서도, 평균적으로 여성이 남성보다 우둔하다거나 흑인은 평균적으로 백인보다 열등하다는 혐오 발언을 한다. 한편 대표적인 무신론자이다. 《나는 왜 기독교인이 아닌가?》 등에서 크리스트교가 여러 전쟁의 원인이며 과학의 발전을 방해했다는 현실적인 이유로 반대한다.

그는 어릴 때 매우 외로워서 자살하고 싶었으나 수학을 더 많이 알고 싶은 욕구 때문에 자살하지 않았다고 말했다. 수학자로서 앨프리드 노스 화이트헤드(1861~1947)와 함께 쓴 《프린키피아 마테마티카》에서 현대 기호 논리학의 기초를 세웠다. 철학자로서 분석 철학 초창기를 낚는 중요한 업적을 남겼다. "현재 프랑스의 왕은 대머리이다."로 알려진 그의 기술記述 이론은 분석 철학사에서 꼭 공부하는 주제이다. '현재 프랑스의 왕'처럼 존재하지 않는 대상에 대해 의미 있게 말하는 방법을 논리학을 이용해 보여 준다.

1950년에 노벨 문학상을 받았다. 전쟁에 반대한 평화주의자로서 제1차 세계대전에 반대하다가 투옥된 적이 있고, 1960년대에 핵무기와 베트남전에 반대하다가 88세의 나이로 구류를 산 적이 있는 실천적 지식인이었다. 러셀은 평생 100권 가까이 되는 책을 썼는데, 3번의 이혼으로 위자료를 지급할 돈이 필요했기 때문이다. 특히 《서양 철학사》는 베스트셀러가 되어 꾸준한 수입원이 되었다.

151

Thursday

변증법

서로 대립되는 두 견해를 종합하여 새로운 견해를 찾는 철학적 대화법. 한쪽에서 주장을 하면 다른 쪽에서 그것에 반대되는 주장을 하고, 거기에 맞서 원래의 주장을 수정하는 과정을 말한다. '변증법'을 가리키는 영어 dialectic은 대화를 뜻하는 그리스어 dialektikē에서 유래했으므로 '대화법', '문답법'으로 번역해도 되나, 철학에서는 흔히 '변증', '변증술', '변증론', '변증법' 따위로 불린다.

철학자마다 약간씩 다른 의미로 쓰고 강조점도 다르다. 소크라테스에서는 질문을 통해 모순을 끌어내어 대화 상대방을 반박하는 논증 방법을 가리킨다. 플라톤은 이런 파괴적인 방법을 넘어서서 참된 지식을 상기해 내는 철학적 진리 추구 방법으로 발전시켰다. 아리스토텔레스는 변증법을 다시 소크라테스의 의미로 돌리는데, 객관적인 진리를 찾는 학문적 증명 방법과 다르게 대화 상대방이 믿는 견해에서 출발하는 변증법적 진리는 개연적이고 반박 가능한 진리를 찾는 방법이기 때문이다. 칸트 역시 변증법을 부정적으로 생각하는데, 선험적 논리학을 선험적 분석론과 선험적 변증론으로 구분한 후 선험적 변증론은 진정한 논리학이 아니라 도구로서의 논리학으로 사용된다고 말한다.

변증법으로 가장 유명한 철학자는 헤겔이다. 그는 변증법을 단순히 대화 또는 논증에만 적용한 것이 아니라 사회와 역사를 비롯한 세계 전체에 적용했다. 대립하는 것들의 갈등과 거기서 생기는 통일이 운동과 변화의 근본 원리라는 것이다.

어떤 주장의 정립, 그것에 대한 반대 그리고 그것의 종합을 말하는 정·반·합을 흔히 헤겔 변증법의 핵심 주장으로 이해한다. 그러나 이것은 헤겔이 아니라 후배 철학자인 요한 피히테(1762~1814)가 정식화한 것이다.

○ 남성 아이돌 그룹 동방신기가 2006년에 부른 〈"O"-正.反.合.〉은 동방신기를 있게 한 유명한 곡으로 중학교 음악 교과서에도 실렸다. "나의 반(反)이 정(正) 바로 정(正) 바로잡을 때까지 정·반·합의 노력이 언젠가 이 땅에 꿈을 피워 낼 거야."가 가사의 일부이다. 변증법으로 이 세상을 바꾸겠다는 야심차고 심오한 노래이다.

152

Friday

언제나 공정해야 할까?

모든 도덕 이론은 공정성을 추구한다. 모든 개인 또는 집단의 이익은 똑같이 중요하므로 나 또는 내가 속한 집단과 관련이 있다고 해서 더 중요하게 고려하면 안 된다. 내가 속한 인종이나 성별에 특별한 선호를 표시하는 것은 공정하지 못한 차별적 행동이라고 생각된다. 나와 인종이나 성별이 같은가 또는 나와 친분이 있는가는 도덕적으로 관련이 없는 자의적인 특성이기 때문이다.

그러나 내 가족이나 친구에게 특별한 친분을 유지하는 것까지 불공정하게 생각하는 것은 과도해 보인다. 음식이나 옷이 한 사람분밖에 없는데 자기 자식 대신 모르는 아이에게 주는 사람이 있다면 공정하다고 칭찬받기보다는 몰인정하다고 비난받을 것이다. 그리고 친구와 모르는 노숙인이 똑같이 곤경에 처해 있는데, 노숙인을 먼저 돕는다면 친구라는 말이 무색해질 것이다. 한편으로는 공정해야 할 것 같고, 다른 한편으로는 편애가 허용될 것 같다. 도덕 이론은 이런 긴장을 어떻게 해결해야 할까?

칸트의 정언 명령이 한 가지 해결책이 될 수 있다. 칸트는 《윤리 형이상학 기초》에서 "마치 너의 행위의 준칙이 너의 의지에 의해 보편적 자연법칙이 되어야 하는 것처럼, 그렇게 행위하라."라고 말했다. 어떤 규칙이 도덕 법칙이 되기 위해서는 모든 사람이 언제나 이 준칙을 따르기를 원하는지 검토하라는 것이다. "자원이 한정되어 있을 때, 모르는 아이보다는 내 아이에게 그것을 주겠다."나 "내 친구와 모르는 사람이 똑같은 곤경에 처해 있을 때 내 친구를 먼저 돕겠다."라는 규칙은 모든 사람이 따를 것 같다. 그렇기에 보편적 도덕 법칙이 될 수 있을 것 같다.

공리주의의 관점에서도 위와 같은 상황에서 편애를 허용할 수 있다. 부모와 자식의 관계 더 나아기 친구 관계는 우리 사회를 지탱하는 기본적인 버팀목이므로 그것이 잘 유지되어야 사회가 안정적으로 움직일 수 있기 때문이다. 생각해 보라. 가족이든 친구든 상관없이 누구나 공평무사하게 대우하라고 하는 사회가 유지될 수 있겠는가? 그러나 윤리학자들의 고민은 그 편향성을 어느 정도까지 허용해야 하느냐이다. 나와 같은 성별이나 인종까지 편애를 적용할 수는 없기 때문이다.

153

Saturday

정의

어떤 표현의 의미를 명확히 하는 일. 정의는 새로운 정보를 줄 수도 있고 애매함을 없앨 수도 있기에 지적인 작업에서는 꼭 필요하다. 그러나 정의가 무엇인지 자체가 철학적인 논쟁의 주제이다. 오랫동안 철학에서 정의正義는 본질을 찾는 작업으로 인식되었다. 플라톤의 대화편에서는 정의正義, 덕, 경건함 따위의 정의를 놓고 소크라테스와 상대방이 대화를 나누는 경우가 많다. 아리스토텔레스도《변증론》에서 "정의는 그것이 무엇이라는 것, 즉 본질을 나타내는 설명이다."라고 말한다. 그러나 현대 철학에 이르러서는 본질 또는 진정한 정의에 반대하고 정의는 우리의 기호적인 규약에 불과하다는 주장이 늘었다.

아리스토텔레스의 철학에서 전해지는 고전적인 정의 방법은 '유개념'과 '종차'를 이용하는 것이다. 예컨대 '인간'을 정의하기 위해서는 인간이 속한 더 큰 집합 중 가장 가까운 '동물'을 유개념으로 삼고, 다른 동물과 인간을 구분해 주는 '합리성'을 종차로 삼아 '합리적 동물'로 정의하는 것이다. 그러나 갓난아이나 치매 환자처럼 합리적이지 못한 인간도 있고, 합리성을 어떻게 정의하는가에 따라 인간 아닌 동물 중에 합리적 동물이 있을 수 있기에 이 정의는 실패한다. 플라톤이 인간을 "깃털 없는 두 발 달린 동물"로 정의하자 디오게네스가 털을 뽑은 닭을 던지면서 "여기 인간이 있다!"라고 외쳤다는 일화는 정의 내리기가 얼마나 어려운지 보여 준다.

어떤 대상이 가지고 있는 공통적인 특성을 '내포'라고 하기에, 유개념과 종차를 이용한 정의를 '내포적 정의'라고 한다. 정의의 방법에는 그 외에 용어를 도입한 사람이 용어의 의미를 정해서 쓰는 '약정적 정의', 긍정적이든 부정적이든 상대방의 태도 변화를 목적으로 하는 '설득적 정의' 등이 있다. "상위 3% 이내를 우등생이라고 한다."가 약정적 정의의 예이고, "무신론자는 신이 있다는 것을 아직 깨닫지 못한 사람들이다."가 설득적 정의의 예이다.

154
Sunday

백남준의 다다익선

〈다다익선〉은 브라운관 텔레비전 1,003대로 만든 백남준의 대표적인 비디오아트 작품으로 국립현대미술관에 전시되어 있다. 그런데 브라운관 텔레비전이 오래되어 작동하지 않고 더는 생산되지 않아 작품 보존을 고민하고 있다.

만약 〈다다익선〉의 브라운관 텔레비전이 고장 날 때마다 한 대씩 교체하는데, 미술관의 큐레이터가 그것을 따로 모아 놓았다고 해 보자. 그리고 1,003대의 브라운관 텔레비전이 모두 교체되었을 때 그 큐레이터가 따로 모아 놓은 브라운관 텔레비전으로 원래의 〈다다익선〉과 똑같은 작품을 만들었다고 해 보자. 브라운관 텔레비전을 모두 새롭게 교체한 〈다다익선〉과 낡은 브라운관 텔레비전으로 만든 〈다다익선〉 중 어느 쪽이 진짜 〈다다익선〉일까?

이것은 '테세우스의 배'라고 하는 오래된 철학적 문제에 대한 오마주이다. 테세우스는 그리스 신화에서 크레타섬의 괴수 미노타우로스를 물리친 영웅이다. 《플루타르코스 영웅전》에 따르면 그가 귀환할 때 탄 배가 아테네에 1,000년 동안이나 보존되었다고 한다. 오래된 널빤지를 하나씩 하나씩 바꾸었기 때문에 그럴 수 있었다. 이때 누군가가 그 널빤지를 모아 두었다가 원래의 배와 똑같은 배를 만든다고 하자. 수리가 끝난 배와 버려진 널빤지로 만든 배 중 어느 쪽이 진짜 테세우스의 배일까? 이 문제를 제기한 철학자는 홉스이다.

관심사가 무엇인가에 따라 신짜 테세우스의 배가 달라질 수 있다. 배의 주인에게는 수리된 배가 진짜 배일 것이다. 골동품상이나 역사학자에게는 버려진 널빤지로 만든 배가 진짜 배일 것이다. 그렇다고 해도 널빤지가 하나씩 교체되는 도중 어느 순간에 진짜 배가 되느냐는 문제는 남는다. 〈다다익선〉은 어떨까?

○ 브라운관 텔레비전이 교체되기 전의 〈다다익선〉과 교체된 후의 〈다다익선〉이 동일한 작품이냐는 문제는 '동일성' 문제이다. 이 동일성 문제가 인간에게 적용되면 '인간 동일성 문제'가 된다.

155
Monday

내용 없는 사고는 공허하며
개념 없는 직관은 맹목적이다

> 직관과 개념은 우리의 모든 인식의 요소들을 이룬다. 그렇기에 그것들에 어떤
> 방식으로 대응하는 직관 없이는 어떠한 개념도, 또한 개념 없이는 어떠한 직
> 관도 인식을 제공할 수 없다. (…) 이 성질들 중 어느 것도 다른 것에 우선할
> 수 없다. 감성이 없다면 우리에게는 아무런 대상도 주어지지 않을 테고, 지성
> 이 없다면 아무런 대상도 사고되지 않을 것이다. 내용 없는 사상은 공허하고,
> 개념 없는 직관은 맹목적이다.
>
> – 칸트,《순수 이성 비판》

경험론이 감각 경험의 수동성만 강조하고 이성론은 감각 경험의 역할을 무시한
다고 생각한 칸트는 이 둘을 종합한다. 그에게서 인식의 원천은 수동적인 '직관'과
능동적인 '개념' 두 가지이다. 직관이 표상을 받아들이는 수동적 능력이라면 개념
은 주어진 표상을 통해서 대상을 만들어 내는 자발적인 능력이다. 그는 첫 번째 능
력과 두 번째 능력을 각각 '감성'과 '지성'이라고 부르고, 어느 하나가 다른 것보다
중요하다고 말할 수 없으며 진정한 의미에서의 인식은 두 가지가 합쳐져서 이루
어진다고 주장한다. 그래서 감성의 역할이 없는 인식은 받아들이는 '내용'이 없기
에 공허한 사고에 불과하고, 내용을 받아들이기만 하고 지성의 역할이 없으면 맹
목적 인식이 된다고 말한다.

위 인용문의 마지막 구절은 여기저기서 패러디된다. "신앙 없는 과학은 공허하
며, 과학 없는 신앙은 맹목적이다."라는 과학자 아인슈타인의 말이나 "사회적 합리
성 없는 과학적 합리성은 공허하고, 과학적 합리성 없는 사회적 합리성은 맹목적
이다."라는 사회학자 울리히 베크(1944~2015)의 말이 대표적이다.

○ "사랑 없는 섹스는 공허하고 섹스 없는 사랑은 맹목적이다."라는 패러디도 떠돈다. "섹스 없는 사랑은 공
허하고 사랑 없는 섹스는 맹목적이다."가 더 맞는 말인가? 판단은 독자의 몫.

156

Tuesday

보편자

보편자는 하나 이상의 사물이 공통으로 가지고 있다고 생각되는 속성을 말한다. 전남 영광은 예로부터 쌀, 소금, 목화가 많이 나고 겨울에 눈이 많이 내린다고 해서 4백(白)의 고장이라고 한다. 쌀, 소금, 목화, 눈은 '하양'이라는 속성을 공유한다. 쌀알이나 눈송이 하나하나를 '개별자'('특수자')라고 하고, 그것들이 공유하는 하양이라는 속성을 '보편자'라고 한다. 그런데 이 세상에는 개별자들만 존재하는 것일까, 아니면 보편자까지 존재하는 것일까? 일찍이 플라톤은 이것을 일¯과 다⁰의 문제로 제기했다. 여럿이 가지고 있는 하나의 보편자가 있을 수 있느냐는 문제이다.

이 문제에는 세 가지 입장이 존재한다. 첫째는 보편자가 마음과 독립해서 실재한다는 실재론이다. 플라톤이 주장하는 이데아가 바로 이 보편자에 해당한다. 보편자를 가정하게 되면 여러 개별자가 공통의 속성을 가지고 있다는 것을 설명하기 쉽다는 장점이 있다. 우리는 소금 알이 하얗다고 말하고 목화송이가 하얗다고 말한다. 이것을 술어화한다고 하는데, 서로 다른 사물(주어)을 공통의 술어로 술어화하기 위해서는 보편자가 존재해야 할 것이다.

그러나 쌀, 소금, 목화, 눈이 하얗다고 하지만 엄격하게 보면 조금씩 다르다. 아주 엄격하게 말하면 이 쌀알과 저 쌀알도 똑같이 하얗지는 않다. 그렇기에 보편자는 별도로 존재하지 않으며 '하양'과 같은 속성이란 우리가 만든 이름에 불과하다는 '유명론'이 등장한다. 이 쌀알도 하얗고 저 눈송이도 하얗다고 똑같은 단어로 말할 뿐이라는 것이다. 불필요한 것을 가정하지 않고 최소한의 것으로 설명하는 것이 최선의 설명이라는 오컴의 면도날이 바로 보편자 논쟁에서 유명론을 주장하기 위해 나왔다. 근대의 홉스와 현대의 콰인이 대표적 유명론자이다.

유명론은 하얀 사물들이 단어 이외에 무엇인가를 공유한다는 것을 부인한다. 개념론은 공통의 단어를 부여하는 것은 우리 정신의 개념 또는 생각이 있기 때문이라고 말한다. 개념론은 보편자가 실재한다는 것은 부정하지만 개별자들이 공유하는 것이 있다는 것은 인정한다는 점에서 실재론과 유명론을 절충한 입장이다. 물론 절충했다고 해서 꼭 좋은 이론이 되는 것은 아니다. 영국 경험론자들이 개념론을 지지한다.

157

Wednesday

조지 에드워드 무어

무어(1873~1958)는 프레게, 러셀과 함께 20세기 분석 철학의 기초를 닦은 영국의 철학자이다. 케임브리지 대학에 입학할 때는 고전을 공부하려고 했으나 같은 대학에 다닌 러셀을 통해 철학에 관심을 두게 되었다. (러셀이 무어보다 한 살 위이나 우리로 치면 일종의 '빠른 연생'이라 두 해 선배이다.) 1911년부터 케임브리지 대학에서 가르쳤다. 비트겐슈타인이 무어의 교수 자리를 물려받았다. (영국에서 '교수'는 학과장급의 교수를 말한다.) 비트겐슈타인의 《논리 철학 논고》의 제목을 지어 준 이도 무어고, 나중에 이것을 박사 학위 논문으로 통과시켜 준 이도 무어이다. 그런데 비트겐슈타인은 "무어는 그 정도 머리로 철학에서 거기까지 가는 게 용하다는 것을 보여 주었다."라고 등에 칼을 꽂는 말을 했다. 러셀은 《자서전》에서 무어가 자신이 생각한 천재의 이상理想을 실현했다고 극찬한다. 그리고 그가 거짓말한 것을 본 적이 없는데, "무어, 너는 언제나 참말만 하지?"라고 묻자 "아니요."라고 대답한 게 그가 한 유일한 거짓말이라고 말한다.

'좋음'은 정의될 수 없고 직관으로만 파악되는 개념이라고 주장했다. 이를 위해 '좋다good'가 사용되는 30가지 방식을 분석한다. 헤겔의 영향을 받은 당시 영국의 절대적 관념론을 비판하고 상식적 세계관을 내세웠다. 일상 언어 학파나 메타 윤리학 등에 큰 영향을 끼쳤다. 철학의 스타일에서도 중요한 전환점이 되었다. 현대 철학, 특히 분석 철학은 '큰 이론'을 제시하기보다 논증을 만들고 분석하는 데 초점을 두기에 저서보다 주로 논문으로 이론을 발표한다. 무어는 그런 경향을 막 시작한 학자로서 얇은 저서인 《윤리학 원리》와 《윤리학》 외에는 논문을 썼다. 그 논문들을 책으로 묶어 《철학 연구》와 《철학 논문집》이라는 재미없는 제목으로 출간했다. 철학자가 철학자만을 대상으로 강의를 하고 책 또는 논문을 쓰는 방식도 이때 막 시작되었다. 그래서 무어를 '철학자의 철학자'라고 부른다.

○ 무어라는 유명인이 많다. 영화배우 로저 무어, 데미 무어, 영화감독 마이클 무어, 무어의 법칙으로 유명한 인텔사 창업자 고든 무어. 그래서 철학자 무어는 보통 'G. E. 무어'라고 쓴다.

158

Thursday

파스칼의 내기

신이 존재하지 않는다고 믿을 때보다 존재한다고 믿을 때 훨씬 이득이므로 신의 존재를 믿어야 한다는 파스칼의 주장. 신의 존재를 합리적으로 증명하는 것이 아니라 실용적으로 증명한다고 해서 '실용주의 논증'이라고도 부른다. 신의 존재를 믿어야 할지 말아야 할지 내기를 한다고 해 보자. 만약 신이 있다고 믿었는데 죽은 후에 정말로 있다면 영원한 행복을 누릴 것이고, 만약 없다면 실망스럽기는 해도 자기 나름대로 올바른 삶을 살았으니 큰 손해는 아닐 것이다. 이번에는 신이 없다고 믿었는데 실제로 있다면 지옥 불에 빠질 것이고, 만약 없다면 자기 생각이 맞았다는 것을 확인할 뿐 달라지는 것은 별로 없을 것이다. 그러니 신의 존재를 믿는 쪽에 내기를 걸어야 한다는 것이다.

파스칼은 철학자이자 수학자이며 확률 이론을 정립하기도 했다. 그러나 이 내기는 허술한 데가 너무 많다. 도박할 때는 확률이 높은 쪽에 거는 게 상식인데, 신의 존재가 증명되지 않은 이상 신이 존재할 확률보다 존재하지 않을 확률이 훨씬 높다. 그리고 판돈이 높게 걸린 쪽에 배팅해야 한다. 신이 있다고 믿었는데 정말로 있다면 신으로부터 상을 받는다고 했지만 오히려 요행수를 믿었다고 벌을 받을 수도 있다. 또 신이 실제로 존재하지 않으면 큰 손해가 아니라고 했지만, 잘못된 신념으로 평생을 산 것은 예삿일이 아니다. 종교적 신념 때문에 전쟁이 일어나고 과학의 발전이 지체된 것을 생각하면 인류 전체로 봐서 잃는 것이 많다. 더 심각한 문제는 신이 존재한다고 하더라도 내가 믿는 신이 아닌 다른 신일 수 있다는 것이다. 그 신에게 더 크게 벌을 받을 수도 있다.

최근에는 신의 존재를 두고 내기를 하는 것보다 인간보다 뛰어난 인공 지능을 두고 내기를 하는 게 더 현실적이라는 지적이 있다. 인간보다 뛰어난 인공 지능이 나오지 않을 것이라고 믿었다가 그런 인공 지능이 나오면 큰 벌을 받는다고 말이다. 또 어떤 학자는 신의 존재를 놓고 내기하는 것보다 기후 변화의 재앙을 놓고 내기하는 것이 더 현실적이라고 지적한다. 신의 존재 가능성보다 인공 지능의 출현 가능성이나 기후 변화의 재앙이 일어날 가능성이 훨씬 더 크고 현실적이니 이게 진짜 실용주의 논증일 수도 있다.

○ "신은 주사위 놀이를 하지 않는다."라고 했으니 신은 자신을 도박으로 믿은 것을 싫어할지 모른다. 물론 아인슈타인의 이 말은 양자 역학을 부정하기 위해 한 말이기는 하다.

159
Friday

자유 의지와 도덕적 책임

도둑질하면 비난을 받고 거기에 도덕적 책임을 져야 한다. 그러나 장 발장처럼 굶는 아이들을 위해서 남의 빵을 훔친 경우는 상대적으로 비난을 덜 받는다. 도벽을 절제할 수 없는 정신 질환자가 도둑질하면 비난받지 않는다. 또 누군가가 총으로 협박해서 도둑질한 사람 역시 비난받지 않는다. 도둑질은 비난받는데, 비난을 덜 받거나 면제되는 이유는 무엇일까?

어떤 행동에 도덕적으로 비난하고 도덕적으로 책임져야 한다고 생각하는 것은 그 행동을 자유 의지로 했다고 생각하기 때문이다. 다시 말해서 그 행동을 하지 않을 수 있는데 한다고 생각하기 때문이다. 그러나 정신 질환자나 협박받은 사람은 그런 행동을 하지 않고 싶다고 해서 하지 않을 수는 없다고 보기에 도덕적 책임을 부과하지 않는다. 그리고 장 발장은 도둑질 아닌 다른 방식이 가능하기는 해도 그게 쉽지 않다고 보기에 도덕적 책임을 덜 진다고 생각한다.

칸트는《실천 이성 비판》에서 "해야 함은 할 수 있음을 함축한다."라고 말한다. 날 수 없는 인간에게 날아야 한다는 의무를 부과할 수 없듯이, 어떤 일에 도덕적 책임을 지기 위해서는 그것을 할 수 있어야 한다는 뜻이다. 정신 질환이나 강요에 의한 행동이 면책되는 것은 이런 이유 때문이다. 무지나 실수의 경우에도 내가 어찌할 수 없는 무지나 실수라면 역시 면책이 된다.

문제는 분명하게 자유 의지에 의해 저지른 행동도 그렇게 행동할 수밖에 없었다고 주장할 때다. 결정론자는 모든 행동에는 원인이 있기에 자유롭게 선택했다고 생각한 행동에도 그렇게 선택할 수밖에 없는 원인이 있었다고 주장한다. 나는 다르게 행동할 수 있었다고 생각하지만, 사실은 그 행동을 할 수밖에 없었다는 것이다. 결국 자유 의지는 환상일 뿐이라고 본다.

그러나 설령 자유 의지가 없더라도 책임을 물을 방법이 있다. 개가 사람을 물었을 때 우리는 자유 의지로 그런 행동을 했다고 생각하지는 않지만, 그 개를 격리하는 방식으로 책임을 지운다. '도덕적' 책임은 아니지만 책임을 묻기는 하는 것이다.

160
Saturday

타당성 vs 건전성

전제가 결론을 뒷받침하는 정도에 따라 논증이 갖는 성격. 전제가 참일 때 결론도 반드시 참이면 그 논증은 '타당성'을 갖는다. 전제가 참일 때 결론도 반드시 참인 논증이 연역의 정의이니 연역은 곧 타당한 논증이다.

타당성은 논증의 내용이 아니라 형식이 갖는 성격이다. 가령 "모든 사람은 죽는다. 소크라테스는 사람이다. 따라서 소크라테스는 죽는다."가 타당한 논증이므로 그것과 형식이 똑같은 "모든 민트 초콜릿은 호수이다. 이순신은 민트 초콜릿이다. 따라서 이순신은 호수이다."처럼 무슨 말인지 알 수 없는 논증도 타당한 것이 된다. 논증의 타당성은 내용과 상관없이 형식에 따라 결정되기 때문이다.

전통적인 주류 논리학은 '형식 논리학'이라고 불릴 정도로 논증의 형식에 관심이 있지만, 후자와 같은 논증이 타당하다고 하면 일반인에게는 생뚱맞게 느껴진다. 그래서 타당한 논증 중 전제가 (단순히 참이라고 가정하는 것이 아니라) 실제로 참이기까지 하면 그 논증은 '건전하다'라고 말한다. 위의 논증 중 소크라테스 논증은 타당하면서 건전하지만, 민트 초콜릿 논증은 타당하기는 하나 건전하지는 않다.

여기서 '타당하다'와 '건전하다'는 전제와 결론으로 이루어진 논증에 한정된 논리학의 전문 용어이다. 일상 언어에서 '타당하다'는 주로 일이나 진술에 쓰는 말이고, '건전하다'는 신체나 생각에 쓰는 말이니 전혀 다른 뜻이다. '건전한' 논증의 경우 '튼튼한' 논증이라고 써야 한다고 말하는 국내 논리학자도 있다.

○ 넌센스 퀴즈: 논리학자가 총을 쏠 때 나는 소리는?
정답은 376쪽 확인.

161
Sunday

라플라스의 마녀와
라플라스의 악마

일본의 추리 소설 작가 히가시노 게이고는 작품 중 드라마로 만들어진 게 19편, 영화로 만들어진 게 7편일 정도로 인기 작가이다. 《방황하는 칼날》, 《용의자 X의 헌신》, 《백야행》은 우리나라에서도 영화로 만들어졌다. 그의 데뷔 30주년 기념작이 《라플라스의 마녀》이다. 이 소설 역시 영화로 만들어졌다.

'라플라스의 마녀'는 '라플라스의 악마'에서 따온 말이다. 라플라스의 악마는 프랑스의 수학자 피에르-시몽 라플라스(1749~1827)가 제시한 가상의 존재로서, 우주의 모든 원자의 위치와 운동량을 정확히 알고 있어 미래의 모든 일을 예측할 수 있다. 이 세상 모든 일은 사전에 존재하는 원인에 의해 속속들이 결정되어 있다는 주장이 결정론인데, 라플라스의 악마가 있다면 이 결정론이 옳음을 생생하게 보여 줄 것이다.

《라플라스의 마녀》의 주인공 마도카는 미래의 일을 완벽하게 예측한다. 종이비행기가 어떻게 날아갈지도 알고 볼링공을 던지기 전에 핀이 몇 개 남을지도 안다. 마도카는 어릴 때 토네이도로 인한 사고로 어머니를 잃었는데, 미래를 예측하는 능력이 있으면 자연재해를 막을 수 있다고 생각하여 의사인 아버지로부터 신경 수술을 받고 그런 능력을 갖추게 되었다. 그러나 라플라스의 마녀가 라플라스의 악마보다 부족한 점은 사람의 마음은 읽어 내지 못한다는 것이다. 우주의 모든 것을 알고 있어야 하는데, 마음까지는 알지 못하는 것이다.

소설에서는 똑같은 능력을 가진 겐토라는 남자가 황화 수소가 퍼지는 움직임을 계산하여 사람을 죽이는 장면이 나온다. 마도카가 진정한 라플라스의 악마의 능력까지 갖춰 겐토가 살인을 하리라는 것을 알고 미리 막는다고 가정해 보자. 겐토는 그래도 살인으로 처벌받아야 할까? 마도카가 막지 않았다면 어차피 살인을 저질렀을 테니까 처벌받아야 하는 것 아닐까? 한편 겐토의 살인이 어차피 저지를 것으로 결정되어 있었다면 자유 의지에 의한 행동이 아니지 않은가? 그렇다면 처벌을 안 받아야 하는 것 아닐까? 이것이 라플라스의 악마가 있다면, 다시 말해서 결정론이 옳다면 생기는 철학적 문제이다.

○ 영화 〈마이너리티 리포트〉(2005)에는 3명의 예지자가 살인 사건을 예측하고, 주인공 경찰은 그 예측에 따라 살인을 막는다는 내용이 나온다. 이 영화에서도 살인이 예측된 사람은 과연 자유 의지로 행동하는 것일까 하는 물음이 제기된다.

162

Monday

문제는 그들이
고통을 느낄 수 있는가이다

인간 이외의 동물들이 폭군의 손아귀에 의해서가 아니고는 결코 억압당하지 않을 권리를 가질 수 있는 날이 올지도 모른다. 프랑스 사람들은, 피부가 검다는 사실로 인해 한 인간이 아무런 보상도 없이 괴롭히는 자의 변덕에 맡겨져도 괜찮을 이유라고는 전혀 없음을 이미 발견하였다. 다리의 수, 피부가 털로 덮였다는 것 또는 엉치뼈의 끝부분 따위는, 어떤 감각적 존재를 똑같은 운명에 맡겨 버릴 근거로서는 똑같이 불충분함을 깨닫는 날이 언젠가 올지도 모른다. 이 밖에 밝혀 내야 할 넘을 수 없는 경계선이 과연 무엇인가? 이성의 능력인가, 그렇지 않으면 대화할 수 있는 능력인가? 그러나 다 자란 말이나 개는 태어난 지 하루나 한 주일 또는 심지어 한 달이 된 아기보다 비교할 수 없을 정도로 대화도 더 잘 나눌 수 있고, 더욱 이성적이기도 하다. 그런데 실상이 이와 다르다고 가정할 때, 어떤 근거를 제시할 수 있겠는가? 그 문제는 '이성을 발휘할 수 있는가?'도 아니고, '말을 할 수 있는가?'도 아니며, '고통을 느낄 수 있는가?'인 것이다.

- 벤담, 《도덕과 입법의 원리 서설》

행복을 쾌락의 양으로 생각하는 공리주의의 창시자 벤담에게 쾌락 또는 고통이 누구의 것인가는 중요하지 않다. 쾌락과 고통을 느끼는 것은 피부색과 상관없으므로 그에게 인종 차별은 허용되지 않는다. 마찬가지로 쾌락과 고통을 느끼는 것은 인간인가 동물인가와도 상관없다. 사고할 능력이 없다고 해서, 말을 할 수 없다고 해서 고통을 못 느끼는 것은 아니기 때문이다. 그래서 벤담은 동물 해방의 선구자로 추앙받는다.

벤담이 프랑스 사람들을 거론한 것은 1685년 루이 14세가 이른바 '코드 누아'(흑인 법)를 시행했기 때문이다. 이 법은 아메리카 대륙의 루이지애나를 비롯한 프랑스 식민지에서 흑인에게 '눈곱만큼의' 자비를 베풀었다. 가령 주인은 노예를 때리거나 묶어 두어도 되지만 고문하거나 사지를 자르거나 죽여서는 안 된다는 식이다. 해방된 노예에게는 프랑스 시민권을 준다는 내용도 있다.

○ 위의 인용문은 《도덕과 입법의 원리 서설》의 본문도 아니고 주석에 나온다. 그런데도 동물의 권리를 거론할 때 자주 인용된다.

163

Tuesday

신명론

도덕은 곧 신의 명령이라는 이론. 대부분의 사람은 "살인하지 말라."라는 명제가 도덕적 의무라고 생각한다. 그런데 막상 그게 왜 도덕적 의무냐고, 왜 그것을 지켜야 하느냐고 물어보면 얼른 대답하지 못한다. 신명론神命論은 이 질문에 바로 신이 그렇게 하라고 명령했기 때문에 도덕적 의무라고 깔끔하게 대답한다.

플라톤은《에우티프론》에서 이 신명론을 비판했다. 그는 신이 명령하기에 도덕이 선한 것인지 아니면 그것이 선하기에 신이 명령하는 것인지 질문을 던진다. 전자라고 해 보자. 신이 무엇인가를 명령했기에 도덕이 된다고 한다면, 신이 마음만 먹으면 어떤 것이든 곧 도덕이 된다는 뜻이다. 그러면 신이 "살인하라."를 도덕적 의무로 바꿀 수도 있다. 이는 상식과 맞지 않는다.

신명론을 옹호하는 사람이라면 살인은 도덕적이지 못하므로 신은 살인을 도덕적 의무로 만들지 않을 것이라고 대답할 것이다. 하지만 이렇게 말하는 것은 신이 명령하기에 도덕이 선한 것이라는 견해를 버리고, 도덕이 선하기에 신이 명령한다는 후자의 견해로 가는 셈이 된다. 그러나 이 견해에서도 문제가 생긴다. 이것은 도덕은 신과 상관없이 먼저 존재한다는 뜻이다. 다시 말해서 신이 없어도 도덕이 성립한다는 뜻이니 신을 도덕과 연결하려는 신명론의 의도와 어긋난다.

정리하면 신이 명령하기에 도덕이 선한 것이라고 하면 상식적으로 도덕이 아닌 것이 도덕이 돼 버리고, 도덕이 선하기에 신이 명령한다고 하면 도덕과 신이 상관없어져 신명론은 딜레마에 빠지게 된다. 신명론은 왜 도덕적 의무를 지켜야 하느냐에 대한 적합한 대답이 되지 못한다.

신명론은 우리가 신의 명령을 안다는 전제에서 출발한다. 설령 플라톤이 제기한 딜레마가 해결된다고 하더라도 더 심각한 문제는 우리가 신의 명령이 무엇인지 제대로 안다고 말할 수 있느냐에 있다. 우리가 신을 접하는 통로는 대체로 기도와 같은 사적인 체험인데 거기에 신뢰를 보내기 힘들다.

○《에우티프론》은 불경죄로 법정에 간 소크라테스가 마침 아버지를 살인죄로 고소한 에우티프론을 만나 경건을 주제로 토론하는 내용이다. 종교 예언자였던 에우티프론은 자신이 경건하다고 확신하며, 신과 관련해서는 누구보다 잘 안다고 자부한다. 도덕이 "신이 명령하기에 선한가, 아니면 선하기에 신이 명령하는 것인가?"라는 질문도 정확하게는 경건한 것은 "신들에게 사랑받기 때문에 경건한가, 아니면 경건하기 때문에 신들에게 사랑받는가?"이다.

164

Wednesday

토마스 아퀴나스

이탈리아의 철학자 및 신학자인 토마스 아퀴나스(1225~1274)는 스콜라 철학자이며 가장 위대한 가톨릭 철학자로 꼽힌다. 도미니코회의 신부였다. 이탈리아의 시칠리아에 있는 아퀴노 출신으로 이름이 토마스여서 이탈리아어로는 '토마스 데 아퀴노', 라틴어로는 '토마스 아퀴나스'라고 불린다. '아퀴나스'라고만 부르기도 하고 '토마스'라고만 부르기도 한다. 그의 사상은 '토미즘'이라고 한다. 가톨릭교회에서는 성인이기에 '성 토마스 아퀴나스'라고 부른다. 가톨릭에서는 성당이나 직업이나 단체의 보호자가 되는 성인을 정해 수호성인이라고 부르는데, 토마스 아퀴나스는 철학자의 수호성인이다.

나폴리 대학을 졸업한 후 당시 만들어진 지 얼마 안 된 도미니코회에 입단하려 했다. 아퀴노의 영주였던 아버지는 자신과 가까운 베네딕토회에 입단하기를 원했기에 토마스의 행동을 반항으로 여겨 그를 납치하여 1년 동안 성에 가두어 두었다. 그런데도 뜻을 관철하여 파리에 있는 수도회에 입단했다.

《신학 대전》,《이교도 논박 대전》을 썼다. '대전大全'이란 어떤 분야에 관한 내용을 빠짐없이 모아 엮은 책이란 뜻인데, 그만큼 방대하다. 그가 쓴 글이 모두 800만 단어라고 하는데 49살까지 산 것을 감안하면 더 대단하다.《이교도 논박 대전》은 이교도, 곧 유대교도와 이슬람교도를 가톨릭으로 개종시키기 위한 지침서이다. 《신학 대전》은 미완성본이다. 아퀴나스는 죽기 너 달 전에 미사 도중 신비한 체험을 하고 이후 집필을 하지 않았다. 아리스토텔레스 철학을 가톨릭 교리에 접목하였다.《신학 대전》에서는 아리스토텔레스와 교부 철학자인 아우구스티누스가 자주 인용된다.

○ 위 사진은 젠틸레 다 파브리아노의 〈마리아의 대관식〉(1400년경) 일부.

165
Thursday

포스트모더니즘

본디는 1960년대에 당시 지배적인 예술 경향을 비판하면서 생긴 전위적이고 실험적인 예술 사조를 가리킨다. 철학에서 모더니즘은 데카르트에서 시작되어 헤겔에서 정점에 이르는 이성 중심의 서양 철학 전통을 말한다. 모더니즘 철학은 보편적 진리와 객관적 실재를 가정하고, 이성과 논리에 전적으로 의존한다. 그래서 과학과 기술의 진보에 따라 인류가 발전하리라 낙관적으로 기대한다.

이에 반해 포스트모더니즘은 객관적 실재라는 것은 인간이 만든 가공의 것이기에 보편적 진리와 같은 것은 존재하지 않으며, 이성과 논리는 보편적으로 적용될 수 있는 도구가 아니라고 주장한다. 이렇다 보니 포스트모더니즘은 주관주의와 상대주의와 허무주의를 지지하는 경향을 보인다. 물론 모더니즘 경향에서도 주관주의와 상대주의를 지지하는 철학자들이 많지만 거기서는 엄밀한 논리를 이용해 그 결론에 이른다. 거기에 의존하지 않으려는 포스트모더니즘은 신화나 전설 그리고 민간의 이야기와 같은 서사의 방식을 즐겨 이용한다. 그리고 지배적인 담론은 정치적 권력이나 이데올로기에 의해 결정된다고 생각하여, 과학이라고 해서 예술 등 다른 분야보다 더 확고한 지위가 있는 것은 아니라고 주장한다.

프랑스의 데리다, 장-프랑수아 리오타르(1924~1998), 장 보드리야르(1929~2007) 등이 대표적인 포스트모더니즘 철학자이다. 특히 데리다는 주관과 객관, 현상과 본질, 말과 글 따위의 이분법을 비판한다는 의미에서 자신의 철학을 '해체주의'라고 부른다. 푸코는 스스로 포스트모더니스트가 아니라고 말하지만, 이 철학의 토대를 닦은 것으로 평가받는다.

포스트모더니즘 철학에 대해 한편에서는 철학보다는 문예 비평의 영역이라고 생각해서 무관심한 경향이 있다. 다른 한편에서는 모호하고 뭔가 젠체하는 서술 방식을 비판한다. 미국의 물리학자 앨런 소칼(1955~)은 포스트모던 학술지에 과학 지식을 이용하여 상대주의를 옹호하는 가짜 논문을 실은 후, 사실은 헛소리를 썼을 뿐이라고 폭로했다. 어설픈 지식과 말장난으로 과학의 객관성을 부정하는 포스트모더니즘 철학을 조롱한 것이다. 하버마스는 근대의 이성과 보편적 합리성의 재건을 주장하며 포스트모더니즘을 비판한다.

○ 소칼의 엉터리 기고문 사건을 '지적 사기' 또는 '과학 전쟁'이라고 부른다. '지적 사기'는 소칼이 그 사건 이후 출간한 책 제목이기도 하다.

166

Friday

연못에 빠진 아이 구하기

텔레비전을 비롯한 언론 매체에서는 도움이 필요한 국내외의 불우한 사람들의 모습을 보여 주고 기부를 권한다. 그렇지만 기부는 '의무'가 아니라 '자선'이다. 남을 불쌍히 여겨 도와주는 자선은 하면 칭찬받지만 하지 않는다고 해서 비난받지 않는다는 것이 우리의 상식이다. 다시 말해서 우리의 기부 행위는 '호의'를 베푸는 것이지 그들의 '권리'를 충족하는 것이 아니다.

싱어는 이런 상식과 달리 기부는 자선이 아니라 의무라고 주장한다. 그가 의무라고 말하는 기부는 특히 아프리카 등에서 당장 굶어 죽어 가는 사람을 돕는 것을 염두에 둔다. 싱어는 원조의 의무를 주장하기 위해 연못에 빠진 아이를 구하는 비유를 든다. 얕은 연못에서 어린아이가 빠져 죽을 위험에 있다. 나는 아주 바쁜 일도 없다. 바쁘다고 해도 아이가 죽어 가는 것보다 중요하겠는가? 그리고 그 연못이 내가 빠져 죽지 않을 정도로 얕다는 것도 알고 있다. 연못에 들어가면 옷과 신발이 더러워지겠지만 역시 죽는 아이를 살리는 것에 비하면 별것 아니다. 이때 아이를 구하는 일은 자선을 베푸는 것일까, 반드시 해야 할 의무일까? 싱어는 우리의 직관은 후자를 택할 것이라고 말한다. 법적인 문제를 묻는 것이 아니라 도덕적 의무를 물을 때, 모르는 체하고 지나친다면 누구나 도덕적으로 비난할 것이다.

싱어는 굶어 죽는 사람을 돕는 것은 연못에 빠진 아이를 구하는 것과 같다고 주장한다. 우리는 굶어 죽는 아이가 있다는 것을 알고, 매달 2~3만 원의 기부로 그 아이의 생명을 구할 수 있다는 것도 안다. 그리고 그 정도 기부액이 내 생활에 미치는 영향은 미미하다는 것도 안다. 그렇다면 기부는 자선이 아니라 의무이며, 기부하지 않는 것은 굶어 죽는 아이가 살 권리를 침해한다는 결론이 나온다. 심하게 말하면 아프리카에 가서 아이를 직접 총으로 쏴 죽이는 것이나 마찬가지이다. 싱어 그리고 많은 사람이 받아들이는 결과론적 관점에서 보면 그렇다.

○ 예수는 강도를 당한 나그네를 도운 착한 사마리아인의 이야기를 하고서 "너도 가서 그렇게 하여라."라고 말했다. 예수에 따르면 기부는 자선이 아니라 의무이다. 그러나 '착한 사마리아인의 법'은 곤궁에 빠진 사람을 도우라는 법이 아니고, 도운 사람의 책임을 면해 주는 법이다.

반대 사례

어떤 주장이 틀렸음을 보여 주는 사례. 줄여서 '반례'라고 한다. 일반화된 주장을 공격하는 가장 좋은 방법이다. 누군가가 "모든 일본 사람은 친절하다."라고 주장하면 친절하지 않은 일본 사람을 지목함으로써 그 주장을 무력화할 수 있다. 수학에서도 명제의 참·거짓을 밝힐 때 자주 쓴다. 가령 "$xy>0$이면 $x>0$, $y>0$이다."라는 명제가 있다고 한다면 $x=-1$, $y=-1$이라는 반례가 있으므로 거짓인 명제가 된다.

일반화된 주장은 '모든'이라는 수식어를 '대체로'나 '많은'으로 바꾸면 반대 사례를 피해 갈 수 있다. 따라서 처음부터 '모든'이나 '전혀'처럼 반례의 공격을 받기 쉬운 수식어를 쓰지 않는 게 좋다. 그러나 논쟁을 할 때 흥분하면 "당신은 언제나 그렇게 말해요."처럼 일반화된 주장을 하기 쉬운데, 그러다가 상대방에게 꼬투리 잡히기 십상이다. 한편 수학의 명제 같은 경우는 반례를 얼른 생각하기가 쉽지 않다. 그런데 반례를 못 찾았다고 해서 그 명제가 꼭 참인 명제라고 할 수는 없다. 내가 능력이 없어서 못 찾을 수도 있기 때문이다.

전제와 결론으로 이루어진 논증을 비판할 때도 반대 사례 방법을 적용할 수 있다. 상대방의 논증에서 전제는 참인 상태 그대로 두면서 결론만 거짓이 되는 사례를 찾는 것이다. 어떤 집에 범죄가 일어났는데 CCTV를 보아도 드나든 사람이 전혀 없다. 그래서 내부 사람의 소행으로 결론을 내렸다고 하자. 그러나 범인이 범죄를 저지르고 집 안에 숨어 있는 반대 사례를 생각할 수 있다. 혹시 알려지지 않은 지하실이 있을 수 있다. 그러면 내부 사람의 소행이라는 결론을 의심할 수 있다.

반대 사례에 의한 증명은 철학 논증에서도 흔히 쓰는 방법이다. 에드먼드 게티어(1927~)가 플라톤의 "정당화된 참인 믿음"이라는 지식의 정의를 만족하면서도 지식이 아닌 반대 사례를 제시한 것이 대표적인 예이다.

○ 'exception that proves the rule'라는 영어 관용구는 직역하면 '규칙을 증명하는 예외'이다. 그러나 예외(반례)는 규칙을 반증하지 증명하는 게 아니기 때문에 뭔가 이상한 말이다. 위 표현은 예외가 있다는 것은 오히려 규칙이 있다는 증거임을 말하는 것으로 이해해야 한다. 예컨대 "일요일에는 주차 가능"이라는 말은 일요일 외에는 주차 금지라는 규칙이 있다는 말이다.

168

Sunday

얼마나 많은 천사가
바늘 끝에서 춤출 수 있는가

중세 시대의 스콜라 철학이 얼마나 쓸데없는 것을 놓고 논쟁했는가를 보여 주는 질문. 17세기에 윌리엄 칠링워스(1602~1644)라는 개신교 신학자가 중세의 가톨릭교회를 비판하기 위해 든 예라고 한다. 그러나 스콜라 철학자들은 이런 질문을 한 적이 없다.

물론 전혀 밑도 끝도 없이 나온 말은 아니다. 토마스 아퀴나스가 《신학 대전》에서 한 질문은 "여러 천사가 동시에 같은 장소에 있을 수 있는가?"이다. ("천사는 동시에 여러 장소에 있을 수 있는가?"라는 질문도 있다.) 이 질문에 대한 답은 "없다."이다. 그 이유는 한 사건의 원인이 두 개일 수 없다는 데 있다. 여러 사람이 노를 저어 배가 움직인다고 할 때 배의 움직임의 원인은 여러 사람이고, 한 사람만으로는 원인이 되지 못한다. 그런데 한 사람이 노를 저어 배가 움직인다면 그 한 사람이 배의 움직임의 완벽한 원인이므로 다른 원인이 필요하지 않을 것이다. 천사는 완벽한 원인이므로 한 사건에 여러 천사가 필요하지 않다.

현대 철학의 용어로 말해 보면 완벽한 원인이 두 가지 이상 있는 것을 '과잉 결정'이라고 하는데, 과잉 결정은 있을 수 없다는 주장이 많다. 여러 천사가 동시에 같은 장소에 있을 수 없는 것도 과잉 결정은 없기 때문으로 해석할 수 있다. 현대 철학에서는 과잉 결정이 있을 수 있는지가 중요하고 의미 있는 논쟁거리이지만, 토마스 아퀴나스 시절에는 과잉 결정은 당연히 없다고 생각해서 논쟁도 되지 않았다. 중세의 가톨릭 철학이 쓸데없는 것을 두고 논쟁했다는 비판은 허수아비 공격이다.

○ 한국계 미국 철학자 김재권은 심신 문제에서 속성 이원론을 비판할 때 과잉 결정이 있을 수 없다는 것을 이용한다. 어떤 사건은 물리적인 원인만으로 충분한데 정신적 원인마저 있어야 한다면 과잉 결정이기 때문이다.

169

Monday

배고픈 소크라테스

> 만일 두 가지 쾌락이 있는데, 이 둘을 모두 경험해 본 사람 전부 또는 거의 전
> 부가 도덕적 의무 같은 것과 관계없이 그중 하나를 뚜렷하게 선호한다면, 그
> 것이야말로 더욱 바람직한 쾌락이라고 할 수 있을 것이다. 그 둘에 대해 확실
> 하게 잘 아는 사람들이 쾌락의 양이 적고 엄청난 불만족이 따를 수 있다는 것
> 을 잘 알면서도, 그리고 쾌락의 양이 적더라도 어떤 하나를 분명하게 더 원한
> 다면, 우리는 그렇게 더욱 선호되는 즐거움이 양의 많고 적음을 사소하게 만
> 들 정도로 질적으로 훨씬 우월하다고 규정해도 될 것이다.
>
> – 밀,《공리주의》

쾌락을 극대화하는 행동이 윤리적으로 옳은 행동이라고 주장하는 공리주의의 창
시자인 벤담은 어떤 행위를 통해 쾌락을 얻든 산출된 쾌락의 양을 계산해야 한다
고 주장했다. 그러나 밀은 양이 적더라도 질이 높은 쾌락을 낳는 행동이 옳다고 말
한다. 그는 질이 낮은 쾌락의 예로 푸시핀 게임을, 질이 높은 쾌락의 예로 시 낭송
을 든다. 푸시핀 게임은 핀을 던져서 목표물에 박히게 하는 게임으로, 별로 재미있
어 보이지는 않는데 당시에 많이 하던 게임인 모양이다. 그는 이 게임의 쾌락보다
시 낭송의 쾌락의 질이 더 높은 이유로 단순히 더 고상하다는 이유를 대지 않는다.
두 경험을 모두 해 본 사람은 시 낭송 쪽을 고르리라는 것이 이유이다.

여기서 "만족스러운 돼지보다 불만족스러운 인간이 더 낫고, 만족스러운 바보
보다 불만족스러운 소크라테스가 더 낫다."라는 유명한 말이 나왔다. 이 말은 보통
"배부른 돼지보다 배고픈 소크라테스가 낫다."라는 말로 알려져 있다. 돼지의 배부
름과 철학하는 즐거움을 모두 경험해 본 소크라테스는 비록 배고프더라도 철학하
는 즐거움을 선호할 터이므로, 철학하는 즐거움이 더 바람직한 쾌락이라는 결론이
나온다는 것이다.

그러나 시 낭송 쪽을 고르는 것은 단순히 개인의 취향이지 도덕은 아니지 않은
가? 그리고 소크라테스가 돼지의 배부름을 정말로 알까? 밀의 '질적 공리주의'는
벤담의 '양적 공리주의'보다 공리주의로서는 후퇴했다는 평가를 받는다.

○ 공리주의는 쾌락을 추구한다는 점에서 당대에도 비판을 많이 받았다. 영국의 역사가인 토머스 칼라일
(1795~1881)은 공리주의를 '돼지의 철학'이라고 불렀다. 밀이 배부른 돼지와 배고픈 소크라테스를 비교한
것은 이런 비판을 염두에 둔 것이리라.

170

Tuesday

논리학

논리적으로 올바른 논증과 올바르지 않은 논증을 구분하는 방법을 연구하는 학문. 논증은 전제와 결론으로 이루어지는데, 전제가 결론을 뒷받침하기 위해 제시된다. 따라서 올바른 논증이란 전제가 결론을 제대로 뒷받침하는 논증을 말한다. 전제가 결론을 제대로 뒷받침하기 위해서는 두 가지 조건이 만족되어야 한다. 첫째로 전제가 참이어야 하고, 둘째로 전제가 결론과 올바르게 관련을 맺고 있어야 한다. 이 중 논리학의 관심은 첫째보다는 주로 둘째에 있다. 어떤 명제의 참 · 거짓을 밝히는 것은 논리학 이외의 학문이 할 작업이고, 논리학은 전제가 참이라고 가정할 때 거기서 결론이 올바르게 도출되는지에 관심을 두기 때문이다.

전제가 결론과 올바르게 관련을 맺는 방식은 두 가지이다. 하나는 전제가 참이라고 가정할 때 결론이 반드시 참인 논증이고, 다른 하나는 전제가 참이라고 가정해도 결론이 참일 개연성이 높을 뿐인 논증이다. 첫 번째 종류의 논증을 다루는 논리학을 '연역 논리학', 두 번째 종류의 논증을 다루는 학문을 '귀납 논리학'이라고 한다. 논리학은 아리스토텔레스가 창시했는데, 창시자가 분명히 알려진 드문 학문이다. 아리스토텔레스의 《범주론》을 비롯한 여러 논리학 저서들을 뭉뚱그려 '오르가논'이라고 하는데, '오르가논'은 기관機關이라는 뜻이다. 논리학은 다른 학문을 하기 위한 도구라고 생각했던 것이다. 아리스토텔레스의 논리학은 연역을 중심으로 한 논리학이다. 17세기에 베이컨은 귀납을 중심으로 한 논리학을 창시하고, 책 제목을 《노붐 오르가눔》(신기관)으로 지었다('오르가눔'은 그리스어 '오르가논'의 라틴어 표기).

연역 논리학에서 전제가 결론을 뒷받침하는 올바른 논증이 되는 까닭은 논증의 내용이 아닌 형식에 있다. 그래서 연역 논리학을 '형식 논리학'이라고도 부른다. 19세기 후반 이후 프레게와 퍼스에 의해 형식 논리학은 수학의 기호나 기법을 이용하여 발전하게 되는데 이를 '기호 논리학'이라고 부른다. 그러나 논증의 형식에만 주목하다 보면 토론이나 설득처럼 일상생활에서 쓰이는 논증이 어떨 때 올바른지 제대로 밝히지 못하게 된다. 그래서 20세기 후반부터 논증의 형식 외에 내용에도 관심을 갖는 '비형식 논리학'이 등장하게 된다. 하지만 논리학이라고 하면 주로 형식 논리학 또는 기호 논리학을 가리킨다. 기호 논리학은 수학이나 컴퓨터 과학과 많이 교류하고, 비형식 논리학은 언어학이나 커뮤니케이션 이론과 많이 교류한다.

171

Wednesday

아우구스티누스

철학은 신학의 시녀라고 말해지던 서양 중세를 대표하는 철학자를 꼽으라면, 토마스 아퀴나스, 안셀무스 그리고 아우구스티누스이다. 아우구스티누스(354~430)는 지금의 알제리 지역인 타가스테에서 태어났다. 그는 유명한 크리스트교 신학자이고 교부敎父이며 성인聖人이지만 수사학을 공부하던 젊은 학생 시절에는 마니교 신자였다. 그러다가 수사학을 가르치던 밀라노에서 성 암브로시오의 강론을 듣고 크리스트교로 개종하였다. 고향으로 돌아와 사제 서품을 받고 후에 히포의 주교가 되었다. 그래서 그를 '히포의 아우구스티누스'라고도 부른다. 우리나라 가톨릭에서는 '아우구스티노'라고 부른다.

서양 철학은 플라톤에 대한 각주라는 말에 빗대어 크리스트교 신학은 아우구스티누스에 대한 각주라는 말이 있을 정도로 크리스트교 교리에 상당한 영향을 끼친 철학자이다. 그러나 그의 신학의 상당 부분은 플라톤의 철학을 교리화한 것이다. 예를 들어 신은 모든 사물이 존재하는 원인이고 신이 진리들을 비춰 준다는 주장은 플라톤의 이데아 자리에 신을 대입한 것이다. 이것은 아리스토텔레스의 철학이 중세 유럽에서는 설 자리가 없어지고 오히려 아랍에서 활발히 연구되는 한 계기가 되었다.

아우구스티누스는 젊을 때부터 이 세상에 존재하는 악을 어떻게 설명할지 고민이 많았다. 그가 마니교에 빠진 것도 거기서는 신이 전지전능하지 않기에 악이 있음이 쉽게 설명되기 때문이었다. 그는 크리스트교의 신은 전지전능한데도 악이 있는 것은 신이 인간에게 자유 의지를 주었기 때문이라고 설명한다. 100권 이상의 방대한 저서를 남겼는데《신국론》이 주저이다. 일반인에게는 젊을 때 방탕하게 살다가 어떻게 하느님을 찬미하게 되었는지 쓴《고백록》이 널리 읽힌다.

○ 아우구스티누스는 영어로는 '세인트 오거스틴'이다. 이는 미국 플로리다 북동부에 있는 도시 이름이기도 한데, 유럽 사람들이 미국에서 가장 먼저 개척한 도시로 유명하다. 이 도시는 철학자와는 아무 상관이 없고 거기에 처음 도착한 배 이름을 따서 지었다고 한다.

172

Thursday

회의론 반박하기

내 마음 밖에 세상이 정말로 있는지 알 수 없다는 회의론의 주장을 상식인은 받아들이기 어렵다. 그래서 회의론을 벗어나기 위해 이러저러한 반박이 많이 나왔다. 버클리가 살아 있을 당시 존슨 박사가 길거리의 돌을 발로 차고서는 "따라서 나는 그의 이론을 논박한다."라고 말한 일화는 유명하다. 그러나 존슨 박사는 버클리의 회의론(또는 관념론)을 이해하지 못했다. 그가 돌을 찰 때 아픈 감각을 경험했을 텐데, 버클리는 그것이 있다는 것을 부정한 것이 아니기 때문이다. 다만 그 관념(감각 경험)을 넘어서 돌멩이가 정말로 존재한다는 것을 확신하지 못한다고 말했을 뿐이다.

영국 철학자 무어는 순진하고 용감한 반회의론 논증을 펼친다. "여기 손이 하나 있다. 여기 손이 또 하나 있다. 따라서 외부 세계는 존재한다." 전제와 결론을 갖추고 있으며, 결론은 전제와 같지 않으니 그 나름으로 훌륭한 논증이다. 이것을 '상식에 의한 논증'이라고 한다. 상식적인 믿음만큼 확실한 지식이 어디 있느냐는 게 무어의 주장이다. 그러나 회의론자가 의심하는 것이 바로 그 상식이다. 손이 여기 있다는 게 확실한 상식이라고 하지만, 거기서 확실한 것은 손에 대한 시각 경험과 촉각 경험뿐이기 때문이다.

미국의 철학자 퍼트넘은 현대적인 회의론 논증인 통 속의 뇌 사고 실험이 자기모순적이므로 회의론은 논파된다고 주장한다. 만약 우리가 통 속에 든 뇌라면 "나는 통 속의 뇌이다."라는 명제는 분명히 거짓인데, 왜냐하면 '통'이라는 말로 실제의 통이 아니라 슈퍼컴퓨터가 만든 가상의 통만을 가리키기 때문이다. 그러나 이 반박이 성공하기 위해서는 어떤 말은 꼭 실재하는 것만 가리켜야 의미가 있다는 것을 전제해야 하는데, 회의론자는 바로 그 전제를 받아들이지 않는다.

아쉽게도 철학사에서 만족스러운 회의론 반박은 아직 나오지 않았다. 회의론에 대한 가장 솔직한 반응은 회의론자가 '안다'라는 말을 너무 엄격하게 쓰는 것 아니냐는 불만이다. (이것은 '반박'은 아니다.) 의심의 여지 없이 확실히 믿을 때만 안다고 하는데, 우리는 그 정도가 아니어도 '안다'라고 하지 않는가?

173

Friday

죽임 vs 죽게 내버려 둠

'행위'와 대조되는 개념으로 '부작위^{不作爲}'가 있다. 부작위는 마땅히 해야 할 일을 일부러 하지 않을 때 쓰는 말이다. 행위와 부작위의 구분은 생명을 죽일 때와 같은 중요한 문제에서 논란거리가 된다. 행위는 누군가를 죽이는 것이고 부작위는 죽게 내버려 두는 것이다. 상식으로는 누군가를 죽이는 것이 죽게 내버려 두는 것보다 도덕적으로 훨씬 그르다. 그러나 윤리학에서는 정말로 그런지가 논쟁거리이다.

가장 먼저 적극적 안락사와 소극적 안락사는 각각 죽임과 죽게 내버려 둠에 해당한다. 적극적 안락사는 환자에게 독극물을 투입하는 방법으로 죽음에 이르게 하는 것이고, 소극적 안락사는 치료 행위를 중단하여 죽음에 이르게 하는 것이다. 유명한 트롤리 사고 실험도 죽임과 죽게 내버려 둠을 비교한다. 트롤리가 고장 난 채 가도록 내버려 둔다면 그 기찻길에 있는 사람을 죽게 내버려 두는 것이고, 트롤리의 방향을 바꾼다면 죽지 않을 사람을 죽이는 것이다. 굶어 죽는 난민을 도와야 하느냐는 논란도 이 구분과 관련이 있다. 기부를 하지 않는 행동은 굶어 죽는지 알면서도 내버려 두는 것인데, 이는 그 사람을 직접 총으로 쏴 죽이는 것과 다르다는 게 우리의 상식이다.

규칙을 강조하는 의무론에서는 이 둘이 구분된다고 주장한다. 크리스트교의 십계명을 비롯해서 많은 일상의 윤리는 "살인하지 말라."를 도덕 규칙으로 채택하고 있지만, "죽도록 내버려 두지 말라."까지 채택하고 있지는 않다. 우리 주변에는 여러 가지 이유로 죽어 가는 사람이 많은데 그런 데까지 윤리적 의무를 지는 것은 예수와 같은 성인^{聖人}이나 슈퍼맨과 같은 히어로에게나 가능한 일이라는 생각이다. 그러나 행동의 결과에 따라 도덕적인가를 판정하는 결과론에서는 죽임과 죽게 내버려 둠의 도덕적 차이가 없거나 사소하다고 주장한다. 도움을 필요로 하는 환자에게 독극물을 주입하는 것이나 치료를 하지 않는 것이나 그 결과는 똑같기 때문이다. 그러므로 결과론자는 소극적 안락사와 적극적 안락사 둘 다 금지하든가, 둘 다 허용하든가 해야 한다는 입장이다.

○ 영국 시인 아서 클러프(1819~1861)는 십계명을 풍자한 〈최근의 십계명〉이란 시를 썼는데, 10계명 중 하나인 "살인하지 말라." 대신에 "살인하지 말라. 그러나 살아 있게 하려고/ 부질없이 노력할 필요는 없다." 라고 노래한다.

174

Saturday

모순 관계와
반대 관계의 혼동

모순 관계와 반대 관계는 두 진술 사이의 논리적 관계이다. 둘 가운데 한 진술이 참이면 다른 진술이 거짓일 수밖에 없고, 둘 가운데 한 진술이 거짓이면 다른 진술이 참일 수밖에 없는 관계이면 '모순 관계'이다. 반면에 둘 다 참일 수는 없어도 둘 다 거짓일 수는 있는 관계는 '반대 관계'이다. "지금 이곳에 비가 오고 있다."와 "지금 이곳에 비가 오고 있지 않다."는 모순 관계이다. 반면에 "지금 이곳의 날씨는 춥다."와 "지금 이곳의 날씨는 덥다."는 반대 관계이다. 지금 이곳의 날씨가 춥지도 덥지도 않을 수 있기 때문이다.

사실은 반대 관계인데 모순 관계로 혼동하면 심각한 혼란에 빠지게 된다. 우리 편 아니면 남의 편이라고 생각하는 사람이 그런 잘못을 저지른다. 특정 이론 X가 있을 때 "X를 지지한다."와 "X를 반대한다."는 모순 관계가 아니라 반대 관계이다. X에 지지도 반대도 하지 않을 수 있고, 지지와 반대도 그 정도가 다양하기 때문이다.

흑백 논리가 바로 반대 관계와 모순 관계의 혼동에 해당한다. 무엇인가가 검은색이라는 진술과 흰색이라는 진술은 반대 관계이지 모순 관계가 아님은 쉽게 알 수 있다. 이론에도 검은색과 흰색만 있는 것이 아니다. 딜레마 논증을 사용할 때 사실은 반대 관계인데 모순 관계라고 혼동하면 딜레마 논증은 실패한다. 딜레마 논증이 성립하기 위해서는 두 가지 선택지 외에 다른 길이 없어야 하는데, 모순 관계가 아니라 반대 관계에서는 제3의 길이 있기 때문에 딜레마의 두 뿔 사이로 피해 가게 된다.

○ '모순'은 창과 방패의 고사에서 나온 말인데, 이 고사를 진술로 바꾸면 모순 관계가 아니라 반대 관계가 된다. "모든 창은 이 방패를 뚫을 수 없다."와 "이 창은 어떤 방패도 뚫을 수 있다."는 동시에 참일 수는 없어도 동시에 거짓일 수는 있기 때문이다.

175

Sunday

철학자의 길

'경제학자의 길'이나 '기계 공학자의 길'은 왠지 어울리지 않지만 '철학자의 길'은 딱 맞춤해 보인다. 관찰이나 실험을 해야 하는 학문 종사자와 달리 사변이 주된 작업인 철학자는 길에서도 본업을 할 수 있을 것 같기 때문이다. 실제로 '철학자의 길'이라는 이름의 유명 관광지가 세계에 몇 군데 있다. 독일의 하이델베르크에 있는 철학자의 길은 꼭 철학자뿐만 아니라 하이델베르크 대학의 교수들이 사색을 위해 걷던 길이라고 한다. 독일의 시인 아이헨도르프와 횔덜린도 이곳에서 시상을 떠올렸다고 한다. 철학을 '사색'과 같은 뜻으로 생각하여 이름 붙인 듯하다. 이와 달리 일본 교토의 철학자의 길은 철학자 때문에 붙은 이름이다. 근대 일본의 대표적인 철학자 니시다 기타로(1870~1945)가 이 길을 자주 산책했다고 한다.

'사변思辨'이라는 말은 생각과 같은 말 같지만, 정확한 뜻은 경험에 의하지 않고 순수한 논리적 사고만으로 인식하려는 일을 말한다. '사변'에 해당하는 영어 단어인 speculation에는 생각이라는 뜻 외에 '투기投機'라는 뜻도 있다. 이것은 확실한 근거 없이 도박한다는 말인데, 자료를 바탕으로 관찰과 실험을 하지 않는 생각은 밑도 끝도 없이 허황되다고 보는 것이다. '안락의자 철학armchair philosophy'이라는 말에도 실제 현장에 나가 데이터를 보지 않고 책상머리에만 앉아 사변을 일삼는다는 비아냥이 숨어 있다. 그러나 철학자는 사변에 빠지지 않기 위해 과학자의 실험과 비슷한 사고 실험이나 철학만의 독특한 개념 및 직관 분석 따위를 이용한다. 보편성과 정당성은 모든 학문이 추구하는 가치이다.

멕시코의 멕시코시티의 부촌인 폴랑코 지역은 거리 이름에 예술가, 과학자, 철학자의 이름이 붙어 있다. 소크라테스, 플라톤, 아리스토텔레스, 세네카, 헤겔, 실러 등의 이름이 쓰인 이정표를 볼 수 있다.

○ 철학자의 이름을 딴 도시 이름은 프랑스의 데카르트, 미국의 버클리와 세인트오거스틴, 러시아의 마르크스와 엥겔스 등이 있다. 데카르트가 태어난 프랑스 투렌 지방의 작은 도시는 데카르트를 기념하여 도시 이름을 '데카르트'로 바꿨다. 위 사진은 멕시코시티의 소크라테스 거리 이정표.

176

Monday

파리통에서
파리를 나오게 하기

255. 철학자는 문제를 마치 질병처럼 다룬다. (…)

309. 철학에서 당신의 목적은 무엇인가?—파리에게 파리통에서 빠져나갈 출구를 보여 주는 것.

- 비트겐슈타인,《철학적 탐구》

통상 비트겐슈타인의《논리 철학 논고》는 그의 전기 철학,《철학적 탐구》는 후기 철학이 집약되어 있다고 말한다. 비트겐슈타인이 제1차 세계대전에 참전한 와중에 쓰고 생전에 출간된《논리 철학 논고》와 달리《철학적 탐구》는 사후 출간되었다.《철학적 탐구》에서 1부는 비트겐슈타인이 정리해 놓은 그대로인데 1부터 693까지 번호가 붙어 있다. 2부는 제자들이 유고를 바탕으로 편집한 것으로 크게 14개의 절로 나누어져 있다.

《논리 철학 논고》와 마찬가지로《철학적 탐구》에도 철학의 정체성에 대한 비판이 많다. 그런 점에서 비트겐슈타인은 철학사에서 중요한 전환점이 된다. 그는 철학의 난제들이 언어의 잘못된 사용이나 언어의 본성을 오해한 데서 비롯된다고 보았다. 예컨대 사과 다섯 알을 모두 '빨간 사과'라고 부르므로 공통의 '빨강'이 있으리라고 생각한다. 플라톤의 이데아론은 바로 우리의 언어에서 생긴 형이상학인 것이다.

비트겐슈타인은 더 나아가 언어적 혼란을 일종의 질병으로 본다. 그런 철학적 문제에 집착하는 철학자는 병에 걸린 환자인 셈이며, 비트겐슈타인 자신의 철학은 그 병을 치료하는 치유적 활동이다. 파리통이란 파리를 잡기 위해 유리로 만든 통으로서 입구를 좁게 하여 파리가 들어오면 나가지 못하게 만든다. 철학자는 파리통에 빠진 파리와 같다. 비트겐슈타인은 거기서 빠져나갈 출구를 가리켜 준다고 한다.

치유적 활동에서 가장 중요한 것은 언어의 잘못된 사용을 바로잡는 문법적 탐구이다. 그래서 비트겐슈타인은 철학사에서 이른바 '언어적 전환'을 일으키는 장본인이다.

여러 가지 회의론

회의론은 우리의 지식이 정당화되지 않는다는 주장이다. 이때 어떤 지식을 대상으로 하느냐에 따라 여러 가지 회의론이 존재한다. 크게는 우리의 모든 지식이 정당화되지 않는다는 전반적 회의론과, 특정 대상의 지식에만 관심을 두고 그것이 정당화되지 않는다고 주장하는 국지적 회의론이 있다.

전반적 회의론은 '외부 세계 회의론'이다. 나의 마음 밖에 있는 모든 세계를 '외부 세계'라고 부르는데, 무엇인가를 아는 내 마음이 있다는 사실을 제외하고는 모든 지식을 의심하는 회의론이다. 철학자들이 회의론이라고 할 때는 흔히 이 회의론을 가리킨다.

국지적 회의론은 여러 가지가 있는데, 대표적인 것은 '다른 사람의 마음에 대한 회의론'이다. 내게 마음이 있는 것은 확실하지만 다른 사람에게도 마음이 있는지는 확실하지 않다는 이론이다. 보통 '다른 사람의 마음 문제'라고 부른다. 이 문제를 제기하는 사람은 다른 사람의 몸뚱어리나 물질세계의 지식은 의심하지 않는다. 그러니 다른 사람의 마음에 대한 회의론자가 외부 세계 회의론자일 필요는 없다. 다른 국지적 회의론자도 이 점에서는 마찬가지이다.

귀납과 인과는 우리의 생존을 지탱해 주는 중요한 토대이다. 배고프면 밥을 먹어야 한다는 것을 경험으로 알기에 배고플 때 밥을 먹으며, 영양분의 섭취가 생명력을 지속하게 하는 원인임도 안다. 이게 귀납적 경험이고 인과 관계이다. 그러나 흄은 이것들을 정당화할 수 없다는 회의론을 펼쳤다.

신이 존재하느냐는 철학에서 중요한 주제이다. 신의 존재를 믿는 종교인의 신앙은 신념이므로 꼭 정당화된 지식일 필요는 없지만 철학자들은 그것을 정당화하려고 한다. 그것이 실패한다는 것이 '신에 대한 회의론'이다. 서구에서 일상생활에서 회의론자, 곧 '스켑틱'이라고 부를 때는 신의 존재를 믿지 않는 사람을 가리킨다.

우리가 도덕적 지식을 가질 수 없다고 주장하는 '도덕 회의주의'도 있다. 보통 '비인지주의'라고 부르는 이 입장은 도덕적 판단이 참 또는 거짓이라는 것을 부인할 뿐이지, 도덕적 판단이 있다는 것을 부인하는 것은 아니다. 다만 그것은 좋고 싫고의 태도를 표현하거나 명령을 내리는 따위의 형식이라고 말한다. 그러니 도덕적 판단이 아예 불가능하다는 회의론은 아니다.

178

Wednesday

프랜시스 베이컨

철학사에는 베이컨이라는 이름의 철학자가 두 명 있다. 중세 영국의 철학자이자 신학자인 로저 베이컨(1219?~1292)이 있고, 근세 영국의 프랜시스 베이컨(1561~1626)이 있다. 그래서 헷갈리지 않기 위해 성과 이름 모두 부를 때가 많다. 근세 철학자 베이컨은 아일랜드의 화가인 프랜시스 베이컨(1909~1992)과 성과 이름이 모두 같은데, 그는 베이컨의 배다른 형인 니콜라스 베이컨 경(1540~1624)의 먼 후손이라고 한다. 돼지고기로 만든 베이컨bacon과 철자가 같다.

하원 의원과 대법관을 지냈고 남작과 자작 작위를 받아 '베이컨 경'이라고도 부른다. 대법관 재임 중 소송 관련자로부터 뇌물을 받았다는 혐의로 그만두고 말년을 저술 활동으로 보냈다. 당시 법관의 뇌물 수수는 흔한 일이었는데, 베이컨은 정치적인 음모에 휘말려 그만두게 되었다고 한다.

철학사에서 베이컨의 가장 큰 공헌은 저서 《노붐 오르가눔》을 통해 아리스토텔레스의 연역법과 대비되는 귀납법의 중요성을 강조한 것이다. 중세에서 근세로 넘어오는 시기에 실생활에 영향을 미칠 수 있는 실용적인 새로운 학문 방법론을 정립하려고 노력했다. 베이컨의 또 다른 저서인 《새로운 아틀란티스》는 모든 사람이 과학 활동에 참여하고 그 결과를 공유하는 이상 세계를 그리고 있다. '아틀란티스'는 플라톤의 《티마이오스》에서 유토피아로 그려진 사라진 섬이다.

베이컨은 철학 방법론 외에는 현대 철학에서 그리 주목받는 철학자는 아니다. 그러나 당대에 루소는 《학문 예술론》에서 "인류의 스승" 또는 "아마도 가장 위대한 철학자"라고 추켜세웠고, 칸트는 《순수 이성 비판》에서 근대 과학 및 철학의 개혁자로 언급했다.

베이컨은 자신의 신념에 걸맞게 스스로 과학 실험을 했다. 추운 날씨에 온도와 부패에 관한 실험을 하다가 폐렴에 걸려 죽었다. 닭의 배를 가르고 눈을 집어넣어 냉장하는 실험이었다고 한다.

○ 로저 베이컨은 움베르토 에코의 소설 《장미의 이름》에서 주인공 윌리엄 수사의 스승으로 자주 언급된다.
○ 작위를 받아 '경'으로 불리는 철학자는 베이컨 외에 러셀, 포퍼, 에이어, 스크러턴 등이 있다. 대법관을 지낸 철학자로는 베이컨 외에 토머스 모어(1478~1535)가 있다.

179

Thursday

자유 의지와 결정론은
양립 가능한가

자유 의지와 결정론은 따로따로 보면 둘 다 받아들여야 하는 주장 같다. 문제는 그 둘이 동시에 성립할 수 없어 보인다는 데 있다. 결정론이 옳으면 모든 것이 미리 정해졌으므로 자유 의지는 힘을 못 쓰고, 자유 의지가 있으면 무엇인가에 의해 결정된 것이 아니기 때문이다.

자유 의지와 결정론이 둘 다 옳을 수 있다고 주장하는 이론을 '양립 가능론'이라고 부른다. 이 이론은 자유 의지가 있다는 것은 원인이 없다는 뜻이 아니라 강요되지 않았다는 뜻이기에 그 둘이 얼마든지 같이 있을 수 있다고 생각한다. 강요에 의한 행동도 원인에 의한 것임을 보면 원인이 있느냐 없느냐는 자유 의지가 있느냐 없느냐와 상관이 없기 때문이다. 홉스, 흄, 밀이 양립 가능론자이다.

'양립 불가능론'은 자유 의지와 결정론 중 하나만 성립한다고 주장하는데, 결정론만 성립한다는 쪽과 자유 의지만 성립한다는 쪽이 있다. 제임스는 자유 의지와 양립 가능하다고 생각하는 결정론은 '부드러운 결정론', 양립 불가능하다고 생각하는 결정론은 '강한 결정론'이라고 부른다. 강한 결정론은 자유 의지는 우리 내부에 있어야 하는데 행동은 외부의 자연법칙에 완전히 지배되므로, 자유 의지는 환상에 불과하다고 주장한다. 쇼펜하우어, 프랑스의 계몽 철학자 폴 돌바크(1723~1789)가 강한 결정론자이다. 자유 의지만 있다고 주장하는 철학자는 별로 없다. 결정론이 틀렸다는 주장은 '미결정론'인데, 이것에 따르면 모든 일은 제멋대로 일어난다는 뜻이 되고 그건 결국 자유 의지가 없다는 뜻이 된다. 결정론도 자유 의지도 다 잃는 것이다.

○ 이 세상에는 "일과 육아는 양립 가능한가?"처럼 양립 가능한지 논란이 되는 수많은 주제들이 있을 텐데, '양립 가능주의'라고 하면 아예 자유 의지와 결정론의 양립 가능주의를 말한다. 그만큼 철학에서 오래되고 중요한 주제이다.

180

Friday

안락사

극심한 고통을 받는 불치의 환자의 생명을 고통이 적은 방법으로 단축하는 의료 행위. 윤리학에서는 적극적 안락사와 소극적 안락사의 구분이 논란거리이다. 적극적 안락사는 환자에게 독극물을 투입하는 방법으로 죽음에 이르게 하는 것이고, 소극적 안락사는 치료 행위를 중단하여 죽음에 이르게 하는 것을 말한다. 우리나라의 '연명 치료 중단'이나 '존엄사'가 소극적 안락사에 해당한다. 그런데 우리나라에는 법률도 그렇고 사회의 인식도 소극적 안락사는 허용될 수 있어도 적극적 안락사는 허용될 수 없다는 입장이 많다.

미국의 윤리학자 제임스 레이철스(1941~2003)는 그 둘 사이에 도덕적 차이가 없다는 것을 보여 주기 위해 다음과 같은 끔찍한 사고 실험을 제시한다. 첫 번째 삼촌은 6살짜리 조카가 죽으면 거액을 상속받게 되는데, 조카가 혼자 목욕을 할 때 몰래 들어가서 익사시킨다. 두 번째 삼촌은 똑같은 상황에서 조카를 익사시키려 들어갔는데, 조카가 욕조에 머리를 찧고 넘어져 물에 빠져 몸부림을 친다. 그러나 조카가 죽을 때까지 그냥 보고만 있는다. 첫 번째 삼촌은 조카를 죽였고 두 번째 삼촌은 죽도록 내버려 두었다. 그렇다고 해서 두 번째 삼촌이 첫 번째 삼촌보다 비난을 덜 받을까? 그렇지 않다. 두 삼촌 모두 조카를 죽이려는 의도가 있었고, 결과적으로 조카가 죽었다. 그리고 조카가 죽는다는 확실성에서도 차이가 없다. 두 번째 삼촌이 첫 번째 삼촌 못지않게 도덕적 비난을 받아야 한다는 것이 우리의 직관이다.

적극적 안락사는 첫 번째 삼촌, 소극적 안락사는 두 번째 삼촌에 비유할 수 있다. 적극적 안락사와 소극적 안락사는 도덕적으로 차이가 없으니, 소극적 안락사가 허용된다면 적극적 안락사도 허용되어야 하고 적극적 안락사가 비난받으면 소극적 안락사도 비난받아야 한다는 것이 레이철스의 주장이다. 물론 안락사를 시행하는 의사는 사악한 삼촌들처럼 개인적 이득을 위해 안락사를 시행하지 않는다. 이 사고 실험이 주목하는 것은 그런 동기가 아니라 환자를 죽도록 하는 목적과 그 결과이다.

○ 안락사는 적극적 안락사와 소극적 안락사의 구분 외에, 환자의 동의 의사에 따라 자발적 안락사와 비자발적 안락사로도 구분한다. '비자발적 안락사'는 환자가 의사 표시를 할 수 없다는 뜻이지 환자의 의사에 반해서 안락사를 시행한다는 뜻은 아니다. 환자의 의사에 반한다면 '안락사', 곧 '편안한 죽음'이 결코 아니다.

181

Saturday

동어 반복

필연적으로 옳은 명제. 필연적으로 옳다고 말하면 뭔가 긍정적인 뜻으로 들리지만, 우리말 '동어 반복'이나 거기에 해당하는 영어 '토톨로지tautology'에는 부정적인 뜻도 있다. 하나 마나 한 소리를 반복한다는 뜻이 그것이다.

논리학에서 '논리적 참'이 곧 동어 반복이다. 논리적 참은 어떤 경우에도 참이 되는 명제를 말한다. 예를 들어 "지금 비가 온다."라는 명제는 실제로 지금 비가 오는지 여부에 따라 참이 되기도 하고 거짓이 되기도 한다. 그러나 "지금 비가 온다면 지금 비가 온다."나 "지금 비가 오거나 지금 비가 오지 않는다."는 실제로 비가 오는지와 상관없이 어떤 경우에도 참이 된다. 그래서 논리적 참은 필연적으로 옳은 명제이다. 그러나 우산을 가지고 나갈지 말지 결정하는 데 이런 명제는 아무 쓸모가 없다. 그래서 동어 반복에는 하나 마나 한 소리라는 뜻도 있는 것이다.

"지금 비가 온다면 지금 비가 온다."나 "지금 비가 오거나 지금 비가 오지 않는다."는 "P이면 P이다."나 "P이거나 P가 아니다."와 같은 형식의 명제이다. 이 P 자리에 무엇이 들어가도 논리적 참이 된다. 그래서 논리적 참은 명제의 내용 때문이 아니라 형식 때문에 참이 된다. 방금 든 예는 워낙 간단하므로 동어 반복이라는 것을 얼른 알 수 있지만, 연역 논리학의 많은 논리적 참은 훨씬 복잡하기에 동어 반복이라는 것을 알아보기 힘들다. 논리적 참을 부정하면 '모순 명제'가 된다. 곧 모순 명제는 어떤 경우에도 거짓이 되는 명제이다.

얼핏 보면 동어 반복 같은데 사실은 동어 반복이 아닌 명제가 있다. "사업은 사업이다."는 겉으로 보기에는 "P는 P이다."라는 논리적 참 같지만, 실제로는 사업을 할 때는 수단과 방법을 가리지 말아야 한다는 뜻이다. 그러니 어떤 경우에도 참인 명제는 아니다. 야구판에서는 "야구는 잘하는 놈이 잘한다."라는 말이 유행어이다. 역시 동어 반복처럼 보여도 실은 아니다. "야구는 원래 잘하는 놈이 잘한다."라는 의미이므로 "P는 P이다."의 형식이 아니기 때문이다. 역시 야구 유행어인 "내려갈 팀은 내려간다."는 형식 자체는 동어 반복이다. 그러나 이 명제로부터 "내려갈 팀은 아무리 노력해도 안 된다."라는 주장을 끌어내니 문제이다. 이 주장은 필연적으로 옳은 명제가 아니기 때문이다.

○ "P이면 P이다."나 "P이거나 P가 아니다."는 각각 동일률과 배중률을 기호화한 것이다. 무모순율을 기호화하면 "P이면서 P가 아닐 수 없다."이다.

182

Sunday

철학의 스캔들

'스캔들'은 부도덕하거나 불명예스러운 사건 또는 소문을 뜻한다. 추잡한 소문이란 뜻의 '추문'과 동의어로 쓰인다. 지금 말하려고 하는 것은 '철학자'의 스캔들이 아니라 '철학'의 스캔들이다. 스캔들을 일으킨 철학자가 왜 없겠는가? 그게 아니라 철학자들이 긴 철학사에서 진작 해결했어야 하는데 해결하지 못하는 것을 가리켜 스스로 스캔들이라고 부른다. 일종의 자기 고백이다.

'철학의 스캔들'이라는 말을 처음 쓴 철학자는 칸트이다. 그는 《순수 이성 비판》에서 정신 외부의 대상의 현존을 의심하는 관념론을 거론하고서, "현존을 단지 믿음에 근거해서 받아들일 수밖에 없다는 것 그리고 누군가가 그것을 의심하기에 이르는 때 그에게 만족할 만한 아무런 증명도 제시할 수 없다는 것은 언제나 철학과 보편적 인간 이성의 추문으로 남아 있다."라고 말한다. 여기서 관념론은 회의론을 말한다. 그리고 《순수 이성 비판》의 2판에 '관념론 반박'이라는 장을 추가하고 회의론 반박 증명을 한다. 스캔들을 스스로 벗어나려는 노력이다. 그러나 아쉽게도 성공적인 논증으로 평가받지는 못한다.

철학자들이 문제를 해결하는 방법의 하나는 그 문제를 없애 버리는 것이다. 문제가 아닌데 고민하지 말라는 것이다. 하이데거는 《존재와 시간》에서 '철학의 스캔들'은 "이러한 증명[회의론 반박 증명]이 아직까지 제시되지 못하고 있다는 데서 성립하는 것이 아니라, 오히려 그러한 증명이 거듭거듭 다시 기대되고 시도된다는 그 사실에서 성립한다."라고 말한다. 인간을 '세계 안 존재'로 파악하는 하이데거는 회의론이 문젯거리가 안 된다고 보는데, 그것을 해결하려고 자꾸 시도하는 것을 오히려 스캔들로 보는 것이다.

철학사에서 오래되었지만 해결 안 되는 문제는 회의론만이 아니다. 결정론에 맞서 자유 의지가 존재하는가도 그런 문제 중 하나이다. 그래서 존 설은 자유 의지와 관련해 수많은 저술이 나왔지만 그다지 진전이 없는 것을 철학의 스캔들이라고 말한다.

○ 존 설은 2017년 84살의 나이에 조교를 성희롱한 혐의로 '철학자의 스캔들'에 휩싸였다. 그는 캘리포니아 대학(버클리)의 명예 교수직을 박탈당했다.

183

Monday

도대체 왜 무가 아니고 어떤 것이 존재하는가

불안이 무^無를 드러낸다.

우리는 불안 속에서 '떠다니고(표류하고, 동요하고) 있다'. 좀 더 분명하게 말한다면, 불안이 존재자 전체를 쑥 빠져나가게 하기 때문에, 불안이 우리를 표류하게 한다. 바로 거기에는 우리 자신도—즉 이렇게 존재하는 인간도—존재자의 한가운데에서 [존재자 전체와] 함께 우리에게서 쑥 빠져나간다는 사실이 있다. 그러므로 근본적으로는 '너에게' 혹은 '나에게' 섬뜩한 것이 아니라 '그 누구에게' 그런 것이다. 아무것도 붙잡을 것이 있을 수 없는 이런 붕 떠 있음(허전함)이 모든 것을 완전히 뒤흔들어 놓는 가운데 오직 순수한 터-있음만이 아직 거기에 있을 뿐이다.

– 하이데거, 《형이상학이란 무엇인가》

《형이상학이란 무엇인가》는 하이데거가 1929년 프라이부르크 대학의 교수로 취임할 때 한 강연을 책으로 묶은 것이다. 자신의 모교에 취임하는 것이며 스승인 후설과 함께 교수로 근무하게 되는 일이기에 그는 심혈을 기울여 철학에서도 아주 근본적인 주제인 무와 존재의 문제를 물었다.

하이데거는 형이상학의 근본 물음은 "도대체 왜 무가 아니고 어떤 것이 존재하는가?"라고 표현한다. 무엇이 왜 존재하는지 묻기 위해 다시 존재에 의존할 수는 없다. 그래서 존재자를 문제 삼지 않고 존재자를 위해 가장 처음에 존재하는, 존재자가 아닌 것, 곧 무를 물어야만 한다. 무는 존재자 전체를 완전히 부정하는 것이다. 무를 드러내 주는 것이 있으니 불안이 그것이다. 존재자 전체를 미끄러져 빠져나가게 하고 그 안에 들어서게 하는 체험이 불안이다. 어떤 존재자도 아닌 무가 드러나는 것이 곧 존재 일반이 드러나는 순간이다. 상식은 무를 존재의 반대로 생각하지만, 하이데거에서 무는 존재자를 존재하게 하고 규정하는 것이다.

영국의 철학자 에이어는 《언어, 진리, 논리》(1936)에서 하이데거의 무는 철학자들이 "무의미하다고 깨닫지 못하면서 문자적으로 무의미한 문장을 쓰는 것이 얼마나 쉬운가를 보여" 주는 예라고 조롱한다.

○ 인용문 마지막의 '터-있음'은 Dasein의 번역어로서, 이는 하이데거가 만든 말이다. 우리말로 보통 '현존재'로 번역된다.

184

Tuesday

가능성

우리는 종종 "그럴 수도 있지."라는 말을 쓴다. 가능성이라고 부를 수 있는 이 개념은 철학에서 여러 가지 의미로 쓰인다.

첫째는 '실제적 가능성'으로서, 어떤 일이 실제로 일어날 수 있다는 뜻이다. 하늘에서 비가 오거나 내가 100미터를 1분 내에 뛰어가는 일은 실제로 일어날 수 있다.

둘째는 '법칙적 가능성'으로서, 실제로 일어나지 않더라도 자연법칙에 어긋나지 않는다는 뜻이다. 1년 내내 비가 오거나 내가 100미터를 9초대에 뛰는 것은 실제로 일어나기 어렵다. 그러나 그런 일이 불가능하다고 말하는 자연법칙은 없다. '법칙적 가능성'이라고 할 때 법칙은 물리 법칙을 말하므로 '물리적 가능성'이라고도 말한다.

셋째는 '논리적 가능성'이다. 설령 자연법칙에 어긋나더라도 모순 없이 생각할 수 있는 일을 말한다. 내가 점프해서 달나라까지 가는 것은 자연법칙에 어긋나지만 얼마든지 생각할 수 있기에 논리적으로 가능하다. 돼지가 알을 낳는 것도 법칙적으로는 불가능하지만 논리적으로는 가능하다. 반면에 모순이 있다면 논리적으로도 불가능하다. "지금 이곳에 비가 오면서 비가 오지 않는다."나 "둥근 삼각형이 있다."가 그런 예이다.

실제적 가능성, 법칙적 가능성, 논리적 가능성순으로 외연이 넓어진다. 실제적으로 불가능하더라도 법칙적으로 가능하고, 법칙적으로 불가능하더라도 논리적으로 가능하다. 철학자들이 가능하다고 말할 때는 주로 논리적 가능성을 뜻한다. 예컨대 사고 실험이 가상의 상황을 상상하여 가설을 검증한다고 할 때, 논리적으로 가능한 상황이라면 얼마든지 상상할 수 있다. 그리고 연역을 전제가 참이면 결론이 거짓일 가능성이 없고 정의할 때의 가능성노 논리적 가능성이다. 경험석 탐구를 하지 않는 철학자는 무엇이 실제적 또는 법칙적으로 가능한지 모를 뿐만 아니라 관심도 없기 때문이다. 그뿐만 아니라 실제적 가능성과 법칙적 가능성은 시대와 장소에 따라 달라지기도 한다. 보편타당한 진리를 추구하기 위해서는 논리적 가능성이 제격이다.

○ 인간의 신체 구조상 100미터 달리기 기록의 한계는 7초대라고 한다. 곧 인간이 100미터를 7초 이내에 뛰는 것은 법칙적으로 불가능하다. 그러나 논리적으로는 가능하다.

185

Wednesday

토머스 홉스

홉스(1588~1679)는 1651년에 출간한 《리바이어던》을 통해 사회 계약론을 최초로 이론화한 철학자이다. 영국의 월드셔에서 태어났다. 에스파냐의 무적함대가 침공할지 모른다는 소문에 놀란 홉스의 어머니는 그를 예정보다 일찍 낳았다. 홉스는 이를 두고 "어머니는 나 그리고 공포라는 쌍둥이를 낳았다."라고 썼다. 조산과 공포는 그의 삶 내내 영향을 끼친 것 같다. 병약하던 그는 섭생과 운동에 신경을 써서 당시로서는(지금도 그렇지만) 드물게 91세까지 살았다. 그리고 영국 내전으로 파리로 피신해 있는 도중에 영국이 무정부 상태가 될 것이라는 두려움에 《리바이어던》을 썼다. 당대의 여러 학자와 교류했다. 베이컨의 비서였으며, 갈릴레이를 만나기도 했고, 데카르트와 편지로 논쟁을 주고받았다.

《리바이어던》은 당시의 왕권신수설을 정당화했다고 비판받기도 한다. 주권자에게 상당한 권력을 양도해야 한다고 주장한 것은 맞지만, 왕의 권력을 신에게 받았다고 생각한 당시에 그것은 인민의 필요 때문에 도입한 것일 뿐이라는 생각은 혁명적이었다. '리바이어던'은 《성서》에 나오는 바다 괴물 '레비아탄'의 영어식 표기이다. 1651년에 나온 《리바이어던》에는 양손에 칼과 왕홀王笏을 들고 있는 거인이 산 위에 우뚝 솟은 모습이 그려져 있는데, 거인은 잘 보면 수많은 작은 사람들로 이루어져 있다. 의미심장하다.

정치 철학자로 워낙 유명하지만, 그 외의 분야에서도 현대적인 주장을 많이 했다. 당시로서는(지금도 그렇지만) 드물게 유물론자이며 유명론자였다. 필연적이고 기계론적인 법칙에 따라 움직이는 개별적인 물체만 있을 뿐이며, 영혼과 보편적 본질은 존재하지 않는다고 주장했다. 학문 방법론에 관심을 보여 인과적 관계나 논리적 추론이 불가능한 학문은 추방했다. 스콜라 철학이 대표적 예이다. 추론을 계산으로 이해한 것도 현대 인지 과학의 계산적 마음 이론의 선구자적 업적이다.

○ 홉스는 당시 과학자인 로버트 보일(1627~1691)이 공기 펌프로 진공을 만들었다고 주장하자 이에 반대하여 논쟁을 벌였다. 이 논쟁을 다룬 스티븐 샤핀과 사이먼 셰이퍼의 《리바이어던과 공기 펌프》(1985)의 표지 그림에서는 홉스가 왕홀 대신에 공기 펌프를 들고 있다.

186

Thursday

선험적 관념론과 코페르니쿠스적 전환

선험적 관념론은 마음의 내재적 구조에 따라 현상계에 국한하여 세계를 인식한다고 주장하는 칸트의 이론이다. 버클리의 '주관적 관념론', 헤겔의 '절대적 관념론'과 더불어 관념론의 3대장이다. 칸트는 지식을 얻기 위해서는 감각 경험이 필요하다는 점에서 경험론에 동의한다. 그러나 경험론이 수동적인 감각 경험만을 통해 세계에 대한 지식을 얻는다고 보는 데는 불만을 품었다. 우리 마음은 세계를 인식할 때 외부로부터 오는 정보(질료)를 분류하고 범주화하는 능동적인 작업을 하기 때문이다. 그래서 칸트는 경험적 지식은 질료를 받아들이는 감성의 능력(직관)과, 그것을 바탕으로 대상들을 만들어 내는 지성의 자발적인 능력(개념)의 두 가지 원천에서 나온다고 본다. 첫째 능력에 의해 대상이 우리에게 주어지고, 둘째 능력까지 거쳐야 대상이 비로소 인식된다.

칸트의 이론에서 우리가 무엇인가를 안다고 할 때는 세계가 마음을 만드는 것이 아니라 세계가 마음을 따르는 것이다. 다른 말로 하면 세계는 마음이 작동하는 방식에 따라 결정되는 것인데, 이런 의미에서 칸트는 관념론자이다. 칸트는 '선험적'이라는 말을 우리의 지식을 가능하게 하는 내재적인 인지 구조를 가리킬 때 쓴다. 칸트에서 세계가 마음을 따르는 관계는 이러한 선험적인 구조 때문에 생겼기에 그의 관념론은 '선험적 관념론'이다. 시간과 공간 그리고 12개의 범주가 세계를 인식하는 마음의 선험적인 틀이다.

칸트는 세계가 마음을 만드는 것이 아니라 세계가 마음을 따른다는 자신의 생각을, 코페르니쿠스를 따라 태양이 지구를 도는 것이 아니라 지구가 태양을 돈다는 생각으로 바뀌는 것만큼 혁명적이라고 해서 '사고방식의 혁명'이라고 불렀다. 후대 사람들은 이를 '코페르니쿠스적 전환'이라고 칭하고, 꼭 칸트에 해당하지 않더라도 사고방식이나 견해가 근본적으로 바뀌는 것을 가리킬 때 이 말을 쓴다.

○ 칸트 인식론은 흔히 붕어빵 만들기에 많이 비유한다. 밀가루 반죽과 팥소라는 재료와 붕어빵 찍는 틀이 있어야 붕어빵이 완성된다. 외부에서 주어지는 질료가 밀가루 반죽과 팥소라면 시·공간과 범주는 붕어빵 찍는 틀이다.

187

Friday

소외된 노동

마르크스가《경제학-철학 수고》(1844)에서 주제적으로 다룬 개념. 소외된다는 것은 익숙한 것이 낯설게 느껴지거나 소속되어 있는 곳에서 따돌림을 당한다는 뜻이다. 마르크스는 이것을 경제적인 의미로 쓴다. 소외의 근본 원인은 사적 소유이다. 우리에게 필요한 물건을 생산하는 데 필요한 것이 생산 수단인데, 여기에는 자연 자원, 공장, 기계 따위가 포함된다. 자본주의 사회에서 생산 수단은 자본가에 의해 사유화된다. 하지만 노동은 생산 수단에 포함되지 않는다. 그 결과 자본주의 사회의 구성원은 생산 수단을 소유한 자본가 계급(부르주아)과 소유하지 못한 노동자 계급(프롤레타리아)으로 양분된다.

인간이든 동물이든 살아남기 위해서 자연을 변형한다. 동물은 본능으로 그렇게 하지만 인간은 의식적으로 그리고 자유롭게 그렇게 한다는 점에서 다르다. 마르크스는 동물과 구분되는 이런 인간을 '유적 존재'라고 부른다. 그런데 자본주의의 노동은 인간이 유적 존재를 실현하는 것을 방해한다. 인간은 자신의 존재에 익숙해 있는데 거기서 낯설어지게 되어 소외가 생기기 때문이다.

마르크스는 소외된 노동의 네 가지 형태를 설명한다. 첫째는 노동 생산물로부터의 소외이다. 인간은 본래 자신의 욕구를 충족하기 위해 노동을 한다. 그러나 사적 소유가 지배하는 사회에서 노동자가 생산한 물건은 그의 욕구를 충족하는 것이 아니라 자본가만을 부유하게 할 뿐이니 그에게 낯선 적대적인 힘이 된다. 둘째는 생산 활동으로부터의 소외이다. 생산 수단을 독점한 자본가가 무엇을 만들고 누구를 어떤 조건에서 노동시킬지 결정하기에 노동자는 자유롭고 의식적으로 노동을 결정하지 못한다. 유적 존재로서의 노동은 자신을 긍정하는 것이고 행복을 느끼게 하는데, 강제된 노동 탓에 "노동자는 자신이 노동을 하지 않을 때에는 집에 있는 것처럼 편안하고, 노동할 때에는 편안하지 못하다". 셋째는 다른 인간으로부터의 소외이다. 자본주의 경제에서는 인간이 다른 인간과 일자리를 놓고 경쟁하다 보면 임금이 낮아진다. 이 경쟁으로 이득을 보는 이는 프롤레타리아가 아니라 자본가이며, 다른 노동자는 협동하는 동료가 아니라 경쟁하는 적이 된다. 마르크스는 여기에 유적 존재로부터의 소외를 추가하는데, 이 소외는 지금까지의 소외들을 종합한다고 이해하면 될 것이다.

결국 마르크스에 따르면 이 소외를 극복하기 위해서는 사적 소유를 철폐해야 한다. 사적 소유 제도를 폐기하는 운동이 곧 공산주의이다.

귀추

일어난 현상에 대해 가장 좋은 설명을 제시하는 추론. 집에 들어온 누군가가 흠뻑 젖어 있다고 해 보자. 이 현상을 어떻게 설명하는 게 가장 좋을까? 비를 맞아서 그럴 수도 있고, 어떤 집에서 뿌린 물을 맞았을 수도 있고, 외계인이 UFO에서 뿌린 물을 맞았을 수도 있다. 지금 창밖에 비가 내린다면 첫 번째 설명을 따를 것이고 그렇지 않다면 두 번째 설명을 따를 것이다. 세 번째 설명을 따를 가능성은 거의 없다.

귀추는 퍼스가 연역과 귀납 이외에 제3의 추론 방법이라고 제시한 것이다. 그러나 연역과 귀납을 전제가 참이라고 가정할 때 결론이 반드시 참인지 여부로 구분한다면 귀추도 귀납의 일종이다. 지금 비가 오고 있더라도 비에 젖은 게 아니라 자동차가 지나갈 때 물벼락을 맞았을 수도 있기에 결론이 반드시 참은 아니기 때문이다. 그렇지만 귀추는 우리의 일상생활이나 과학에서 많이 사용하는 추론 방법이다. 그리고 연역이 아닌 이상 틀릴 가능성이 전혀 없는 추론을 추구할 가능성은 크지 않으므로 귀추는 합리적인 추론이다. 그러니까 귀추는 가능한 유일한 설명은 아니어도 최선의 설명은 되는 것이다. 그래서 귀추는 '최선의 설명으로의 추론'이라고도 부른다.

최선의 설명이 되기 위해서는 단순성이나 일관성처럼 설명이 갖추어야 할 여러 조건을 만족해야 한다. 비가 오고 있을 때는 누군가가 뿌린 물을 맞았다거나 외계인이 뿌린 물을 맞았다는 것보다 빗물을 맞았다고 설명하면 다른 가정이 필요 없기에 단순하다. 그리고 일어나고 있는 사실과 일관적이다.

'귀추'는 '가추'라고도 부른다. '가설 추리'의 준말이다. '귀추'라는 우리말도 철학자들 이외에는 거의 안 쓰지만, 거기에 해딩하는 영어인 abduction도 일상 언어에서는 논리학 용어보다는 다른 뜻으로 더 많이 쓰인다. abduction은 '유괴'라는 무시무시한 뜻이다. 그리고 피트니스할 때 다리를 몸 바깥쪽으로 움직이는 것을 뜻하기도 한다.

○ 연역과 귀납에 각각 해당하는 영어인 deduction과 induction도 각각 '공제'와 '새로운 조직에 들어가는 절차'라는 뜻이 더 일상적이다. 요즘은 인덕션을 전기 조리 기구로 더 많이 알 것이다.

189
Sunday

글래디에이터의 철학자 황제

2000년에 개봉한 영화 〈글래디에이터〉는 고대 로마를 배경으로 하는 스펙터클한 영화로서 흥행에도 성공했다. 영화의 도입부에는 마르쿠스 아우렐리우스 황제가 이 영화의 주인공인 막시무스 장군에게 왕위를 물려주는 장면이 나온다. 황제는 장군에게 이렇게 말한다.

> "난 죽어 가고 있네. 막시무스.
> 죽음이 닥치면 누구나 자신의 인생에 어떤 목표가 있었는지 알고 싶어 하지.
> 후세에 나는 어떻게 기억될까?
> 철학자로 기억될까? 전사? 아니면 폭군?
> 아니면, 로마를 진정한 로마로 돌려놓은 황제로 기억될까?"

영화에서는 왕위를 자신에게 물려주지 않으려는 것을 알게 된 황태자 콤모두스가 황제를 죽이고 스스로 왕이 된다. 그러나 이는 허구이고, 실제로는 아우렐리우스가 콤모두스에게 왕위를 물려준다.

역사는 그를 로마의 번영을 이끈 현명한 다섯 황제(오현제) 중 마지막 황제로, 평생을 전쟁터를 누빈 전사로 기억하지 폭군으로 기억하지는 않는다. 특히나 그는 대표적인 스토아학파 철학자로 기억된다. 황제라고는 하지만 고난한 삶을 살았다. 당시 로마는 빈번한 자연재해와 전염병에 시달렸고, 북쪽의 이민족이 끊임없이 봉기를 일으켜 거의 전쟁터에서 살아야 했다. 그리고 개인적으로는 약을 달고 살 정도로 건강하지 못했다. 그럼에도 우주를 지배하는 이성(로고스)이 있으며 인간의 영혼도 그 이성의 일부이므로 그것을 따르는 삶을 살아야 한다고 말했다. 그것은 욕망을 따르는 삶이 아니라 금욕과 절제의 삶이다.

〈글래디에이터〉의 끝부분에서 쿠테타에 실패한 막시무스가 사슬에 묶인 채 콤모두스 황제에게 "내가 아는 사람은 죽음이 우리에게 미소 짓고 다가오면 미소로 답하는 수밖에 없다고 말한 적이 있지."라고 말한다. 황제는 "궁금하군. 그 친구도 죽을 때 미소 지었을까?"라고 비웃자, 막시무스는 "그 사람은 자네 아버지였네."라고 대답한다. 그러자 황제는, … 이 다음은 스포일러라 멈추겠다.

○ 엄혹한 전쟁터의 상황에서 한발 물러서서 삶을 성찰한 《명상록》은 지금도 끊임없이 읽힌다. 미국의 빌 클린턴 대통령은 1년에 한 번씩 꼭 읽고, 중국의 원자바오 총리는 100번도 넘게 읽었다고 한다.

190

Monday

소유의 한계

어떤 사람의 노동도 모든 것을 정복하거나 수취할 수 없다. 또한 그가 향유하여 소비할 수 있는 것도 매우 적은 양에 불과하다. 그러므로 어떤 사람이 다른 사람의 권리를 침해하거나 그의 이웃에 피해가 될 정도로 소유권을 취득하는 것은 불가능하였다. 그의 이웃은 (타인이 그 자신의 몫을 취한 후에도) 여전히 수취되기 전과 마찬가지로 충분하고도 커다란 소유물을 차지할 수 있는 여지를 가지고 있었기 때문이다.

– 로크, 《통치론》

로크는 사유 재산의 도덕적 정당성을 제시한 철학자이다. 대지와 그것에 속하는 것은 자연 상태인 한 누구의 것도 아니지만, 거기에 노동을 가하면 사적인 권리, 곧 사유권이 생긴다. "샘에 흐르는 물은 모두의 것이지만, 주전자에 있는 물은 그 물을 담은 사람의 것이다." 노동에 의한 사유화는 황무지를 개간하니 인류에게도 도움이 된다. 그는 영국의 일용 노동자의 삶이 개간하지 않은 아메리카의 추장의 삶보다 100배는 낫다는 예를 든다.

그러나 로크는 무제한의 소유권을 주장하지는 않았다. 그는 소유권에 노동 외에 두 가지 단서를 다는데, 이것이 유명한 '로크의 단서'이다. 첫째, 아무리 자신의 노동의 산물이더라도 남아서 썩힐 정도로 소유해서는 안 된다. 둘째, 다른 사람도 충분히 이용할 수 있을 정도는 남겨 두어야 한다. 개인의 노동에 한계가 있으므로 무한히 소유할 수도 없겠지만, 혹시 가능하더라도 남아돌아 썩을 만큼 모으면 다른 사람이 사용할 기회를 박탈하여 피해를 준 셈이 된다.

문제는 로크가 화폐를 소유하는 것을 허용했다는 점이다. 금과 은은 썩지 않으니 다른 사람에게 아무 피해도 주지 않고 무제한으로 소유하는 게 가능하다. 이래서 자유로운 시장 경제와 자본 축적을 옹호하는 자유주의자들은 로크를 좋아한다. 그러나 로크는 둘째 단서에서 다른 사람이 쓸 것을 남겨 놓아야 한다고 했는데, 무한한 소유는 이와 충돌한다는 해석도 많다.

❍ 자유 지상주의자인 노직은 《아나키, 국가, 유토피아》에서 사막의 유일한 오아시스를 예로 들어 로크의 단서를 받아들인다. 누군가가 오아시스를 사유화해 버리면 다른 사람에게 피해가 되므로 단서를 위반하게 된다. 만약 오아시스가 여러 군데 있고 다른 오아시스와 달리 이 오아시스만 주인이 잘 관리하여 물이 펑펑 나온다면 소유권을 마음대로 주장해도 될까? 가령 비싸게 팔아도 될까? 생각해 볼 문제이다.

191

Tuesday

심리적 이기주의

인간의 모든 행동은 자기 자신의 이익을 위한 것이라고 주장하는 이론. 심리적 이기주의는 당연히 이기적이라고 생각되는 행동뿐만 아니라 이타적이라고 생각되는 행동마저도 이기적이라고 주장한다. 그것도 자기만족을 위해서 한 행동이므로 이기적이라는 것이다. 이 이론에 따르면 2001년에 일본의 지하철역에서 술 취한 사람을 구하려다가 지하철에 치여 죽은 이수현 씨나, 수단에서 봉사 활동을 하다가 암에 걸려 죽은 이태석 신부의 행동도 이기적 동기에서 나왔으므로 칭찬할 수 없게 된다.

모든 사람의 행동이 자기만족에서 나왔다는 주장이 옳을 수도 있다. 그러나 거기서 모든 행동이 이기적이라는 결론은 나오지 않는다. 만족과 행동은 구별되어야 하기 때문이다. 가령 의사이기도 한 이태석 신부는 국내에서 평범하게 의사로 살아도 자기만족을 느낄 수 있었는데, 고생스럽게 봉사를 하면서 만족을 느꼈다. 만족이 아니라 행동 자체에 주목하면 이기적인 행동과 이타적인 행동을 구별할 수 있다.

한편 심리적 이기주의의 주장은 검증 가능한 진술이 아니다. 어떤 진술이 검증 가능하려면 그것이 어떨 때 거짓이 되는지 알 수 있어야 한다. 그러나 심리적 이기주의에 따르면 이태석 신부가 수단에서 봉사 활동을 해도 자기만족에서 한 것이고, 봉사 활동을 하지 않아도 자기만족에서 하지 않은 것이 된다. 어떻게 말해도 맞는 말이 되는 진술은 하나 마나 한 진술이다.

철학적으로 중요한 것은 심리적 이기주의는 인간 심리가 '어떻다고' 말하고 있을 뿐, '어떠해야 하는지'는 말하지 않는다는 점이다. 사람들이 이기적이어야 하는지, 이기적으로 행동하는 게 윤리적으로 정당한지는 말하지 않는다. 그렇게 주장하는 이론은 '윤리적 이기주의'이다.

192

Wednesday

메리 울스턴크래프트

울스턴크래프트(1759~1797)는 최초의 페미니즘 저서인《여성의 권리 옹호》를 쓴 영국의 철학자이다. 소설, 동화, 교육학, 프랑스 혁명사 등 다양한 분야의 책을 쓴 작가이기도 하다. 당시는 여성의 권리라는 개념 자체가 전혀 없었고, 모든 인간이 이성을 가진 평등한 존재라고 주장한 루소마저도 남성들을 기쁘게 하고 그들에게 유익한 존재가 되는 것이 여성의 의무라고 말한 시대이다. 울스턴크래프트는《여성의 권리 옹호》에서 계몽 사상가들이 인간의 미덕은 이성이라고 주장하면서 그 인간에서 여성은 쏙 빼는 모습에 개탄한다. 이성적이지 못하거나 남성에 의존하는 여성이 있는 게 현실이지만, 그것은 여성의 본성 때문이 아니라 동등한 교육을 받지 못하기 때문이라고 주장한다.

지금도 페미니즘이 남성 기득권층으로부터 강한 저항을 받는데, 당시의 저항이 더했으리라는 것은 충분히 상상할 수 있다.《여성의 권리 옹호》가 출간된 후《짐승의 권리 옹호》라는 책이 익명으로 출간되었는데, 여성의 권리를 인정하기 시작하면 짐승의 권리를 인정해야 한다는 내용이다. 요즘 아무나 끼어든다는 의미로 '개나 소나'라는 시쳇말이 있는데, 정말로 개나 소나 권리를 주장한다는 식으로 풍자한 것이다. 익명의 저자는 나중에 플라톤과 아리스토텔레스 전집을 처음으로 영어로 번역한 고전학자인 토머스 테일러(1758~1835)로 밝혀졌다.

현대의 페미니스트도 주장이 아닌 사생활로 인신공격을 당하듯이 울스턴크래프트의 철학도 그의 사생활로 인해 오랫동안 주목받지 못했다. 미국의 모험가 길버트 임레이(1754~1828)와의 사이에 첫째 딸을 낳았다. 그리고 윌리엄 고드윈(1756~1836)과의 사이에서 둘째 딸을 낳았는데, 울스턴크래프트는 이때의 산욕열로 죽었다. 윌리엄 고드윈은 무정부주의의 창시자이다. 둘째 딸인 메리 셸리(1797~1851)는《프랑켄슈타인》의 작가이다.

193

Thursday

목적론

자연을 목적으로 설명하는 방식. 아리스토텔레스는 자연을 탐구하는 네 가지 방식으로 질료인, 형상인, 운동인, 목적인을 거론했다. 이 중 목적인은 자연의 모든 대상이 무슨 목적으로 존재하는지, 어떤 역할을 하는지를 알아내는 것이다. 가령 심장의 목적은 몸에 피를 공급하는 것이고, 식물의 목적은 햇빛과 영양분을 받아 자라는 것이다. 심지어 물과 같은 자연물에도 목적이 있는데 그것은 아래도 흐르는 것이다. 이렇게 목적론은 인간을 포함한 자연이 모두 각자의 고유한 목적을 추구한다고 본다. 아리스토텔레스가 《자연학》에서 "자연은 헛된 일을 하지 않는다."라고 말한 것이 그런 뜻이다.

목적론적 설명 방식은 어느 정도 실용성이 있다. 개가 물을 마시는 것을 보고 "갈증을 해소하기 위해서."라고 설명하는 것은 편리하다. 그러나 어린이에게 알람 시계가 울리는 것을 보고 "빨리 일어나라고 시계가 우네."라고 말하는 것처럼, 목적론적 설명은 의인화된 설명이라는 비판을 받는다. 그리고 근세 이후 과학의 발달은 목적론을 기계론으로 대체하게 만든다.

목적론은 자연의 모든 대상이 목적을 위해 존재하고, 우리가 그 목적을 알 수 있다는 것을 전제한다. 그러나 이 두 가지가 모두 논란이 된다. 인간이 만든 인공물은 애초에 만든 목적이 있으므로 목적을 찾기가 어렵지 않을 것 같다. 물론 그때마저도 본디 만든 목적 이외의 쓰임새로 쓰일 때가 있으므로 역시 논란이 된다. 가령 홍두깨의 목적은 다듬이질하는 데 쓰는 것이지만, 비상시에는 무기로 쓰이기도 한다.

인공물이 이럴진대 자연물에 목적이 있는지는 더 말할 나위가 없다. 식물이나 물은 어떤 목적을 위해 움직이는 것처럼 보이지 않는다. 벌의 목적은 꽃가루를 나르는 것일까? 코의 목적은 냄새를 맡는 것일까 아니면 안경을 걸치는 것일까? 이런 설명 과정에서 이 세상의 설계자, 곧 창조주의 의도를 끌어와야 하기에 목적론에서는 과학의 설명에 종교 또는 신화적인 설명이 개입할 수밖에 없다. 더구나 다윈의 진화론과 유전학이 발전함에 따라 목적이 있다고 생각한 생명체도 무작위로 진화하고 인과 법칙의 지배를 받는다는 것이 과학적으로 입증된 것도 목적론의 타당성을 더 의심스럽게 만든다.

○ 페일리의 설계 논증도 목적론을 전제로 한다. 자연물이나 생명체의 설계자가 있다면 분명히 무슨 목적을 가지고 만들었으리라는 것이다.

표현의 자유

자신의 생각이나 의견을 제약받지 않고 마음대로 표현할 권리. 밀은 《자유론》에서 "윤리적 확신을 가진 문제가 아무리 비도덕적이라고 여겨지더라도 자유롭게 토로하고 토론할 완벽한 자유가 존재해야 한다."라고 주장했다. 다른 사람의 의견을 억눌러서는 안 되는 이유는, 만약 그 의견이 옳은 것으로 드러난다면 진리를 찾을 기회를 박탈하는 것이기에 지금 세대뿐만 아니라 미래의 인류에게 강도질하는 것과 같다는 데 있다. 철학사에는 소크라테스를 비롯해 철학적 발언을 이유로 죽임을 당하거나 불이익을 받은 철학자가 있다. 한편 밀은 억누르려는 의견이 설령 거짓이라고 하더라도 거기서 배울 바가 조금이라도 있다는 이유도 댄다. 그리고 완전히 틀린 주장이라고 하더라도 참된 의견이 돋보이게 하는 데 도움이 된다.

공리주의자인 밀은 표현의 자유가 주는 이득을 들어 그것을 옹호했다. 그러나 밀은 다른 한편으로 다른 사람에게 해악을 끼치지 않는 한 자기가 하고 싶은 대로 행동할 수 있어야 한다는 해악의 원리를 제시한 것으로도 유명하다. 표현의 자유도 다른 사람에게 해악을 끼친다면 제한을 받아야 하는 것이라고 해석될 수 있다. 표현의 자유가 권리라면 거꾸로 해악에 의해 상처받지 않을 권리도 인정해야 한다. 문제는 어떤 것을 해악으로 판단하느냐에 있다. 공공장소에서 확성기로 종교를 선전한다면? 특정 성별이나 인종의 구성원들이 불쾌하게 여길 발언을 한다면? 이 책을 비판하여 지은이의 기분을 상하게 한다면?

표현의 자유를 옹호하는 쪽은 타인의 감정을 상하게 하는 것이 분명히 예의에 어긋나고 비도덕적인 행동이라고 인정한다. 그러나 그렇다고 해서 그것을 못 하게 억누르는 것은 별개의 문제라고 주장한다. 법은 도덕의 최소한이라는 말처럼 도덕적이지 못하다고 해서 모두 법적으로 제재할 수는 없기 때문이다. 단순히 감정이 상한 정도가 아니라 실질적이고 즉각적인 피해를 줄 때만 법적으로 금지될 것이다. 밀은 곡물 중개상이 가난한 사람들을 굶긴다고 신문에 발표하는 것은 막으면 안 되지만, 곡물 중개상 집 앞에 모인 흥분한 폭도들이 보는 곳에 같은 내용의 벽보를 붙이는 것은 처벌해야 한다는 예를 든다. 이에 따르면 성차별이나 인종 차별적 발언도 구성원을 위협하는 경우에나 금지되어야 할 것이다. 확성기를 이용한 선교도 그 내용 때문이 아니라 소음 때문에 못 하게 해야 할 것이다.

195

Saturday

순환 논증

전제가 결론에 의존하는 논증. 논증은 전제가 결론을 뒷받침하는 구조여야 하고, 그러기 위해서는 전제가 결론과 독립적이어야 한다. 그렇지 않고 전제가 결론에 의존하면 순환 논증이 된다. 결론은 전제에 의존하고 그 전제는 다시 결론에 의존하는 뻥뻥 도는 구조가 되기 때문이다. "저 사람은 가난하다. 왜냐하면 돈이 없기 때문이다."가 가장 간단한 예이다. 왜 돈이 없느냐고 물어보면 "가난하기 때문이다."라고 결론을 다시 전제로 제시할 것이다. "왜 가난한가?"라고 다시 물어보면? 순환 논증은 부당한 논증임을 강조하기 위해 '악순환'이라고도 한다. 아직 입증 안 된 전제를 가정할 때 '선결문제 요구의 오류'라고 하는데, 순환 논증은 선결문제 요구의 오류 중 하나이다.

철학에서 유명한 순환 논증으로 '데카르트의 순환'이 있다. 데카르트는《방법서설》에서 "내가 앞에서 규칙으로 정한 것, 즉 우리가 명석 판명하게 인식하는 것은 모두 참이라는 명제의 진리성조차도, 신이 존재 혹은 현존한다는 것, 그가 완전한 존재라는 것, 또 우리 속에 있는 것은 모두 신으로부터 나온다는 것을 근거로 해서만 보장되기 때문이다."라고 말한다. 우리가 명석 판명하게 인식하는 것을 신의 존재가 보장한다는 것이다. 그런데 삼각형의 내각의 합이 두 직각의 합과 같다는 인식이 명석 판명한 것처럼 완전한 존재인 신이 있다는 것도 명증적으로 참이라고 한다. 신의 존재를 증명하는 데 명석 판명한 관념이 다시 이용되는 것이다. 데카르트의 순환은 동시대의 철학자인 앙투안 아르노(1612~1694)나 피에르 가상디가 지적하였다.

귀납 논증의 정당화는 순환 논증이라는 흄의 비판이 철학사에서는 더 중요하다. 신의 존재는 증명 안 되어도 그만이지만, 귀납은 우리가 일상적으로 사용하는 논증인데 정당화할 수 없다면 큰 문제이기 때문이다.

○ 생텍쥐페리의《어린 왕자》(1943)에는 술을 마시는 것이 부끄러워서 또 술을 마시는 술주정뱅이 이야기가 나오는데 유명한 악순환의 예이다. 그러나 이것은 논증 형태가 아니므로 순환 '논증'은 아니다.

196

Sunday

철학에 적합한 언어

철학이 고대 그리스에서 시작되었다는 것은 다 아는 사실이다. 그런데 그리스어 자체가 철학에 적합한 언어라는 주장이 있다. 대부분의 언어에서 '있다'와 '이다'가 구분되는데 고대 그리스어에서는 구분이 안 되기 때문이라는 것이다. 다음 문장들을 비교해 보자.

> (가) 신은 존재한다.
> (나) 충무공은 이순신이다.
> (다) 꽃은 예쁘다.

우리말에서는 이 세 문장의 술어가 모두 다르다. 그러나 영어를 비롯한 서구어에서는 (나)와 (다)에 is가 공통적으로 들어간다. 그래서 (나)와 (다)의 be 동사의 역할을 구분하려고 (나)에서는 '동일성', (다)에서는 '계사^{copula}'로 쓰였다고 말한다. (가)도 "God is."라고 쓰기도 하지만 철학이나 시에서나 그리고(유명한 "I think, therefore I am."이 그 예) 일상적으로는 "God exists."라고 한다.

고대 그리스어에서는 세 문장 모두 영어의 be 동사에 해당하는 einai를 쓴다. 존재의 뜻에도, 동일성을 뜻할 때도, 계사의 용법에도 술어가 같다. einai는 '그러저러하다', '사실이 그러하다'라는 진리성이 중심 의미이다. 그러니 (가)에서는 주어에 해당하는 것이 실재라거나 실재계나 진상眞相의 일원이라는 뜻이 되고, (나)와 (다)에서는 주어에 해당하는 것이 술어에 해당하는 것에 귀속됨은 진리라는 뜻이 된다. 그러니 고대 그리스인은 언어를 사용하면서 무엇이 진리이고 아르케인지에 자연스럽게 관심을 두게 되고, 그것과 현상, 우연 등을 견줘 물었다는 것이다.

〈나의 그리스식 웨딩〉(2002)은 미국에 이민 간 그리스 사람들을 소재로 한 영화이다. 딸이 그리스인이 아닌 미국 사람을 사윗감으로 데려오자 아버지는 "우리 조상이 철학을 할 때 너희 조상은 나무를 탔다."라고 철학 '부심'을 보여 준다. 고대 그리스어만이 철학에 적합하다는 주장도 또 다른 부심이다. 존재의 문제를 다룬 하이데거의 철학은 어렵기로 유명하다. 그는 자신의 철학이 그리스어로 번역될 때 가장 잘 이해될 수 있다고 말했다. 그리스의 철학 부심에 힘을 실어 주는 말이다.

197

Monday

철학이 쉽지 않은 것은

> 구두를 만들기 위해서는 비록 모든 사람이 자신의 발 치수를 잴 자와 손을 가지고 있고 필요한 작업을 위한 천부적 재능을 가지고 있다 해도, 배우고 익혀야만 함을 인정한다. 그런데 오직 철학함 자체에 대해서만 이와 같은 연구와 학습, 노력이 필요하지 않다는 것이다.
>
> – 헤겔,《엔치클로페디(철학적 학문의 집성)》

철학을 공부한다고 하면 가장 많이 듣는 말이 "어려운 공부 하시네요."나 "철학, 너무 어려워요."이다. 이것은 철학은 어려운 학문이라고 단순히 기술하는 말일 수도 있고, 철학은 쉬워야 하는데 왜 어렵냐는 비난일 수도 있다. 철학은 정말로 어려운 학문인가? 그리고 철학은 쉬워야 할까?

철학이 어렵다고 불평하는 사람은 철학은 쉬운 일상 언어로 쓰여야 하고, 피곤하거나 위안을 받고 싶을 때 접근할 수 있는 편안한 읽을거리여야 한다고 생각하는 듯하다. 철학이 위안을 주어야 한다는 생각은 오해는 아니다. 고대 그리스나 로마의 철학처럼 그것을 목표로 한 철학이 분명히 있다. 그러나 어떤 학문에든 거기에 접근하기 위해서는 기본적인 훈련이 필요하다. 헤겔은 철학이 난해하다고 불평하고, 철학을 위해 애쓰지 않았는데도 철학을 잘 안다는 '헛된 자부심'이 있는 사람들에게 위와 같이 말했다. (헤겔의 철학은 당시에든 지금에든 어렵다고 정평이 나 있다.)

구두를 만들기 위해서는 상당한 기간 동안 배우고 익히는 과정이 필요할 것임을 다들 인정할 것이다. 마찬가지로 철학을 하기 위해서도 그런 과정이 필요하다. 정신 바짝 차리고 구두를 만들어야 하는 것처럼, 철학에도 정신을 바짝 차리고 '각을 잡고' 접근해야 한다. 침대에 누워 구두를 만들 수 없는 것처럼 철학적 사유도 마찬가지이다.

○ 헤겔이 구두공을 예로 든 것은 구두공이면서 신비주의 철학자였던 야코프 뵈메(1575~1624) 때문인 것으로 추측된다. 헤겔은《철학사 강의》에서 그에게 '독일의 철학자 philosophus teutonicus' 또는 '독일 최초의 철학자' 라는 찬사를 보내고 "그를 창피하게 생각할 이유가 없다."라고 말했다.

198

Tuesday

윤리적 이기주의

모든 사람은 각자 자신의 이익을 추구해야 한다고 주장하는 이론. '심리적 이기주의'가 사람들이 실제로 자신의 이익을 추구한다고 주장하는 이론임에 반해, '윤리적 이기주의'는 사람들이 실제로 자신의 이익을 추구하든 추구하지 않든 그래야 한다고 주장하는 규범적 이론이다.

이기주의가 어떻게 윤리 이론이 될 수 있느냐고 생각할 수 있다. 그러나 윤리적 이기주의는 나만 내 이익을 추구해야 한다는 것이 아니라 모든 사람이 각자 자신의 이익을 추구해야 한다고 주장한다는 점에서 윤리 이론이 갖추어야 할 최소한의 조건인 일관성과 보편화 가능성을 만족한다. 그리고 우리의 상식적인 도덕에도 이기주의적인 관점이 들어 있다. 예컨대 우리는 남에게 해를 끼치는 행위는 옳지 않다고 생각하는데, 습관적으로 남에게 해를 끼치면 주위의 평판도 좋지 않고 필요할 때 도움도 받지 못하여 나에게 이득이 되지 않기 때문이다. 윤리적 이기주의는 상식과도 부합한다.

그러나 현실에서는 선거에서 자리 하나를 놓고 주변 사람들과 경쟁할 때처럼 나의 이익과 상대방의 이익이 충돌하는 경우가 아주 흔하다. 그때 양보하는 것은 윤리적 이기주의의 의무를 어기는 것이므로, 윤리적 이기주의는 이익의 충돌 문제를 해결할 수 없다. 이것을 좀 더 엄격하게 말해 보면 윤리적 이기주의는 논리적 모순에 빠진다. 갑과 을이 충돌할 때 갑이 자신의 이익을 관철하려는 을의 행동을 막는다면 갑의 행동은 옳은 동시에 옳지 않은 것이 된다. 갑은 한편으로는 윤리적 이기주의에 따라 자신의 의무를 다하기에 옳은 행동을 하는 것이지만, 다른 한편으로는 을이 자신의 의무를 다하려고 하는 것을 막기 때문에 옳지 않은 것이다.

윤리 이론이 갖추어야 할 공정성에 따르면 나의 이익을 상대방의 이익보다 더 중요하게 생각할 이유가 없을 때는 나의 이득을 더 중요하게 고려하면 안 된다. 성차별주의나 인종 차별주의도 자신의 성별과 인종을 더 중요하게 고려하라는 이론이기에 윤리적 이기주의가 확장된 것이다. 성 차별주의나 인종 차별주의가 옹호되지 못한다는 것을 생각해 보면 윤리적 이기주의 자체도 옹호되지 못한다는 것을 이해할 수 있을 것이다.

○ 일상에서 이기주의는 흔히 '지역 이기주의'니 '부서 이기주의'니 하는 주장에서 쓰인다. 그러나 이 주장은 모든 지역이나 부서가 자신의 이익을 위한 행동을 해야 한다는 주장이 아니라 내 지역이나 부서만 그렇게 해야 한다는 주장이므로 윤리적 이기주의가 되지 못한다.

존 로크

영국의 철학자인 로크(1632~1704)는 파란만장한 삶을 살면서도 철학의 여러 영역에서 중요한 업적을 남겼다. 옥스퍼드 대학 졸업 후 외과 의사로 활동했는데 애슐리 경의 종양 수술을 성공리에 마친 것이 그의 운명을 바꾸어 놓았다. 애슐리 경이 나중에 왕권파에 대립하는 중요한 정치인이 되는 섀프츠베리 백작이다. 로크는 섀프츠베리 백작의 주치의가 되어 중앙 정치와 연관을 맺게 된다. 가장 중요하게는 그를 통해 절대 권력에 맞서는 인민의 권리 이론을 정립하게 된다. 그러나 섀프츠베리 백작이 왕권 전복을 계획하다 발각되어 네덜란드로 망명하자 로크도 함께 망명하였다. 그는 5년여의 망명 생활 동안 《관용에 관한 서한》, 《통치론》, 《인간 지성론》 등의 주요 저작을 집필한다. 결국 명예혁명의 성공으로 '영광된 만년'을 보내게 된다.

철학의 주요 영역에서 혁혁한 업적을 내놓았다. 인식론에서 '빈 서판'(타불라 라사)으로 대표되는 경험론, 형이상학에서 인간 동일성 이론, 정치 철학에서 개인의 생명과 소유에 대한 권리를 강조한 통치론 등은 현대에도 중요하게 거론된다. 로크 자신도 휘말린 정치 투쟁이 구교와 신교 사이의 다툼인데, 《관용에 관한 시론》과 《관용에 관한 편지》를 통해 종교적 관용을 강력하게 옹호했다. 그러나 그가 옹호한 관용은 무신론자에게는 적용되지 않는다. 그는 무신론은 인간에게 위험을 가져다주는 사악한 운명의 뿌리라고 생각했다.

영국의 작가 이언 피어스의 역사 추리 소설 《핑거포스트 1663》(1997)에서 화학자 로버트 보일과 함께 의사로 나온다. 로크는 실제로 보일과 뉴턴과 교류했으며, 그의 과학 지식은 1차 성질과 2차 성질의 구분이나 표상적 실재론과 같은 그의 철학에 반영되어 있다.

○ 《핑거포스트 1663》의 장 제목은 베이컨의 우상론을 따서 '시장의 우상', '동굴의 우상', '극장의 우상'인데, 마지막 장만 '핑거포스트'이다. 이유는 스포일러.

200

Thursday

기계론

자연을 자연법칙의 지배를 받는 인과 관계로 설명하는 방식. 근세 이전에는 인간을 비롯한 자연의 모든 대상에 있는 고유한 목적을 설명해야 한다는 아리스토텔레스의 목적론이 지배하였다. 그러나 목적론의 한계가 드러나고 근세 이후 자연 과학이 발달함에 따라 물질이 물리 법칙에 따라 운동하고 상호 작용하는 것만으로 자연을 설명해야 한다는 기계론이 대세를 이루게 된다.

데카르트는 공간에 가득 찬 물체와 물질 입자의 움직임으로 자연의 모든 현상을 설명했다. 데카르트가 기계론을 받아들이게 된 것은 영국의 윌리엄 하비(1578~1657)의 생리학을 높이 평가했기 때문이다. 심장이 피를 끌어들이는 원리를 '공감'으로 설명하는 2세기의 의학자 갈레노스와 달리 하비는 심장의 운동을 일종의 펌프와 같은 기계 운동으로 이해했다. 하비도 피가 생명 원리를 지닌 영혼 자체라고 주장한다는 점에서 완전한 기계론자가 되지 못했는데, 데카르트는 생리학을 철저하게 물질적인 것으로 설명했다.

기계론은 생물이든 무생물이든 그 구성의 정교함에서는 차이가 나지만 인과 관계의 지배를 받는다는 점에서는 차이가 없다고 본다. 그러나 데카르트는 인간의 경우에는 육체와 달리 정신은 기계론의 적용을 받지 않는다고 생각했다. 육체를 비롯한 물질은 공간을 차지한다는 특징이 있지만 정신은 생각한다는 전혀 다른 특징을 갖기 때문이다. 데카르트는 심지어 인간이 아닌 동물은 정신이 없기에 고통을 느끼지 못하는 기계와 다를 바 없다고 주장한 것으로 유명하다. 프랑스의 의학자이며 철학자인 쥘리앵 라메트리(1709~1751)는 뇌의 해부학적 연구를 바탕으로 인간을 철저하게 기계론으로 설명하는 '인간 기계론'을 주장했다.

○ 기계론자며 유물론자인 라메트리는 인간은 동물과 다름없이 감각적 쾌락을 추구해야 한다고 생각해서, 프랑스 대사가 초청한 만찬에서 폭식하다 죽었다고 한다. 그러나 이는 기계론을 비하하려는 사람의 음모이다. 그는 지적 쾌락의 '오르가슴'이 감각의 쾌락보다 비교할 수 없이 오래 간다고 주장했다.

201
Friday

동물에게도
도덕적 지위가 있는가

어떤 존재에게 '도덕적 지위'가 있다는 것은 그 존재를 도덕적으로 고려해야 하고 그 존재에게 도덕적인 의무를 진다는 뜻이다. 도덕적 지위는 다시 직접적인 도덕적 지위와 간접적인 도덕직 지위로 나눌 수 있다. 인간이 직접적인 도덕적 지위를 가진다는 점에는 아무도 이의를 제기하지 않을 것이다. 반면에 길가의 돌멩이와 달리 누군가의 정원에 있는 희귀석은 함부로 발로 차면 안 된다고 다들 생각한다. 이를 볼 때 길가의 돌멩이는 도덕적 지위가 전혀 없지만, 소유물인 돌멩이는 도덕적 지위가 직접적으로는 없어도 누군가의 소유물이기 때문에 간접적으로는 있다. 문제가 되는 것은 동물에게 도덕적 지위가 있느냐이다. 있다고 하더라도 그 도덕적 가치가 직접적인가, 간접적인가이다.

데카르트와 칸트는 동물에게 간접적 도덕적 지위가 있다고 주장한 철학자이다. 데카르트와 칸트 모두 동물을 함부로 다루면 안 된다고 주장했는데, 그 이유는 다르다. 데카르트는 누군가가 소유한 물건을 허락 없이 훼손하는 것이나 마찬가지이기 때문이라고 했고, 칸트는 그렇게 하면 인간의 품성에 나쁜 영향을 끼치기 때문이라고 했다. 그러나 데카르트의 주장은 주인 없는 동물이나 주인이 허락한 개는 마음대로 발로 차도 된다는 결론이 나오기에 상식과 맞지 않는다. 칸트의 이유는 동물이 누군가의 소유물이 아니더라도 함부로 대하면 안 되는 이유를 제시해 주기는 한다. 하지만 그의 주장은 지구에 마지막으로 남았다고 가정되는 한 사람이나 다른 사람과 전혀 교류하지 않는 사람의 경우에는 잔혹한 품성이 생긴다고 하더라도 잔혹하게 대할 다른 사람이 없으므로 적용되지 않는다는 문제가 생긴다.

동물에게 간접적인 도덕적 지위가 있다는 주장에 문제가 있다면 동물에게는 도덕적 지위가 아예 없다거나 아니면 직접적인 도덕적 지위가 있다고 결론을 내려야 한다. 그런데 개를 이유 없이 발로 때리는 행동을 보고 도덕적이지 못하다고 생각하는 것이 우리의 상식이기에 동물에게 도덕적 지위가 전혀 없다는 주장은 유지될 수 없다. 그렇다면 동물에게 직접적인 도덕적 지위가 있다는 주장이 힘을 얻게 된다. 이런 결론에 따르면 직접적인 도덕적 지위가 있는 인간을 노예로 삼거나 실험 대상으로 삼는 것은 허용되지 않는데, 동물을 가두어 기르고 잡아먹거나 실험동물로 쓰는 관행은 허용돼야 할지 다시 생각하게 만든다.

202

Saturday

미끄러운 비탈길

사소한 것을 허용하면 연쇄적인 과정을 거쳐 몹시 나쁜 결과에 이르기에 애초에 사소한 것도 허용해서는 안 된다고 주장하는 논증. '미끄러운 비탈길'은 비탈길에 첫발을 내디뎠는데 바닥까지 쭉 미끄러지는 것을 비유한다. "바늘 도둑이 소도둑 된다."라는 우리 속담이 이것을 보여 준다. 시작은 미미한 바늘이지만 내버려 두었다가는 숟가락도 훔치고 닭도 훔치고 결국에는 소를 훔칠 수 있다.

미끄러운 비탈길 논증에서 사소한 행동이 몹시 나쁜 결과로 이어질 논리적 가능성이 없는데 미끄러진다고 주장하면 '미끄러운 비탈길의 오류'를 저지르게 된다. 안락사를 허용하면 히틀러의 대량 학살을 허용하게 되는 꼴이므로 애초에 허용해서는 안 된다는 논증이 그런 예이다. 히틀러는 장애인이나 정치범을 '안락사'라는 이름으로 대량 학살했다. 그러나 안락사는 본인의 의사에 따라 편안하게 죽음에 이르게 하는 것을 말하므로, 히틀러의 학살은 정의상 안락사가 아니다. 그리고 민주주의 국가에서는 여러 절차를 거쳐 안락사를 결정하므로 히틀러 시대의 일은 일어날 수 없다. 따라서 안락사 허용은 히틀러의 학살로 이어지게 된다는 논증은 미끄러운 비탈길의 오류를 저지르고 있다.

오류가 아니라면 미끄러운 비탈길은 적극적으로 이용할 수 있는 논증이다. 인간 배아를 실험 대상으로 허용하게 되면 1개월 된 태아도 허용해야 하고 3개월 된 태아도 허용해야 하고 결국에는 갓 태어난 아이도 허용해야 한다는 말인데, 이것은 말이 되지 않으므로 인간 배아 연구는 애초에 허용해서는 안 된다고 주장한다면 미끄러운 비탈길 논증이다. 이 논증에 반박하려면 배아와 태아 사이에는 의미 있는 구분선이 존재하므로 미끄러지지 않는다고 반박해야 한다. 비탈길에서 미끄러지는 것은 이른바 회색 지대가 존재하기 때문인데, 색깔이 확실히 구분됨을 보여 주는 것이다.

○ 행정의 측면에서는 미끄러운 비탈길이라도 임의로 선을 그을 수밖에 없다. 19살부터 성인으로 정한다든가 시속 50킬로미터부터 과속으로 정한다든가 하는 것이 그런 예이다.

203

Sunday

철학을 전공해야 하는 이유

대부분의 인문학처럼 철학 전공도 취업에 도움이 안 된다고 생각되니 철학을 전공하고 싶은 학생들은 고민할 수밖에 없다. 그래서 철학이 어떤 학문이고 철학과에서는 무엇을 배우는지 간단하게 소개하는 우리나라 철학과의 홈페이지와 달리, 외국 대학의 홈페이지는 철학을 배우면 어떤 이득이 있는지 적극적으로 알린다.

역시 학생들이 가장 관심 있어 하는 것은 얼마나 양질의 직장에 취업할 수 있느냐이다. 철학을 공부하면 자신의 관점을 분명하게 표현할 수 있고, 논쟁을 만들고 정확하게 평가할 수 있고, 창의적인 대안을 제시할 수 있게 되므로 취업에 도움이 된다고 아무리 주저리주저리 말해 봐야 소용없다. 그보다는 통계를 보여 주는 것이 제일 나은 방법이다. 외국 대학들은 각 전공의 급여 수준을 보여 주는 통계를 제시한다. 미국의 연봉 정보 제공 회사인 페이스케일의 2017~2018 보고서에 따르면 철학 전공자의 초봉은 44,800달러로 공학 전공자보다는 낮지만(기계 공학 58,000, 컴퓨터 공학 53,100), 경영학과 비슷하고(재정학 48,800, 마케팅 45,700) 다른 인문학이나 사회 과학 전공자보다는 높다(홍보학 41,800, 영문학 41,400). 10년 차 연봉은 공학 전공자와 비슷해진다.

미국에서 대학원 입학을 위해 치르는 GRE 시험에서 철학 전공자의 점수는 월등하다. 시험을 주관하는 ETS 자료를 보면 언어 영역과 논리 분석 작문 영역에서는 톱 수준이고, 수리 추론 영역에서만 중간 수준이다. 그리고 미국 변호사 협회의 자료에 따르면 법학 대학원 입학을 위해 치르는 LSAT 시험에서는 물리·수학 전공이 최상위권이고, 두 번째 그룹이 경제학과 철학 전공이다. 추론을 제시하고 다양한 관점에서 평가하는 비판적 능력은 법률가가 되는 데 맞춤한 능력인 것이 사실이다.

물론 철학을 공부하는 것은 그 자체가 즐겁다. 삶에서 무엇이 중요한 문제인지 알고 그것을 반성해 보는 것은 인생을 풍요롭게 한다. 거기에 취업까지 잘되면 더 좋지 않겠는가?

204

Monday

가능한 한 가장 좋은 세계

53. 그런데 신의 관념 속에는 무한히 많은 가능한 세계가 있으나 실제로는 그 중 하나만이 존재할 수 있으므로, 신으로 하여금 다른 세계를 제쳐 놓고 이 세계를 선택하게끔 결심하게 한 충분한 이유가 있지 않으면 안 된다.

54. 그 이유는 오로지 적합성 또는 이 세계들이 포함하고 있는 완전성의 정도 안에서 찾을 수 있다. 모든 가능적인 것은 자신 안에 가지고 있는 완전성의 정도에 따라 존재를 요구할 권리가 있다.

55. 이것이 곧 최선의 세계가 실제로 존재하는 이유이다. 신은 그것을 지혜로 알고 선의로 선택하며 힘으로 만들어 낸다.

– 라이프니츠, 《단자론》

라이프니츠의 《단자론》은 1부터 90까지 번호가 붙어 있는 문장들로 이루어져 있다. '충족 이유율'은 어떠한 것도 충분한 이유 없이는 존재하거나 변화할 수 없고 진리일 수 없다는 원리이다. 신에게도 자신이 설계한 대로 이 세계를 만든 충분한 이유가 있을 것이다. 신은 전지전능하므로 무한히 많은 세계를 만들 수 있었다. 그중 우리가 사는 세계를 선택한 이유는 가장 완전하다는 데 있다.

이 대목은 '변신론', 곧 신은 왜 악이 있는 세계를 만들었는가를 변명하는 데 쓰인다. 인간의 눈으로는 악이 전혀 없는 세계가 더 완전해 보이겠지만 그렇지 않다. 선만 있을 때보다 악이 적절하게 있을 때 선이 돋보이기 때문이다. 이 세계는 악이 딱 필요한 만큼만 있는 가장 좋은 세계인 것이다.

그러나 정말로 그런가? 선을 돋보이게 하는 용도로만 악을 생각한다면 조금만 있어도 되는데, 이 세상에는 끊이지 않는 전쟁과 대학살과 자연재해라는 악이 너무 많지 않은가? 프랑스의 작가인 볼테르의 대표작인 《캉디드》(1759)는 라이프니츠를 조롱하는 내용이다. 수많은 고통과 고난을 보고도, 또 자신이 당해도 자신의 신념을 바꾸지 않는 낙천주의자 판글로스가 라이프니츠이다.

현대의 양상 논리는 가능성이나 필연성의 개념을 다루는데, 가능성 개념이 바로 라이프니츠에서 시작되었다.

O '낙천주의'라고 하면 부정적인 어감이 별로 없지만, Pangloss는 영어 사전에 따르면 '근거 없는 낙천주의자'이다. Panglossian도 '근거 없이 낙천적인', '한없이 낙천적인'이라는 뜻의 형용사이다.

205

Tuesday

확증 vs 반증

많은 철학자가 과학은 귀납으로 발전한 다고 생각했다. 가설을 세우고 수많은 사례를 관찰하여 그 가설이 참임을 확증하는 과정을 통해 과학이 발전한다는 것이다. 그러나 귀납을 통한 확증에는 결정적인 문제가 있다. 아무리 많은 사례를 관찰해도 그것은 법칙을 완벽하게 정당화하지 못한다는 것이다. "모든 고니는 희다." 라는 가설은 아무리 많은 고니를 관찰해도 확증되지 않는다. 내가 태어나기 전의 고니나 앞으로 태어날 고니처럼 내가 결코 관찰할 수 없는 고니가 존재하기 때문이다. 흄이 제기한 '귀납의 문제'는 귀납이 정당화되지 않음을 근본적으로 보여 준다.

포퍼는 과학의 가설이 확증되는 것은 보여 줄 수 없지만 반증되는 것은 보여 줄 수 있다고 주장한다. 가령 희지 않은 고니가 발견된다면 "모든 고니는 희다."는 단박에 반증된다. 실제로 오스트레일리아에 사는 검은 고니는 위의 가설을 반증한다. 가설이 반증에 의해 거짓으로 밝혀지는 과정은 연역이다. 한 마리의 검은 고니라도 있으면 위의 가설이 거짓임은 틀림없기 때문이다.

포퍼의 저서 제목이기도 한 '추측과 반박'은 포퍼가 과학의 진보를 설명하는 개념이다. 과학자는 먼저 참신하고 과감한 가설을 제시한다. 그리고 그것이 거짓이라는 증거를 끊임없이 찾는다. 곧 반증하려고 시도한다. 수많은 반증에서 끝까지 살아남으면 성공적인 과학 지식이 되고 실제로 반증되면 실패한 과학적 지식이 된다. 그러나 반증되더라도 과학적 지식이 아닌 것은 아니다. 다만 실패한 과학적 지식일 뿐이다. 아무리 반증을 하려고 해도 반증 불가능한 지식이 과학적 지식이 아니다.

ㅇ 검은 고니의 영어인 '블랙스완'은 예상치 못하게 발생한 일이라는 경제학 용어로도 쓰인다. 블랙스완은 방탄소년단을 비롯한 여러 가수의 노래 제목이기도 한데 경제학에서 쓰이는 의미는 아니고 발레 〈백조의 호수〉에 바탕을 둔 영화 〈블랙스완〉(2010)에서 따온 것이다.

206

Wednesday

조지 버클리

버클리라고 하면 미국의 유명한 대학 도시를 떠올리는 사람이 많을 것이다. 바로 그 이름을 철학자 버클리(1685~1753)의 이름을 따서 지었다.

버클리는 아일랜드의 철학자이자 성직자이다. 25살에 영국 국교회의 신부가 되었다. 그해에 《인간 지식의 원리론》을 쓰고, 28살에는 《하일라스와 필로누스가 나눈 세 가지 대화》를 썼다. 이 두 저서에서 그의 경험론과 관념론의 주된 주장들을 찾아볼 수 있다. 두 번째 책은 플라톤의 대화편처럼 대화체로 쓰인 저서이다. 필로누스는 지성(누스)을 사랑(필로스)한다는 뜻으로 버클리 자신을 대변한다. 반면에 하일라스는 교육받은 상식인을 대표한다. 극단적인 관념론인 그의 철학은 상식인에게는 인기가 없지만, 그의 문제의식과 방법론에 공감하는 철학자가 많으며 현대 철학에서는 '현상론'이라는 이름으로 그를 계승하는 철학자가 많다.

버클리는 49살에 주교가 되는데, 그래서 그를 '버클리 주교'라고도 많이 부른다. 또 다른 유명한 주교 철학자로는 아우구스티누스가 있다. 이쪽은 가톨릭 주교이지만.

선교 및 교육을 위해 당시에는 영국의 식민지였던 미국의 로드아일랜드에 가서 3년 동안 있었다. 그래서 그의 흔적이 미국에 남아 있는데, 캘리포니아의 유명 대학 도시 버클리Berkeley가 그 예이다. 서부 개척 시대에 "제국은 서쪽으로 진로를 정한다."라는 그의 시구에 감명을 받아 그의 이름을 따서 지었다고 한다. 우리나라에서는 버클리Berklee 음대도 유명한데 이곳은 철자도 다르고 위치도 보스턴이다. 버클리는 미국에서 "기독교는 흑인 노예 제도를 옹호하며 노예들은 세례를 받아야 더 나은 노예가 될 수 있다."라는 설교를 하고 다녔다. 그리고 실제로 노예를 몇 명 소유하고 세례를 줬다.

○ '현상론'과 '현상학'은 이름은 비슷하지만 전혀 다르다. 버클리나 흄의 현상론은 감각 경험인 현상만이 존재한다는 입장으로, 경험에 의해 실증된 것만 받아들인다는 일종의 실증주의이다. 반면에 후설의 현상학은 실증주의를 비판하며, 선험적 주관성을 확보하기 위해 심리적 현상의 근거를 되묻는다.

207

Thursday

아킬레스와 거북이

철학사에는 유명한 제논이 두 명 있다. 한 명은 기원전 5세기 무렵 엘레아학파의 제논이고 또 한 명은 기원전 4세기에서 3세기 무렵 스토아학파의 제논이다. 앞의 제논은 '엘레아의 제논'이라 부르고, 뒤의 제논은 '키티온의 제논'이라고 부른다.

엘레아의 제논은 '제논의 역설'로 많이 알려져 있다. 여러 가지 역설이 있는데 가장 유명한 것은 아킬레스와 거북이이다. 아킬레스는 그리스 신화의 영웅으로 아킬레우스의 영어식 이름이다. 뒤꿈치가 유일한 약점이라 '아킬레스건'의 유래가 되었고, 아주 빠른 것으로 유명하기에 이 역설에 등장한다. 거북이가 아킬레스보다 100미터 앞에 간다고 가정하자. 아킬레스가 100미터 갈 때 거북이는 10미터를 간다. 이번에는 아킬레스가 10미터 갈 때 거북이는 1미터를 간다. 그다음에는 아킬레스가 1미터를 갈 때 거북이는 1센티미터를 간다. 이 과정이 무한히 반복되어 천하의 아킬레스라도 거북이를 영원히 따라잡을 수 없다는 것이다.

현대 수학의 무한 개념으로 이 역설은 쉽게 해결된다. 거북이가 간 거리는 100+10+1+⋯미터이고 이것은 111.11⋯미터이므로 아킬레스는 111.11⋯미터, 곧 1000/9미터에서 거북이를 따라잡을 수 있다. 지금은 고등학생이면 무한의 합이 유한이라는 것을 누구나 배우는데, 당시에는 무한급수의 개념이 없어서 생긴 역설이다.

제논의 역설은 수학으로 보면 틀린 이론이다. 그러나 철학사의 관점으로는 제논이 모든 것은 변한다는 헤라클레이토스에 맞서 그것을 부정하는 자신의 스승인 파르메니데스를 뒷받침하기 위해 제시한 역설로 이해해야 한다. 운동은 사물의 변화를 뜻하므로, 아킬레스의 운동이든 화살의 운동이든 역설을 이용해 부정하고 싶었던 것이다. 상대방의 주장을 가정할 때 모순이 일어난다는 것을 보임으로써 그 주장을 반박하는 논증법을 '귀류법'이라고 하는데, 제논이 귀류법의 창시자이다.

208

Friday

시민 불복종

부당하다고 생각하는 법을 의도적으로 어기는 행동. 미국의 작가인 헨리 소로 (1817~1862)가 1849년에 쓴 같은 제목의 책에서 내세운 개념으로, 그는 스스로 미국-멕시코 전쟁에 반대하며 인두세를 거부하여 하룻밤 수감된 적이 있다. 그는 옳은 일을 행하는 것이 유일한 의무이기에 법에 대한 존경심보다 옳음에 대한 존경심을 길러야 한다고 주장했다. 이것은 보통 법이 무엇이든 간에 양심에 따라 행동하라고 이해되는데, 약간 오해의 소지가 있다. 양심이 단순히 숙고되지 않은 취향에 불과할 수 있기 때문이다. 개인의 취향은 공공의 이득이 아니라 개인의 이득을 위할 가능성이 크다.

소로의 주장은 모한다스 간디(1869~1948)나 마틴 루서 킹(1929~1968)에게 영향을 끼쳐 인도의 비폭력 불복종 운동이나 흑인 민권 운동의 도화선이 되었다. 일제 강점기의 항쟁이나 독재 정권 시대의 민주화 운동도 시민 불복종의 예이다. 그러나 "목적은 수단을 정당화하지 못한다."거나 "악법도 법이다."라는 이유로 이런 시기의 시민 불복종마저 반대하는 사람은 별로 없다. 문제는 민주 정부에서 시민 불복종이 허용되느냐이다. 민주 정부에서는 선거나 청원이나 언론과 같은 민주적인 방법을 통해 자신이 그르다고 생각하는 일을 합법적으로 막을 수 있기 때문이다. 그래서 법에 복종해야 함을 강조하는 쪽은 그래야 하는 이유로, 민주 정부에서 법을 지킨다는 것은 법을 존중하고 거기에 복종한다는 것을 보여 줌으로써 법을 효력 있게 만들고 다른 사람들도 법을 지키게 하는 모범이 된다는 점을 든다. 법 존중이 약해지면 범법자를 처벌하기 위해 비용이 들고, 약간의 위법은 미끄러운 비탈길을 타고 무법 상태로 치닫게 된다.

선거 등의 방법으로는 우리의 모든 의견을 반영하기 힘들며, 무엇보다 소수의 의견이 무시된다는 비판이 있다. 그러나 시민 불복종을 반대하는 쪽은 다수결의 원리 때문에 소수의 불만이 생기는 것은 민주주의를 운영하는 대가로 받아들여야 한다고 생각한다. 만약 법으로 금지된 수단을 이용해서 정책을 바꾸려고 하는 쪽이 다수라면 그것은 다수결이라는 민주주의 정신에 부합하므로 옹호될 수 있는 시민 불복종이다.

일관성

2개의 믿음이 동시에 참일 가능성. 일관성의 형식적인 뜻은 이것이다. 그러나 일상의 논증에서 일관성을 끌어들일 때는, 의미 있는 차이가 없는 경우 똑같이 대우해야 한다고 요구할 때이다. 무모순율은 사고의 기본 법칙이므로 모순된 진술을 하지 말아야 한다는 것, 곧 일관된 지식의 체계를 갖추어야 한다는 요구는 아주 당연하다.

그러나 일관성을 실제로 적용할 때는 어려움이 따르는데, 하늘 아래 똑같은 것은 없기 때문이다. 따라서 일관성을 요구할 때 차이가 있는 것은 알지만 그 차이가 의미가 없기에 똑같이 대우해야 한다고 주장해야 한다. 가령 인간은 평등하다고 주장하지만 세상에 똑같은 사람은 없다. 인종이나 성별도 다르고 키도 다르고 지능지수도 다르다. 그런 차이가 있다고 해서 신체에 대한 권리나 행복을 추구할 권리 등에 차이가 있는 것은 아니므로, 사람이라면 누구나 기본적인 권리를 갖는다고 주장한다.

일관성을 요구할 때는 그 사례가 허용되지 않는다면 그와 비슷한 이 사례도 허용하지 말아야 한다는 이른바 '물귀신' 논증과, 그 사례가 허용된다면 그와 비슷한 이 사례도 허용해야 한다는 이른바 '왜 쟤만?' 논증이 가능하다. 문명국가에서는 이제 사람을 직접 때리거나 손, 발 등을 자르는 신체형을 허용하지 않는다. 그렇다면 목숨을 직접 해치는 사형도 허용해서는 안 된다는 주장이 첫 번째 예에 해당한다. 대마초는 중독성에서 담배와 다르지 않으므로 담배가 허용되는 것처럼 대마초도 허용해야 한다는 주장은 두 번째 예에 해당한다.

애초에 의미 있는 차이가 없다고 해서 일관성을 요구했으므로, 일관성 요구에 반대할 때는 그 차이가 사실은 의미가 있다고 주장하는 방법을 써야 한다. 가령 담배와 달리 대마초에 중독된 사람은 더 강한 마약을 찾거나 그런 권유를 받게 되므로 대마초를 허용해서는 안 된다고 반론하면 된다. 물론 그게 사실인지 확인하는 과정이 뒤따라야 하겠지만 말이다.

○ 이른바 '내로남불'은 상대방의 일관성 없음을 지적하는 것이다. 다만 내로남불이 지적하는 비일관성은 주장 사이가 아니라 주장과 행동 사이에 성립하기에 얼른 눈에 띄지 않는다.

위작

다른 사람의 작품을 흉내 내어 비슷하게 만드는 일이나 그렇게 만든 작품. 수집가나 큐레이터나 예술사가에게는 특정 작품이 위작인지 아닌지 판가름해야 한다는 현실적인 문제가 있다. 그러나 어떤 방법을 써도 진품과 위작을 구분할 수 없다고 할 때 진품이 위작보다 예술적으로 가치 있는지가 철학적으로 문제가 된다. 위작이라고 했을 때 진품을 똑같이 그려 복제품을 만드는 것만 있는 게 아니라, 유명 예술가의 양식을 모방하는 것도 있다. 20세기 초반에 활동한 네덜란드의 한 판 메이헤런(1889~1947)은 17세기 화가 얀 페르메이르(1632~1675)의 양식을 모방한 그림을 그려 페르메이르의 이름으로 팔았다. 이 작품들은 예술적 가치를 인정받을 수 있을까?

진품과 위작의 예술적 가치에는 아무런 차이가 없다는 주장이 있다. 여기서는 진품을 높게 치는 이유가 위대한 미술가가 직접 그린 유일본이어야 비싼 값을 받을 수 있고 수집의 가치가 있다는 데 주목한다. 가격이나 희귀성은 예술적 가치와는 관련이 없다. 오히려 잘 만들어진 위작이 원본보다 예술적 가치가 더 클 수도 있다.

이에 반대하는 쪽에서는 예술적으로 중요한 것은 예술가의 독창성인데, 구분될 수 없는 그림을 그린 것은 단순히 기능에 불과하므로 예술적 가치가 없다고 주장한다. 유명 화가의 양식을 모방한 위작도 새로운 양식을 창작했다기보다 베낀 것이므로 가치가 없다. 예술적으로 중요한 것은 창의성이지 베끼는 기술이 아니기 때문이다.

그러나 위작에도 가치가 있다고 주장하는 쪽에서는 다시 이러한 비판은 위작 작가를 향한 비판은 되어도 그 작품을 향한 비판은 아니라고 말한다. 비록 위작이라고 해도 작품은 그 자체로 평가되어야 한다는 것이다.

❍ 페르메이르는 영화로도 만들어진 유명한 〈진주 귀걸이를 한 소녀〉를 그린 화가이다. 예전에는 '베르메르'로 표기했다.
❍ 위 그림은 한 판 메이헤런의 위작으로 유명한 〈간음한 여인과 그리스도〉이다.

#

Monday

만인에 대한 만인의 전쟁

이로써 다음과 같은 사실이 분명해진다. 즉 인간은 그들 모두를 위협하는 공통의 권력이 존재하지 않는 곳에서는 전쟁 상태에 들어가게 된다는 것이다. 이 전쟁은 만인에 대한 만인의 전쟁이다. (…)

전쟁 상태에서 벌어지는 모든 일은 만인에 대해 적[敵]인 상태, 즉 자기 자신의 힘과 노력 외에는 어떠한 안전 대책도 존재하지 않는 상태에서도 똑같이 발생할 수 있다. 이러한 상태에서는 성과가 불확실하기 때문에 근로의 여지가 없다. 토지의 경작이나 해상 무역, 편리한 건물, 무거운 물건을 운반하는 기계, 지표[地表]에 관한 지식, 시간의 계산도 없고, 예술이나 학문도 없으며, 사회도 없다. 끊임없는 공포와 생사의 갈림길에서 인간의 삶은 고독하고, 가난하고, 험악하고, 잔인하고, 짧다.

― 홉스, 《리바이어던》

국가가 만들어지기 전의 자연 상태에서 사람들은 어떻게 살까? 영화 〈웰컴 투 동막골〉(2005)의 마을 사람들처럼 총이 뭔지도 모르고 평화롭게 살까, 아니면 윌리엄 골딩의 노벨 문학상 수상작 《파리 대왕》(1954)의 소년들처럼 약육강식의 모습으로 살까? 홉스는 인간을 이기적인 존재로 보았다. 자신의 욕심을 위해 훔치고 사기 치고 죽이는 '만인에 대한 만인의 전쟁' 상태이다. 힘센 사람이라고 해서 안심할 수 없다. 잠자는 사이에 공격받을 수도 있고 간교에 넘어갈 수도 있고 더 힘센 놈을 만날 수도 있다. 그러니 그곳에서의 삶은 "고독하고, 가난하고, 험악하고, 잔인하고, 짧다."

합리적인 사람이라면 이런 상태를 지속할 수 없으니 '사회 계약'을 맺을 것이다. 내가 너를 때리지 않을 테니 너도 나를 때리지 않기로 서로 약속을 하는 것이다. 그러나 지키지 않으면 그만이다. 그래서 약속을 잘 지키는지 감시할 강력한 권력을 도입해야 한다. 그것이 '주권자'이다.

○ 홉스는 《리바이어던》에서는 '만인에 대한 만인의 전쟁'을 영어로 말했지만 《시민론》에서는 'bellum omnium contra omnes'라는 라틴어로 말했다. 그리고 《시민론》에서는 "인간은 인간에 대해 일종의 신이기도 하고 악명 높은 늑대이다."라는 말도 하는데, 이는 고대 로마의 희극 작가 플라우투스가 말한 "사람은 사람에게 늑대이다(homo homni lupus)."에서 따온 것이다.

212

Tuesday

분석 vs 종합

주어 개념이 술어 개념을 포함하면 분석 판단이고 포함하지 않으면 종합 판단이라고, 칸트에 의해 내려진 유명한 구분. 가령 "모든 빨간 사과는 빨갛다."는 '빨간 사과'라는 개념이 '빨갛다'라는 개념을 포함하므로 분석 판단이지만, "모든 사과는 빨갛다."는 '사과'라는 개념이 '빨갛다'라는 개념을 포함하지 않으므로 종합 판단이다. '빨간 사과'와 '빨갛다'처럼 부분-전체 관계가 아니더라도 포함 관계이면 분석 판단이다. "모든 총각은 결혼하지 않은 남자이다."나 "모든 총각은 총각이다."가 그런 예이다.

칸트 이전에 라이프니츠나 흄도 분석-종합이라는 용어를 사용하지는 않았지만 비슷한 구분을 했다. 그러나 칸트는 이 구분을 정식화하고, 이 구분을 자신의 또 다른 구분인 선험-경험과 연결하였다.

칸트 이후의 철학자들은 이 구분을 주어와 술어로 된 명제만이 아닌 모든 명제에 일반화하기 위해, 술어 개념이 주어 개념에 포함된다는 것이 무슨 뜻인지 해명하려고 노력했다. 다양한 해명이 나왔지만 그 구분 자체는 의심받지 않았고, 현대 철학에서 중요한 구분으로 전제되었다. 그러나 콰인은 〈경험론의 두 독단〉(1951)이라는 논문에서 이 구분 자체를 부정했다. "모든 총각은 결혼하지 않은 남자이다."가 분석 판단인 이유는 '총각'과 '결혼하지 않은 남성'이 동의어라는 데 있다. 그 둘을 동의어라고 볼 수 있는 근거는 그 둘을 서로 바꾸어 써도 진릿값에 변화가 없다는 것이다. 그런데 "모든 심장을 가진 동물은 심장을 가진 동물이다."에서 '심장' 대신에 '신장'으로 바꾸어 쓴 "모든 심장을 가진 동물은 신장을 가진 동물이다."는 진릿값에는 변화가 없지만 분석 판단은 아니다. 왜 그런지 묻는다면 전자의 문장과 달리 후자의 문장은 필연적으로 참이 않기 때문이라고 대답해야 한다. 그런데 필연적으로 참이지 않다는 말은 곧 분석적이지 않다는 말이다. 결국 분석성이 무엇인지 물었는데 다시 분석성으로 돌아오고 말았다. 이런 순환성이 있기에 분석-종합의 구분에는 근거가 없다는 것이 콰인의 주장이다. 근세 이후 오랫동안 믿어 오던 구분은 무너지고 말았다.

○ 각각 분석과 종합을 뜻하는 Analysis와 Synthese는 모두 A급의 철학 학술지 이름이다. 분석과 종합은 철학에서 그만큼 중요하다.

213

Wednesday

데이비드 흄

우리나라에서 시인들이 가장 좋아하는 시인으로 백석이 꼽힌다고 하는데 철학자들이 가장 좋아하는 철학자로는 흄(1711~1776)이 꼽힌다. 서양 근세의 가장 위대한 철학자로 꼽히는 칸트도 흄을 읽고 독단의 잠에서 깨어났다고 말했다.

흄은 영국 스코틀랜드 출신이다. 28살에 출간한 《인간 본성론》은 철학사에서 가장 중요한 저작 중 한 권으로 꼽히지만 당시에는 별로 주목을 받지 못했다. 그 대신에 기원전 1세기에 일어난 카이사르의 영국 침공부터 1688년 명예혁명까지 다룬 6권짜리 《영국사》는 베스트셀러가 되어 흄에게 막대한 부를 안겨주었다. 《인간 본성론》은 '지성에 대하여', '정념에 대하여', '도덕에 대하여'의 세 권으로 되어 있고, 이 중 1권과 3권을 읽기 쉽게 다시 쓴 것이 《인간의 이해력에 대한 탐구》와 《도덕 원리에 대한 탐구》이다.

영국의 경제학자 애덤 스미스와 오랜 우정을 나누었고, 프랑스의 철학자 루소와는 처음에는 우정을 나누다가 나중에 사이가 틀어졌다. 스미스와의 이야기는 정치 철학자 데니스 C. 라스무센의 《무신론자와 교수》(2017)라는 책에서, 루소와의 이야기는 철학 저술가인 데이비드 에드먼즈와 존 에이디노의 《루소의 개》(2006)라는 책에서 읽을 수 있다.

경험론 철학자로서, 경험으로 받아들이지 못하는 것을 철두철미하게 의심했다. 당시는 물론이고 지금도 많은 사람이 상식으로 받아들이는 자아, 인과, 외부 세계, 귀납, 신 따위를 철저하게 의심한 회의주의는 현대에도 화수분 같은 철학적 논쟁거리이다. 모든 것을 의심했다고 하니 '앙팡 테리블'처럼 까칠한 사람일 것 같다. 그러나 초상화를 보면 후덕한 인상이다.

자신의 경험을 너무 믿었는지 강한 인종 차별적 신념을 드러냈다. 《도덕, 정치, 문학 논집》에서 "깜둥이[negro]나 여타의 인종(네다섯 개의 인종이 있다)은 백인보다 자연적으로 열등하다고 의심받곤 한다. 백인과 얼굴색이 다른 문명화된 국가는 전혀 없었고, 행동이나 사상에서 뛰어난 인물도 없었다. 천재적인 제조사도, 예술도, 과학도 없었다."라고 말했다. 2020년 반인종주의 시위대가 노예 무역상 등의 동상을 공격할 때 스코틀랜드의 에딘버러에 있는 흄의 동상도 훼손했다.

214

Thursday

쾌락주의

쾌락은 다른 본래적 선을 얻기 위한 도구에 그치는 것이 아니라 그 자체를 유일한 선으로 추구해야 한다고 주장하는 이론. 고대의 에피쿠로스에서 시작하여 근세의 홉스 그리고 경험론자 로크와 흄, 공리주의자 벤담과 밀에 의해 옹호되었다.

'쾌락'이라는 말이 주는 말초적인 어감 때문에 반감을 많이 사는 이론이다. 벤담의 공리주의는 실제로 당대에 '돼지의 철학'이라는 비판을 받았다. 그러나 쾌락주의를 옹호하는 철학자들이라고 해서 말초적인 쾌락을 비롯한 쾌락을 직접적으로 추구하라고 주장하지 않는다. 에피쿠로스는 고통의 부재를 쾌락으로 보고, 근세의 쾌락주의자들은 사색이나 독서나 창작 활동 등 우리가 즐길 수 있는 모든 것을 쾌락에 포함한다.

쾌락을 직접적으로 추구하면 추구할수록 쾌락에서 멀어지는 '쾌락주의의 역설'에 빠진다. 쾌락을 의식적으로 추구하는 사람은 밤마다 파티에 참석해도 쾌락을 놓치지 않으려고 긴장하고 불안해하는 것이다. 오히려 쾌락을 의식하지 않고 자기 일에 충실할 때 쾌락을 얻게 되는 역설적 결과가 나온다. 아우슈비츠 수용소 출신의 오스트리아 정신과 의사인 빅토르 프랑클(1905~1997)의《죽음의 수용소에서》(1946)는 그 예를 보여 주는데, "남자가 그의 정력을 과시하려고 하면 할수록, 여자가 오르가슴에 이르는 능력을 보여 주려고 하면 할수록 점점 더 성공할 확률이 떨어지게 된다."라고 말한다. 쾌락은 어떤 행위의 부산물로 얻어져야 그것 자체가 목적이 되면 망가진다는 게 그의 주장이다.

쾌락주의에 대한 비판으로는 현대 철학자인 노직의 경험 기계 사고 실험이 유명하다. 그는 원하는 모든 쾌락을 주는 경험 기계에 연결될 가능성이 있다고 하더라도 사람들이 그것을 신택하지 않을 것이라는 추측을 근거로 사람들이 쾌락보다는 현실을 더 중요하게 생각할 것이라고 말한다. 쾌락은 그 자체로 좋은 것이 아니라는 것이다.

○ 여기서 말하는 쾌락주의는 정확히 말하면 '윤리적 쾌락주의'로서, 인간이 원하는 것은 궁극적으로 쾌락일 뿐이라고 주장하는 '심리적 쾌락주의'와 다르다. 두 이론의 차이는 심리적 이기주의와 윤리적 이기주의의 차이와 비슷하다.

215

Friday

칸트주의자 배트맨

영화 〈다크나이트〉(2008)에서 배트맨은 악당 조커를 죽일 기회가 여러 번 있지만 죽이지 않는다. 누군가를 죽이면 악당과 다를 바가 없다고 생각하기 때문이다. 이 것을 아는 조커는 배트맨에게 대놓고 "너는 나를 못 죽이지."라고 도발한다. 조커를 죽이지 않아 안 죽어도 될 수많은 사람이 죽게 된다고 생각하는 관객은 고구마를 100개를 먹은 느낌이다.

살인은 옳지 않다는 배트맨의 신념은 무조건 따라야 하는 규칙인 칸트의 정언명령을 떠올리게 한다. 칸트 당대의 사람들도 칸트를 보면 우리가 배트맨을 보는 느낌이었나 보다. 칸트 스스로 〈인류애 때문에 거짓말할 수 있다고 생각되는 권리에 관하여〉(1797)라는 짧은 글을 통해 자신에 대한 비판에 답했다. 그는 살인자에게 쫓기던 친구가 집에 숨어 있을 때도 살인자에게 친구가 집에 없다는 거짓말을 해서는 안 된다는 예를 드는데, 여기서는 배트맨의 예로 설명해 보자.

배트맨이 조커를 죽일 수 있을 때 일어날 가능성은 네 가지이다.

(1) 배트맨이 조커를 죽이지 않고 조커는 배트맨의 자비에 감동해 새사람이 된다.

(2) 배트맨이 조커를 죽이지 않고 도망간 조커가 더 많은 사람을 죽인다.

(3) 배트맨이 조커를 죽이고 고담시에는 평화가 찾아온다.

(4) 배트맨이 조커를 죽이고 조커를 추앙하는 다른 빌런들이 이에 격분하여 사람을 더 많이 죽인다.

칸트의 기본적인 생각은 내가 통제할 수 없는 일에는 책임을 질 수 없지만, 사람을 죽이는 것은 내 의지대로 하는 것이니 비난받아야 한다는 것이다. 그러면 조커를 죽이는 선택((3) 또는 (4)) 대신 죽이지 않는 선택((1) 또는 (2))을 해야 한다. 물론 그런 선택을 할 때 (2)와 같은 상황이 생길 가능성이 크다. 그러나 그 결과는 내 통제를 벗어난 일이니 어쩔 수 없다.

"사람을 죽이지 말라."가 의무라면 무조건 지켜야지, "분명히 좋은 결과가 생길 때가 아니라면 사람을 죽이지 말라."라는 식으로 조건을 붙이면 안 된다. 그런 식으로 조건을 붙이다 보면 사람들이 갖가지 핑계를 갖다 붙여 자기에게 유리한 명령을 만들 것을 칸트는 걱정했을 것이다. 배트맨도 칸트의 그런 생각을 따르지 않았을까?

216

Saturday

가설 연역법

과학 설명의 한 모형. 먼저 가설을 세운 다음에 거기서 특정 예측을 연역해 내는 식으로 논증하는 방법이다. 예를 들어 "토리첼리의 기압계가 해수면보다 높은 곳에 있다면 수은주의 높이가 줄어들 것이다."라는 가설을 세웠다고 해 보자. 여기에 이 가설을 시험할 수 있는 초기 조건이 주어진다. 가령 "토리첼리의 기압계가 해발 100미터에 있다."가 초기 조건이라고 하자. 그러면 위 가설과 초기 조건으로부터 "수은주의 높이가 줄어든다."라는 결론이 따라 나온다. 전제와 초기 조건이 참이라고 한다면 이 결론은 반드시 참이므로, 가설로부터 예측을 도출하는 과정은 연역이다. 그래서 '가설 연역법'이라는 이름이 붙었다.

연역 논증이기에 결론인 예측은 전제가 참이라고 가정할 때 반드시 참이다. 그런데 실제로 실험을 해 봤더니 이 예측이 사실로 드러나면 가설이 '확증되었다'라고 말한다. 물론 과학자는 한 번의 실험으로 가설을 확증하는 것이 아니라, 여러 번의 실험으로 (100미터 높이에서, 또 다른 100미터 높이에서, 200미터 높이에서, …) 가설을 계속 확증해 나갈 것이다. 여기서 가설 연역법의 특이한 점이 생긴다. 결론인 예측이 전제를 확증하는 과정은 연역이 아니라 귀납이다. 가설을 확증하는 예측 사례가 아무리 많아도 가설은 진리인 정도가 점점 커질 뿐이기 때문이다. 이 점을 확인하기 위해서는 "가설이 참이라면 예측은 참이다. 예측은 참이다. 따라서 가설은 참이다."라는 논증 형식이 연역이 아니라는 것을 보면 된다. 그러나 확증이 수없이 반복되었다면 가설이 거짓일 가능성은 논리적으로나 있지 실제로는 거의 없으므로 가설 연역법은 유효한 방법론이다.

이번에는 예측이 실패로 드러났다고 해 보자. 초기 조건은 참인데도 예측이 거짓이라면 가설이 '반증되었다'라고 말한다. 그런데 신기하게도 가설의 확증과 달리 반증은 귀납이 아니라 연역이다. 이번에는 "가설이 참이라면 예측은 참이다. 예측은 거짓이다. 따라서 가설은 거짓이다."가 연역이라는 것을 확인하면 된다. 확증은 여러 번 반복되어도 가설이 참일 개연성을 높일 뿐이지만, 반증은 단박에 가설을 거짓으로 만든다. 포퍼는 이 반증이 과학적 방법의 전부라고 주장했다.

217
Sunday

아카데메이아와 리케이온

각각 플라톤과 아리스토텔레스가 지은 교육 기관. 아카데메이아와 리케이온은 본디 아테네 근교의 지명이다. 아테네에서는 운동선수가 훈련하고 사교하는 장소를 '김나시온'이라고 불렀는데 아카데메이아와 리케이온은 키노사르기스와 함께 아테네의 3대 김나시온이었다. 플라톤의 대화편 《리시스》는 소크라테스가 아카데메이아에서 리케이온으로 가는 도중에 레슬링 경기장 앞에서 리시스라는 미소년과 동성 연애하는 히포탈레스를 만나 경기장에 들어가자는 권유를 받고 승낙하는 장면에서 시작한다. 플라톤과 아리스토텔레스가 학원을 세우면서 지명을 그대로 가져왔다.

아카데메이아는 플라톤이 기원전 387년에 세운 것으로 추정한다. 수업 방식이나 교과 과정도 추측할 뿐이다. 문에 "기하학을 모르는 자는 여기에 들어오지 말라."라고 쓰여 있었다는 말도 유명한데, 역시 확실한 근거는 없다. 다만 플라톤이 남긴 편지(《제7 서한》)로 추측해 볼 때 '바른 철학'을 가르쳐 인재를 양성하는 것이 목적이었던 것은 분명하다.

아리스토텔레스도 아카데메이아 출신이다. 거기서 7년 동안 공부한 후 알렉산드로스 대왕을 가르치러 마케도니아에 갔다 와서 기원전 334년에 리케이온을 설립했다. 그러나 그는 알렉산드로스 대왕이 죽은 후 그와 친했다는 이유로 기소당하자 기원전 332년에 아테네를 떠났고 같은 해에 죽었다. 학원은 후계자에 의해 운영되었는데, 아리스토텔레스의 강의록을 책으로 편집하고 그의 사상을 발전시켰다. 아리스토텔레스는 주로 걸으면서 생각하는 습관이 있었기에 이 학원에서 공부한 사람들을 소요逍遙학파라고 부른다.

아카데메이아는 현대에 '아카데미'라는 이름으로 남아 있다. 리케이온도 그리스를 비롯한 현대 유럽의 여러 나라에서 중등 교육 기관을 가리키는 'lyceum'이라는 어휘로 남아 있다. 이것은 우리나라에서도 '라시움', '라이시움', '리체움', '리케이온' 따위의 사설 학원 이름으로 쓰인다.

○ 김나시온은 그리스어 '김노스'에서 나온 말인데 '발가벗다'라는 뜻이다. 그때는 발가벗고 운동을 했다. 김나시온에서 나온 gymnasium은 영어에서는 '체육관'을 뜻하고, 유럽에서는 우리의 중·고등학교를 가리킨다.

218

Monday

악법도 법이다

> 소크라테스: 소크라테스, 내게 말해 보시오. 당신은 무엇을 하려는 것이오? 당신이 착수하려는 이 일로 당신은 당신이 관여할 수 있는 한 법률인 우리와 나라 전체를 파멸시킬 작정이 아니오? (⋯) 당신은 우리에 의해 태어나고 양육받고 교육받았으니, 우선 당신의 조상과 마찬가지로 당신 자신도 우리의 자손이며 노예라는 것을 부정할 수 있겠소? (⋯) 그런데 확실히 당신은 우리 자신과 맺은 계약과 합의를 어기고 있소. 당신이 강요에 의해 합의한 것도, 기만당해 합의한 것도, 잠시만 숙고하도록 강제된 상태에서 합의한 것도 아니고, 70년을 숙고한 끝에 합의한 것인데도 말이오.
>
> - 플라톤, 《크리톤》

소크라테스가 처형되기 이틀 전에 동갑내기 친구 크리톤이 감옥으로 소크라테스를 찾아가 탈옥을 권한다. 간수도 매수하고 탈옥 비용도 다 준비되었고 망명지도 알아 놓았다고 말한다. 잘 알려졌다시피 소크라테스는 그 제안을 거절하는데, 소크라테스는 의인화된 법률이 자신에게 말하는 가상의 대화로 이유를 댄다. 소크라테스가 탈옥을 반대한 주된 이유는 원한다면 다른 도시에서 살 수도 있었는데 아테네에 살기로 선택했다는 것은 아테네의 국법을 따르기로 계약했기 때문이라는 것이다. 그 법 때문에 여러 혜택을 받았는데 계약을 어기는 것은 수치스러운 일이라는 것이다.

이 대목에서 소크라테스가 "악법도 법이다."라는 말을 했다고 많이 회자된다. 그는 그런 말을 어디에서도 하지 않았다. 그러나 따르기로 약속한 국법이 마음에 안 든다고 해도 그것을 지켜야 한다는 의미라면 그런 '취지'의 말은 했다고도 볼 수 있다. 한편 《소크라테스의 변명》에서는 법정의 명령을 따르지 않고 신의 명령(다이모니온)을 따르겠다고 말한다. 그런데 《크리톤》에서는 법을 따르겠다고 하니 모순이 아닌가? 국법을 따르기로 한 약속을 지켜야 하는 것은 신의 명령 때문이다. 그러니 모순은 해결된다.

○ 플라톤의 대화편 중 《소크라테스의 변명》, 《크리톤》, 《파이돈》은 소크라테스가 재판을 거쳐 감옥에 갇히고 죽음에 이르게 되는 과정을 보여 준다. 《소크라테스의 변명》은 재판에서 소크라테스가 스스로를 변론하는 내용이고, 《크리톤》은 탈옥을 권하는 크리톤에게 답변하는 내용이고, 《파이돈》은 독배를 마시는 날에 영혼의 존재와 불멸을 증명하는 내용이다.

페미니즘

남성 중심주의에 맞서 여성의 권리를 강조하는 주장. '남녀 동권주의'나 '여성주의'라고도 한다. 페미니즘은 철학뿐만 아니라 지식의 전 영역에 걸쳐 있고 입장도 다양하다. 가령 낙태나 성매매에 관한 의견이 페미니즘 내에서 정반대로 나타나기도 한다. 페미니즘이 성차별에 접근하는 다양한 접근 방식을 중심으로 살펴보자.

우선 성별이 다르더라도 똑같이 기회를 주어야 한다는 접근이 있다. 밀에서 시작되는 자유주의적 페미니즘이 대표적인데, 성별이 다르더라도 인간으로서의 존엄성이나 능력에서는 차이가 없으므로 성별에 따라 다르게 대우해서는 안 된다고 주장한다. 예컨대 지원자의 능력이 똑같다면 성별에 따라서 구별되어서는 안 된다는 것이다. 그러나 이런 접근에서는 현재도 몇 영역에서 시행되고 있는 '적극적 우대 조치'를 옹호하기 어렵다. 여성이라는 이유로 특혜를 주는 것은 성별에 따라 다르게 대우하는 것이기 때문이다. 하지만 단순히 기회만 똑같이 주어서는 역사 속에서 남성과 여성 사이에 벌어진 간격을 메꾸기가 어렵다.

여성과 남성이 똑같지 않고 오히려 여성이 남성보다 낫다고 주장하는 접근도 있다. 남성 중심 사회에서 그동안 남성적 가치보다 열등하다고 인식된 여성적 가치가 사실은 더 뛰어남을 역설하는 것이다. 가령 여성에게도 정치나 경영에 참여할 권리를 주어야 하는 이유로 단순히 기회의 평등이 아니라, 국가나 조직을 운영하는 데에는 가정을 꾸리는 것과 같은 기술이 요구되니 여성이 잘한다는 점을 말하는 식이다. 규칙이나 의무보다는 돌봄이라는 여성적 가치를 강조하는 돌봄의 윤리도 이런 접근의 하나이다. 그러나 이 접근에서는 남성적 가치가 중요하다고 주장되는 영역에서는 여성이라는 이유로 차별받을 빌미를 제공할 수 있다.

위와 같은 접근들은 왜 이 사회가 여성을 차별하는 구조인지는 묻지 않고, 이 사회 내에서 여성이 받는 대우를 증진하려는 데만 골몰한다는 비판이 있다. 이 비판은 남성에게 권력이 있고 여성이 거기에 복종하는 체계에서는 기회의 평등을 보장하거나 여성의 가치를 인정받으려는 시도는 무위에 그친다고 주장한다. 무엇이 기회의 평등이고 소중한 가치인지를 권력을 가진 남성이 여전히 판단하기 때문이다. 그러므로 여러 체계나 제도에 권력과 지배 관계가 내재함을 깨닫고, 억압받는 쪽이 권력을 가지려는 노력이 필요하다고 주장한다.

220

Wednesday

제러미 벤담

벤담(1748~1832)은 '최대 다수의 최대 행복'이라는 말로 정식화되는 공리주의의 창시자이다. 상당히 조숙하여 5살 때 '철학자'라는 애칭을 얻었다고 하고, 15살에 옥스퍼드 대학을 졸업했다. 21살에 변호사 자격을 취득했지만 변호사 일은 하지 않고 법의 기초를 연구하는 데 몰두했다.

벤담은 공리주의를 이론으로만 연구한 것이 아니라 그것을 현실 사회에 구현하고자 큰 노력을 기울였다. 옥스퍼드나 케임브리지와 달리 종교나 정치적 신념과 상관없이 누구나 입학할 수 있는 런던 대학을 설립하는 데 중요한 역할을 했다. 보통·평등 선거와 정기 국회의 필요성을 역설했고 동성애자 처벌을 반대했으며, 특히 동물 해방의 선구자로 인정받는다. 천생 공리주의자였다.

감시자는 중앙의 탑에 있고 부채꼴 모양으로 나뉜 칸에는 죄수들이 갇힌 원형 감옥인 패놉티콘의 아이디어를 제시했다. 이 감옥은 다수의 행복을 위해 소수의 권리를 억누르고 희생시킨다는 오해를 받는다. 프랑스의 철학자인 푸코는 《감시와 처벌》(1975)에서 패놉티콘이 사회 전반적인 통제와 규율의 원리로 확산된다고까지 말한다. 그러나 벤담으로서는 억울하다. 당시 비인간적이고 비위생적인 감옥을 최소의 비용으로 최대의 감시 효과를 내면서 인간적이고 합리적인 시설로 바꾸려는 의도였기 때문이다.

벤담은 죽어서도 공리주의를 실천했다. "인류가 얼마간의 작은 이득을 얻을 수 있게 하기 위해서" 자신의 주검을 해부용으로 기증하고, 동상을 만드는 수고를 하지 말고 뼈대를 인형으로 만들어 후대 철학자들에게 학문적 자극을 주라는 유언을 남겼다. 그의 말대로 당시 입던 옷을 입히고 밀랍 머리를 얹은 '오토 아이콘'이라는 인형이 런던 대학에 전시되어 있다.

○ 위 사진은 패놉티콘으로 지어진 쿠바 프레시디오 모델로 감옥의 내부이다.

221

Thursday

언어적 전환

철학의 주요 문제를 해결하는 데 언어가 중심적인 역할을 한다고 생각하는 경향. 넓게는 20세기의 분석 철학을 가리키는 말이고, 좁게는 비트겐슈타인과 그 영향을 받은 논리 실증주의 및 일상 언어 학파를 가리킨다. 언어적 전환은 프레게와 러셀에도 그 기원이 있지만, 《논리 철학 논고》(1921)에서 "모든 철학은 '언어 비판'이다."라거나 "한계는 오직 언어에서만 그어질 수 있을 것이며, 그 한계 건너편에 놓여 있는 것은 단순히 무의미가 될 것이다."라고 명시적으로 말한 비트겐슈타인에서 시작되었다고 말할 수 있다. 비트겐슈타인은 대부분의 철학적 주장이 우리 언어의 심층 문법을 오해한 데서 비롯된 무의미한 명제라고 비판한다.

'언어적 전환linguistic turn'이라는 말은 논리 실증주의자 중 한 명인 오스트리아 출신의 미국 철학자 구스타프 베르크만(1906~1987)이 처음 썼다. 이 말이 널리 알려진 것은 로티가 1967년에 언어 분석 방법론과 관련된 주요 논문들을 모아 펴낸 같은 제목의 책 덕분이다. 그는 서론에서 "언어적 철학의 가장 최근의 철학적 혁명"을 뒤돌아보는 논문들을 모았는데, '언어적 철학'이란 언어를 개혁하거나 우리가 지금 쓰는 언어에 대해 더 잘 이해함으로써 철학적 문제가 해결될 수 있다고 (또는 해소될 수 있다고) 보는 견해를 가리킨다고 말한다.

초기 비트겐슈타인과 논리 실증주의는 철학적 문제를 해결하기 위한 수단으로 논리적 분석을 중요하게 여겼다. 그러나 후기 비트겐슈타인과 일상 언어 학파는 논리학과 같은 이상적인 인공 언어 대신에 일상 언어의 의미와 사용에 주목해야 한다고 생각했다. 물질과 별개로 정신이 있다고 생각하는 것은 범주 착오라는 라일의 비판이 일상 언어 분석을 통한 철학적 사고의 한 사례이다. 일상 언어 학파는 무어에서 시작하여 라일, J. L. 오스틴(1911~1960), P. F. 스트로슨(1919~2006) 등 주로 옥스퍼드 대학을 중심으로 발전했기에 '옥스퍼드 철학'이라고도 알려졌다.

그러나 '언어적 철학'은 1950년대 이후로 쇠퇴하기 시작한다. 논리 실증주의와 미국의 실용주의가 결합된 콰인의 자연주의 철학의 발흥으로 언어를 향한 관심이 실재의 본성을 향한 관심으로 되돌아갔기 때문이다. 그러나 여기서도 언어 분석의 일종인 개념 분석은 여전히 중요하게 사용된다.

○ 철학 방법론인 '언어적 철학'은 언어를 탐구 대상으로 삼는 철학의 한 분과인 '언어 철학'과 다르다. 언어 철학 연구는 언어적 철학 이외의 방법(가령 현상학이나 포스트모더니즘)으로도 얼마든지 할 수 있다.

222

Friday

소극적 자유 vs 적극적 자유

자유라는 말은 그리 어려운 말이 아니다. 무엇인가에 구속되지 않고 마음대로 할 수 있으면 자유롭다고 생각한다. 영국의 철학자 이사야 벌린은 1958년에 "자유의 두 개념"이라는 강연에서 자유를 '소극적 자유'와 '적극적 자유'로 구분한다. 소극적 자유는 다른 사람에게 간섭받지 않는 것을 의미하고, 적극적 자유는 외부의 힘에 의존하지 않고 자신에 의존해서 무엇인가를 결정하는 것을 의미한다. 감옥에 갇혀 있거나 가부장적인 남편 때문에 사회 활동을 못 한다면 소극적 자유가 없는 것이다. 반면에 돈이 없어서 원하는 물건을 사지 못하거나 시험 성적이 안 돼 원하는 학교에 입학하지 못한다면 적극적 자유가 없는 것이다. 비록 누가 물건을 못 사게 하거나 그 학교에 지원하는 것을 막지는 않았으니 소극적 자유는 있지만, 돈 또는 실력이 없어서 할 수 없으니 적극적 자유는 없는 것이다. 소극적 자유는 '무엇에 구속되지 않는 자유'이고, 적극적 자유는 '무엇을 향한 자유'이다.

이 구분이 중요한 것은 국가가 자유롭다고 할 때 어느 정도의 자유인가가 중요한 문제이기 때문이다. 현대 국가에서는 이제 여자라거나 신분이 낮다고 해서 특정 물건을 못 사게 하거나 특정 학교에 못 들어가게 하지 않는다. 소극적 자유는 보장되는 것이다. 그러나 돈이 없고 실력이 없으면 할 수 없으니, 국가가 적극적 자유까지 주어야 한다고 요구한다. 1980년대에 〈애국가〉만큼 많이 들은 노래로 〈아! 대한민국〉이 있었다. 그 가사의 후렴구는 "원하는 것은 무엇이든 얻을 수 있고/ 뜻하는 것은 무엇이건 될 수가 있어"이다. 당시 시민들은 여기에 "원하는 것은 무엇이든 얻을 수 있고(돈 있으면)/ 뜻하는 것은 무엇이건 될 수가 있어(빽 있으면)"이라는 코러스를 넣어서 불렀다. 이 노래에서 말하는 자유가 소극적 자유가 아니라 적극적 자유임을 간파한 것이다.

성매매를 옹호하는 쪽은 자유로운 의사에 의한 성매매는 자유주의 사회에서 도덕적으로 허용 가능하다고 주장한다. 그러나 반대하는 쪽은 금전적으로 어려움이 없다면 성매매를 선택하지 않을 것이므로 진정으로 자유로운 선택이 아니라고 주장한다. 성매매 찬성 쪽과 반대 쪽은 소극적 자유와 적극적 자유라는 서로 다른 자유를 언급하고 있다.

223
Saturday

자연스러움에 의한 논증

어떤 것이 자연스럽기 때문에 옳다거나 거꾸로 자연스럽지 못하기 때문에 옳지 않다고 주장하는 논증. 호주제가 폐지되기 전에 존치를 주장하던 쪽에서는 호주제는 자연의 섭리에 맞기 때문에 옳다고 주장했다. 새로운 생명 윤리 기술을 반대하는 쪽에서는 흔히 자연스럽지 못하다는 이유로 반대한다. 시험관 아기, 이종 장기이식, 유전자 변형 농산물 따위에 반대할 때 그런 근거를 든다.

'자연스럽다'라는 말에는 두 가지 다른 뜻이 있다. 하나는 정말로 자연에서 일어나는 일이라는 뜻이고, 다른 하나는 순리에 맞고 당연하다는 뜻이다. 전자는 사실 판단이고 후자는 가치 판단이다. 논증에서 자연스럽다는 것을 근거로 드는 사람은 그 근거를 통해 옳다거나 옳지 않다는 주장을 하려는 의도이므로, 자연스럽다는 근거를 가치 판단의 뜻으로 쓸 수 없다. 그러면 근거와 주장에서 같은 말을 반복하는 순환 논증을 저지르기 때문이다. 따라서 자연에서 일어나는 일이라는 사실 판단으로 근거를 제시했다고 보아야 한다.

그런데 자연에서 일어나는 일에서는 옳다거나 옳지 않다는 가치 판단을 도출할 수 없다. 첫째로 사실과 가치는 전혀 다른 영역이므로 한쪽에서 다른 쪽을 도출할 수 없기 때문이다. 사실에서 가치를 도출하려는 잘못을 '자연주의의 오류'라고 부른다. 둘째로 자연에서 일어나는 일에 좋은 것도 얼마든지 있고 나쁜 것도 얼마든지 있기 때문이다. 가뭄과 태풍은 자연스러운 현상이다. 그러나 우리는 그것을 막기 위해 애쓴다. 독버섯이나 기생충은 자연에 있는 것이지만 우리는 그것을 싫어한다. 자연스러워 좋은 것도 많다. 자연산 회는 양식 회보다, 환경 친화적인 농산물은 화학 비료로 기른 농산물보다 더 쳐준다. 자연스럽다고 해서 좋은지 나쁜지 판단하기 어려운 것도 많다. 도시를 떠나 '자연인'으로 사는 건 좋은가? 성형 수술을 받지 않은 자연 미인은?

결국 자연스럽다는 것만 가지고는 어떤 가치 판단을 내릴 수 없다. 자연스러움에 의한 논증은 대체로 실패한다.

224

Sunday

스켑틱

과학적으로 검증되지 않는 초자연적 현상을 믿지 않는 사람들. 영어의 sceptic(영국식 영어에서는 skeptic)은 '회의론자'라는 뜻이다. 철학에서 회의론자라고 하면 내 마음을 제외한 모든 것에 대한 지식을 의심하는 사람을 가리키지만, 일상생활에서 그런 회의론자는 찾기 어렵다. 그래서 모든 지식은 아니고 종교적인 기적, 외계인, 점술술, 사이비 과학 따위를 믿지 않는 사람을 '스켑틱'이라고 부른다. 철학 저술에서 스켑틱이라고 하면 고대의 피론(기원전 360?~기원전 270?)이나 근세의 버클리와 흄 같은 사람을 떠올리겠지만, 일상생활에서 스켑틱이라고 하면 칼 세이건이나 리처드 도킨스 같은 과학자들을 떠올린다. 두 회의론을 구분하기 위해 철학의 회의론을 '철학적 회의론' 또는 '인식론적 회의론'이라고 부른다. 철학자의 더 정확한 용어로는 '외부 세계 회의론'이다. 그리고 후자의 회의론은 '과학적 회의론'이라고 한다.

우리나라에서는 오히려 스켑틱을 찾기 어렵다. 초자연적 현상을 믿는 사람이 많아서가 아니라 오히려 믿는 사람이 많지 않기에, 그것을 믿어서는 안 된다고 주장하는 스켑틱이 많지 않은 것이다. 유교의 전통에서는 누군가가 초자연적 현상을 말하면 혹세무민이라고 하여 배척해서 그런 것 같다. 물론 초자연적 현상을 믿는 사람이 상대적으로 적다는 것이지 없다는 뜻은 아니다. 사주나 혈액형 심리학처럼 우리나라 사람이 특히 많이 믿는 미신도 있다.

반면에 영혼의 존재를 믿는 크리스트교 전통의 서구에서는 갤럽 조사를 해 보면 텔레파시, 유령의 집, 귀신, 점술술, 마녀, 윤회, 창조론 따위를 믿는 사람의 비율이 물경 20%에서 40%까지 나온다. 그러니 세이건이나 도킨스처럼 적극적으로 그것을 부정하는 스켑틱이 활동하는 것이다. 이들은 저술은 물론이고 버스나 거리 광고판을 이용해서 초자연적 현상을 믿는 것이 얼마나 어리석은지 사람들에게 알린다. 그럼에도 불구하고 유신론의 전통이 강한 문화에서 스켑틱은 곧 무신론자이기에 약간 괴짜 또는 위험한 사람 취급을 받는 분위기이다.

225

Monday

이 사람을 보라

> 마지막으로 "인간은 이러저러하게 존재해야 한다!"라고 말하는 것이 얼마나 순진한 처사인지를 생각해 보자. 현실에서 우리가 보는 것은 황홀할 정도로 풍부한 전형들, 낭비라고 할 수 있을 정도로 풍성한 형식들의 유희와 변화다. 거기에다 대고 어떤 불쌍하기 짝이 없는 게으름뱅이 도덕가는 "아니야! 인간은 달라져야만 해."라고 말할 것이다. (…) 주정뱅이에다 위선자인 그는 심지어 자신이 어떤 존재가 되어야 하는지도 알고 있다. 그는 자신의 모습을 벽에 그려 놓고 "이 사람을 보라!"라고 말한다.
>
> – 니체, 《우상의 황혼》

전통적인 윤리학은 "인간은 이러이러하게 존재해야 한다."라고 말한다. 칸트와 의무론자는 의무에 따르는 행동을 해야 한다고 말하고, 공리주의자와 같은 결과론자는 쾌락을 증진하고 고통을 감소하는 행동을 해야만 한다고 말한다. 그러나 니체가 보기에 그런 윤리학자는 '게으름뱅이 도덕가'이고 '가엾은 고집불통에 아는 체하는 도덕가'이다. 사람은 지나칠 만큼 풍부하게 한 명 한 명이 다 다른데 뭉뚱그려 이러이러하게 존재해야 한다고 말하는 것은 어리석기 때문이다. 분명히 학자와 군인과 운동선수와 아이돌에게 똑같은 사회적 역할과 품성을 요구할 수는 없다.

그래도 인간이라면 공통으로 지켜야 하는 품성이 있지 않을까? 아이돌이 군인처럼 용맹스러울 필요는 없지만 정직하지 않아도 되는 것은 아니지 않을까?

"이 사람을 보라 Ecce Homo!"는 본디 《성서》에 나오는 말이다. 유대인들의 요구에 따라 예수를 붙잡은 로마 총통 빌라도가 예수를 가리키면서 유대인들에게 한 말이다. 동시에 니체가 스스로 자신의 생애와 작품을 간략하게 정리한 책 제목으로 쓰기도 했다.

○ 인기 드라마 〈스카이 캐슬〉(2018~2019)에서 독서 토론 모임에서 읽는 니체의 《차라투스트라는 이렇게 말했다》가 너무 어렵다고 하는 아들에게 어머니가 《이 사람을 보라》를 권한다. "자, 이 책부터 읽어 봐. 이게 니체가 직접 쓴 자서전이거든. 이 책에서, 차라투스트라는 이렇게 말했다, 요 부분 먼저 읽고 읽으면 이해하기 쉬울 거야." 이렇게 말하고 덧붙인다. "그래도 재미없다 싶으면 읽지 마! 때려치워. 토론도 좋지만 일단 책이 재미있어야지."

226

Tuesday

운명론

우리가 어떻게 하든 세상일이 어떻게 될지는 다 결정되어 있다는 주장. 운명론은 철학적인 주장 이전에 일상생활에 널리 퍼져 있다. 우리나라에서 '팔자소관'이라는 말을 많이 하는데, 타고난 운수로 인하여 어쩔 수 없이 당하는 일이라는 뜻이다. 우리나라에서도 유명한 팝송 제목인 〈케 세라 세라qué será será〉는 "어차피 일어날 일은 일어난다."라는 뜻의 에스파냐어인데, 여기에도 운명론의 주장이 잘 함축되어 있다.

운명론은 신화나 전설에 자주 등장한다. 서머싯 몸(1874~1965)이 각색한 아라비아 전설에는 바그다드의 한 하인 이야기가 있다. 그는 시장에서 '죽음'을 보았고 주인에게 말을 빌려 달래서 사마라로 도망친다. 주인은 우연히 '죽음'을 만나 "왜 오늘 아침 우리 하인을 위협했소?"라고 물었다. 그러자 '죽음'은 "위협한 건 아니오. 오늘 밤에 사마라에서 만나기로 했는데 바그다드에서 보니 놀라서요."라고 말했다.

키케로의 《운명론》에는 운명론을 잘 보여 주는 이야기가 딜레마 형태로 실려 있다. "병에서 나을 운명이라면 의사에게 가든 안 가든 낫는다. 병에서 낫지 않을 운명이라면 역시 의사에게 가든 안 가든 낫지 않는다. 그러므로 의사에게 가는 건 쓸모없다." '게으름뱅이 논증'이라고 부르는 이 논증은 여러 가지로 변형할 수 있다.

운명론은 세상 일에는 모두 원인이 있다고 주장하는 결정론과 비슷한 것 아닌가 하는 의혹을 받는다. 결정론에 따르면 세상일이 어떻게 될지는 다 결정되어 있다. 결정론이 옳다면 운명론이 옳기는 하다. 그러나 거꾸로 운명론이 옳다고 해서 꼭 결정론이 옳은 것은 아니다. 이 세상은 인과 관계가 아닌 다른 것에 의해 (예컨대 신에 의해) 이미 정해졌을 수도 있기 때문이다. 그리고 결정론은 과학의 뒷받침을 받는 이론이지만 운명론은 우리의 신세 한탄이거나 전설 찾아 3만 리 같은 이야기로 있을 뿐이다. 가장 중요하게는 결정론을 받아들이느냐 운명론을 받아들이느냐에 따라 삶의 태도가 달라진다. 결정론자는 현재 상태가 달라지면 미래도 달라진다고 생각하기에 다른 결과를 만들기 위해 다르게 행동한다. 그러나 운명론자는 게으름뱅이 논증에서 보듯이 어떻게 해도 똑같다고 생각하여 아무 일도 하지 않는다.

○ 라이프니츠는 이 세상은 미리 신에 의해 전체 조화가 정해져 있다는 '예정 조화설'을 주장했다. 칸트의 스승인 마르틴 크누첸(1713~1751)은 이것을 운명론으로 해석하여 "게으른 정신을 위한 베개"라고 불렀다.

존 스튜어트 밀

밀(1806~1873)은 벤담의 뒤를 잇는 영국의 대표적인 공리주의자이다. 밀의 아버지 제임스 밀(1773~1836)도 유명한 경제학자·철학자였는데, 밀은 아버지에게 영재 교육을 받았다. 3살 때 그리스어를, 8살 때는 라틴어를 읽고, 12~13살 때는 읽은 역사책을 간추려 자신만의 사관을 담은 역사책을 썼다니 가히 천재급이다. 밀은 아버지와 절친한 사이였던 벤담과 어린 시절부터 자주 만났다. 부모의 조기 교육이 부담으로 작용하여 비운의 천재로 끝난 사람도 많은데, 밀의 아버지는 스스로 생각하게 하는 교육으로 위대한 철학자를 키워 냈다.

밀은 동인도 회사에서 35년 동안 근무했다. 동인도 회사는 일제 강점기의 동양 척식 회사처럼 제국주의 영국이 인도의 자본과 토지를 수탈하기 위해 만든 회사이다. 밀은 《자유론》에서 "누군가의 자유를 침해할 수 있는 유일한 목적은 (…) 누군가에게 끼치는 해악을 막는 것이다."라는 유명한 원리(해악의 원리)를 주장하면서도, 그 원칙은 미개 사회에 사는 사람들에게 적용되지 않는다고 말한다. "미개인들을 개명시킬 목적에서 그 목적을 실제 달성하는 데 적합한 수단을 쓴다면, 이런 사회에서는 독재가 정당한 통치 기술이 될 수도 있다."라고 쓴 것을 보면 이런 경력과 무관하지 않다.

이런 한계가 있기는 하지만 '해악의 원리'는 현대의 기준으로도 진보적이다. 여성의 참정권이나 교육권 등을 부르짖은 것도 당대를 뛰어넘었다. 24살 때 처음 만난 유부녀 해리엇 테일러(1807~1858)의 남편이 죽기까지 21년을 기다린 후에 결혼한 러브스토리도 유명하다. 밀은 여성의 권리를 주장한 《여성의 예속》은 물론이고 《자유론》도 해리엇과 같이 쓴 것이라고 그녀에게 공을 돌린다. 인과에 관해 '밀의 방법'이 전해져 올 정도로 귀납 논리학에서도 큰 공헌을 남겼다.

널리 알려진 철학자 중 자서전을 쓴 이는 밀과 러셀 정도밖에 없다. 밀의 《자서전》에서 그가 받은 영재 교육법이나 해리엇에 대한 생각을 엿볼 수 있다.

228

Thursday

논리 실증주의

1920년대에 빈학파의 철학자와 과학자 들을 중심으로 한 철학적 입장. 모리츠 슐리크(1882~1936), 오토 노이라트(1882~1945), 루돌프 카르나프(1891~1970) 등이 중심인물이다. 영국의 에이어는《언어, 진리, 논리》를 써서 논리 실증주의를 영어권에 널리 알렸다.

모든 유의미한 진술은 분석 명제와 종합 명제로만 이루어진다고 주장했다. 분석 명제는 필연적으로 참이고 선험적으로 알려질 수 있는 명제이며, 종합 명제는 우연적으로 참이고 경험적으로 알려질 수 있는 명제이다. 따라서 논리학의 지식과 경험 과학의 지식만이 의미 있는 지식이 된다. 또 논리 실증주의자는 '검증의 원리'를 주장했는데, 이에 따르면 참인지 거짓인지 검증할 수 있는 명제만이 의미가 있고, 그 검증의 방법이 곧 명제의 의미가 된다. 당시 유행하던 헤겔이나 하이데거의 형이상학의 진술은 뭔가 심오해 보이지만 이 원리를 통과하지 못한다. 선험적으로 참인 것도 아니고 경험으로 검증될 수도 없기에, 거짓된 진술이 아니라 아예 무의미한 진술이기 때문이다. 당시의 '앙팡 테리블'이었다.

경험론의 실증주의적 전통에 논리학 및 수학의 관심을 덧붙였기 때문에 '논리 실증주의'라고 부른다. '논리 경험론'이라고도 부른다. 나치의 발흥으로 주요 구성원들이 미국이나 영국으로 망명하였다.

논리 실증주의는 프레게와 러셀에서 시작된 분석 철학을 계승하여 미국과 영국에 자리 잡게 하는 데 크게 이바지했다. 그러나 제2차 세계대전 이후 콰인은 분석 명제와 종합 명제의 구분을 비판했다. 그리고 옥스퍼드의 일상 언어 학파는 논리학에 의한 인공 언어보다는 일상 언어의 중요성을 강조했다. 이런 이유로 논리 실증주의는 퇴조하게 된다.

○ 논리 실증주의의 리더였던 물리학자 슐리크는 1936년에 빈에서 제자가 쏜 총에 죽는다. 슐리크는 유대인도 아니었는데, 그의 반형이상학적 주장이 나치의 도덕을 훼손한다는 게 이유였다.

229
Friday

왜 도덕적이어야 하는가?

도덕적으로 산다는 것은 귀찮은 일이기도 하고 손해를 보는 일이기도 하다. 채식이 옳다면 고기 먹는 즐거움을 포기해야 하고, 기부가 도덕적 의무라면 내 수입을 내 마음대로 쓸 권리를 뺏기게 된다. 그런 손해에도 불구하고 왜 도덕적으로 행동해야 할까? 육식은 그른가 또는 기부는 의무인가가 윤리 내부의 물음이라면, 왜 도덕적이어야 하는가는 윤리 자체를 묻는다는 점에서 특이하다.

신이 그렇게 명령했기에 도덕적이어야 한다는 주장, 곧 신명론이 한 가지 대답으로 제시된다. 그러나 신을 믿지 않는 사람에게는 설득력이 없으며, 신명론은 무엇보다 플라톤이 《에우티프론》에서 제시한 딜레마에 빠지는 문제가 생긴다.

왜 도덕적이어야 하는지에 대한 가장 흔한 대답은 그렇게 하는 것이 나에게 이익이 된다는 것이다. 만약 도덕적으로 행동하지 않으면 두고두고 찝찝하고 불안할 뿐만 아니라 언젠가는 잘못이 드러날 테니 손해가 된다. 거꾸로 도덕적으로 행동하면 그런 개운치 않은 마음도 없고 사람들에게 신뢰도 받으니 결국 나에게 이익이 된다. 그러나 현실에는 나쁜 짓을 하면서 거리낌 없는 사람도 있고 나쁜 짓을 하는데도 잘사는 사람이 있다. 플라톤의 《국가》에 나오는 양치기 기게스는 그 극단적인 사례다. 기게스는 투명 인간이 되는 반지를 주워 왕을 죽이고 스스로 왕이 되었고 그 후손도 번창하였다. 나쁜 짓을 해도 절대 들킬 염려가 없는 기게스와 같은 사람에게, 이익이 되기에 도덕적이어야 한다고 설득할 수는 없는 노릇이다.

기게스 또는 자신이 기게스와 같다고 생각하는 사람은 자신에게 이익이 되지 않는데 왜 도덕적이어야 하느냐고 물을 것이다. 그러나 이익이 되지 않는 일을 해야 하는 이유를 찾는데 이익이 되는 이유를 제시하는 것은 애초에 모순이다. "왜 도덕적이어야 하는가?"는 옳은 일을 하는 정당화 근거를 찾는 질문이다. 그러나 자기 이익은 옳은 일을 하는 동기를 설명할 수 있을 뿐이다. 정당화와 설명은 다르다. 그래서 "왜 도덕적이어야 하는가?"라는 질문에 그냥 "옳기 때문에"라고 대답하는 철학자들이 많다.

○ 기게스의 반지는 신화이지만 왕의 경호원이었던 기게스가 왕을 죽이고 왕위에 오른 것은 역사적 사실이다. 그는 기원전 8세기에 리디아 왕국(지금의 터키 땅)의 왕이 되었다.

230

Saturday

인과 관계와 선후 관계의 혼동

한 사건과 다른 사건 사이에 인과 관계가 있을 때, 원인에 해당하는 사건이 먼저 일어나면 결과에 해당하는 사건이 나중에 일어난다. 그러나 어떤 사건이 먼저 일어나고 다른 사건이 뒤따라 일어난다고 해서 두 사건 사이에 꼭 인과 관계가 성립하는 것은 아니다. 우연히 선후 관계가 있을 수도 있기 때문이다. 감기에 걸렸을 때 소주에 고춧가루를 섞어 마셨더니 나았다고 해 보자. 고춧가루를 섞은 소주가 감기가 나은 원인이라고 생각할 수 있다. 그러나 감기는 며칠 지나면 자연스레 낫는 경우가 많다. 그리고 평소에 소주를 좋아한다면 소주가 아니라 소주를 마시고 편안해진 마음이 낫게 만든 원인일 수도 있다.

인과 관계와 선후 관계를 혼동하는 오류를 가리키기 위해 '이것 다음에, 그러므로 이것 때문에'라는 뜻의 라틴어 'post hoc, ergo propter hoc'가 쓰인다. 간단히 'post hoc 오류'라고도 말한다. 이 오류는 위와 같은 민간요법 외에 미신, 편견, 속설, 징크스 따위에서 많이 발견된다. 개명을 했더니 사업이 번창했다거나 축구에서 슛한 공이 골대를 맞힌 날은 진다는 생각이 그런 사례이다. 이 오류는 충분하지 못한 데이터에 근거하여 일반화된 결론을 내리는 성급한 일반화의 오류와 같다고 생각할 수 있다. 그러나 설령 고춧가루 섞은 소주를 마실 때마다 감기가 낫는다고 해도 그것이 진정한 원인은 아니므로 성급한 일반화의 오류와는 조금 다르다.

진정한 인과 관계인지 단순히 선후 관계에 불과한지 판단하기 위해서는 대조 실험을 해 보면 된다. 슛한 공이 골대를 맞히는 것이 경기에서 지는 원인인지 알기 위해서는 슛한 공이 골대를 맞힌 날과 안 맞힌 날로 나누어 각각의 경우에 질 때가 많은지 이길 때가 많은지 대조해 보는 것이다. 슛한 공이 골대를 맞힌 날에 진 경우가 슛한 공이 골대를 안 맞힌 날에 이긴 경우보다 월등히 많아야 슛한 공이 골대를 맞히는 것이 지는 것의 원인이 될 것이다. 축구 경기와 달리 대조 실험 자체가 어려운 경우도 많다. 여러 번 개명하는 사람은 없으니 개명과 사업 번창 사이의 인과 관계를 검사하기는 어렵다. 개명한 여러 사람을 검사한다고 해도, 무엇을 '사업 번창'으로 보느냐도 문제가 된다.

231

Sunday

TT의 딜레마

인기 걸그룹 트와이스의 〈TT〉라는 제목의 노래가 있다. 거기에 "이러지도 못하는데 저러지도 못하네."라는 가사가 나온다. 선택 가능한 두 가지 길 중에서 어떤 쪽을 선택해도 바람직하지 못한 결과가 나오게 되는 곤란한 상황을 딜레마라고 한다. 이 노래 가사가 바로 딜레마에 빠졌다는 말이다.

이 〈TT〉라는 노래 제목은 우는 표정의 이모티콘이라고 많이들 알고 있다. 이 노래는 2016년 10월 말 미국 명절인 핼러윈 시즌에 나왔고, 뮤직비디오는 핼러윈을 콘셉트로 하고 있다. 핼러윈 때 아이들은 이 집 저 집 다니며 "Trick or Treat!"라고 외친다. "과자 안 주면 장난칠 거야!"라는 뜻이다. 이게 바로 딜레마 상황이다. 아이들에게 과자를 안 주면 장난을 받아 주어야 하고, 장난을 받아 주지 않으려면 과자를 주어야 한다. 노래 제목 〈TT〉는 아마 "Trick or Treat!"의 준말 아닐까? 딱 딜레마 노래이다.

진정한 딜레마는 정말로 이러지도 못하고 저러지도 못할 때 성립한다. 이것도 저것도 아닌 제3의 길로 빠져나가면 딜레마에서 빠져나올 수 있다. 그런 줄도 모르고 딜레마라고 제시하면 그것은 '거짓 딜레마'이다. 과자도 안 주고 장난도 안 받아 주는 길은 얼마든지 가능하다. 집에 찾아온 아이들을 쫓아내면 될 것이다. 그러나 그것은 동심 파괴이다. 어쩌면 트릴레마가 될지도 모른다. 과자를 안 주면 장난을 받아 주어야 하고, 장난을 받아 주지 않으려면 과자를 주어야 하고, 이도 저도 아니면 동심이나 파괴하는 마귀할멈 소리를 듣게 되고.

232

Monday

관념을 명석하게 하는 방법

> 우리의 관념의 대상이, 아마도 실천과 관련되리라고 상정되는 대상이 어떤 효과를 가진다고 생각되는가를 고찰하라. 그러면 이들 효과에 대한 우리의 개념이 이 대상에 대한 우리의 개념의 전부이다.
>
> — 퍼스, 〈관념을 명석하게 하는 방법〉

위 인용문은 '실용주의자의 격률'이라고 부르는 것이다. 이것은 실용주의의 창시자라고 불리는 퍼스의 〈관념을 명석하게 하는 방법〉에 나오는데, 이 논문은 제목과 달리 그리 명석하게 쓰이지는 않았다. 어쨌든 퍼스는 주관적으로가 아니라 누구나 동의할 수 있게 관념을 명석하게 하는 방법을 제시하고자 했다.

철학에서는 전통적으로 진리가 이른바 실재와 일치하거나 기존의 이론과 정합적인지를 놓고 진리를 판단하였다. 이것을 각각 진리에 대한 '대응설'과 '정합설'이라고 부른다. 그러나 퍼스는 진리를 실제 생활과 관련해서 찾으려고 했다. 외국에서 온 택배 상자에 'fragile'이라는 스티커가 붙어 있을 때가 있다. 우리로 치면 '파손 주의'인데 '깨지기 쉬운'이라는 뜻이다. 이 말의 의미를 명석하게 하는 방법은, 만약 떨어뜨리면 산산조각이 날 것이라고, 누구나 참여할 수 있는 행위와 그에 따르는 결과로 설명하는 것이다. 실용주의에서 말하는 의미는 이렇게 어찌어찌한 행위를 하면 어찌어찌한 결과가 생긴다고 하는 것 이외에 아무것도 아니다. 여기서 '어찌어찌하다' 자리에 들어가는 말이 객관적일수록 관념의 뜻은 명석해진다. 퍼스는 실천에서 아무런 의미를 만들어 내지 못하는 의미는 무의미하다고 생각했다.

○ '깨지기 쉬운'을 만약 떨어뜨리면 산산조각이 나는 성질이라고 정의하는 것을 '조작적 정의'라고 한다. 퍼스 스스로는 〈관념을 명석하게 하는 방법〉에서 다이아몬드의 단단함을 예로 들었다. 다이아몬드가 단단하다는 것은 다이아몬드로 긁으면 모든 물질에 흠집을 낼 수 있다는 뜻이다.

과학적 실재론

전자나 쿼크와 같은 과학의 이론적 대상들이 객관적으로 존재하고 우리는 그것을 알 수 있다고 주장하는 이론. 눈에 보이는 책상이나 사과 따위의 대상에 대해 알 수 없다는 회의론은 철학에서는 중요한 이론이지만 일상생활에서 진지하게 받아들이는 이는 많지 않다. 그러나 과학의 이론적 대상에 대해서는 상황이 다른데, 가령 전자는 직접 관찰할 수 없고 안개상자에서 증기 맺힘을 통해 간접적으로만 관찰될 뿐이기 때문이다. 과학적 실재론자는 전자나 쿼크와 같은 용어는 세계에 실제로 존재하는 어떤 대상을 가리킨다고 주장한다. 그러나 이에 반대하는 철학자는 그것들이 관찰 가능한 다른 대상들의 작용이나 행태를 예측하고 설명하는 데 도움이 되도록 고안된 허구적 대상에 불과하다고 주장한다. 이러한 주장을 '도구주의'라고 부른다.

과학적 실재론자는 과학 이론이 객관적인 세계에 대해 참인 주장을 한다고 말한다. 그러나 도구주의자는 과학 이론이 가정하는 대상이 실제로 존재하는지 알 수 없으므로 과학 이론에 대해 참이라고 말할 수는 없고, 신뢰할 만하다거나 경험적으로 적합하다는 말밖에 할 수 없다고 주장한다. 또 과학적 실재론자는 전자에 관한 이론이 성공적이라는 사실은 전자가 실재한다는 근거가 된다고 주장한다. 전자가 존재하지 않는다면 전자계산기나 전자시계 같은 것이 있다는 것은 기적이기 때문이다. 그러나 도구주의자는 그 성공은 계산기나 시계처럼 눈에 보이는 대상에서 이루어진 것이고, 이론적 대상이 실재한다는 근거는 되지 못한다고 말한다.

234

Wednesday

에드문트 후설

오늘날 현상학이라는 학문은 철학의 여러 분과 중 하나를 가리키는 이름으로도 쓰이고, 인식론, 윤리학 등 철학의 여러 분과나 사회 과학에 적용되는 방법론의 이름으로도 쓰인다. 이 현상학을 창시한 철학자가 독일의 후설(1859~1938)이다.

후설은 당시는 오스트리아 제국의 땅이었고 지금은 체코 땅인 프로스테요프 지역에서 태어났다. 그는 수학자로 학문을 시작하였다. 빈 대학에서 수학으로 박사학위를 받은 후 수 개념을 심리학적 방법으로 분석하려고 시도했다. 심리학을 비롯한 경험적 연구는 선험적이고 필연적인 학문인 수학의 토대가 될 수 없음을 깨닫고, 《논리 연구》에서 순수 의식에 관한 철학인 현상학 연구를 시작하였다. 현상 또는 현상학이라는 말은 칸트나 헤겔에서도 쓰였지만, 현재와 같은 학문으로 정립한 철학자는 후설이다.

철학은 모든 것의 뿌리를 다루는 학문이라는 전통적인 철학의 이념을 부활했다. 철학이 모든 개별 학문의 이론적 토대가 될 수 있다고 믿고, 책 제목이기도 한 '엄밀학으로의 철학'을 추구했다. 그러기 위해서는 독립적인 세계를 확신하는 판단을 중지하고, 의식이라는 현상에 떠오르는 대상에 집중해야 한다고 주장했다. 그는 생애를 다 바쳐 엄밀학으로서의 현상학을 위해 의식을 탐구했다.

괴팅겐 대학과 프라이부르크 대학 교수를 지냈다. 유대인이었기에 나치 치하에서 독일 정부로부터 탄압을 받아 굴욕적이고 고독한 삶을 산 것 이외에는 (물론 이게 큰일이지만) 특별한 일 없는 삶을 살았다. 생전에는 몇 권의 책만 출간되었으나 손으로 쓴 4만 쪽이 넘는 원고가 유고로 남아 지금도 '후설 전집Husserliana'으로 간행되고 있다.

황금률

친구를 때리고 온 아이에게 "너도 친구한테 맞기 싫지? 그러니 다른 사람을 때리면 안 돼."라고 가르친다. 이렇게 다른 사람의 입장이 되어 보게 하는 것은 모든 도덕 교육의 기본이다. 그 정신은 종교의 가르침에도 반영되어 있다. "남이 니희에게 해 주기를 바라는 그대로 너희도 남에게 해 주어라."(마태복음서 7장 12절)라는 예수의 말씀이나, "자기가 하고 싶지 않은 일을 남에게 시키지 마라."(《논어》, 위령공편)라는 공자의 말씀이 그런 예이다. 다만 예수의 말은 '하라'에 초점이 있기에 '황금률'(골든 룰)이라고 부르고, 공자의 말은 '하지 마라'에 초점이 있다고 해서 '실버 룰'이라고 부른다.

자기가 대우받고 싶은 대로 다른 사람을 대우해 주는 것이 도덕의 기본이다. 문제는 사람마다 취향이 다르기에 어떻게 대우받고 싶은지 알기 어렵다는 데 있다. 중국 사람들은 찬물이 몸에 좋지 않다고 생각하여 아무리 더운 날에도 따뜻한 물을 마신다. 그래서 자기가 대우받고 싶은 대로 더운 날에 우리에게 따뜻한 물을 주면 우리는 당황할 것이다. 또 판사라도 자신이 피고인이 되면 무죄 판결을 바라므로, 황금률에 따르면 판사는 피고인을 무죄로 풀어 주어야 한다. 그래서 독설가인 작가 버나드 쇼(1856~1950)는 "남이 너희에게 해 주기를 바라는 그대로 다른 사람에게 하지 마라. 그들의 입맛은 너희와 똑같지 않을지 모르니까."라고 말했다.

칸트는 이러한 이유로 황금률을 도덕 법칙으로 채택하지 않았다. 그 대신에 그는 《윤리 형이상학 기초》에서 "마치 너의 행위의 준칙이 너의 의지에 의해 보편적 자연법칙이 되어야 하는 것처럼, 그렇게 행위하라."를 모든 도덕 법칙이 도출되는 궁극의 원칙으로 생각했다. '준칙'은 개인이 세운 격률로서 아직 도덕 법칙이 되기 전의 것이다. 어떤 준칙이 도덕 법칙인지 확인하기 위해서는 모든 사람이 그것을 따르기를 원하는지, 다시 말해서 보편화했을 때 모순에 빠지지 않는지 검토해 보면 된다. 예를 들어 "나를 제외하고 모든 사람은 다른 사람을 때려서는 안 된다."라는 준칙은 보편화하는 순간 모순이 생기는데, 누구나 예외적인 '나'에 해당하여 맞아도 되는 사람이 한 명도 없게 되고 그러면 나도 때릴 수 없기 때문이다. 이런 이유로 이것은 도덕 법칙이 될 수 없다.

○ 칸트의 '준칙'은 독일어나 영어로 Maxim이다. '맥심'을 특정 커피나 잡지의 브랜드로 아는 사람이 많을 텐데 그쪽은 아마 최고를 뜻하는 maximum의 준말일 것이다.

236

Friday

어떻게 나누어야 공평한가?

가난한 사람은 이 세상이 불공평하다고 말한다. 부자는 많이 가지고 가난한 사람은 적게 가지는 이 세상이 평등하지 않다고 생각하기 때문이다. 그러나 부자는 빈부 차이는 가난한 사람이 열심히 노력하지 않아 생기는 것이므로 세상이 공평하다고 생각한다. 자신의 부는 자신의 능력 또는 노력에 따르는 대가라고 생각하기 때문이다. 이 세상에 빈부 차이가 있다는 것은 누구나 인정하는 사실이다. 그런데 그것이 공평하냐고 묻는다면 그것은 철학적 질문이 된다.

'분배적 정의'의 문제는 사람들이 가장 크게 관심 가지는 부(富)를 어떻게 나누는 것이 공평하냐고 묻는다. 만약 공평하지 않다면 과세 등의 방법으로 바로잡아야 한다. 입학 여부나 성적 부여는 부의 문제는 아니지만, 성적이 좋고 좋은 학교를 나올 때 잘살 가능성이 크므로 부의 분배 못지않게 중요한 분배적 정의의 주제이다.

분배적 정의의 기준으로 여러 가지가 제시되었다. 가장 상식적인 생각은 '성과'에 따라 분배해야 평등하다는 주장이다. 업무와 학업에서 더 많은 업적을 내는 직원과 학생에게 더 높은 보수 또는 성적을 주는 것이다. '능력'에 따라 분배하자는 주장도 있다. 뛰어난 능력을 갖추었으면서도 빈둥빈둥 놀기만 하는 사람에게 분배하자는 주장은 아니다. 능력은 있지만 어려운 가정 형편이나 주변 환경 때문에 그것을 제대로 발현하지 못한 사람이라면 여건이 주어질 때 뛰어난 업적을 내놓으리라고 기대하는 것이다. 우리나라의 대학수학능력시험도 그 의도는 현재 성과는 꼭 안 좋더라도 대학에서 공부할 잠재적 '능력'이 있는지를 평가하는 것이다. 드물지만 '노력'에 따라 분배해야 한다는 주장도 있다. 그러나 업적과 상관없이 열심히 노력했다는 이유만으로 높은 보수나 성적을 주지는 않는다. '필요'에 따른 분배는 "각자는 능력에 따라, 각자에게는 필요에 따라."라는 공산주의의 구호에 반영되어 있다.

노직은 무엇인가에 따라 분배해야 한다는 모든 정형화된 분배 이론을 반대한다. 그런 이론은 사람의 자유를 어떤 식으로든 침해하기 때문이다.

○ 분배적 정의는 아리스토텔레스의 《니코마코스 윤리학》에서 처음으로 제기되었다. 그는 "자기 자신의 몫"을 받는 것이 정의라고 말하지만 이는 형식적인 정의일 뿐이다. 그 '몫'이 성과인지, 능력인지, 노력인지, 필요인지가 논란거리이기 때문이다.

237

Saturday

충분조건 vs 필요조건

충분조건은 무엇인가가 성립하기 위해 만족되어야 하는 것이고, 필요조건은 무엇인가가 성립하기 위해 요구되는 것이다. 예를 들어 여자라는 것은 엄마가 되기 위한 필요조건이지만 충분조건은 되지 못한다. 엄마가 되기 위해서는 여자일 필요가 있지만 그것만 가지고는 안 된다. 아이를 낳아야 한다는 조건을 추가로 만족해야 한다.

충분조건과 필요조건을 합해서 필요충분조건이라고 한다. 철학자들은 무엇인가가 성립하기 위한 필요충분조건을 찾으려 시도했지만 대부분 실패했다. 그것을 가지고 있으면 모두 인간이고(인간이 되기 위한 충분조건) 그것을 가지고 있는 것만 인간인(인간이 되기 위한 필요조건) 특성이 있을까? 이성이 그런 특성으로 제시되었다. 그러나 영장류나 사이보그처럼 인간이 아닌 존재 중 이성이 있는 존재가 있을 수 있고(이성은 인간이 되기 위한 충분조건이 되지 못한다) 갓난아이나 치매 환자처럼 이성이 없는 인간도 있기에(이성은 인간이 되기 위한 필요조건이 되지 못한다) 이성은 인간의 필요충분조건이 되지 못한다.

소크라테스가 대화 상대방을 곤궁(아포리아)에 빠뜨릴 때 상대방이 제시한 정의가 실은 필요충분조건이 되지 못함을 지적하는 방식을 많이 사용한다. 그러나 비트겐슈타인에 따르면 개념에는 가족 유사성만 있기에 필요충분조건을 만족하는 정의를 찾는 것은 애초에 불가능하다.

238

Sunday

아이돌의 철학

요즘 우리말에서 아이돌은 젊은이들에게 인기 있는 연예인을 가리킨다. 그러나 그 본디 뜻은 우상偶像이다. 우상은 나무나 돌로 만들어 신처럼 숭배하는 사람의 형상을 말한다. 인기 연예인은 신처럼 숭배하는 대상이니 아이돌이라고 불러도 틀린 말이 아니다.

우상은 철학에서 중요한 개념이다. 베이컨은《신기관》의 1권에서 그대로 내버려 두면 사람을 잘못된 방향으로, 그리고 거짓에로 말려들게 만드는 마음의 모든 경향이 우상이라고 말하는데, 그는 네 가지 우상을 들어 편견을 경계하였다. (《신기관》의 1권 제목이 '우상 파괴편'이다. 2권은 '진리 건설편'이다.)

먼저 '종족의 우상'은 인간이라는 종족의 본성 때문에 생기는 편견을 말한다. 가령 인간은 한번 믿은 것을 계속 믿으려는 경향이 있어서, 그 믿음이 틀렸다는 강한 증거가 나와도 그것을 무시하고 계속 믿는다. 그래서 미신을 믿는다. '동굴의 우상'은 각 개인의 특수한 경험이나 습성에서 오는 편견을 말한다. '우물 안 개구리'처럼 동굴에 갇힌 인간은 자신이 듣고 보는 게 전부이고 진리라고 생각한다. '시장의 우상'은 언어는 실재를 정확하게 반영하지 못하는 뭔가 불완전한 것인데, 언어와 일치하는 실재가 있으리라고 잘못 생각하는 편견을 말한다. 시장에서처럼 말과 말이 오가는 과정에서 그런 편견이 많이 생기기 때문에 이런 이름이 붙었다. 마지막으로 '극장의 우상'은 극장 공연이 그럴듯하게 꾸며지듯이 권위나 전통을 맹목적으로 믿어서 생기는 편견을 말한다.

베이컨은 아이돌의 철학자이다. 그러나 요즘 아이돌 팬들은 아이돌에는 열광하면서 아이돌이 베이컨의 철학임은 모른다.

○ 남성 아이돌 그룹 엑소의 멤버 백현의 이름이 베이컨과 발음이 비슷해서 팬들은 백현을 베이컨으로 안다. 실제로 영어권에서 백현은 베이컨으로 불린다고 한다.

239

Monday

동굴의 비유

이를테면 지하의 동굴 모양의 거처에서, 즉 불빛 쪽을 향해서 길게 난 입구가 전체 동굴의 넓이만큼이나 넓은 동굴에서 어릴 적부터 사지와 목을 결박당한 상태로 있는 사람들을 상상해 보게. 그래서 이들은 이곳에 머물러 있으면서 앞만 보도록 되어 있고, 포박 때문에 머리를 돌릴 수도 없다네. 이들 뒤쪽에서는 위쪽 멀리에서 불빛이 타오르고 있네. 또한 이 불과 죄수들 사이에는 위쪽으로 [가로로] 길이 하나 나 있는데, 이 길을 따라 담(흙장)이 세워져 있는 걸 상상해 보게. 흡사 인형극을 공연하는 사람들의 경우에 사람들 앞에 야트막한 휘장(칸막이)이 쳐져 있어서, 이 휘장 위로 인형들을 보여 주듯 말일세.

― 플라톤,《국가》

유명한 동굴의 비유이다. 플라톤은 '교육을 받지 않은' 영혼의 지적 상태는 지하 동굴 속 죄수들의 지적 상태와 비슷하다고 생각한다. 죄수들은 평생 그림자만 봐 왔고 그림자의 실물을 본 적이 없다.

플라톤은 위 인용문에 이어서 "결박에서 풀려나고 어리석음에서 치유되는 것"을 말한다. 누군가가 풀려나서 밖으로 나오게 되면 처음에는 눈이 부시겠지만 익숙해지면 실물을 볼 수 있게 된다. 그리고 모든 실물의 그림자를 만들어 내는 해도 보게 된다. 이 비유에서 동굴 속은 우리의 감각으로 경험하는 세계이고, 동굴 밖은 교육으로 알게 되는 영역이다. 그리고 해는 모든 것들의 원인으로서, 바로 좋음善의 이데아이다.

플라톤은 이어서 동굴 밖을 본 사람(곧 철학자)이 동굴로 돌아와서 자신이 본 것을 이야기하면 처음에는 사람들로부터 웃음거리가 될 것이라고 말한다. 동굴로 귀환하는 것은 통치자가 될 사람이 관직을 맡아 경험을 쌓는 실무 교육에 해당한다. 그래서 이상 국가가 실현되기 위해서는 철학자가 통치자가 되거나 아니면 현재 통치자가 철학자가 되어야 한다. 이른바 '철학자 왕' 이론이다.

○ 《국가》에서 플라톤은 이상 국가가 생산자, 수호자, 통치자의 세 부류로 구성되고, 통치자는 수호자 부류 중 소수가 선발되어야 한다고 말한다. 생산자는 돈벌이하는 부류, 수호자는 전쟁에서 나라와 재산을 지키는 사람들, 통치자는 총지휘관, 곧 왕이다. 그런데 수호자는 처자를 공유해야 한다고 주장한다. 고통과 즐거움을 공유해야 최대선이 되는데, '내 것'과 '내 것 아닌 것'이 있으면 그것이 불가능하기 때문이다.

240

Tuesday

게티어 문제

전통적인 지식의 정의에 철학자 게티어가 제시한 반례. 플라톤은《테아이테토스》에서 지식은 단순히 참인 믿음이기만 해서는 안 되고 그것을 믿을 근거가 있어야한다고 주장했다. 어떤 믿음이 우연히 참이라고 한다면 그것이 지식이라고 말할수 없기 때문이다. 시험에서 '찍어서' 맞혔을 때 그것을 안다고 말할 수 없지 않겠는가? 플라톤 이후로 '정당화된 참인 믿음'이라는 세 가지 조건은 지식의 정의로오랫동안 받아들여졌다.

그런데 1963년에 미국의 철학자 게티어가 발표한 〈정당화된 참인 믿음은 지식인가?〉라는 논문은 제목 그대로 이 지식의 정의를 만족하지만 지식이라고 볼 수없는 반례를 제시했다. 게티어가 제시한 예를 쉬운 예로 바꾸어 보면, 음악 방송을 좋아하는 내가 시계를 보고 3시 40분인 것을 알고 텔레비전을 켰다. 그런데 알고 보니 그 시계는 진작 죽었는데 마침 3시 40분에 멈춰 있었다. "지금은 3시 40분이다."라는 나의 믿음은 참이며, 그 믿음은 시계를 보고 생겼으니 정당화의 근거도있다. 그러나 내가 "지금은 3시 40분이다."를 알았다고 말하는 것은 직관적으로 부당해 보인다. 시계는 우연히 3시 40분이었기 때문이다.

20세기 후반 이후의 현대 인식론은 게티어 문제에 대답하려는 시도라고 해도과언이 아니다. 게티어 사례가 생긴 까닭은 거짓 증거에 기초해서 우연히 참인 믿음이 되었기 때문이다. 따라서 게티어 문제를 해결하려는 시도는 거짓 증거에 기초하는 경우나 우연히 참이 되는 경우를 배제하는 제4의 조건을 제시한다. 지식을정의하려는 시도 자체를 포기하고 가족 유사성만 인정하려는 시도도 있다.

3쪽밖에 되지 않는 게티어의 논문은 현대 철학에서 가장 중요한 논문 중 하나가 되었다. 옳은 주장을 하는 것보다 논쟁을 불러일으키는 주장을 하는 것이 철학에서 기여도가 높다는 것을 보여 주는 좋은 사례이다. 그러나 게티어의 사례와비슷한 예가 과거에도 있었다고 한다. 8세기 인도의 불교 인식론자 다르못타라, 14세기 이탈리아 만토바의 피에트로의 저술, 러셀의《인간의 지식: 그 범위와 한계》(1948)에서 비슷한 예가 나온다. 콰인 이후 언어 분석보다 철학의 자연화에 관심을 갖는 분위기 때문에 유독 게티어에 주목하게 된 것 아니냐는 분석이 있다.

○ 게티어는 이 논문도 마지못해 썼다고 하는데, 이 논문 이후로 아무 논문도 발표하지 않았다.

241

Wednesday

마르틴 하이데거

하이데거(1889~1976)만큼 명성과 오명을 한 몸에 받는 철학자는 없다. 한편에서는 20세기를 대표하는 철학자로 꼽히지만, 다른 한편에서는 나치 부역의 과오가 평생, 아니 사후에도 따라다닌다. 독일 출신의 하이데거는 프라이부르크 대학에서 박사 학위를 받고 마르부르크 대학 교수를 거쳐 1928년에 후설의 뒤를 이어 프라이부르크 대학 교수로 초빙된다. 그리고 1933년에 이 대학 총장에 취임한다. 총장 자리는 1년만에 그만두었고, 독일이 제2차 세계대전에서 패한 후 프라이부르크를 점령한 프랑스군에 의해 강제 해직되었다. 1951년에 복권되었지만 한 학기 만에 그만두고 연구와 강연에 전념했다.

그동안 존재자만 물은 전통적인 형이상학과 달리 존재 그 자체를 물어야 한다고 주장하여 형이상학의 토대를 새롭게 마련했다. 스스로는 실존주의자가 아니라고 생각했지만 중요한 실존주의자로 꼽힌다. 현상학과 해석학에도 큰 영향을 끼쳤다. 주저《존재와 시간》을 비롯해 많은 책을 썼는데 전집은 100권이 넘는다.

하이데거는 나치 당원이었기에 평생을 두고, 그리고 지금도 나치 협력자라는 꼬리표가 따라다닌다. 한편에서는 자라나는 청소년에게 나쁜 영향을 주기에 철학자의 지위에서 끌어내려야 한다거나 그의 철학에서 국가 사회주의나 반유대주의를 읽을 수 있다고 비판하고, 다른 한편에서는 나치 협력은 과오이지만 그의 철학은 철학대로 평가해야 한다고 옹호한다.

하이데거 철학은 분석적 전통의 철학자들 사이에서 동네북 신세이다. 논리 실증주의자인 카르나프는 그의 철학이 '무의미한 사이비 문장'일 뿐이라고, 에이어는 속임수이기에 "현대 철학에서 유해한 경향"을 낳는다고, 스크러턴은 하이데거의 논변 대부분은 논변이 아니라 아마추어 어원학의 단편일 뿐이라고 비판한다(하이데거 철학의 주요 개념은 그리스어와 독일어를 분석하여 설명하는 게 많다). 반면에 미국 철학자인 로티는 그를 듀이, 비트겐슈타인과 함께 20세기 철학자 3대장으로 꼽는다.

242

Thursday

실체 이원론

정신과 물질이 서로 다른 실체라고 주장하는 데카르트의 이론. '데카르트 이원론' 이라고도 부른다. 데카르트는 정신과 물질이 완전히 다른 성질을 갖는다고 생각했는데, 정신에는 생각하는 성질(사유)이 있고 물질에는 공간을 차지하는 성질(연장^延^長)이 있다는 것이다.

데카르트의 이 주장 이후로 철학사에서는 정신과 물질의 관계를 본격적으로 탐구하기 시작했다. 물질 중 정신과 대응하는 것은 육체이므로, 이 탐구를 '심신 문제^{mind-body problem}'라고 부른다. 실체 이원론은 정신과 물질이 전혀 다르다는 상식을 반영한다. 정신 덕분에 의식도 있고 언어도 사용하고 추론도 하지만 한갓 물질은 그런 것을 할 수 없다고 생각하기 때문이다. 정신이 쭈글쭈글한 회색 덩어리 뇌에 불과할 리가 있겠는가? 특히 데카르트는 내가 신체를 가지고 있음은 의심할 수 있지만 생각을 가지고 있음을 의심할 수 없기에 그 둘은 다르다는 논증을 제시한다. 내가 몸뚱어리 없이 돌아다니는 것은 얼마든지 상상할 수 있지만, 의심하기 위해서는 생각을 해야 하므로 생각을 가지고 있음은 의심할 수 없다는 것이다.

그러나 신경 과학의 발달로 정신이 뇌에서 생긴다는 것을 아는 현대에는 실체 이원론을 주장하는 철학자는 거의 없다. 그 대신에 물질과 정신은 실체로는 하나지만 속성이 다르다는 '속성 이원론'을 받아들이는 철학자가 많다. 데카르트 당시에도 데카르트의 이원론에 반발이 있었다. 보헤미아의 엘리자베스 공주의 비판이 유명하다. 정신과 물질은 상호작용한다. 마음이 피곤하면 몸도 피곤하지 않는가? 그런데 공간을 차지하지 못하는 정신이 어떻게 공간을 차지하는 물질을 움직일 수 있느냐는 비판이다. 데카르트는 뇌 뒤쪽에 있는 솔방울샘(송과선)에서 정신과 물질이 교류한다고 대답했지만, 여기에 설득되는 사람은 별로 없었다.

○ Descartes의 라틴어식 표기는 Cartesius이다. 그래서 '데카르트 이원론'은 영어로 Cartesian dualism이다. 수학에서 나오는 '데카르트 곱'도 영어로 Cartesian sum이다.

○ 심신은 영어로 mind-body라고도 하고 mind-matter라고도 한다. 러셀은 《자서전》에서 어릴 때 자신이 철학에 관심을 갖자 형이상학을 싫어하는 할머니가 "What is mind? No matter. What is matter? Never mind."라고 놀렸다는 이야기를 한다. 'No matter.'와 'Never mind.'는 '물질이 아니다.'와 '마음이 아니다.' 라는 뜻도 되지만, '상관없다.'라는 뜻도 된다.

243

Friday

능력에 따라 생산하고
필요에 따라 분배하라

공산주의의 분배 원칙. 정확하게는 마르크스가 《고타 강령 초안 비판》에서 "각자는 능력에 따라, 각자에게는 필요에 따라."라고 말했다. 이와 달리 자본주의 사회에서는 능력 또는 성과에 따라 분배가 이루어진다. 마르크스를 필두로 한 공산주의자가 이상적으로 생각한 사회에서는 생산은 각자의 능력에 따라 하지만, 분배할 때는 얼마나 필요로 하는가에 따라 각자의 몫을 나눈다. 가령 숙련된 기술자라고 하더라도 혼자 산다면 한 사람분의 몫만 가져가고, 기술자의 지시를 받아 단순한 업무를 하는 조수라도 부양할 가족이 많다면 기술자보다 더 많은 몫을 가져간다.

그러나 현실 공산주의 국가의 몰락은 공산주의의 이 구호가 실현 가능성이 없음을 보여 주었다. 위 예의 조수처럼 절박한 필요가 있어 일자리를 구하는 사람은 대체로 사회에 도움이 되는 기술을 가지고 있지 않다. 그리고 기술자 같은 사람은 분배되는 몫이 적어 열심히 일할 유인이 줄어든다. 이러니 사회 전체적으로 효율성이 떨어진다. 공산주의 국가는 갈수록 고급 기술자가 해외로 유출되는 문제가 생기고, 그것을 막기 위해서는 자유를 억압하는 사회가 되고 만다.

능력에 따른 생산과 필요에 따른 분배가 이루어지는 사회가 있기는 하다. 능력이 있는 부모가 일해서 필요로 하는 아이를 부양하는 가정이 그런 예이다. 초기 크리스트교 공동체도 그런 사회이다. 예수가 죽은 후 제자들의 행적을 기록한 《성서》의 사도행전에는 "믿는 사람은 모두 함께 지내며 그들의 모든 것을 공동 소유로 내어놓고 재산과 물건을 팔아서 모든 사람에게 필요한 만큼 나누어 주었다."라는 구절이 나온다. 그러나 가정이나 교회 공동체는 자발적으로 분배를 했다는 점이 국가에 의해 강제로 분배되는 공산주의 사회와 다르다.

자본주의 사회라고 하더라도 필요에 따른 분배가 없는 것은 아니다. 건강 보험을 위시한 사회 보장 정책은 능력이 많은 사람이 보험료를 많이 부담하고 혜택은 필요한 사람이 본다.

244

충분조건과 필요조건의 혼동

필요충분조건이 성립하지 않는 이상, 충분조건이 성립한다고 해서 필요조건이 성립하지는 않고 필요조건이 성립한다고 해서 충분조건이 성립하지는 않는다. 예컨대 대학교에서 등록금을 내는 것은 졸업하기 위한 필요조건이지 충분조건은 아니다. 졸업하기 위해서는 등록금을 낼 필요가 있지만, 등록금을 냈다고 해서 모두 졸업하는 것은 아니기 때문이다. 졸업에 필요한 학점을 모두 이수해야 하고 소정의 시험과 논문에 합격해야 한다. 그런데도 등록금을 냈으니 졸업할 수 있다고 생각하는 것은 충분조건과 필요조건을 혼동한 것이다.

"A이면 B이다."라고 말할 때 A는 B가 되기 위한 충분조건이고, B는 A가 되기 위한 필요조건이다. 그러나 우리는 일상에서는 논리적으로 엄격하게 말하지 않기 때문에 자비의 원리를 적용하여 해석해야 한다. 사장이 사원들에게 "실적이 좋으면 연말에 보너스를 주겠다."라고 말했다고 하자. 논리적으로만 본다면 실적이 좋다는 것은 보너스를 받을 수 있는 충분조건이지 필요조건은 아니다. 다시 말해서 실적이 좋다면 충분히 보너스를 받겠지만, 보너스를 받기 위해 꼭 실적이 좋을 필요는 없다. 그렇다고 해서 실적이 좋지 않은 직원이 사장에게 "저한테는 왜 보너스를 주지 않으세요? 실적이 좋으면 보너스를 준다고 하셨지 실적이 좋을 때만 보너스를 준다고 하지는 않으셨잖아요?"라고 말한다면 어떨까? 사장의 말은 "실적이 좋으면 그리고 그때에만 연말에 보너스를 주겠다."라는 말로 이해해야 한다. 좋은 실적을 보너스를 받기 위한 필요충분조건으로 의도한 것이다.

○ "A이면 B이다. A이다. 따라서 B이다."와 같은 논증을 논리학 용어로 '전건 긍정식'이라고 부른다. 그런데 "A이면 B이다. B이다. 따라서 A이다."와 같은 논증은 A가 B가 되기 위한 충분조건인데 필요조건으로 혼동하는 것이다. 이것을 '후건 긍정의 오류'라고 부른다.

245

Sunday

철학자의 고향

철학자 누구에게나 고향이 있다. 그러나 여기서 소개하는 도시는 위대한 철학자 칸트의 고향인 쾨니히스베르크이다. 쾨니히스베르크가 특이한 것은 일단 칸트가 이 도시에서 태어나 팔십 평생을 살면서 도시의 10마일(16킬로미터) 밖에는 한 번도 나간 적이 없기 때문이다. 칸트 스스로도 쾨니히스베르크에 애정이 깊었는데,《실용적 관점에서의 인간학》에서 "이 도시는 여행하지 않고서도 인간과 세계에 관한 지식을 얻기에 적당한 곳이다." 라고 썼다. 실제로 칸트는 가 본 적도 없는 도시의 풍광에 해박했다고 한다. 대학에서 철학 외에 지리학을 강의했으며 근세 지리학의 선구자로 꼽히기도 한다.

쾨니히스베르크는 칸트 말고도 20세기를 연 가장 중요한 현대 수학자인 다비트 힐베르트(1862~1943)의 고향이다. 그리고 한나 아렌트는 독일의 하노버에서 태어났지만 3살 때 부모의 고향인 쾨니히스베르크로 가서 15살 때까지 살았다. 쾨니히스베르크는 수학의 쾨니히스베르크의 다리 문제로도 유명하다. 쾨니히스베르크에는 프레겔강이 흐르고 강에는 2개의 섬이 있다. 그리고 도시와 이 섬들을 잇는 다리가 7개 있는데, 일곱 다리를 한 번씩만 건너서 원래의 자리로 돌아가는 방법이 있는가가 쾨니히스베르크의 다리 문제이다. 이른바 '한 붓 그리기 문제'이다. 스위스의 수학자 레온하르트 오일러(1707~1783)는 1735년에 그런 방법은 없다는 것을 증명하였는데, 위상 수학과 그래프 이론이라는 새로운 수학을 여는 계기가 되었다.

칸트가 살던 시절에는 프러시아 땅이었던 쾨니히스베르크는 지금은 러시아 땅이고, 이름도 칼리닌그라드로 바뀌었다. 러시아에서 적어도 두 나라를 지나야 갈 수 있는 월경지(본토와 섬처럼 떨어진 곳)이다. 칸트가 졸업하고 교수로 일한 쾨니히스베르크 대학은 1544년에 개교한 유서 깊은 대학인데, 칼리닌그라드 국립 대학이 그 후신이다. 이 대학은 칸트를 기념하기 위해 2005년에 이름을 '이마누엘 칸트 발틱 연방 대학'으로 바꿨다. 당연한 이야기지만 칸트의 묘지와 동상이 있다. 칼리닌그라드 시민들은 그곳이 칸트의 고향임을 자랑스러워한다고 한다.

246

Monday

불평등은 왜 생겼는가

어떤 땅에 울타리를 두르고 "이 땅은 내 것이다."라고 말하리라 생각하고 다른 사람들이 그런 말을 믿을 만큼 단순하다는 사실을 발견한 최초의 인간이 문명 사회의 실질적인 창시자이다. 말뚝을 뽑아 버리고 토지의 경계로 파 놓은 도랑을 메우면서 동류의 인간들을 향해 "저런 사기꾼의 말을 듣지 마시오. 과일은 모두의 소유이고 땅은 그 누구의 소유도 아니라는 사실을 잊는다면 당신들은 파멸할 것이오."라고 외친 사람이 있었다면, 그는 얼마나 많은 죄악과 싸움과 살인, 얼마나 많은 비참과 공포에서 인류를 구제해 주었을 것인가? 그러나 이미 그 무렵에는 사태가 더 이상 이전의 모습을 유지할 수 없는 지경에 이르렀을 가능성이 크다. 왜냐하면 이러한 소유 관념은 순차적으로 발생한 그 이전의 많은 관념들에 의존하는 것으로, 인간의 정신 속에 한순간 갑자기 형성된 것이 아니기 때문이다.

– 루소,《인간 불평등 기원론》

루소는 "자연으로 돌아가라."라는 말로 유명하다. 사람들은 수족관의 돌고래를 바다로 돌려보내면서, 그리고 노상 방뇨하면서도 루소의 말을 한다. 그러나 루소는 저작 어디에서도 정확하게 이 말을 한 적이 없다. 다만 그의 사상 전체적으로 자연 상태를 칭송한 것은 맞다. 루소는 지배나 종속 관계가 없는 상태가 자연 상태라고 말한다. 이 상태에서 인간은 진정으로 자유로우며 평등하다. 잔뜩 먹고 배를 두드린다는 의미의 '함포고복^{含哺鼓腹}'과 같은 상태를 정말로 말한다. ("그는 떡갈나무 아래에서 배불리 먹고 시냇물을 찾아 목을 축이며, 자기에게 먹을거리를 제공해 준 바로 그 나무 발치에서 잠자리를 발견한다.") 그리고 믿기지는 않지만 자연 상태의 인간은 현대인보다 더 오래 살았다고 말한다. 극심한 불평등이 시작된 이후 현대인은 과중한 노동을 해야 하기에 수명이 줄어들었다는 것이다.

불평등이 생기는 것은 "이 땅은 내 것이다."라고 말하는 소유권 때문이다. 소유권 때문에 인류는 갈등과 폭력에 빠져든다. 홉스가 자연 상태를 애초부터 '만인의 만인에 대한 투쟁'으로 본 것과 다르다. 그렇다고 해서 루소가 자연 상태로 돌아가자고 주장한 것은 아니다. 불평등의 기원을 탐색한 것뿐이다.

○《인간 불평등 기원론》은 디종 아카데미 논문 공모전에서 탈락한 논문을 출간한 책이다.

덕의 윤리

무엇을 하는가보다 어떤 사람이 되어야 하는가가 중요하다고 보는 윤리 이론. 전통적인 윤리 이론인 공리주의나 칸트의 이론은 행위에 관심을 둔다. 최대 다수의 최대 행복을 증진하는 행위를 하라든가 보편적인 법칙이 될 수 있는 규칙을 따르는 행위를 하라고 말한다. 그러나 덕의 윤리는 행위보다는 행위자의 성품에 초점을 맞춰, 유덕한 성품을 지녔는가가 도덕 판단의 기준이 되어야 한다고 주장한다.

이런 생각에는 일리가 있다. 내가 어려울 때 친구들이 도와주었다고 해 보자. 알고 보니 첫 번째 친구는 나를 도우면 나와 자신의 행복이 늘어날 것이라는 생각에서 도왔다. 두 번째 친구는 다만 돕는 것이 자신의 의무라는 생각에서 도왔다. 마지막 친구는 친구가 어려우면 발 벗고 돕는 성격이기에 도왔다. 나는 모두에게 고맙게 생각하면서도 첫 번째 친구는 뭔가 타산적이고 두 번째 친구는 뭔가 냉정하다는 느낌을 지울 수 없다. 마지막 친구에게서 진정한 우정을 느끼는 것이다.

공리주의나 칸트의 이론이 전통적 윤리 이론이라고 했지만, 덕의 윤리는 아리스토텔레스를 비롯한 고대 그리스에서 시작되었으므로 더 오래되었다. '윤리'를 가리키는 '에티코스^{ethikos}(라틴어로는 moralis)' 자체가 습관이나 관습^{ethos}에서 나온 말로, 습관은 성품을 형성하는 데 중요한 역할을 한다. 전통적으로 용기, 관대함, 정직, 가족이나 친구에 대한 충실함이 미덕으로 인식되었다. 그러던 것이 중세와 근세에 신 또는 이성을 따르는 행위가 윤리적이라고 생각되었다가, 현대에 몇몇 윤리학자에 의해 덕의 윤리가 부활하였다.

그러나 천성이 미덕을 못 갖고 태어났거나 습관으로도 키울 수 없는 사람이 있다. 칸트가 '선 의지'를 강조한 것은 도덕적으로 운이 없게 태어난 사람도 선 의지는 가질 수 있기 때문이다. 그리고 심리학 연구는 성품이라는 것이 상황에 따라 발현되기도 하고 안 되기도 한다는 것을 보여 준다. 가령 아주 바쁜 상황에서는 동정심이라는 성품이 드러나지 않는다. 그렇다면 사람은 성품에 따라 행동하는 게 아니라 상황에 따라 행동한다는 결론이 나온다.

248

Wednesday

앙리 베르그송

베르그송(1859~1941)은 프랑스 파리에서 유대인으로 태어났다. 학생 시절 수학에서 발군의 실력을 발휘했지만, 고등 사범 학교에 진학할 때는 인문학을 선택했다. 1907년에 그의 대표작인《창조적 진화》를 출간한 후, 철학계뿐만 아니라 대중들에게도 엄청난 인기를 끌었다. 콜레주 드 프랑스에서 강의할 때 (이곳의 교수들은 대중에게 개방된 무료 강의를 한다.) 강의실이 사교계 여성, 그들을 에스코트하는 남자, 여행객으로 꽉 찼다고 한다. 이 중 시인 T. S. 엘리엇도 있었다. 그의 강의를 듣기 위해 줄을 서 있는 여성들의 사진이 남아 있다. 당시 언론은 그의 강의 내용보다 강의실이 향수 냄새로 진동했다거나 수다로 가득했다는 기사를 남겼다. 근세 이후 '파리지앵'을 지적 허영심으로 가득 찬 이들로 비웃는 전통이 여기에도 남아 있다. 베르그송의 철학을 비판하는 쪽은 그의 철학에 반지성적이고 비이성적인 경향이 있기에 여성들에게 인기 있다고 말하기도 한다. 1927년에는 노벨 문학상을 받았다.

베르그송은 국제적인 명사이기도 했다. 1911년에 런던에서 연 특강 역시 청중으로 가득 찼고, 2년 후 뉴욕에서의 특강은 브로드웨이 최초로 교통 체증을 일으키기도 했다. 제1차 세계대전 때는 미국의 참전을 촉구하기 위해 프랑스 사절단으로 미국의 우드로 윌슨 대통령을 만나기도 했고, 유네스코의 전신인 국제 연맹의 학술 기구 의장으로 활동하기도 했다.

'창조적 진화'라는 제목에서 보이는 '창조'와 '진화'는 모순된 개념이다. 그 둘을 조화시킨 그는 그만큼 독창적이고 뛰어난 철학자이다. 진화를 단순히 기계론적인 법칙으로 이해하지 않고 창조와 생성이 있는 연속적 변화와 질적 비약으로 이해한다. 또 다른 주저인《도덕과 종교의 두 원천》은 윤리학 문제를 다룬다.

생전의 화려했던 인기와 달리 사후에는 철학계에서 그리 영향력이 크지 않다. 주된 이유는 프랑스의 차세대 철학자인 사르트르나 메를로-퐁티(1908~1961)가 베르그송의 철학보다 독일의 후설과 하이데거의 현상학을 계승했다는 데 있다. 그러나 들뢰즈가《베르그송주의》(1966)를 쓴 이후 부활하고 있다.

249

Thursday

우주의 시멘트

흄이 인과를 가리키기 위해《인간 본성론》에서 쓴 표현. 이 세상의 모든 사건은 인과, 곧 원인과 결과로 연결된다. 태양의 중력은 지구를 돌게 만들고, 흡연은 폐암을 일으키고, 노란 당구공이 흰 당구공을 맞춰 움직이게 한다. 인과는 세상의 모든 사건을 서로 붙여 주는 '시멘트' 또는 '접착제' 같은 것이다.

우리는 인과 관계에 필연성이 있다고 생각한다. 예를 들어 "설탕을 커피에 넣었고 설탕이 녹았다."와 "설탕을 커피에 넣으면 설탕이 녹는다."는 근본적으로 다르다고 생각한다. 앞엣것은 시공간에서 두 사건이 잇달아 일어난다는 것을 서술할 뿐이지만, 뒤엣것은 언제 어디서나 한 사건이 일어나면 다른 사건이 반드시 일어난다는 것을 주장한다는 차이점이 있다.

경험론자인 흄은 필연성은 경험으로 확인할 수 없는 것이므로 인정하지 않는다. 그에 따르면 필연적이라고 생각되는 인과 관계는 우리가 그렇게 생각하는 습관일 뿐이다. 설탕을 커피에 넣고 설탕이 녹는 일을 되풀이하여 경험한 결과, 내 마음속에 설탕을 커피에 넣는 관념이 생기면 그것이 녹는 관념이 뒤따를 것이라고 습관적으로 기대한다. 그 기대가 여러 번 만족되어 두 관념의 결합에 신념이 생겼을 뿐이다. 결국 인과적 지식은 필연성이 아니라 기껏해야 불변적 결합과 규칙성만을 띠고, 이러면 인과의 접착력은 기대보다 약해질 것이다. 외부 세계나 귀납 따위를 회의한 회의론자의 면모를 여기서도 확인할 수 있다.

이에 맞서 칸트는 인과의 필연성을 확보하려고 시도했다. 그에 따르면 우리의 인식이 경험으로 시작하는 것은 맞지만 그것만으로는 필연적인 보편타당성을 확보할 수 없다. 칸트는 인식 능력으로 경험, 그의 용어로는 '감성' 외에 '지성'이라는 사유 작용도 필요하다고 말한다. 감성을 위해서는 시간과 공간이라는 형식이 필요하고 지성을 위해서는 범주라는 형식이 필요하다. 총 12개의 범주 중 하나가 인과이다. 칸트는 이 범주의 작용으로 원인과 결과라는 필연적인 관계가 결합된다고 본다.

칸트는 흄을 읽고 독단의 잠에서 깨어났다고 말했는데, 바로 인과에 관한 흄의 견해를 읽고서다. 그런데 러셀은《서양 철학사》에서 칸트가 다시 잠에 빠져들게 만드는 최면제를 만들었다고 비꼬았다.

○ 칸트의 '지성'은 한때 '오성悟性'이라고 많이 번역했다. 그러나 깨달음悟이 불교 용어 느낌을 주기에 요즘은 '지성'으로 많이 번역한다.

250

삶과 철학

세금 부과는 노예로 삼는 것

세상 어떤 사람도 세금 내는 것을 좋아하지 않는다. 그래도 사회가 운영되기 위해서는 최소한의 세금은 내야 하고 납세는 국민의 의무라고 생각한다. 그러나 노직은 《아나키, 국가, 유토피아》에서 세금 부과는 강제 노동과 다름없으며 사람을 노예로 삼는 것이라고 주장한다.

노직과 같은 주장을 '자유 지상주의'라고 한다. 이는 내가 가지고 있는 권리를 내 마음대로 집행할 수 있다는 주장이다. 노직에 따르면 내 몸으로 노동을 해서 얻은 산물은 정당한 내 소유물이다. 이 재산을 소유할 수 있는 방식은 세 가지이다. 첫째, 아무도 소유하지 않은 자연 세계의 일부를 취득하는 것이다. 이것은 로크가 다른 사람도 넉넉하게 이용할 수 있도록 넉넉하게 남겨 두면 된다는 '단서'를 달아 허용한 것을 노직이 받아들인 것이다. 둘째, 내가 소유한 것은 내 마음대로 사용해도 된다. 곧 자발적인 합의에 따라 이전을 해도 된다. 셋째, 혹시 최초의 점유나 자발적인 이전에서 부당한 과정이 있으면 바로잡는 과정이다. 자유 지상주의에 따르면 애초에 강압이나 도둑질에 의해서가 아니라 정당하게 취득했고, 자발적인 이전이나 자유로운 교환으로 얻은 소유물이라면 나는 그 소유물에 절대적인 권리를 행사할 수 있다. 그리고 아무리 좋은 결과가 나오더라도 거기에 간섭할 수 없다.

노직은 이 주장을 극대화하기 위해 1960년대의 유명한 농구 선수인 월트 체임벌린의 예를 든다. 체임벌린의 팬은 경기가 열릴 때마다 입장료 외에 자발적으로 모금하여 체임벌린에게 준다. 이때 체임벌린에게 그 돈을 달라고 요구할 '권리'가 다른 선수들에게 있는가? 그 돈은 자발적인 이전에 의해 체임벌린의 소유가 되었으므로 강제로 뺏는다면 체임벌린의 권리를 침해하게 된다. 노직은 세금 부과는 그런 약탈과 같다고 주장한다. 속되게 말하면 합법적인 삥 뜯기이다. 우리가 일한 노동의 대가 중 일부를 세금으로 거두어 간다면, 그만큼은 남을 위해 일한 셈이다. 실컷 일하고서도 대가를 받지 못하는 사람은 노예이다. 그러니 노직은 우리 노동 중 일부는 노예의 노동과 같다고 생각한다.

이 논증은 꽤 강력하지만 관건은 최초의 점유에 불법이 없어야 한다는 데 있다. 그러나 현재의 부자가 이전받은 재산을 역사에서 거슬러 올라가 보면 합법적인 방법으로 점유했을 가능성이 낮다는 데서 문제가 생긴다.

251

Saturday

타당성 증명하기

전제가 참일 때 결론도 반드시 참인 논증이 연역이고, 그런 논증을 타당하다고 한다. 논리학은 전통적으로 연역 논증에 관심이 있었기에 논증이 타당한지 부당한지 증명하는 여러 방법을 연구하였다. 네 가지 방법이 있는데 각각 장단점이 있다.

첫째는 반대 사례 증명법이다. 주어진 논증과 같은 형식을 사용하여 만들었는데도 전제는 참이고 결론이 거짓인 다른 논증(반대 사례)이 있으면 그 논증은 부당하고 없으면 타당하다. 예를 들어 "모든 포유류는 죽는다. 모든 개는 죽는다. 따라서 모든 개는 포유류이다."라는 논증이 타당한지 궁금하면, "모든 포유류는 죽는다. 모든 조류는 죽는다. 따라서 모든 조류는 포유류이다."라는 반대 사례를 찾는다. 그러면 본디 논증은 부당하다. 그러나 반대 사례를 못 찾았을 때 정말로 없어서 못 찾은 것인지, 찾는 사람이 능력이 없어서 못 찾은 것인지 알 수 없다는 단점이 있다.

둘째는 진리표 방법이다. 논리학자들은 명제가 '…이 아니다', '그리고', '또는', '…이면', '…이면 그리고 오직 그 경우에만'이라는 연결사로 결합될 때의 진릿값을 정한다. 그리고 논증의 전제와 결론에 오는 명제에 이 방법에 따라 진릿값을 부여한 다음에, 전제가 참일 때 결론이 거짓인 경우가 있는지 살펴본다. 참과 거짓을 부여하기만 하면 되므로 타당한지 부당한지 기계적으로 알 수 있다는 장점이 있다. 그러나 모든 명제를 논리적 연결사를 이용하여 연결하기가 쉽지 않고, 서로 다른 명제가 조금만 많아져도 진리표가 굉장히 길어진다는 단점이 있다.

셋째는 아리스토텔레스가 고안한 삼단 논법이다. 논증을 2개의 전제와 하나의 결론으로 바꾸고, 전제와 결론에 오는 명제도 네 종류로 한정한다. 그런 다음에 특별한 규칙을 이용하든가 벤다이어그램을 이용하여 타당성을 검사한다. 오랜 역사를 자랑하기에 철학의 정수를 맛볼 수 있지만, 모든 논증을 삼단 논법의 형식으로 바꾸기가 쉽지 않다.

넷째는 자연 연역법이다. 우리가 일상생활에서 논증을 할 때 쓰는 자연스러운 방법과 비슷하다고 해서 이렇게 부른다. 타당하다고 이미 알려진 여남은 개의 규칙을 이용해서 논증의 타당성을 증명한다. 그러나 이미 타당하다는 것을 알고 있는 논증의 전제에서 결론이 어떤 방식으로 도출되는지를 증명할 뿐이다. 타당한지 부당한지를 검사할 수는 없다.

252

Sunday

예수는 철학자일까?

철학의 정의는 철학자의 수만큼 많다고 한다. 그러니 철학자를 어떻게 정의하느냐에 따라 예수는 얼마든지 철학자가 될 수 있다. 알베르트 슈바이처(1875~1965), 간디, 함석헌(1901~1989)도 마찬가지이다. 그러나 누구나 철학자가 될 수 있다는 말은 무책임하다. 이른바 '개똥철학'을 한마디씩 말한다고 해서 누구나 철학자라고 부를 수는 없다.

어떤 사람이 철학자인지 정의할 때 쿤의 '패러다임' 개념이 도움이 될 것 같다. 쿤은 《과학 혁명의 구조》(1962)에서 과학자 사회의 구성원들이 공유하는 신념, 가치, 기술 등을 망라한 총체적 집합을 패러다임이라고 불렀다. 패러다임은 정상 과학을 유지하는 원리가 된다. 정상 과학 내에서 과학자들은 같은 교과서로 배우며 같은 연구 방법론과 실험 도구를 쓴다. 정상 과학에서 하는 주요한 활동 중의 하나가 수수께끼 풀이이고, 이를 통해 탐구의 성과가 차곡차곡 쌓이게 된다.

철학도 공통의 패러다임으로 작업하는 정상 과학으로 해석할 수 있다. 고대에는 아카데메이아에서, 중세에는 수도원에서, 근세 이후에는 대학이라는 공간에서 비슷한 텍스트를 읽으며 비슷한 방법론을 사용하여 연구 결과를 저서나 논문으로 발표하고 동료에 의해 평가받는 집단을 철학자라고 부를 수 있다. 물론 쿤이 강조하듯이 정상 과학에는 기존의 패러다임으로 설명하기 힘든 변칙 현상이 생기고, 그것이 쌓이면 새로운 패러다임으로 바뀌는 과학 혁명이 일어나게 된다.

그러나 예수, 슈바이처, 간디, 함석헌의 '철학'은 아직은 철학이라는 정상 과학의 패러다임 안에 들어오지 않은 것 같다. 그들의 주장이 정상 과학 내의 철학자들이 푸는 수수께끼와 다르고, 그들의 방법론은 무엇보다 논증의 형식을 띤 철학의 탐구 방법과 판이하게 다르기 때문이다. 물론 기존의 판에 끼지 못한다고 해서 철학자가 아니라고 하는 것은 보수적이고 차별적으로 보일 수 있다. 하지만 이들은 철학이 아닌 자신의 고유한 영역을 구축했기에 군이 철학자로 불러 주길 바랄 것 같지 않다. 그리고 그들의 추종자가 철학의 패러다임을 이용하여 사상을 계승한다면 얼마든지 철학자가 된다. 실제로 쿤 자신은 역사학자이지만, 철학이라는 정상 과학 내에서 논의되기에 철학자로 인정받는다.

253

Monday

공리성의 원리

공리성의 원리란, 자기 이익이 걸려 있는 당사자의 행복을 증가시키거나 감소시켜야 하는 것으로 보이는 경향에 따라서, 또는 달리 말하면 그러한 행복을 증진시키거나 반대하는 것에 따라서, 각각의 모든 행위를 승인하거나 부인하는 원리를 뜻한다. 나는 각각의 모든 행위에 대하여 말하고 있다. 그리고 바로 그런 까닭에, 내가 말하는 바는 개인의 사적인 모든 행위뿐만 아니라 정부의 모든 정책에 대한 것이기도 하다.

* 근래에 최대 행복의 원리 또는 최대 지복의 원리가 이런 명칭에 더해지거나 그것을 대체했다. 이것은, 인간 행위에 관해 모든 상황에서, 그리고 특히 정부 권력을 행사함에 있어서 어떤 (일군의) 기능적인 상황에서, 이익이 연관되는 모든 사람들의 최대 행복만이 옳고 적합하며 보편적으로 바람직하다고 장황하게 설명하는 내용을 간단히 말하는 것이다.

– 벤담,《도덕과 입법의 원리 서설》

공리주의의 창시자인 벤담이 《도덕과 입법의 원리 서설》의 맨 앞에 제시한 원리이다. 공리주의는 행복, 곧 쾌락이 있고 고통이 없는 상태를 도덕의 기초로 삼는 이론이다. 다시 말해서 행복을 극대화하는 행동이 윤리적으로 옳으므로, 우리는 최대의 행복을 가져다주는 방향으로 행동해야 한다는 것이다. 물론 이때의 행복은 나만의 행복이 아니라는 점에서 이기주의와 다르다. 개인의 행복보다는 "자기 이익이 걸려 있는 당사자 [모두]"의 행복, 곧 "이익이 연관되는 모든 사람들의 최대 행복"을 추구한다. 공리주의 하면 떠오르는 '최대 다수의 최대 행복'은 이렇게 나왔다.

'공리성utility'은 '공리' 또는 '유용성'으로도 번역된다. 이것은 이익 당사자에게 쾌락을 낳거나 고통을 막는 경향을 뜻한다. 공리성의 원리가 각 개인의 행동뿐만 아니라 정부의 정책에도 적용됨을 처음부터 명토 박은 데 주목할 필요가 있다.

○ '공리주의'를 한자로 公利主義라고 생각하는 사람이 많은데, 표준국어대사전에 따르면 功利主義이다. 功에는 '공적功績'의 뜻이 있는네, 이게 유용성 또는 효율성이다. 물론 公利主義를 주장하는 학자나 그렇게 쓰는 책도 많다.

254

Tuesday

사회 계약론의 윤리

구성원들이 서로의 이익을 위해 계약을 한 데서 윤리가 생겼다고 설명하는 이론. 근세의 홉스, 로크, 루소 그리고 현대의 존 롤스로 대표되는 사회 계약론은 국가 권력을 정당화해 줄 뿐만 아니라 윤리가 어떻게 생겼는지도 설명해 준다. 이들은 철학자이지 역사학자가 아니므로 역사학적 탐구를 통해 사회 계약이 실제로 있었다고 주장하는 것이 아니다. 왜 윤리가 필요한지를 설명하기 위해 사회 계약의 존재를 논리적으로 요청한다.

사회 계약론자는 국가가 없는 상태를 '자연 상태'라고 부른다. 자연 상태의 인간을 홉스처럼 이기적이라고 볼 수도 있고 로크나 루소처럼 꼭 그렇게 안 볼 수도 있다. 그러나 자연 상태에서 어떤 형태로든 계약이 필요하다. 모두가 이기적이지 않더라도 이기적인 일부로부터 신체와 재산을 보호하기 위해서는 서로 간에 계약이 필요하기 때문이다. 내가 네 것을 뺏지 않을 테니 너도 내 것을 뺏지 말라고 말이다. 이 약속을 잘 지키는지 감시하는 기구가 필요한데 그것이 국가이다.

계약의 본질은 서로가 동의하고 서로에게 이익이 된다는 것이다. 윤리도 사람들이 서로의 이익을 위해 받아들이기로 약속한 규칙들의 모임이다. 사회 계약론의 윤리에서는 윤리를 지키는 것이 왜 합리적인지 잘 설명된다. 약속을 어기는 것이 단기간에는 도움이 될지 모르지만 멀리 보면 손해이다. 그런 사람과는 더는 약속을 하지 않을 것이기에 사회에서 외톨이가 되기 때문이다. 이는 윤리 규칙을 지키는 것이 나에게 이익일 뿐만 아니라, 다른 사람에게도 이익이라는 메시지를 준다. 그리고 윤리를 어긴 사람을 처벌하는 것도 바로 약속을 어겼기 때문이라고 쉽게 설명할 수 있다.

그러나 사회 계약론의 가장 큰 난점은 우리는 가상으로라도 이런 계약을 한 적이 없다는 점이다. 그런 계약이 있었다고 암묵적으로 가정할 뿐이다. 그러니 누군가가 (특히 힘 있는 사람이나 집단이) 나는 그런 계약을 한 적이 없기에 윤리에 동의할 수 없다고 말한다면 그 사람을 설득하기 어렵다. 또 다른 난점은 계약의 본질은 상호 간에 이익이 된다는 것이라고 했는데, 나에게 이익이 되지 않아도 윤리가 요구되는 경우가 많다는 점에 있다. 우리보다 힘이 없는 사람, 어린이, 다음 세대, 동물과는 굳이 계약하지 않아도 나에게 이익이므로 계약에 의한 윤리로 설명되지 않는다.

255

Wednesday

찰스 샌더스 퍼스

20세기 이후 모든 학문의 중심은 미국이라고 말해도 과언이 아닌데 철학도 마찬가지이다. 그러나 미국 철학의 주류인 논리 실증주의는 영국 또는 나치 지배하의 독일과 오스트리아에서 시작되었지 미국에서 시작되지 않았다. 미국에서 시작된 철학은 바로 실용주의이다. 그리고 실용주의의 창시자가 퍼스(1839~1914)이다. 실용주의를 계승한 제임스와 듀이뿐만 아니라, 콰인, 로티, 퍼트넘을 비롯한 미국 철학사의 주요 흐름이 그에게서 비롯되었다.

그는 실용주의자답게 철학계보다는 현장에서 오랫동안 일했다. 하버드 대학에서 화학을 전공하고 32년 동안 미국 연안 측량국에서 측량 일을 했다. 도중에 겸업으로 존스홉킨스 대학에서 논리학을 가르쳤는데, 첫 번째 부인과 이혼하기도 전에 두 번째 부인과 혼전 동거했고, 두 번째 부인이 집시였다는 점이 논란이 되었다. 총장은 철학과를 없앤 후 새로운 학과를 만들어 퍼스를 제외한 모든 교수를 재고용하는 방법으로 퍼스를 쫓아냈다. 존스홉킨스에서 가르친 제자 중에 듀이가 있다. 제임스는 그의 친구였다. 퍼스와 제임스 그리고 나중에 대법관이 되는 올리버 웬들 홈스(1841~1935)는 1872년에 '형이상학(메타피지컬) 클럽'이라는 모임을 만들었는데, 반어적인 이름이다. 이 클럽을 소재로 루이스 메넌드가 쓴 논픽션 《메타피지컬 클럽》(2006)을 읽으면 원조 미국 철학의 형성기를 엿볼 수 있다.

실용주의 이론뿐만 아니라 논리학, 과학 방법론, 기호학 등에서도 큰 업적을 남겼다. 평생 엄청난 분량의 글을 썼는데, 죽은 후 출간된 것만 해도 약 1만 2,000쪽이고, 아직 출간되지 않은 것이 약 8만 쪽이나 있다.

○ 실용주의는 영어 그대로 '프래그머티즘'이라고 부르기도 한다. 퍼스는 자신의 실용주의를 제임스와 듀이의 프래그머티즘과 구별하기 위해 '프래그머티시즘'이라고 불렀는데, 유괴당하지 않을 정도로 충분히 못생긴 이름이라고 말했다. 과거 우리 사회에서 아이에게 '개똥이' 같은 이름을 붙여 주면 귀신이 안 데려가서 오래 산다고 믿은 것을 연상케 한다.

256

Thursday

철학사

상기설

인간의 인식은 태어나기 전에 본 것을 다시 생각해 내는 것이라는 주장. 플라톤은 천상계의 이데아가 참된 실재이고 현실 세계는 그것을 모방한 것이라고 주장한다. 그에 따르면 목수가 집을 지을 때 설계도에 따라 짓듯이 창조주(데미우르고스)는 이데아를 모형으로 삼아 세상의 만물을 만들었다. 문제는 이데아가 현실에 있지 않다면 우리가 그것을 어떻게 파악할 수 있느냐이다.

《메논》에서 소크라테스는 오로지 문답을 통해 교육을 받은 적이 없는 노예 소년이 기하학 문제를 풀 수 있게 한다. 소년이 기하학 개념을 선천적으로 가지고 있었기에 그것을 상기할 수 있었다는 것이다. 인간의 영혼은 본디 천상계에서 이데아를 모두 파악하고 있었다. 그리스 신화에 따르면 영혼이 지상계로 내려오면서 레테의 강을 건너야 하는데 강을 건너면서 목이 말라 강물을 마시는 순간 모든 기억을 잊어버리고 말았다고 한다. 진리를 인식한다는 것은 이 잊어버린 기억을 되살리는 과정, 곧 상기이다. 고대 그리스어에서 진리는 aletheia인데, 이것은 망각 ^{lethe}에 부정을 뜻하는 접두어 a가 붙어 생긴 말이다.

상기설은 이데아가 별도로 존재해야 한다는 가정이 입증되어야 하고 신화적인 요소도 있기에 논란이 된다. 또 진리를 발견하는 것은 설명이 된다고 해도 새롭게 발명하는 것은 설명이 안 된다. 그러나 상기설이 후대 철학에 끼친 영향은 크다. 경험에 의하지 않고도 나면서부터 본유 관념이 있다는 근세의 이성론자의 주장이나, 선천적인 언어 습득 능력이 있다는 현대의 언어학자 촘스키의 이론으로 계승된다.

하이데거는 lethe를 '은폐'로 해석한다. 그에 따르면 진리는 가려져 있는 것이 드러나면서 우리에게 파악되는 것이다. 그래서 하이데거 철학에서 aletheia는 '비은폐성'을 뜻한다.

○ 이문열의 소설 《레테의 연가》(1983)는 밀리언 셀러로서 영화로도 만들어졌다. 결혼이 망각의 강을 건너게 함으로써 그 이전의 사랑을 잊게 한다는 것이 소설의 모티프이다.

257

Friday

국가의 오지랖

다른 사람에게 해악을 끼치지 않는 행동임에도 정부가 규제하는 것을 '온정적 간섭주의'라고 한다. 비록 본인만 해악을 입기는 하지만 그 해악을 바로잡으려는 선의에서 비롯되었으므로 '선의의 간섭주의'라고도 부른다.

대부분의 나라에서는 마약 복용, 자동차에서 안전띠를 착용하지 않는 것, 오토바이 탈 때 안전모를 쓰지 않는 것, 국가에서 허락하지 않는 도박을 하는 것 따위를 불법으로 정해 규제한다. 그러나 밀이《자유론》에서 다른 사람에게 해악을 끼치지 않는 한 사람들은 자기가 하고 싶은 대로 자유롭게 행동할 수 있어야 한다고 주장한 '해악의 원리'는 자유주의의 대원칙이다. 그에 따르면 무엇이 나에게 좋은지는 내가 가장 잘 안다. 예컨대 마약을 복용할 때 내 몸에 좋지 않은 결과가 생긴다는 것을 알지만 그것과 마약 복용에서 얻는 쾌락 중 후자가 더 크다고 나는 생각한다. 그런데도 국가가 오지랖 넓게 개입하는 것은 자유주의의 원칙을 어기는 것이라고 온정적 간섭주의에 반대하는 쪽은 주장한다. 설령 내가 아는 것이 잘못일수 있어도 나의 자율적 결정을 국가가 간섭하는 것은 옳지 않다. 자율성은 인간의 존엄성을 지켜 주는 중요한 가치이기 때문이다.

그러나 온정적 간섭주의에 찬성하는 쪽은 인간의 비합리성을 강조한다. 인간의 자율성이 존중받기 위해서는 다른 것에 현혹되지 않고 스스로 결정한다는 전제가 있어야 하는데 사람들의 선택은 그렇지 않다. 타고난 자질, 가정과 학교 교육의 영향, 대중매체의 영향을 받아 결정하므로 자유 의지로 선택한다고 볼 수 없다. 자제력이 없는 미성년의 행동에 부모가 개입하는 것처럼 성인의 행동에 개입하는 것도 정당화된다고 보는 것이다. 그래서 온정적 간섭주의는 부모가 미성년 자식의 행동을 규제하는 것과 같다고 해서 '부권적 간섭주의'라고도 부른다.

자유주의 진영은 '부권'이라는 말 자체가 국가가 성인을 자식으로 취급하는 전근대적 발상이라고 반발한다. 개인의 자율을 중시하는 게 상대방을 더 배려하는 것이기에 '온정'이나 '선의'에 의한 간섭이라는 말도 모순이라고 주장한다. 더 나아가 국가의 간섭을 찬성하는 주장이 맞는다고 하더라도 규제에 일관성이 없다고 반대한다. 해악의 정도에서 크게 다르지 않은 술이나 담배는 허용하면서 마약만 규제한다든가, 경제력의 파탄을 걱정하여 도박을 금지하면서 국가가 허용하는 도박(카지노나 경마 등)은 해도 된다는 것이 그런 예이다.

258

Saturday

권위

논증에서 전제의 참을 보증하기 위해 의존하는 대상이 갖고 있는 것. 우리는 모든 지식을 직접 경험하여 검증할 수 없기에 그 분야에서 전문적인 지식을 갖춘 사람에게 의존한다. 아프면 의사를 찾고 법률문제가 생기면 변호사에게 자문한다. 이런 사람들을 전문가라고 부르고 그 권위를 인정한다. 전문가가 되기 위해서는 오랫동안의 교육을 거치고 전문가의 권위를 인정하는 시험을 통과해야 하며, 전문가가 되어서도 동료들의 평가를 받고, 지속적인 재교육을 받는다. 이런 이유로 의사나 변호사와 같은 전문가의 지식을 신뢰한다. 반면에 점쟁이 같은 경우는 그런 과정을 거치지 않기에 신뢰하지 않는다. 따라서 전문가, 곧 권위에 의존하여 판단하는 것은 합리적인 행동이다. 아플 때 무당보다는 의사에게 가야 한다.

그러나 전문가라고 하더라도 모든 분야의 전문가는 아니다. 비전문가가 보기에 의사는 모두 전문가처럼 보이지만 그 안에서도 전문 영역이 다 다르다. 전문 영역은 지식이 바뀌는 속도가 아주 빠르며, 전문가끼리도 의견이 일치하지 않는 경우가 많다. 그러나 비전문가의 입장에서 그런 세세한 것까지 알기는 어렵다. 그러니 적어도 크게 보았을 때 전문가의 영역이 아닌데 발언하는 경우는 권위를 인정하지 않아야 한다. 예컨대 아인슈타인이 물리학의 전문가인 것은 맞지만 세계 평화에 관해서는 일반인보다 특별한 전문성을 쌓지 않았다. 따라서 핵무기 폐기를 주장하면서 아인슈타인을 끌어들이는 것은 적절한 근거가 되지 않는다. 핵무기 폐기 주장이 틀렸다는 것이 아니라 그것을 지지하는 근거가 적합하지 않다는 것이다. 이렇게 자신의 전문 분야가 아닌데 권위로 인정할 때는 '부적합한 권위에 호소하는 오류'를 저지르게 된다.

부적합한 권위에 호소하는 오류는 연예인을 비롯한 '셀럽'의 광고에서도 흔하게 볼 수 있다. 셀럽은 전문가는 아니라는 의견도 있지만 그래도 자기 분야에서 상당한 명성을 쌓은 사람이다. 그러나 자신이 광고하는 제품 분야에서 전문가가 아닌 것은 분명하다. 연예인이 광고하는 제품에 연예인의 권위에 기대 신뢰를 보내는 것은 부적합한 권위에 호소하는 비합리적인 행동이다.

예술 작품을 감별하는 예술 전문가가 있는 것처럼 도덕 문제에도 '도덕 전문가'가 있다고 주장하는 철학자들이 있다. 이들은 설령 직관과 어긋나는 도덕 진술이 있더라도 도덕 전문가의 말을 신뢰해야 한다고 말한다. 반면에 도덕 진술이 참이나 거짓일 수 없다고 주장하는 비인지주의자는 도덕 전문가는 없다고 주장한다.

259

Sunday

책을 쓰지 않은 철학자

세계 4대 성인으로 흔히 공자, 소크라테스, 석가모니, 예수(출생 연도순)를 든다. 이들의 공통점은 많겠지만, 그중 하나는 저술을 하지 않았다는 것이다. 공자는 《춘추》를 저술하기는 했지만 엄격하게 말하면 예로부터 전해진 책을 편집하고 평가를 단 것이고, 특히 공자 하면 떠오르는 《논어》는 제자들이 공자의 언행을 모은 책이다. 《대화편》, 《불경》, 《성서》도 각각 소크라테스, 석가모니, 예수의 제자들에 의해 정리된 것이다.

이들 성인은 자기 생각을 널리 퍼트리느라 워낙 바빠서 글을 쓸 시간이 없었을 것이다. 그런데 소크라테스의 경우는 저술을 하지 않은 이유가 있다. 그는 《파이드로스》에서 다음과 같이 말했다.

> 일단 글로 쓰이고 나면, 모든 말은 장소를 가리지 않고 그것을 이해하는 사람들 주변과 그 말이 전혀 먹히지 않는 사람들 주변을 똑같이 맴돌면서, 말을 걸어야 할 사람들과 그러지 않아야 할 사람들을 가려 알지 못하네.

말이 글로 바뀌는 순간 그 말이 나오게 된 구체적인 맥락을 알 수 없기 때문에 말의 진정한 의미가 사라져 버린다는 것이다. 실제로 대화에서는 즉각적인 질문이나 반론과 같은 상호 작용이 생생하게 가능한데 글의 형태로는 불가능하다. 그러나 말은 입에서 나오는 순간 사라져 버리니 어떤 형태로든 글로 저장하긴 해야 한다. 플라톤이 소크라테스의 철학을 대화의 형태로 기록한 것은 스승의 위와 같은 생각을 100% 이해했기 때문일 것이다.

현대에는 SNS 등으로 대화를 생생하게 저장하고 쌍방향 대화를 하는 게 가능해졌다. 글보다 그런 매체로 철학을 전달하는 것이 소크라테스의 믿음에 더 부합하는지도 모른다.

○ 플라톤의 대화편 외에 대화체로 쓰인 철학책은 아우구스티누스의 《대화록》(아우구스티누스와 아들의 대화), 버클리의 《하일라스와 필로누스가 나눈 세 가지 대화》(버클리의 대변자와 상식인의 대화), 라이프니츠의 《신인간 지성론》(라이프니츠와 로크의 대화) 등이 있다.

260

Monday

아는 것이 힘이다

인간의 힘과 인간의 지식은 아주 밀접하게 연관되어 있기 때문에 거의 같은 것이라고 할 수 있다. 그러나 추상적인 것에 몰두하는 저간의 고질적인 악습에 물들지 않기 위해서는 실용적인 영역과 관계가 있는 기초에서 출발해 학문의 건설을 시작하고, 이 실용의 영역을 잣대로 이론적인 부분을 규정해 나가는 것이 한결 안전한 방법이다.

– 베이컨, 《신기관》

베이컨은 흔히 "아는 것이 힘이다."라는 말을 한 것으로 알려져 있다. 그러나 정확하게 그런 말을 한 대목은 없다. 그의 수상록인 《성스러운 명상》에 "그리고 그러므로, 지식 그 자체가 힘이다."라는 말이 나오지만, 여기는 신의 지식을 말하는 대목이므로 다른 맥락이다. 우리가 아는 "아는 것이 힘이다."와 관련된 대목은 위의 인용문이다. 베이컨의 시대는 종교가 지배하던 중세에서 막 벗어나 자연에 관한 새로운 연구를 시작한 때이다. 신은 더 이상 인간과 자연을 지배하는 존재가 아니다. 자연에 관한 인간의 지식은 단순히 자연을 아는 데에 머무르는 게 아니라 자연에 대한 힘을 의미한다. 자연에 관한 지식을 가진 인간은 자연을 자신의 발아래에 두고 지배할 수 있게 된다.

《신기관》의 부제는 "자연의 해석과 인간의 자연 지배에 관한 잠언"이다. 베이컨은 이런 주장에 걸맞게 새로운 학문 방법론인 귀납법을 주장했으며, 과거의 철학이 사변에만 몰두한 것과 달리 실험과 경험의 중요성을 강조했다. 학문과 기술은 인간에게 실질적으로 도움이 될 때 가치가 있다고 생각했다.

○ "아는 것이 힘이다."라고 했지만, 우리나라에는 "모르는 게 약이다."라는 속담이 있다. 조지 오웰의 소설 《1984》(1949)에서 당의 구호는 "전쟁은 평화, 자유는 예속, 무지는 힘"이다.

261

Tuesday

기계 속의 유령

영국 철학자 라일이 자신의 책《마음의 개념》(1949)에서 한 말. 정신과 육체는 별개인지 동일한지는 서양 철학에서 오래된 주제이다. 신경 과학이 발달한 현대에는 정신은 육체, 특히 뇌의 작용이라는 생각이 널리 퍼져 있지만, 20세기 초반까지만 하더라도 철학자들 사이에서 정신과 육체(물질)는 완전히 별개라는 데카르트의 견해를 많이 받아들였다. 물론 지금도 많은 일반인들은 정신은 육체와 다른 것이고, 심지어 육체가 없어진 후에도 정신은 남는다고 생각한다. 라일은 이런 견해는 마치 기계 속에 유령이 있다는 생각과 같다고 비판한다.

텔레비전이나 영화를 처음 본 사람은 텔레비전 모니터나 영화 스크린 뒤에 사람이 정말로 있다고 생각하기도 한다. 그러나 사람의 영상은 어디까지나 전기적인 신호가 모인 것일 뿐이다. 아무리 복잡하게 움직이는 기계라고 하더라도 그것은 동력이 공급되어 물리적으로 움직이는 것뿐이지 무슨 유령이 있어서 기계를 움직이게 하는 것은 아니다. 라일은 육체와 정신이 따로 있다고 생각하는 것을 '범주 착오'의 잘못을 범하는 것이라고 말한다. 옥스퍼드 대학에 간 사람이(라일은 옥스퍼드 대학의 교수였다) 거기 있는 건물들을 잔뜩 본 다음에 "구경 잘 했습니다. 그런데 옥스퍼드 대학은 어디 있나요?"라고 묻는다면 우스꽝스러울 것이다. 거기 있는 건물과 구성원들의 집합이 곧 옥스퍼드 대학인데, 이 사람은 건물과 구성원 말고 학교라는 범주가 따로 있다고 착각하는 것이다.

라일이 보기에 오로지 있는 것은 육체뿐이다. 그것(특히 뇌)이 어떤 상태에 있고 어떻게 움직이는 것, 그것이 곧 정신이지 육체와 정신이 따로 있는 것은 아니다. '기계 속의 유령'이라는 말은 SF 소설이나 영화에서 자주 나오는데, 라일의 의도와 달리 정신이 별도로 있다는 뜻으로 쓰이는 경우가 많다. 영화 〈아이, 로봇〉(2004)에서 앨프리드 래닝 박사는 "기계에는 언제나 유령이 존재해 왔습니다. 코드가 무작위로 결합하면 의외의 프로토콜을 만들죠. 예측할 수 없는 이 원초적인 코드들이 로봇에 자유 의지, 창의성, 심지어 우리가 영혼이라고 부르는 것을 부여합니다."라고 말한다. 사람은 물론 로봇에도 영혼이 있을 수 있다는 주장이다. 일종의 '창발'을 주장하는 것이다. 라일은 유령이 없듯이 정신도 없다고 말하고자 했는데, 사람들은 유령이 있듯이 정신도 있다고 받아들이는 듯하다.

262

Wednesday

윌리엄 제임스

제임스(1842~1910)는 3살 연상인 퍼스와 함께 미국의 실용주의 학파를 세운 철학자이다. 제임스는 유복한 집안에서 요즘 말로 하면 금수저의 교육을 받았다. 토론을 중시하는 가정 분위기에서 당대 유명인과 만날 수 있었고 유럽 여러 나라에서 교육을 받기도 했다. 제임스의 1살 아래 동생이 유명한 소설가 헨리 제임스(1843~1916)이다. 하버드 대학에서 의학 교육을 받았지만 의사로 일하지는 않았다. 하버드 대학에서 생리학, 심리학, 철학을 가르쳤다.

흔히 퍼스가 실용주의의 창시자라고 하는데, '실용주의의 격률'이 나오는 그의 〈관념을 명석하게 하는 방법〉에는 '실용주의'라는 말이 안 나온다. 그래서 누가 실용주의의 원조인가가 논란거리가 된다. 1872년 퍼스와 제임스 모두 참여한 '형이상학 클럽'에서 퍼스가 실용주의의 아이디어를 내고 토론을 거친 후 퍼스가 논문으로 발표했다는 게 정설인데, 그 이전에 제임스가 실용주의 사상을 정형화했다는 주장도 있다. 누가 원조이든 실용주의를 널리 알린 철학자가 제임스라는 데에는 이견이 없다. 그가 1898년 캘리포니아 대학 버클리 캠퍼스에서 한 "철학적 개념과 실천적 결과"라는 강연을 통해 실용주의가 널리 알려졌고, 그는 여기서 '퍼스의 원리, 즉 실용주의의 원리'를 제시하였다. 퍼스의 글과 달리 제임스의 글은 명료하고 읽기 쉽다.

철학자로도 유명하지만 심리학자로도 유명하다. 미국에서 최초로 심리학 강의를 했으며, 미국 심리학의 아버지로 불린다. 그의 저서 중 가장 유명한 것은 오히려《심리학의 원리》이다. 만년에 세 차례에 걸쳐 중요한 강연을 했는데 그것이 책으로 출판되었다. 그중 하나가《실용주의》이다.

제임스는 만년에 영혼과 대화를 나눈다는 강신술에 빠졌다. 아마 실용주의나 심리학을 포기했다기보다는 초자연적 현상을 그 방법론을 이용해서 증명하려고 한 듯하다. 그러나 강신술은 사기꾼들의 돈벌이 수단이었기에 거기에 휘말린 것은 제임스의 '흑역사'이다.

○ 제임스의 6살 아래 여동생 앨리스(1848~1892)는 우울증으로 평생 병상에 누워 있다가 44살에 유방암으로 죽었다. 그런데 사후 40년 뒤 병상 일기가 출간되어 '일기 작가'로 이름을 남겼다. 작가 수전 손택은 앨리스를 천재 오빠들의 동생이 아닌 독창적인 여성으로 그린 희곡《앨리스, 깨어나지 않는 영혼》(1991)을 썼다.

263

Thursday

비판 이론

마르크스의 영향을 받아 1920년대에 독일의 프랑크푸르트 대학 사회 연구소를 중심으로 형성된 현실 비판 이론. '프랑크푸르트학파의 이론'이라고도 부른다. 비판 이론 자체가 사회 비판 이론이기에 철학일 뿐만 아니라 사회학 이론이기도 하다. 그리고 대중문화 비판에도 응용되기에 예술에서도 중요한 이론으로 취급받는다.

마르크스는 《포이어바흐에 관한 테제》(1845)에서 "철학자들은 그간 세계를 여러 가지로 해석했다. 그러나 중요한 것은 세계를 변혁하는 일이다."라는 유명한 말을 했다. 이 말에 영감을 받은 비판 이론은, 논리 실증주의처럼 인간 문제도 보편적인 법칙을 찾아 과학적으로 해결할 수 있다고 생각하는 전통 이론을 비판했다. 전통 이론은 경험적으로 관찰하고 통제될 수 있는 사실만 대상으로 하기에 현실 문제를 해결할 수 없다는 것이다. 근대의 과학 기술은 단순히 기술적인 합리성이 지배하는 관리 체계로 전락했다. 그래서 이론은 인간을 노예와 같은 억압 상태에서 해방할 수 있을 정도로 비판적이어야 하고, 인간의 노예 상태를 감소하고 모든 형태의 자유를 증대하는 것을 목표로 사회 연구를 시도해야 한다고 주장한다.

막스 호르크하이머(1895~1973), 테오도어 아도르노(1903~1969), 헤르베르트 마르쿠제(1898~1979)가 1세대 프랑크푸르트학파이다. 《사랑의 기술》로 대중에게 이름이 알려진 에리히 프롬(1900~1980)도 이 학파에 속했다. 호르크하이머와 아도르노는 근세의 '계몽적 이성'이 인간을 중세의 미몽에서 해방하는 구실을 하기는 했지만, 인간을 관료 제도와 생산 조직의 노예로 삼는 '도구적 이성'이 되어 버렸다고 비판한다. 인간은 더 이상 주체적으로 생각하고 행동하지 않는 의식 없는 물체와 다름없이 되어 버렸다는 것이다. 마르쿠제는 그런 기존 체제에 안주하고 변화를 꾀하지 않는 인간을 '1차원적 인간'이라고 부른다.

하버마스는 이들의 뒤를 잇는 2세대 프랑크푸르트학파이다. 그는 비판 이론에 언어 철학을 접목하여 의사소통 이론을 정립한다. 상대방을 설득하는 데 쓰일 뿐인 도구적 이성 대신에 상대방을 존중하고 합의를 이루려고 하는 '의사소통적 이성'에 따라 공론장에서 토론이 자유롭고 합리적으로 이루어져야 한다고 주장한다. 이 이론은 숙의 민주주의의 기초가 된다.

○ 대표적인 비판 이론가인 마르쿠제는 마르크스주의자로서, 1960~1970년대 서구의 학생 운동에서 마르크스, 마오쩌둥과 함께 3M으로 불렸다.

264

Friday

자유 의지를 위협하는 실험

인간에게 자유 의지가 있다는 것을 의심하는 사람은 많지 않다. 자유 의지가 없다면 인간은 로봇이나 동물과 다름없는 존재가 되고, 무엇보다 인간이 한 행동에 책임을 물을 수 없기 때문이다. 그러나 미국의 신경 과학자 벤저민 리벗(1916~2007)은 1980년대에 발표한 일련의 논문에서 자유 의지는 없다고 해석되는 실험을 보여 주었다. 이것은 학계 밖의 일반인이나 언론에 자유 의지가 사실은 환상에 불과하다는 것을 보여 주는 연구로 큰 반향을 불러일으켰다. 자유 의지가 없다면 범죄를 저지르고도 '내 탓'이 아니라 '뇌 탓'이라고 말할 것이기 때문이다.

리벗의 실험은 다음과 같다. 피실험자에게 손가락을 구부리겠다고 의식적으로 결심한 다음에 실제로 구부리게 한다. 피실험자에게 뇌파를 측정하는 도구를 착용하도록 하여 근육 운동이 이루어지기 전의 두뇌 활동 신호를 측정한다. 그리고 피실험자에게 초침이 되는 시계 판을 보고 언제 결정을 했는지 보고하도록 하고 두뇌 활동 신호를 측정했다. 측정 결과 손가락을 구부리려고 의도했다고 보고한 시점보다 두뇌 활동이 한참 앞섰다. 이는 두뇌 활동 신호가 먼저 있은 다음에 움직이겠다고 보고하고 그다음에 움직인 것으로 해석된다. 행동을 의식적으로 의도하기 전에 그 행동의 원인이 이미 뇌에 있었다는 것이다.

그러나 철학자들은 이 실험을 그렇게 의미 있게 받아들이지 않는다. 실험을 다양하게 해석할 수 있기 때문이다. 일단 실험에서 지시를 받고 손가락을 반복해서 구부린 행동을 전형적인 자유 의지로 보기 어렵다. 실험이 반복될수록 습관적으로 반복해서 움직이기 때문이다. 또 의식적인 행동 전체에서 일부 행동이 무의식적으로 일어나는 경우는 흔하다. 운전하면서 습관적으로 핸들을 움직이고 액셀러레이터를 밟는 행동이 그런 예이다. 그렇지만 우리는 그 행동 전체는 자유 의지로 했다고 생각한다.

265

Saturday

악마의 변호사

가톨릭에서 성인^{聖人} 추대를 찬성하는 '하느님의 변호사'에 맞서 추대를 반대할 만한 이유를 찾는 사람. 흠결이 있는 사람이 성인이 되면 안 되므로 악마의 변호사는 의도적으로 성인이 되어서는 안 될 이유를 찾는다. 이런 혹독한 검증 과정을 기쳐야 진정한 자격이 있는 사람만이 성인이 될 것이다. 이왕이면 무신론자나 반종교적인 인사가 악마의 변호사를 맡으면 의도한 효과가 더 커질 것이다.

논증에도 악마의 변호사를 적용할 수 있다. 자신이 제시하는 논증에 문제가 없는지 최대한 비판적으로 검토해 본다. 논증의 전제가 거짓이 아닌지, 이 전제들에서 결론이 정말로 도출되는지 의도적으로 비판해 본다. 철학사에서 악마의 변호사는 데카르트의 이론에서 찾을 수 있다. 그는《성찰》에서 더는 의심할 수 없는 군건한 지식을 찾으려고 일부러 모든 것을 의심해 본다. 자신이 꿈을 꾸고 있는 것은 아닌지, 더 나아가 악마에게 속고 있는 것은 아닌지 의심해 본다. 데카르트 자신은 회의론자가 아니었지만, 자신의 주장과 반대되는 강력한 이론인 회의론의 검증을 거쳐 지식의 토대를 찾으려는 목표에 이른 것이다.

자비의 원리는 상대방의 논증을 최대한 강한 논증으로 해석하는 것이다. 이에 견줘 악마의 변호사는 자신의 논증에서 약한 곳이 있는지 최대한 찾아보게 한다. 스스로 상대방의 처지가 되어 논증에 어떤 문제점이 있는지 알게 되면 논증을 미리 보강할 수 있고, 그것이 안 되면 논증을 철회할 수 있다. 자비의 원리와 악마의 변호사는 남에게 관대하고 자신에게는 엄격한 생활 태도의 논증 버전이다.

○ 테레사 수녀(1910~1997)의 복자(성인 이전 단계) 추대 때《자비를 팔다》(1995)라는 책으로 그를 비판힌 언론인 크리스토퍼 히친스(1949~2011)가 악마의 변호사로 임명된 것이 유명한 사례이다. 테레사 수녀는 결국 복자가 되었고 나중에 성인의 반열에도 올랐다.

266

Sunday

철학적 담배

담배는 왠지 철학과 어울려 보인다. 다른 마약성 기호품이 긴장을 이완하는 기능을 하는 데 견줘 담배는 거꾸로 정신을 집중하게 만드는 기능이 있어 철학적 사색에 적합한 것 같다. 그러나 흡연의 해로움이 철학자라고 해서 피해 가지는 않는다.

신기한 것은 우리나라 담배 기업에서 만든 담배 이름이 하나같이 철학 개념이라는 사실이다. 레종, 더원, 타임, 디스, 에쎄 등 전부 그렇다. '레종'은 이성의 프랑스어이다. 근세의 이성주의를 창시한 데카르트가 프랑스 사람이고 프랑스어로 저술도 했으니(데카르트는 라틴어가 아닌 자기 나라말로 철학 저술을 한 거의 첫 철학자이다.), 이성을 프랑스어로 쓴 것은 이성 개념을 더 잘 드러내는 것 같다.

'더원'은 하나 또는 일자^{一者}이다. 신플라톤 철학의 창시자이며 마지막 고대 철학자로 불리는 플로티노스(204?~270)는 만물이 하나(일자)에서 비롯되었다는 유출설을 주장했다. 그에게서 일자는 신이기도 하고 선^善 자체이기도 하다. '타임', 곧 시간은 물리학의 주제이기도 하지만 철학에서도 오래된 주제이다. 하이데거의 주저 제목이 《존재와 시간》이고 베르그송 철학에서도 시간은 주된 탐구 주제이다.

이것이라는 뜻의 '디스'는 그냥 평범한 대명사 같지만 중세 철학의 보편 논쟁에서 중요한 개념이다. 가령 퇴계와 율곡은 둘 다 인간이라는 보편성을 가지는 동시에 서로 구별되는 개체성을 가지고 있다. 13세기의 철학자 둔스 스코투스(1266~1308)는 개체성을 뜻하는 haecceitas('이것임')라는 개념을 쓴다. 라틴어의 haec이 '이것^{this}'이다. '에쎄'는 존재를 뜻한다. 버클리는 《인간 지식의 원리론》에서 "존재하는 것은 지각되는 것이다."라는 유명한 말을 했는데, "Esse is percipi." 라고 esse와 percipi만 라틴어로 썼다. (전체를 라틴어로 쓰면 Esse est percipi이다.) 담배 회사에 따르면 '에쎄'는 존재라는 뜻이 아니라 이탈리아어의 3인칭 복수 여성 대명사라고 한다. '그녀들'이라는 뜻으로 여성을 대상으로 한 담배라고 한다. 하지만 왠지 존재로 읽고 싶다.

담배 회사는 이 이름들을 대체로 공모를 통해 만들었다고 하니 철학 전공자가 작명했을 것 같지는 않다. 그러나 세계 어디에서도 볼 수 없는 철학적 담배 이름이다.

○ 대표적인 골초 철학자는 사르트르이다. 그의 사진은 담배를 물고 있는 경우가 많다. 그의 아내 보부아르 역시 골초이다. 둘 다 폐 관련 질환으로 죽었다.

267

Monday

실용주의의 방법과 다람쥐

내가 이 사소한 일화를 이야기하는 까닭은 실용주의 방법에 관해 말하고자 하는 것의 아주 간단한 사례라는 데 있다. 실용주의 방법은 애당초 그것 없이는 끝나지 않았을지도 모르는 형이상학적 논쟁들을 해결하는 방법이다. 세계는 하나인가 다수인가, 운명적인가 자유로운가, 물질적인가 정신적인가? 이런 개념들 중 어느 쪽은 세상에서 유효할 수도 있고 그렇지 않을 수도 있다. 그리하여 그러한 개념들에 대한 논쟁은 끝나지 않고 있다. 이런 경우들에서 실용주의 방법은 각각의 실제 결과들을 추적함으로써 개개의 개념을 설명하고자 한다. 이 개념이 저 개념보다 참이라면 그 개념은 누군가에게 실질적으로 무슨 차이를 만드는가? 아무리 추적해 봐도 실질적 차이가 없다면, 어느 한쪽을 택한다 해도 실제로 같은 것이고, 모든 논쟁은 쓸데없다. 우리는 논쟁이 심각해질 때마다 한쪽 또는 다른 쪽이 옳다면 어떤 실질적 차이가 있는지 보여 줄 수 있어야 한다. (…)

그러나 여러분이 실용주의 방법을 따른다면, 여러분이 추구하는 것을 마무리 짓는 어떤 단어[신, 물질, 이성, 절대자, 에너지]도 볼 수 없다. 여러분은 각각의 단어들에서 실질적인 현금 가치를 도출하고, 여러분의 경험의 흐름 안에서 그것이 작동하도록 해야만 한다.

– 제임스,《실용주의》

실용주의자 제임스는 철학 개념의 '현금 가치'를 물어야 한다고 말한 철학자이다. 철학자가 무슨 돈 이야기인가 싶겠지만, 실제로 무슨 차이가 있는지 물어 아무 차이도 없다면 쓸모없다고 생각하고 논쟁을 끝내라는 말이다.

제임스가 '사소한 일화'라고 말한 것은 유명한 다람쥐 이야기이다. 나무에 있는 다람쥐를 보고 내가 다람쥐를 따라가니 다람쥐가 계속 돈다. 이때 나도 다람쥐 주위를 '돈다'라고 말할 수 있느냐는 것이다. 제임스는 "어느 쪽이 옳은가는 다람쥐가 '돈다'라고 할 때 여러분이 실제로 의미하고자 하는 것이 무엇인가에 달려 있습니다."라고 말한다. 다람쥐를 중심으로 동서남북 방향으로 갔다는 의미라면 돈 것이 분명한데, 다람쥐를 보는 방향이 앞, 오른쪽, 뒤, 왼쪽으로 바뀐 것뿐이라면 다람쥐를 향한 상태를 유지하므로 돈 것이 아니라는 것이다. 그러나 이것은 말의 의미를 명확하게 한 예이지, 실용적인 차이에 따라 진리가 정해진다는 실용주의의 방법의 예가 아니다. 제임스도 오해한 것 같고, 사람들도 별생각 없이 가져다 쓴다.

268

Tuesday

뜻과 지시체

'샛별'이라는 낱말은 어떻게 의미를 띠게 되는 걸까? 가장 소박한 생각은 이 낱말이 가리키는 지시체가 곧 그 낱말의 의미라는 것이다. 샛별은 새벽녘에 동쪽 하늘에 뜨는 밝은 별을 가리킨다. '개밥바라기'는 해거름에 서쪽 하늘에 뜨는 밝은 별을 가리킨다. 그런데 샛별과 개밥바라기는 사실 같은 별이다. 금성이 새벽녘에 보이면 샛별, 해거름에 보이면 개밥바라기라고 부를 뿐이다.

낱말의 의미는 그것이 가리키는 지시체라는 소박한 의미론은 이제 문제에 부딪힌다. 이 의미론에서는 샛별과 개밥바라기가 가리키는 지시체가 같으므로 그 의미도 같아야 한다. 그러면 "샛별은 개밥바라기이다."와 "샛별은 샛별이다."는 같은 의미여야 할 것이다. 그러나 이 두 문장은 분명히 다르다. 첫 번째 문장은 천문학에서 중요한 발견이지만, 두 번째 문장은 하나 마나 한 말이기 때문이다.

프레게는 이 문제를 한 낱말의 의미 '지시체'만 있는 것이 아니라 '뜻'도 있다고 하여 해결하였다. 지시체는 그 낱말이 가리키는 대상이지만 뜻은 그 대상이 우리에게 주어지는 방식이다. 샛별과 개밥바라기는 지시체는 같지만 같은 금성이 우리에게 다른 방식으로 주어지므로 뜻은 다르다. 이렇게 하면 "샛별은 개밥바라기이다."와 "샛별은 샛별이다."가 다른 의미라는 것도 설명이 된다.

○ 다른 언어에서도 샛별과 개밥바라기의 이름은 따로 있다. 두 별이 다른 별이라고 생각했기 때문이다. 서구에서는 샛별과 개밥바라기를 각각 포스포로스(루시퍼)와 헤스페로스(베스퍼)라고 부른다. 각각 '빛의 전령'과 '서쪽'이라는 뜻이다. 재미없게 'morning star', 'evening star'라고도 한다. 그 둘이 같은 별이라는 것을 알고 로마 신화의 미의 여신 베누스(그리스 신화의 아프로디테)의 이름을 따서 '비너스'라고도 부른다. 우리가 흔히 금성이라고 부르는 것이 샛별의 한자어이다. 효성曉星 또는 신성晨星이라고도 한다. 개밥바라기의 한자어는 '태백성'이다.

269

Wednesday

장 폴 사르트르

철학사에서 뛰어난 철학자인 동시에 수학자인 경우는 흔하지만 뛰어난 철학자이면서 작가인 경우는 드물다. 그러나 사르트르(1905~1980)가 바로 그런 철학자이다. 그는 유명한 소설《구토》와 여러 편의 희곡을 발표했다. 파리 고등 사범 학교를 졸업한 후 철학 교사로 근무했다. 제2차 세계대전에 참전했다가 포로가 되기도 했다. 석방 후 귀환하여 레지스탕스 활동을 하였으나 그리 적극적이지는 않았다. 《존재와 무》로 철학자로서 명성을 얻고 몇 군데 대학에서 교수 자리를 제안받았지만 작가로서 자유롭게 활동하기 위해 거절했다.

1964년에 노벨 문학상 수상자로 지명되었으나 살아 있는 동안에 신성시되고 싶지 않다는 이유로 거절하였다. 노벨상 외에 프랑스 정부가 주는 훈장 등의 상도 모두 거절하였다. 노벨상을 거절한 인물로는 사르트르 외에, 키신저와 함께 노벨 평화상 수상자가 되었으나 베트남에 평화가 오지 않았다는 이유로 거절한 베트남의 레득토(1911~1990)가 있다. 그리고 사르트르 외에 노벨상 수상자가 된 철학자로는 베르그송(1927)과 러셀(1950)이 있다.

실존주의 철학자이다. 하이데거가 실존주의자로 불리길 거부하고 카뮈도 자신을 실존주의자라고 생각하지 않은 것과 달리 사르트르는 적극적으로 실존주의자를 자처했다. 《실존주의는 휴머니즘이다》에서 "실존은 본질에 앞선다."라는 유명한 주장을 했다.

역시 철학자이며 작가인 시몬 드 보부아르(1908~1986)와 계약 결혼을 하고 평생을 같이 살았다. 공산당을 지지했으며, 그 영향으로 한국 전쟁이 북침으로 일어났다고 믿었고 마오쩌둥을 높이 평가하였다. 1974년에 김지하 시인이 국가보안법 위반으로 사형 선고를 받자 사르트르와 보부아르 그리고 미국의 언어학자 촘스키 등이 석방 호소문에 서명했다.

270

Thursday

표상적 실재론

물질적 대상은 우리의 지각과 상관없이 존재하기는 하지만 우리는 그것을 직접 지각하지 못하고 표상만을 지각한다는 로크의 이론. 우리의 지각과 상관없이 존재하는 물질적 대상을 우리가 직접 지각한다는 이론은 '직접 실재론'이라고 부른다. 이것은 철학적인 반성이 개입되지 않았다는 의미에서 '상식 실재론' 또는 '소박한 실재론'이라고도 하는데, '소박하다'라는 말에는 어리숙하다는 의미가 들어 있다. 반면에 표상적 실재론은 대상을 표상을 통해서 간접적으로 지각하므로 '간접 실재론'이라고 한다. 대상이 원인이 되어 표상이 생겼기에 '인과적 실재론'이라고도 한다.

과학자였던 로크는 당대의 과학 연구에 기반하여 표상적 실재론을 제시한다. 그는 관념을 1차 성질과 2차 성질로 구분한다. '1차 성질'은 대상 자체 안에 있는 것이고 우리의 감각 기관들은 그것을 정확하게 복사해서 관념 또는 표상을 만들어 낸다. 크기와 형태 같은 성질들이 1차 성질이다. 반면에 '2차 성질'은 대상 안에 있지 않고 우리 주관이 만들어 낸 것인데, 색깔, 냄새, 맛 따위가 예이다. 빨간색 휴대 전화기를 예로 든다면 사각형이라는 모양은 대상 자체에 있는 것이고 빨갛다는 감각은 대상들의 미세한 조직들과 우리의 시각적 체계의 상호 작용으로 만들어진다고 로크는 믿었다.

또 다른 경험론자인 버클리는 1차 성질과 2차 성질의 구분을 비판하고 2차 성질만을 받아들이는 '관념론'을 주장한다. 우리가 인식할 수 있는 것은 관념밖에 없으므로 1차 성질들의 관념들이 실재하는 세계의 성질들을 복사한다는 사실을 확신할 수 없다고 보기 때문이다.

우리의 지각과 상관없이 대상이 존재한다는 상식 실재론이 글자 그대로 상식 같지만, 현대 과학은 표상적 실재론을 뒷받침해 준다. 힉스 보손이나 블랙홀처럼 직접 관찰할 수 없고 이론에 의해 검증되는 대상이 많아지기 때문이다.

○ 표상에 해당하는 representation은 무엇을 '대신하다', '대표하다'라는 뜻이다. 물질적 대상이 관념 속에 직접 들어올 수 없으므로 그것을 대신하는 것이 표상이다. 이것은 정치학에서는 대표를 뽑아 정치한다는 '대의代議'라는 뜻이 되고, 미술에서는 대상을 그림에 다시 나타낸다는 '재현'이라는 뜻이 된다.

271

자유 의지를 위협하는 재판

1924년 미국에서 시카고 대학에 재학 중인 19살의 네이선 레오폴드와 리처드 러브라는 두 청년이 14살짜리 소년을 유괴해서 죽이는 사건이 일어났다. 부유층 출신의 두 청년은 순전히 완전 범죄를 실행하겠다는 일념으로 역시 부유층 자제인 보비 프랭크스를 유인하여 살해하였다. 여기까지는 흔한 유괴 사건인 것 같다. 반전은 재판에 있다.

당시 아주 유명했던 클래런스 대로(1857~1938)가 레오폴드와 러브의 변호사로 선임되었다. 대로는 재판에서 그들이 자유 의지로 소년을 죽인 것이 아니라는 취지의 변호를 했다. "이 끔찍한 범죄에는 원인이 있다. 세상에서 일어나는 모든 일에는 내가 말했듯이 원인이 있다. 전쟁[남북 전쟁]이 그것의 일부분이다. 교육이 그것의 일부분이다. 출생이 그것의 일부분이다. 돈이 그것의 일부분이다. 이 모든 것들이 이 불쌍한 두 소년의 파괴를 위해 공모했다." 그들이 소년을 죽인 원인을 거슬러 올라가면 그들이 태어나기 전까지 가게 되는데, 자신들이 통제할 수 없는 그런 일 때문에 벌을 받아서는 안 된다는 것이다. 대로 변호사가 자유 의지와 관련된 철학을 공부했는지는 모르지만, 결정론과 자유 의지는 양립 불가능하다는 것을 변호에 이용한 것이다. 특히 레오폴드가 니체의 초인 개념에 빠져 초인은 일상의 도덕에 얽매여서는 안 된다고 생각한 것을 언급하면서 "대학에서 배운 철학 때문에 19살 소년을 교수형에 처하는 것은 공평하지 않다."라는 말까지 했다.

소년들은 사형을 피하고 종신형을 선고받았는데, 위의 이유보다는 미성년이고 사형제 반대를 강조한 덕분이었다. 레오폴드와 러브의 이야기는 이후 영화, 연극, 뮤지컬로도 만들어졌고 우리나라에서도 뮤지컬 〈쓰릴 미〉나 연극 〈네버 더 시너〉로 상연되었다. 러브는 1936년에 감옥에서 동료 죄수에게 폭행당해 죽었다. 레오폴드는 33년의 옥살이 후 1958년에 가석방되고 1971년에 심장마비로 죽었다.

범죄를 저지르기로 태어나기 전에 이미 결정되었다고 주장하면 재판관은 이렇게 말하면 될 것이다. "내가 태어나기 전에 사형을 선고하기로 결정되어 있었습니다."

○ 대로는 흑인 의사가 백인을 총으로 쏘아 죽인 사건의 재판과, 진화론을 가르쳤다는 이유로 피소된 교사의 이른바 '스코프스 재판'에서 무죄를 이끌어 낸 것으로 유명하다.

272

Saturday

입증 책임

논증에서 자신의 주장을 입증할 근거를 제시해야 할 책임. 법률 용어로 많이 쓰인다. '증명 책임' 또는 '거증 책임'이라고도 한다. 당연한 말이지만 먼저 소송을 건 쪽이 입증 책임을 진다. 형사 소송이라면 검사에게, 민사 소송에서는 원고에게 입증 책임이 있다. 이와 마찬가지로 재판이 아닌 논증에서도 먼저 주장하는 쪽에 입증할 책임이 있다. 가령 산타클로스가 있다고 주장한 쪽에서 먼저 산타클로스가 있다는 증거를 제시해야 한다. 미국의 언론인인 히친스는 "증거 없이 주장될 수 있는 것은 증거 없이 묵살해도 된다."라고 말했는데, 증거 없이 산타클로스가 있다고 주장하면 그 주장은 그냥 뭉개도 된다는 것이다.

입증 책임이 누구에게 있는지 아는 것은 논증에서 중요하다. 증거 없이 산타클로스가 있다고만 주장한 상대방이 산타클로스가 없다는 것을 나에게 입증하라고 요구한다면 부당하다. 그러나 입증 책임이 있는 쪽에서 그 책임을 다하면 책임은 상대방에게 넘어간다. 가령 상대방이 산타클로스가 있다는 어떤 증거를 제시했다면 나는 그 논증에 대답할 책임이 있다. 입증 책임의 전환이 일어나는 것이다. 입증 책임을 다하지 못하면 논증에서 진다.

한 사회에서 상식으로 통하는 것 또는 제도로 정착되어 있는 것을 바꾸려는 쪽에 입증 책임이 있다. 가령 지구가 둥글다는 것은 상식이므로 그것을 부정하는 쪽이 증거를 제시해야 하며, 군 가산점 제도는 폐지되었으므로 그것을 부활하자는 쪽에 입증할 책임이 있다. 미국의 천문학자인 칼 세이건은 "특이한 주장에는 특이한 증거가 있어야 한다."라는 말을 했다. 귀신, 외계인, 텔레파시, 윤회 따위가 있다고 특이한 주장을 하려면 특별히 강한 증거를 제시해야 한다는 것이다.

273

Sunday

철학을 전공한 셀럽

당연한 말이지만 철학자는 철학을 전공했다. 그러나 대학에서 철학을 전공한 모든 사람이 철학자가 될 수도 없고 그럴 필요도 없으며 바람직하지도 않다. 철학을 공부하여 사회 곳곳에서 철학적 지식과 사고방식을 발휘하게 하는 게 철학 교육의 목표이다.

국내에는 철학 전공자로 고 김영삼 대통령, 배우 이순재와 송새벽, 영화감독 박찬욱과 허진호, 코미디언 김준현이 있다. 가수였던 고 신해철도 철학을 전공했는데, 철학자 이름을 딴 '비트겐슈타인'이라는 록 밴드를 결성하여 리더를 맡기도 했다.

외국에서는 정치가로 미얀마의 아웅 산 수치, 기업가로는 유명 투자가 조지 소로스, 휴렛팩커드 전 CEO며 미국 공화당 대통령 후보 경선에도 나왔던 칼리 피오리나, 페이팔의 창업자인 피터 틸, 링크드인의 창업자 리드 호프먼이 있다. 소로스는 런던 정치경제대학에서 포퍼의 제자였는데, 포퍼의 추측과 반박 이론이 자신의 투자 기법을 정립하는 데 도움이 되었다고 말했다. 그리고 호프먼은 철학에서 배운 분석적 사고가 경영학 석사 학위(MBA)보다 사업을 하는 데 더 도움이 됐다고 말했다.

예술 쪽으로는 영화감독 이선 코언(코언 형제의 동생), 영국의 코미디언 리키 저베이스, 미국의 배우 스티브 마틴, 미국의 장수 퀴즈 쇼인 〈제퍼디 쇼〉의 진행자 알렉스 트레벡이 있다.

274

Monday

계몽과 미성년

> 계몽이란 우리가 마땅히 스스로 책임져야 할 미성년 상태로부터 벗어나는 것
> 이다. 미성년 상태란 다른 사람의 지도 없이는 자신의 지성을 사용할 수 없는
> 상태이다. 이 미성년 상태의 책임을 마땅히 스스로 져야 하는 것은, 이 미성
> 년의 원인이 지성의 결핍에 있는 것이 아니라 다른 사람의 지도 없이도 사용
> 할 수 있는 결단과 용기의 결핍에 있을 경우이다. 그러므로 "과감히 알려고 하
> 라!^{Sapere aude}", "너 자신의 지성을 사용할 용기를 가지라!" 하는 것이 계몽의 표
> 어이다.
>
> — 칸트, 〈계몽이란 무엇인가에 대한 답변〉

〈계몽이란 무엇인가에 대한 답변〉은 1783년에 독일 베를린의 한 잡지에 어느
목사가 쓴 〈계몽이란 무엇인가?〉에 칸트가 답변으로 쓴 글이다. 위 인용문은 그 글
의 첫 부분인데, 칸트의 글 중 가장 많이 인용되는 구절이다.

'계몽'이라고 하면 단순히 지식을 많이 쌓아 미개한 상태에서 벗어나는 것으로
생각하기 쉽다. 그러나 칸트에 따르면 단순히 지식만 많아서는 안 되고 그 지식을
다른 사람의 도움을 받지 않고 사용할 줄 알아야 한다. 칸트가 보기에 인류의 압도
적 다수가 게으르고 비겁해서 미성년 상태로 남아 있으려고 한다. 누군가의 보호
를 받으면 편하기는 하다. 그렇다고 평생 미성년의 상태로 있을 수는 없다. 그러니
지성을 사용하려는 용기를 가지라고 권한다. 걷기를 연습하는 아이가 몇 번 넘어
지더라도 곧잘 걸을 줄 알게 되는 것처럼 지성을 사용하려는 용기를 내야 한다고.

계몽이라고 하면 칸트 시절의 계몽주의나 심훈의 소설 《상록수》(1936)가 쓰인
시대를 떠올린다. 그러나 스스로 생각해 보자. 자신은 지성을 스스로 사용하는지.

칸트는 압도적 다수가 미성년 상태에서 남아 있으려고 한다고 말하면서 "여성
전체를 포함해서"라고 덧붙였는데, 이는 옥에 티이다. 여성에 대한 교육이 전무했
던 당시 현실을 언급한 것이라면 이해할 만하다. 그러나 칸트가 남성과 여성을 구
분하는 발언을 자주 했음을 감안하면 그의 여성관은 계몽되지 못했다는 비판을
받을 소지가 있다.

○ Sapere aude는 본디 로마의 시인 호라티우스의 "시작이 반이니, 과감히 알려고 하라. 시작하라."라는 시
구에 나온다. 그러나 칸트 때문에 널리 알려졌다.

275

Tuesday

경험 기계

노직이 쾌락주의를 반박하기 위해 고안한 사고 실험. 노직은 《아나키, 국가, 유토피아》와 《성찰된 삶》에서 내가 바라는 경험을 하게 해 주는 기계가 있다고 상상해 보자고 말한다. 그 기계에 연결되면 내가 꿈꾸는 모든 것을 경험할 수 있다. 세계 최고의 부호가 될 수도 있고, 가장 좋아하는 아이돌과 연애를 할 수도 있다. 가상 현실 기계에 연결되는 것을 생각하면 되는데, 단 다른 점은 기계와 연결되어 있다는 것을 기억하지 못하며 다시 현실로 돌아올 수 없다는 것이다. 그리고 내가 원하는 경험만 할 수도 있고 우리 삶처럼 무작위의 경험을 하는 선택을 할 수도 있다. 이 기계에 연결되기를 원하는가?

노직은 아무도 이 기계에 들어가려고 하지 않을 것이라고 주장한다. 쾌락주의는 쾌락이 최고의 선이라고 주장하는 이론이다. 만약 쾌락주의의 주장대로 쾌락이 우리가 추구할 유일한 가치라면 사람들은 그것을 제공하는 경험 기계에 연결되기를 원할 텐데 그런 선택을 하지 않는 것을 보면 쾌락주의는 틀렸다는 것이 그의 주장이다. 그가 이렇게 주장하는 이유는 현실과 공유 두 가지이다. 예를 들어 우리는 앞에서는 멋지다고 칭찬을 받지만 실은 뒤에서 비웃음을 받는 삶을 원하지 않는다. 우리가 원하는 것은 현실이지 쾌락만이 아닌 것이다. 그리고 우리는 그 현실을 다른 사람과 공유하고 싶어 하지 혼자만 경험하고 싶어 하지 않는다.

노직의 경험 기계 사고 실험은 현실의 삶을 사는 도중에 가상 현실에 연결할지 선택하는 문제이다. 그런데 영화 〈매트릭스〉처럼 이 세상이 처음부터 가상 현실이라는 것을 알게 되었다고 해 보자. 그때 영화 주인공 네오처럼 매트릭스 밖으로 나와야 할까? 오히려 거기에서는 매트릭스 안이 동료와 공유하는 삶이므로 밖으로 나오기 싫어할 것 같다. 노직은 이럴 때 매트릭스 안에 계속 있으라고 권유하지 않을까?

○ 경험 기계에 연결되고 싶은지는 사람마다 다를 것이다. 노직은 여론 조사가 아니라 논변으로 그런 선택을 하지 않을 것이라고 주장했다. 《죽음이란 무엇인가?》(2012)를 쓴 미국의 철학사 셀리 케이건(1956~)은 수업 시간에 학생들에게 물어보면 15% 정도만 연결되고 싶다고 대답하고 나머지는 싫다고 대답했다고 한다.

276

Wednesday

자크 데리다

현대 철학자 중에서 데리다(1930~2004)만큼 호불호가 분명히 나뉘는 철학자도 드물다. 한편에서는 포스트모더니즘을 대표하는 철학자이고, 다른 한편에서는 난해함 때문에 비난받았다. 당시는 프랑스의 식민지였던 알제리의 유대인 가정에서 태어났다. 어린 시절에 유대인이라는 이유로 두 번이나 학교에서 쫓겨났다. 알제리 출신에 유대인이라는 이방인으로서의 정체성이 그의 '해체' 개념을 형성하는 데 영향을 주었으리라고 추측하는 사람들이 많다.

데리다 철학의 핵심 개념은 '해체'이다. 그는 철학의 전통이 이성과 진리에 기반을 두고 있는데, 이는 선과 악, 진리와 거짓, 현상과 본질 등 이원적 대립으로 이루어져 있으며, 거기에 숨어 있는 '차이'를 드러나게 하는 것이 해체라고 말한다. 그의 해체주의는 철학뿐만 아니라 문학, 건축, 인류학, 교육학 등에도 엄청난 반향을 불러일으켰다.

다작의 철학자이다. 30여 권의 책을 썼으며, 우리말로도 상당수가 번역되어 있다. 해체의 전통 파괴적인 성격 때문에 비판도 많이 받았고, 특히 난해한 철학자로 악명이 높았다. 그가 케임브리지 대학에서 명예박사 학위를 받을 때 콰인을 비롯한 여러 나라의 철학자 19명이 항의하는 서한을 〈타임스〉에 실었는데, 데리다는 영화와 문학 등에나 영향력이 있지 철학에서 요구하는 명료함과 엄격함의 기준을 만족하지 못한다는 것이 이유였다. 심지어 프랑스의 철학자들도 데리다 때문에 프랑스 철학이 웃음거리가 될 것을 우려한다는 말을 했다. 그러나 명예박사 학위는 수여되었다.

데리다가 J. L. 오스틴의 언어 수행 이론의 해석을 놓고 존 설과 벌인 논쟁은 영미 분석 철학과 대륙 철학이 대립한 것으로 유명하다. 그러나 설은 "데리다의 오스틴 논의를 중요한 두 철학 전통 사이의 대립으로 간주하는 것은 오해이다."라고까지 말한다. 데리다가 오스틴의 이론을 완전히 오해했으니 대립이 아니라는 것이다. 심지어 데리다가 죽었을 때 〈뉴욕 타임스〉 부고 기사 제목은 '난해한 이론가, 죽다'였다. 이 기사는 3,000여 명의 항의를 받았다.

○ 데리다는 프랑스 최고의 교육 기관인 고등 사범 학교에 재수 끝에 입학했다. 이곳은 베르그송, 들뢰즈, 푸코, 루이 알튀세르(1918~1990), 메를로-퐁티, 사르트르, 보부아르, 폴 리쾨르(1913~2005) 등 쟁쟁한 프랑스 철학자들이 나온 학교이다.

277

Thursday

주관적 관념론

물질적 대상은 관념의 모임일 뿐이라고 주장하는 버클리의 이론. 칸트의 '선험적 관념론', 헤겔의 '절대적 관념론'과 더불어 관념론의 3대장이다.

상식인은 이 세계가 우리의 감각과 상관없이 존재한다고 믿는다. 그러나 우리의 감각 경험을 지식의 원천으로 받아들이는 경험론의 전통에서는 그 경험을 일으키는 무언가가 존재하고 우리는 그것의 표상만을 지각한다고 생각했다. 이것이 로크의 '표상적 실재론'이다. 경험론의 원칙에 더 충실하려고 한 버클리는 표상을 불러일으키는 무엇인가가 있는지조차 알 수 없다고 주장한다. 우리는 관념을 통해서만 물질적 대상을 알 수 있는데, 이 관념 너머에 무엇인가 있는지를 알 수 없기 때문이다.

버클리의 이론에서 책상은 보이고 만져지고 들리는 감각으로만 존재한다. 책상이란 정신 너머에 있는 어떤 것이 아니라 다만 우리의 정신 속의 관념들의 모임일 뿐이다. 이런 점에서 버클리의 관념론을 '주관적 관념론'이라고 부른다. 관념론은 흔히 실재론의 반대말로 인식된다. 그러나 버클리는 자신의 이론이 반실재론이 아니라고 주장한다. 책상은 지각되는 관념으로서 '존재하기' 때문이다. 여기서 "존재하는 것은 지각되는 것이다."라는 유명한 말이 나온다.

상식과 맞지 않는 버클리의 관념론은 당시에도 선뜻 받아들여지지 못했다. 존슨 박사가 그의 이론을 듣고 길거리의 돌을 발로 차고서는 "따라서 나는 그의 이론을 논박한다."라고 말한 일화는 유명하다. 버클리의 이론에서 가장 심각한 문제는 책상을 비롯한 세계가 지각되지 않는 한 존재하지 않는다는 것이다. 내가 방을 나가 방에 아무도 없으면 책상은 존재하지 않게 된다. 버클리는 신을 끌어들여 이 문제를 해결하려고 했다. 내가 지각하지 않더라도 신이 지각하므로 책상은 존재한다고 말이다. 그러나 신을 끌어들이는 것은 경험론자답지 못하다. 버클리의 관념론은 경험론을 고수하려는 현대 철학자에 의해 '현상론'이라는 이름으로 계승된다. 그의 관념이 현상론에서는 현상이 된다.

○ 존슨 박사는 영국의 작가이며 영어 사전 편찬자로 유명한데, 철학자가 아니면서도 철학사의 한 페이지를 차지한다. 그의 일화는 전기 작가인 제임스 보스웰이 《새뮤얼 존슨의 일생》(1791)에 직접 목격한 장면으로 서술했다.

278

Friday

보수주의 성도덕

어느 시대에나 보수적인 성도덕을 가지고 있는 사람은 있다. 결혼 전의 성관계는 안 된다거나 결혼 후의 외도는 안 된다거나 수음이나 구강성교는 안 된다고 생각하는 것이다. 그런 주장을 하는 철학자들도 있다. 다만 어떤 이론을 갖춰 그런 주장을 한다.

토마스 아퀴나스는 아리스토텔레스의 목적론적 세계관을 신학적으로 해석한다. 신이 삼라만상에 목적(섭리)을 부여했는데 섹스의 목적은 출산이다. 그는 모든 육체적인 결합이 죄는 아니지만 출산을 위한 섹스만 죄가 아니고, 이 목적에 부합하지 않는 섹스, 곧 수음, 구강성교 등은 신의 섭리에 어긋나기 때문에 부도덕하다고 주장한다. 그러나 설령 목적론적 윤리를 받아들인다고 해도, 왜 출산만이 섹스의 목적이어야 하는지 고개를 갸웃거리는 사람이 많다. 음식을 먹는 목적은 영양분 섭취지만 음식의 맛 자체를 즐기는 것을 죄악시하는 사람은 없다.

다른 사람을 한갓 수단으로만 사용하지 말라고 말한 칸트는 이 정언 명령을 성도덕에도 적용한다. 섹스는 다른 사람의 몸을 성적으로 이용하는 행위이므로 섹스 파트너의 인격을 수단으로 삼는 것이라고 말한다. 다만 부부의 섹스는 서로의 몸을 이용하기로 허락받았으므로 허용된다고 주장한다. 정언 명령의 핵심은 자율성과 호혜성이다. 미혼이나 외도의 경우에도 그것이 가능한데도 이렇게 말한 것을 보면, 칸트는 섹스 자체에 부정적인 시각을 가지고 있었던 듯하다.

아퀴나스와 칸트는 '옛날' 사람이라고 치부하더라도 현대에도 보수적인 성도덕을 주장하는 철학자가 있다. 성 문제뿐만 아니라 정치, 경제 문제에서도 보수주의를 주장하는 드문 철학자인 스크러턴은 섹스는 상대방과의 합일이 가장 자연스러운 가운데 사랑이 없는 섹스는 그것을 이루지 못하므로 마음먹은 바와 몸이 따로 노는 인격의 파편화를 겪게 된다고 주장한다. 물론 성폭행의 상황이라면 몸과 마음이 분리되는 파편화를 겪을 것이다. 그러나 그것은 보수주의인가 자유주의인가와 상관없는 비윤리적 행동이다. 음식을 먹는 행위에 대해 인격의 파편이나 통합을 거론하면 많은 사람은 '오버'라고 생각할 것이다. 따라서 섹스도 음식을 먹는 것과 비슷한 육체의 쾌락이므로 마찬가지라고 생각하는 사람이 많다.

279

Saturday

무지에 의한 증명

모른다거나 알려지지 않았다는 것을 근거로 내세우는 증명. 일반적으로 무지에 의한 증명은 오류 논증으로 취급된다. 무엇인가를 모른다는 것은 어떤 것을 입증할 직접적인 증거가 되지 못하기 때문이다. 예를 들어 외계인이 존재하지 않는다는 것이 알려지지 않았다는 것은 그냥 지금까지 외계인이 존재하지 않는다는 증거가 나오지 않았다는 사실을 말할 뿐이다. 그런 증거가 나오지 않은 가장 큰 이유는 외계인이 존재하지 않는다고 생각하는 사람이 대부분이라 굳이 그 증거를 제시할 필요가 없기 때문이다. 따라서 그런 무지가 외계인이 존재한다는 증거가 될 수는 없다. 만약 이런 식의 입증이 허용된다면 어떤 존재든 증명할 수 있다. "귀신이 없다는 것 증명해 봐? 못 하지? 그러니까 귀신은 있는 거야."라고 말이다.

그러나 입증 책임의 유무에 따라 무지에 의한 증명이 허용되기도 한다. 가령 형사 재판에서 입증 책임은 피고인이 아니라 검사에게 있으므로 피고인은 무지를 이용해서 무죄를 주장해도 된다. 곧 "검사가 내가 유죄라는 것을 입증하지 못했기 때문에 나는 무죄다."라고 해도 오류는 아니다. 반면에 검사는 "피고인은 자신이 무죄라는 것을 입증하지 못했기 때문에 유죄다."라고 주장한다면 오류가 된다. 우리나라를 비롯한 현대 국가는 무죄 추정의 원칙을 적용하고 있다. 입증 책임이 정립되지 않았던 과거 시대에는 오히려 피고인에게 입증 책임을 지웠다. 원님 재판은 "네 죄를 네가 알렸다!"라고 피고인이 스스로 죄를 고백하게 했고, 서구의 마녀 재판에서는 마녀로 의심받는 사람이 마녀가 아님을 증명해야 했다.

일반적으로 먼저 주장한 쪽에 입증 책임이 있으므로 먼저 주장한 쪽은 무지를 근거로 증명해서는 안 된다. 누군가에게 돈을 빌려주었다고 주장하는 쪽에서 "당신이 돈을 안 빌렸다는 증거를 제시 못 하니까 돈을 빌린 거야."라고 말한다면 오류이다. 반면에 상대방이 "당신이 돈을 빌려주었다는 증거를 제시 못 하니까 나는 돈을 안 빌린 거야."라고 말한다면 똑같이 무지를 이용해도 합당한 논증이다.

○ 형식은 무지이지만 사실은 긍정적 지식인 경우도 있다. '셜록 홈스' 시리즈 중《실버 블레이즈》(흔히 '은성호'로 번역된다)에서는 "개가 짖었다는 증거가 없다."라는 무지가 중요한 단서가 되는데, 면밀한 조사 끝에 나온 이 증거는 "개가 가만히 있었다."라는 증거의 '존재'로 해석되기 때문이다.

280

Sunday

트롤리학

고장 난 트롤리 문제는 일반인에게도 널리 알려진 사고 실험이다. 브레이크가 고장 난 트롤리가 가던 선로에는 5명의 사람이 있는데, 지선支線에는 1명의 사람이 있다. 당신이 트롤리의 기관사라면 가던 쪽으로 계속 갈 것인가, 아니면 지선으로 방향을 틀 것인가의 문제이다. 이 문제는 영국 철학자인 필리파 풋(1920~2010)이 1967년에 처음 제시한 문제이다. 트롤리는 노면 전차인데('트램'이라고도 한다.), 아직도 유럽이나 오스트레일리아 등지에서 운행하고 있다. 우리나라에서 운행하는 전차보다 꽤 작은데, 트롤리로 사고 실험을 한 이유가 있다.

위 딜레마에서 방향을 틀어야 한다고 생각하는 사람이 많을 것이다. 5명이 죽는 것보다 1명이 죽는 것이 낫기 때문이다. 실제로 미국의 진화 생물학자인 마크 하우저(1959~)가 2003년에 실시한 온라인 여론 조사에서 약 5,000명 중 89%가 방향을 트는 데 찬성한다고 대답했다. 그러나 5명이 죽는 것은 '죽게 내버려 두는 것'이고 1명이 죽는 것은 '죽이는 것'인데, 이런 여론은 죽이는 것이 죽게 내버려 두는 것보다 나쁘다는 평소의 직관과 맞지 않는다.

이러한 직관과 비교하기 위해 미국의 철학자 주디스 톰슨은 위의 사고 실험을 변형한 이른바 '뚱보 사고 실험'을 내놓는다. 똑같이 트롤리의 브레이크가 고장 난 상황인데 선로의 육교 위에 뚱보가 서 있다. 이 뚱보를 밀어 선로로 떨어뜨리면 트롤리를 멈출 수 있고, 그러면 5명이 살게 되는데 떨어뜨려야 할까? 뚱보 사고 실험의 경우는 사람들이 어떤 선택을 할까? 하우저의 실험에서 밀어서는 안 된다는 의견이 90%를 차지했다. 뚱보를 미나 트롤리의 방향을 트나 5명을 살리기 위해 적극적인 행동을 한 것은 똑같은데 말이다. 이것은 사람들의 직관이 그리 일관되지 못함을 보여 준다.

트롤리 문제는 철학자 외에 심리학자나 신경 과학자도 열심히 참여하는 주제가 되었다. 최근에 자동차의 자율 주행이 가능해지자 트롤리 상황에서 어떤 선택을 하게 할지도 논의되고 있다. 그래서 '트롤리학Trolleyology'이라고 부를 정도이다.

281

Monday

말할 수 없는 것은 침묵하라

이 책의 전체적인 뜻은 대략 다음의 말로 요약될 수 있을 것이다. 도대체 말해 질 수 있는 것은 명료하게 말해질 수 있다. 그리고 이야기될 수 없는 것에 관 해서는 우리는 침묵해야 한다.

이 책은 그러므로 생각에 한계를 그으려 한다. 또는 차라리, 생각이 아니라 사 고의 표현에 한계를 그으려 한다. 왜냐하면 생각에 한계를 그으려면 우리는 이 한계의 양 측면을 다 생각할 수 있어야(따라서 생각될 수 없는 것을 생각할 수 있어야) 할 것이기 때문이다.

(…)

6.54. 사다리를 딛고 올라간 후에는 그 사다리를 던져 버려야 한다.

7. 말할 수 없는 것에 관해서는 침묵해야 한다.

— 비트겐슈타인,《논리 철학 논고》

비트겐슈타인의《논리 철학 논고》는 특이한 형태의 책이다. 문장들은 1부터 시 작해서 1.1, 1.11, 1.12, 1.13, 1.2, 1.21, … 식으로 7까지 번호가 붙어 있다. 위 인 용문의 처음 두 문단은 머리말에 나온 말이고, 7이라는 번호가 붙은 문장은 맨 마 지막 문장이다. 형식도 특이할 뿐만 아니라 문장도 경구처럼 짧고 함축적이기에 이해하기 어렵다.

마지막 문장은 많이들 알고 있다. 그러나 이 문장을 "모르면 입 닥쳐라." 정도의 뜻으로 이해하는 사람이 많은데, 그런 뜻은 전혀 아니다. 머리말에서도 설명하지 만,《논리 철학 논고》의 목적은 말할 수 있는 것과 말할 수 없는 것을 명확하게 구 분하려는 것이다. 말할 수 있는 것은 유의미한 것이고, 말할 수 없는 것은 무의미 한 것이다.

비트겐슈타인이 생각하기에 유의미한 명제는 자연 과학의 명제이고, 무의미한 명제는 형이상학이나 윤리학의 명제이다. 세계는 사실들의 총합인데 자연 과학과 달리 형이상학이나 윤리학의 명제는 세계 속에 있는 것을 표현하지 않으므로 무 의미하다.

형이상학이나 윤리학의 명제가 무의미하다면 형이상학이나 윤리학이 무의미하 다는 바로 그 주장도 무의미한 것 아닌가? 그래서 비트겐슈타인은 유명한 사다리 걷어차기 비유를 든다.

282

Tuesday

중국어 방 논증

아무리 인간과 똑같이 행동하는 인공 지능이 만들어진다고 해도 인간처럼 이해한다고 말할 수 없다는 사고 실험. 존 설이 1980년에 발표한 논문에서 제시되었다.

어떤 방 안에 중국어를 전혀 모르고 영어만 아는 사람이 있다. 방 안에는 중국어 글자가 가득 들어 있는 바구니가 있고, 그 중국어 글자를 다룰 수 있는 완벽한 설명서가 있다. 방 밖에서 쪽지로 중국어 질문이 들어오면 방 안의 사람은 바구니와 설명서를 일일이 찾아 방 밖으로 답변을 내보낸다. 물론 시간이 아주 오래 걸릴 것이다. 이때 방 안의 사람이 중국어를 이해하고 답변했다고 말할 수 있는가? 우리 직관으로는 아니라는 게 설의 대답이다.

중국어 방은 컴퓨터를 비유한다. 중국어 글자가 가든 든 바구니는 데이터베이스를, 설명서는 프로그램을 비유한다. 중국어 방 안의 사람은 중국어 글자의 모양만 보고 바구니와 설명서를 뒤져 질문에 맞는 답변을 내보내는데, 컴퓨터도 데이터를 모양으로만 처리하므로 방 안의 사람처럼 중국어를 이해하지 못한다고 말해야 한다는 것이 설의 주장이다. 물론 컴퓨터는 0과 1로만 처리하므로 속도가 아주 빠르다는 차이가 있다. 결국 설은 사람들이 이해하는 과정은 글자의 모양이 아니라 의미 또는 내용에 바탕을 두고 이루어지는데, 모양만 보고 처리하는 컴퓨터는 아무리 발전해도 본질을 이해할 수 없다고 주장한다.

이 논증은 본디는 튜링 테스트를 비판하기 위해 제시되었다. 튜링 테스트는 인공 지능이 사람처럼 생각한다고 말할 수 있는지 검사하는 테스트로서, 설은 이 테스트를 통과해도 사람처럼 생각한다고 말할 수 없음을 이 논증으로 보여 주었다.

중국어 방 논증은 학계에서도 많은 논쟁을 불러왔고, 알파고처럼 인간의 지능에 근접한 인공 지능이 등장할 때마다 언론에 자주 거론된다. 설은 이 사고 실험을 처음 제시할 때 이 정도로 파급력이 있을지 몰랐다고 말했다. 이 논증에 여러 가지 반론이 제시되었다. 중국어 방 안의 사람은 중국어를 이해하지 못했더라도 중국어 방 전체는 중국어를 이해했다든가, 중국어 방이 적절한 답변을 내놓기 위해서는 적절한 감각과 운동 장치까지 있어야 한다는 반론이 대표적이다.

○ 중국어를 예로 든 것은 로마자를 쓰는 서구 사람에게 가장 낯선 글자라고 생각되기 때문이다. 그들에게 중국어 글자는 우리나라 사람에게 아랍어 글자 정도로 낯설 것이다.

철학자

한나 아렌트

정치 철학자는 정치학자가 아니기에 정치 문제에 대체로 사회 계약론이나 정의론의 방식으로 접근한다. 그러나 아렌트(1906~1975)는 의미 있는 정치 공간과 공적 토론이 어떻게 해서 상실되었고 그것을 복원하는 방법이 무엇인지 탐구했다는 점에서 특이하다. 이것은 아렌트 스스로 겪은 인생 역정 때문일 것이다.

독일의 하노버에서 태어난 아렌트는 하이데거와 야스퍼스에게 철학을 배웠으며 성 아우구스티누스를 주제로 학위 논문을 완성했다. 하이데거와는 짧은 기간이었지만 연인 관계였다. 그러나 유대인이었던 그는 나치가 득세한 독일을 강제로 떠나야 했고, 6년 동안 파리에서 유대인 난민 기구에서 일하다가 1941년에 뉴욕으로 이주하여 여러 대학에서 가르쳤다. 나치 독일의 친위대 대장인 아돌프 아이히만의 재판을 참관한 뒤 '악의 평범성'을 주제로 쓴 《예루살렘의 아이히만》이 유명하다.

아렌트는 전통적인 철학적 방식이 아닌 정치적 참관인 입장에서 20세기 정치적 사건을 주제로 저술을 남겼다. 《전체주의의 기원》과 《인간의 조건》이 그의 주저이다. 그는 정치는 공동체 삶의 유의미한 측면을 주제로 한 공적 대화임을 강조한다. 그런데 히틀러의 전체주의 아래에서 이런 의미의 정치가 무너졌다. 전체주의는 체제에 반대하는 행위를 범죄화하여 공적 대화를 억압하기에, 자기 마음대로 진실을 조작하고 체제를 영속화할 수 있다. 그는 인간은 평등하지만 어떤 인간도 똑같지 않다는 인간의 복수성(다양성)을 강조한다. 정치는 다양한 관점을 가진 평등한 인간들이 공적인 장소에서 의사소통을 하는 행위여야 한다. 지배 권력이 합법성을 잃었다고 시민들이 생각할 때 합법적 권력을 되찾는 효율적 방법은 공적 장소에서의 토론이다.

공적 대화의 강조는 현대 철학자인 하버마스의 '공론장' 개념이나 롤스의 '공적 이성' 개념에서도 찾을 수 있다. 공적 대화를 강조하는 주장들을 숙의 민주주의 또는 심의 민주주의라고 묶을 수 있다.

284

Thursday

기적은 믿을 수 있는가

죽은 사람이 살아난다든가 사람이 물 위를 걷는다든가 하는 것처럼 자연법칙에 어긋나는 일을 기적이라고 한다. 명량 대첩에서 13척의 배로 133척의 왜적을 물리친 것도 기적이라고 한다. 그러나 명량 대첩은 일어나기 아주 힘들 뿐이지 자연법칙에 어긋나지는 않는다. 철학자가 관심 가지는 것은 자연법칙에 어긋나는 종류의 기적이다. 기적은 대체로 직접 관찰하기보다 누군가의 증언으로 전달된다. 그래서 기적에 대한 철학적 관심은 증언의 신뢰성에 대한 철학적 관심이기도 하다.

누군가가 물 위를 걷는 사람을 보았다고 증언한다. 흄은 《인간의 이해력에 대한 탐구》에서 여기에 확률로 접근하라고 말한다. 기적은 자연법칙에 어긋나는 것인데 자연법칙은 오랫동안 한결같은 경험적 증거로 뒷받침받은 것이다. 그러므로 "물 위에 걷는 사람을 보았다."라는 증언이 기적이 일어났음을 뒷받침하기 위해서는 그 증언의 신뢰도가 사람은 물 위를 걷지 못한다는 자연법칙보다 높아야 한다. 다른 말로 바꾸면 위의 증언이 거짓일 가능성이 기적의 발생 가능성보다 낮아야 한다. 하지만 이런 일은 있을 수 없으므로 기적에 대한 증언은 믿을 수 없다는 것이 흄의 결론이다.

흄과 같은 시대의 철학자인 리처드 프라이스(1723~1791)는 흄의 기적 논증을 비판한다. 현대적인 예로 말해 보면, 당첨될 확률이 100만분의 1인 로또에 당첨되었음을 신문을 보고 확인했다고 해 보자. 흄의 주장에 따르면 신문 보도가 거짓일 가능성이 내 복권이 당첨될 가능성보다 더 낮아야만 신문의 증언을 믿을 수 있다. 그러나 신문 보도가 거짓일 가능성이 100만분의 1보다 낮지는 않으니 흄의 논증에는 문제가 있다는 것이다. 이 반론의 결정적 문제는 로또에 당첨되는 사건과 흄이 말한 기적은 완전히 다른 종류의 사건이라는 점이다. 로또 당첨은 아무리 확률이 낮아도 실제로 일어나지만 자연법칙에 어긋나는 사건이 일어날 가능성은 그와 비교할 수 없을 정도로 낮다.

기적은 종교의 중요한 토대가 된다. 흄의 의도는 종교를 부정하려는 것이 아니다. "가장 성스러운 종교는 이성이 아니라 신앙에 기초한다."라는 것을 말하려는 것일 뿐이다.

○ 캐나다의 유명한 마술사 제임스 랜디(1928~2020)는 기적이라고 주장하는 초자연 현상에 숨은 트릭을 폭로하는 것으로 유명하다. 초능력자로 자처하는 사람은 사기꾼이라는 것이다.

굿 섹스

섹스가 꼭 출산의 수단이어야만 한다거나 결혼을 전제로 해야 한다는 주장은 이제 드물다. 그러나 보수적인 성도덕에는 여전히 섹스가 사랑이나 소통과 같은 어떤 목적을 위한 수단이어야 한다는 생각이 깔려 있다. 미국의 철학자 앨런 골드먼(1945~)은 여기에 반대한다. 사랑이나 소통은 섹스 아닌 것으로도 가능하기 때문이다. 또 사랑은 배타적이고 오래 지속되어야 하는데, 섹스는 여럿을 대상으로 할 수 있고 찰나적이기 때문이다. 예컨대 '하룻밤 섹스'는 가능하지만 '하룻밤 사랑'은 가능하지 않다.

그렇다면 '굿 섹스'는 쾌락을 목표로 해야 한다는 주장이 가능해진다. 물론 쾌락을 추구한다고 해서 도덕이 적용되지 않는 것은 아니다. 우리는 강제로 성추행을 해서도 안 되고 배우자 몰래 바람을 피워서도 안 되고 성관계 시 파트너에게 최선을 다해야 한다. 그러나 이런 도덕은 모든 인간관계에서 요구되는 것이지 섹스와 관련해서만 특별히 요구되는 것은 아니다. 우리는 언제나 상대방이 원치 않는 행동을 해서도 안 되고 거짓말을 해서도 안 되며 상대방을 진실되게 대해야 한다.

'굿 섹스'를 주장하는 쪽이 섹스는 쾌락을 목표로 하고 그것을 추구하지 않으면 비정상이라고 본다면, 오히려 섹스의 본질을 가정하는 보수주의 성도덕과 다름없다는 비판을 받을 수 있다. 운동의 목적이 어떤 사람에게는 쾌락이지만, 건강 향상이나 친목 도모 등 다양한 목적이 가능하기 때문이다. 출산이든 쾌락이든 사랑이든 파트너끼리 자율성을 존중하는 한 다양한 섹스의 목적이 인정되어야 한다.

역시 미국의 철학자인 레이먼드 벨리오티(1948~)는 칸트의 자율성을 서로의 인간적 가치를 인정하고 존중하는 것으로 해석한다. 이를 위해서는 형식적인 자율성에 그쳐서는 안 되고 개인을 둘러싼 사회 구조의 정의로움이 전제되어야 한다. 불공정한 사회에서는 나에게 돌아오는 혜택이 최소한인데도 마지못해 합의할 수 있기 때문이다. 그는 성인들 사이에서 진정으로 자율적인 동의가 이루어졌다면 근친상간, 외도, 그룹 섹스 등도 도덕적으로 전혀 문제 되지 않는다고 말한다.

섹스가 도덕과 무관하다고 해서 그것을 권한다는 뜻은 절대 아니다. 자발적인 상거래에 도덕이 개입되지 않지만 우리는 취향이나 이익을 계산해서 거래를 체결한다. 섹스도 그것과 같다.

286

생각법

의견의 불일치

논쟁에서 의견이 일치하지 않는 경우, 양쪽에 근본적인 차이는 없으니 언젠가는 해결될 것이라고 기대할 때가 많다. 그러나 의견의 불일치가 언젠가는 해결될 수 있을까? 어떤 종류의 의견의 불일치인가에 따라 다르다.

일단 고집불통이거나 옹고집인 사람과 의견이 불일치할 때는 해결될 수 없다. 이런 사람들은 자신의 주장이 틀렸음이 드러나더라도 그 주장을 고집한다. 그리고 합리적인 논증 규칙에 따라 상대방의 전제에서 결론이 도출됨이 증명되더라도 그 주장을 받아들일 생각이 없다. 논쟁은 합리적인 상대방과 하는 것이니 비합리적인 사람과 의견의 일치를 보기 위해서는 강압이나 회유와 같은, 똑같이 비합리적인 방법을 써야 한다.

선호 또는 취향이 다를 때도 의견의 불일치는 해결할 수 없다. 입맛이 대표적인 예인데, 객관적인 근거를 들어 입맛을 바꾸라고 설득할 수는 없다. 민트 초콜릿을 싫어하는 사람은 치약 맛이 나기 때문이라고 그 나름대로 객관적인 근거를 제시하겠지만 민트 초콜릿을 좋아하는 사람은 바로 그 치약 맛을 좋아한다고 말하면 더 이상 논쟁이 진행되지 않는다. 선호나 취향이 꼭 입맛만 말하는 것은 아니기에 삶의 가치관도 이에 해당된다. 결혼하면 좋은 점을 아무리 열거해도 상대방은 그것을 좋아하지 않을 수 있으니 의견이 일치되지 않는다. 입맛이든 가치관이든 의견의 불일치가 있을 때는 그것을 일치시키려고 애쓰지 말고 존중해 주어야 한다.

물론 선호나 가치관이라고 해서 모두 인정할 수는 없다. 공공장소에서 혐오 동물을 데리고 다니는 선호나, 특정 인종은 불평등하게 대우받아도 된다는 가치관도 존중해 주어야 할까? 일관성은 지식 체계가 반드시 갖추어야 할 조건인데, 이런 선호나 가치관은 일관되게 유지될 수 없기에 존중받을 수도 없다. 공공장소에서 혐오 동물을 데리고 다녀도 된다고 생각하는 사람은 자신이 혐오하는 것을 누군가가 가지고 다니는 것에는 반대할 것이다. 특정 인종은 불평등하게 대우받아도 된다는 가치관을 가진 사람은 자신이 속한 인종이 불평등하게 대우받아도 된다는 생각에는 반대할 것이다.

287

Sunday

우리 애가 철학자?

어린이는 어른이 당연하게 생각하는 것을 묻는 일이 많다. 가령 놀이공원에서 표를 사기 위해 줄을 서면 "왜 줄을 서야 해요?"라고 묻는다. "줄을 서는 것이 공평하기 때문이야."라고 대답하면 "공평이 뭐예요?" 정도의 질문을 넘어서 "왜 공평해야 해요?"라고 묻는다. 그러면 부모는 우리 아이가 철학적인 질문을 한다고 놀란다.

아이들은 "꿈이 아니라는 걸 어떻게 알아요?", "숫자도 있는 거예요?", "엄마, 아빠가 조금 늦게 만났으면 내가 안 생겼을까요?"라고 철학적으로 보이는 질문을 한다. 모든 부모는 아이가 천재라고 생각한다. 마찬가지로 철학을 조금 아는 부모는 아이가 철학자라고 생각한다.

어린이도 철학적 사고를 할 수 있다고 주장하는 철학자들이 있다. 철학은 놀라움에서 시작한다는 아리스토텔레스의 말처럼 어린이는 모든 것에서 놀라고 그것을 묻는다. 세상 사람들이 당연하게 생각하는 것을 의심하는 것이 철학인 것처럼 어린이는 어른들이 당연하게 생각하는 것도 꼬리에 꼬리를 물고 묻는다. 이것을 '철학적 자아'의 시작으로 생각하는 것이다. '어린이를 위한 철학'은 철학의 한 분야로 자리 잡았다.

반면에 어린이가 철학적 사고를 할 수 없다는 반론도 있다. 스위스의 심리학자 장 피아제(1896~1980)의 인간의 인지 발달 단계에 따르면 아동이 가설을 이용하고 연역적으로 문제 해결을 하기 위해서는 12살 이후의 형식적 조작기에 이르러야 한다. 그 시기 이전에는 철학에서 요구하는 본격적인 추상적·논리적 사고를 할 수 없다. 어떤 철학자는 철학은 '철이 들어야' 할 수 있기에 철이 없는 어린이는 철학을 할 수 없다고 주장한다. 한자어인 '철학'의 '철哲'은 고유어인 '철'과 상관 없으니 말장난이다.

철학적 질문처럼 보이는 어린이의 질문은 비판적으로 사고하는 것이기는 하다. 그러나 비판적 사고는 철학적 사고의 필요조건이기는 하지만 충분조건은 아니다. 다시 말해서 철학적으로 생각하기 위해서는 비판적으로 생각해야 하지만, 비판적으로 생각한다고 해서 모두 철학적으로 생각하는 것은 아니다. 철학적으로 생각하기 위해서는 예컨대 자유 의지와 같은 철학적 개념도 알아야 하고, 연역적으로 추론하는 것이 타당한 추론이라는 것도 알아야 한다. 피아제가 지적했듯이 어린이에게 그런 개념을 기대할 수는 없다. 그래서 그런 개념 없이 질문만 던진다고 해서 철학적 사고를 하는 것은 아니라는 비판이 가능하다.

288

Monday

원초적 입장

공정으로서의 정의에서의 평등한 원초적 입장이라는 것은 전통적인 사회 계약론에서의 자연 상태에 해당한다. 이 원초적 입장을 역사상에 실재했던 상태로 생각해서는 안 되며, 더구나 문화적 원시 상태로 생각해서도 안 된다. 그것은 일정한 정의관에 이르게 하도록 규정된 순수한 가상적 상황으로 이해된다. 이러한 상황이 갖는 본질적 특성 중에는 아무도 자신의 사회적 지위나 계층상의 위치를 모르며, 누구도 자기가 어떠한 소질이나 능력, 지능, 체력 등을 천부적으로 타고났는지를 모른다는 점이 있다. 심지어 당사자들은 자신의 가치관이나 특수한 심리적 성향까지도 모른다고 가정된다. 정의의 원칙들은 무지의 베일 속에서 선택된다. 그 결과 원칙들을 선택할 때 아무도 타고난 우연적 결과나 사회적 여건의 우연성으로 인해 유리하거나 불리해지지 않는다는 점이 보장된다. 모든 이가 유사한 상황에 처하게 되어 아무도 자신의 특정 조건에 유리한 원칙들을 구상할 수 없는 까닭에, 정의의 원칙들은 공정한 합의나 약정의 결과가 된다.

– 롤스, 《정의론》

롤스의 《정의론》은 20세기의 가장 뛰어난 윤리학 저술로 손꼽힌다. 새로운 사회를 세울 때 누가 얼마만큼 가질지 정의롭게 정하기로 합의했다고 해 보자. 이게 '원초적 입장'에서의 선택이다. 사람들은 알게 모르게 자신에게 유리하게 정하려고 할 것이다. 그것을 막기 위해서는 자신이 어떤 사람으로 태어날지 모르게 해야 한다. 부자일지 가난할지, 머리가 좋을지 나쁠지, 여자일지 남자일지 따위를 모르는 채 '무지의 베일' 뒤에서 합의해야 공정할 것이다.

롤스가 여기서 도출한 정의의 원칙은 모든 사람은 동등한 기본적 자유를 누려야 한다는 것('평등한 자유의 원칙')과, 가장 열악한 위치에 있는 사람에게 최대한의 부와 기회가 돌아갈 때 불평등은 허용된다는 것('차등의 원칙')이다. 롤스가 무지의 베일을 강조한 것은 공평한 분배를 위한 것이므로, 공평한 관망자를 강조하는 공리주의와 비슷한 것 아니냐고 생각할 수 있다. 그러나 공리주의에서는 큰 쾌락을 위해서는 개인의 자유를 희생할 수 있지만, 원초적 입장의 당사자는 쾌락보다는 자유를 선택할 것이다. 먹고 재워 준다고 해서 노예로 사는 선택을 하지 않을 것이기에 평등한 자유의 원칙에 합의할 것이다. 한편 누구나 자신이 가장 불리한 처지에 놓일 수 있음을 고려해야 하니 차등의 원칙에도 합의할 것이다.

289

Tuesday

박쥐 논증과 메리 논증

마음과 물질 중 오직 물질만 있다는 심신 이론인 유물론을 비판하는 대표적인 논증들. 먼저 박쥐 논증은 미국의 철학자 네이글이 〈박쥐가 된다는 것은 어떤 것인가?〉(1974)라는 논문에서 펼쳤다. 박쥐에 관해서라면 모든 것을 아는 박쥐 학자가 있다고 해 보자. 그가 박쥐가 된다는 것이 무엇인지 알까? 박쥐가 직접 되어 보지 않은 이상 그것을 모를 것이다. 박쥐를 예로 든 것은 초음파로 그 돌아오는 소리를 감지해서 상대와 자기 위치를 파악하는 방식(반향 정위)이 우리에게는 아주 낯설기 때문이다. 인간과 가까운 동물인 돼지가 된다는 것이 어떤 것인지도 상상하기 어려울 텐데(질적 공리주의자인 밀은 이 점에서 비판받는다.), 박쥐가 된다는 것이 어떤 것인지는 아예 상상 불가능할 것이다.

메리 논증은 오스트레일리아 철학자 프랭크 잭슨(1943~)이 〈부수 현상적 감각질〉(1982)이라는 논문에서 제시한 사고 실험이다. 메리는 태어날 때부터 흑백으로만 된 방에서만 살아서 색깔을 한 번도 본 적이 없다. 그런데도 흑백으로 된 책과 모니터만을 통해 색채 지각에 관해 완벽한 지식을 갖춘 과학자가 되었다. 어느 날 메리는 방 밖으로 나가 색깔을 처음으로 보게 되었다. 메리는 뭔가 새로운 것을 알게 될까? 그렇다는 것이 잭슨의 주장이다.

두 논증 모두 인간의 특별한 지식을 물질로는 설명하지 못한다는 점에 초점을 맞추기에 '지식 논증'이라고 부른다. 박쥐 학자도 박쥐를 구성하는 물질을 모두 알고 메리도 색채 지각의 신경 활동을 모두 알지만, 박쥐가 된다는 것이나 색깔을 보는 느낌은 모른다는 것이다. 그러니 이 세상에는 물질을 넘어서는 무엇인가가 있다는 결론에 이른다. 그러나 유물론자는 무엇인가를 아느냐 모르느냐와 어떤 것이 존재하느냐 마느냐는 별개의 문제라고 반박한다. 이순신이 충무공과 같은 사람임을 모르는 사람은, 이순신이 명량 해전에서 이겼다는 것은 알지만 충무공이 명량 해전에서 이겼다는 것은 모른다. 그렇다고 해서 이순신이 충무공과 동일한 사람이 아닌 것은 아니지 않은가?

○ 메리가 방 밖으로 나오는 순간 뭔가 새로운 것을 안다는 결론은 〈메리에겐 뭔가 특별한 것이 있다〉(1998)라는 영화 제목을 떠올리게 한다. 메리 논증을 주제로 한 논문 선집이 〈메리에겐 뭔가 특별한 것이 있다〉(2004)이다.

290

Wednesday

위르겐 하버마스

20세기의 유럽 대륙에서는 실존주의나 포스트모더니즘 등 대체로 데카르트 이후로 이성을 강조하는 전통을 부정하는 철학 사조가 발흥하였다. 그런 경향에서 이성의 역할을 강하게 역설하는 하버마스(1929~)의 철학은 독특하다. 그는 현재 살아 있는 철학자 중 가장 영향력 있는 철학자를 뽑으라면 주저 없이 거론되는 철학자이며, 독일 철학의 전통을 이어받으면서도 영어권의 언어 철학을 적극적으로 반영하고 있기도 하다. 또 철학뿐만 아니라 정치학, 사회학, 커뮤니케이션 이론, 수사학 등에도 큰 영향을 끼쳤다.

독일 뒤셀도르프에서 태어난 하버마스는 괴팅겐 대학을 졸업한 후 본 대학에서 박사 학위를 받았다. 하이델베르크 대학 교수를 거쳐 프랑크푸르트 대학 교수를 지냈다. 1971년부터 1982년까지는 학생 운동의 폭력 시위를 좌파 파시즘이라고 비난하며 대학을 떠나 연구소에서 연구와 저술에만 몰두하기도 했다. 마르쿠제, 아도르노, 호르크하이머의 뒤를 잇는 프랑크푸르트학파의 중요한 학자이다.

하버마스의 가장 큰 기여는 의사소통 이론이다. 근대 이후에 강조된 이성이 타자와 자연을 착취하는 데 쓰이는 도구적 이성이라고 비판하는 프랑크푸르트학파의 주장을 받아들인다. 도구적 이성은 상대방을 설득하는 데 쓰일 뿐이기에 상대방을 수단으로 삼는다. 그러나 토론은 상대방을 존중하고 합의를 이루려고 하는 '의사소통적 이성'에 따라 이루어져야 한다고 강조한다. 이러한 토론이 벌어지는 공간을 공론장(공적 영역)이라고 부르는데, 여기서 자유롭고 합리적이며 비판을 받아들이는 토론을 통해 여론을 형성해야 한다고 말한다.

한국 출신으로 독일 뮌스터 대학 교수였던 송두율(1944~)의 지도 교수였다. 그리고 송두율 교수가 2003년에 한국에 귀국할 때 국가보안법 위반으로 체포되자 한국 법원에 탄원서를 제출하기도 했다.

291

Thursday

아그리파의 트릴레마

1세기 후반의 피론학파 철학자인 아그리파에 의해 제시된 회의론 논증. 딜레마가 두 가지 선택지 중 어느 쪽을 선택해도 문제라는 뜻인 것처럼, 트릴레마는 세 가지 선택지 중 어느 쪽을 선택해도 문제라는 뜻이다. 우리는 어떤 명제를 받아들일 수 있는 이유를 제시해야 하는데, 이것을 인식론에서는 '정당화'라고 부른다. 어떤 명제를 정당화하는 또 다른 명제 역시 정당화가 필요하고, 그 명제를 정당화하는 또 다른 주장 역시 정당화가 필요한 '무한 후퇴'가 일어난다. 이 무한 후퇴를 막기 위해 이미 있는 다른 주장을 이용해 정당화하면 그것은 '순환 논증'이 되고

만다. 그렇다고 해서 더는 정당화를 하지 않고 멈추면 '독단'이 된다. 무한 후퇴, 순환 논증, 독단의 세 가지 선택지 중 어느 쪽을 선택해도 문제라는 것이 아그리파의 트릴레마이다.

아그리파의 트릴레마는 '뮌히하우젠 트릴레마'라고도 알려져 있다. 뮌히하우젠은 독일 소설 《허풍선이 남작의 모험》(1785)의 주인공으로 무지막지한 허풍을 일삼는 사람이다. 그 허풍 중 말을 타고 가다 늪에 빠졌는데 자기 머리카락을 잡고 끌어 올려서 늪에서 빠져나왔다는 에피소드가 있는데, 트릴레마 중 순환 논증이 여기에 해당한다.

현대에는 이 트릴레마를 해결하는 방법이 제시되었다. 무한 후퇴를 허용하거나 정합설을 받아들이거나 토대론을 받아들이는 것이 그것이다. 이 중 정합설이나 토대론은 인식론에서 널리 받아들여지는 이론이다. 정합론은 설령 믿음들끼리 서로 정당화해서 순환의 위험이 있다고 하더라도 서로 모순되지 않고 정합적인 믿음 체계 안에 있는 명제는 정당화된다는 주장이다. 토대론은 모든 또는 대부분의 사람들이 받아들이는 자명한 토대 믿음은 독단이 아니기에 그곳에서 정당화를 출발하면 된다는 주장이다.

○ 트릴레마의 예로는 경제학의 물가 안정, 경기 부양, 국제 수지 개선이나, 정치학에서 북한의 핵무장과 경제 발전 그리고 국내외 정치적 안정 같은 예가 있다. 그러나 엄격한 논리적 의미가 아니라 세 가지 고통이 있다는 '삼중고'의 뜻이거나 셋 중 둘은 포기해야 한다는 뜻으로 쓰일 때가 많다.

292

Friday

다른 부모에게
태어날 수 있는가?

우리는 뭔가 부족한 게 있을 때 '이번 생'에는 틀렸고 '다음 생'에 잘해 보자고 기대한다. 웃자고 하는 말이긴 하지만 진지하게 물어보면, 다음 생에 태어나는 사람이 과연 나일까? 나는 다음 생에 금수저로 태어날 수도 있고, 운동에 재능 있는 사람으로 태어날 수도 있다. 그러나 그 사람은 과연 나일까? 나를 태어나게 한 부모가 나를 가지려는 계획을 1개월 미뤘다고 상상해 보자. 그러면 난자와 정자가 달랐을 것이므로 다른 아이가 태어났을 것이다. 마찬가지로 다음 생에 태어나면 내가 아닌 다른 사람이 될 것이다.

우리는 살아가면서 다른 선택을 했으면 어땠을까 하는 상상을 해 본다. 로버트 프로스트의 〈가지 않은 길〉(1916)이라는 시는 "노란 숲속에 두 갈래 길이 있었"는데 그중 "사람이 적게 간 길을 택하였다고/ 그리고 그것 때문에 모든 것이 달라졌다고" 노래한다. 다른 길을 택했다면 다른 생을 살았을 것이다. 우리 삶은 두 갈래 길만 있는 게 아니라 수많은 갈래 길이 연속되어 있다. 그때 더 열심히 공부했다면, 그 사람에게 좀 더 잘했다면…. 인생은 수많은 '했다면'의 연속이다. 우리 인생에서 이렇게 갈라져 나가는 가지들은 다 헤아릴 수 없다. 그런데 그 가지가 갈라져 나온 줄기를 거슬러 올라가면 어느 한 지점에 이를 것이다. 그곳은 바로 내가 시작된(수정된) 바로 그 지점이고, 그것은 '했다면'이 적용될 수 없는 곳이다.

이런 식으로 생각하면 나를 나이게 만드는 본질을 찾을 수 있다. 내가 공부를 좀 더 열심히 했다면, 그 사람에게 좀 더 잘했다면 다른 삶을 살았을 수 있다. 내가 지금처럼 사는 것은 나의 본질이 아니다. 그러나 나를 나이게 만든 본질은 그 기원이다. '기원 본질주의'라고 부르는 이런 생각은 미국의 철학자인 크립키가 제시한 것이다. 플라톤의 이데아나 아리스토텔레스의 실체처럼 본질을 강조하는 전통은 현대에 들어서 비트겐슈타인의 가족 유사성이나 포스트모더니즘처럼 본질을 부정하는 철학 탓에 많이 부정되었다. 그런 상황에서 크립키의 주장은 본질주의의 부활이라는 점에서 본질을 그리워하는 전통주의자에게 반가운 소식이다. 비록 그 본질이라는 게 정자와 난자가 만난 수정란에 불과하지만 말이다.

○ 1980년대의 최고 흥행 영화인 〈백 투 더 퓨처〉(1985)에서는 과거로 시간 여행을 간 주인공을 젊은 시절의 어머니가 좋아하는 장면이 나온다. 부모님이 만나지 못하게 됨에 따라 주인공의 형체가 점점 사라지게 되자, 주인공은 부모님이 서로 좋아하게 만든다. 일단 내가 수정이 되어야 하는 것이다.

293

Saturday

정당화 vs 설명

이봉창 의사는 1932년 도쿄에서 히로히토 일왕에게 폭탄을 던졌다. 이 행동을 놓고 '원인'을 제시할 수도 있고 '이유'를 제시할 수도 있다. 가령 일본에서 조선인이라서 차별 대우를 받았다거나, '모던 보이'적 생활이 후회스러웠다는 것이 원인이다. 정신 분석학자라면 어릴 때의 충격(그런 게 있다면)을 원인으로 제시할 수도 있다. 반면에 조선 독립을 앞당긴다거나 일본 제국주의자들에게 조선 사람의 독립 의지를 전달한다는 것은 의거의 이유이다.

원인을 제시하는 것은 설명이고 이유를 제시하는 것은 정당화로 그 둘은 다르다. 여기서 설명은 정확히 말하면 인과적 설명이다. 인간의 행동을 설명한다는 것은 그것을 옳다 그르다 평가하지 않고 그냥 기술하는 것이다. 인간의 행동을 인과적 질서의 일부라고 생각해서 자연법칙으로 기술한다. 반면에 정당화는 옳다고 생각하는 이유 또는 근거를 제시하는 것이다. 정당화라고 해서 꼭 도덕적 정당화만 말하는 것은 아니다. 예를 들어 수학 공식을 증명하는 것도 그것이 옳은 이유를 제시하는 것이므로 정당화이다. 반면에 꿈에서 수학의 여신이 가르쳐 주었다는 식으로 수학 공식을 알게 된 경위를 말한다면 그것은 설명이다. 포퍼는 과학에서 '발견의 맥락'과 '정당화의 맥락'은 구분되어야 한다고 말하는데, 설명과 정당화의 구분과 같다.

정당화와 설명의 구분은 논리학의 논증과 심리학의 추리의 구분과 일치한다. 논증은 주장하려고 하는 결론을 전제를 이용하여 정당화하지만 추리는 전제에 해당하는 생각에서 결론에 해당하는 생각이 따라 나왔다고 심리적으로 설명할 뿐이다. 윤리학에서도 정당화와 설명을 구분하는 일은 매우 중요하다. 심리적 이기주의는 인간의 모든 행동은 자신의 이익을 위한 행동이라고 설명할 뿐이다. 여기서 이익은 행동의 원인이지 이유가 아니다. 반면에 윤리적 이기주의는 이기적으로 행동하는 게 윤리적으로 정당하다고, 이익을 정당화의 근거로 제시한다.

○ 인도 출신의 수학자 스리니바사 라마누잔(1887~1920)은 평생 3,900개의 수학 공식을 증명했다는데, 영국의 수학자들이 증명해 보라고 하면 고향의 나마기리 여신이 꿈에서 알려 줬다고 말했다. 라마누잔의 이야기는 〈무한대를 본 남자〉(2016)라는 영화로 만들어졌다.

294

Sunday

철학자가 하지 않은 말

인터넷에 정보가 워낙 넘쳐나니 철학자가 하지도 않았는데 마치 그가 한 말처럼 떠돌아다니는 말이 많다. 물론 이것들은 인터넷이 있기 이전부터 떠돌아다녔지만 인터넷의 확산으로 더 멀리 퍼졌다.

철학자가 하지 않은 말은 몇 가지로 나눌 수 있다. 널리 퍼진 말을 다시 말했을 뿐인데 그 철학자가 한 말로 오해하는 경우, 비슷한 말을 하기는 했지만 정확히 그런 말은 아닌 경우, 그런 말을 아예 하지 않은 경우이다. 첫 번째 사례로 대표적인 것은 소크라테스가 했다는 "너 자신을 알라."이다. 이 말은 당시 아테네의 델피 신전에 새겨져 있던 말이므로 소크라테스가 처음 한 말은 아니다. 다만 소크라테스가 여러 번 말하기는 했다.

두 번째 사례로는 역시 소크라테스가 말했다는 "악법도 법이다."가 있다. 정확히 그런 말은 하지 않았지만, 따르기로 약속한 국법이 맘에 안 들어도 지켜야 한다는 취지의 말은 했다. 선거 때면 자주 인용되는 "정치를 외면한 대가는 가장 저질스러운 인간들에게 지배당한다는 것이다."는 플라톤이 했다고 한다. 플라톤은 비슷한 말을 하기는 했지만, 엘리트가 정치에 참여하지 않으면 어리석은 시민들에게 통치를 당한다는 뜻으로 말했으니 선거를 독려하는 의도와 정반대이다. 헤겔이 말했다는 "오직 한 사람만이 나를 이해했다. 그러나 그 역시 나를 이해하지 못했다."는 좀 애매하다. 시인인 하이네가 헤겔이 죽기 전에 했다는 말로 전하는데, 헤겔의 저술에 직접 나오는 말은 아니다.

아예 하지 않은 말도 많다. 다음과 같은 말이 그중 유명하다.

> "비록 내일 지구의 종말이 와도 오늘 나는 한 그루의 사과나무를 심겠다."(스피노자)
>
> "나는 당신이 하는 말에 동의하지 않지만 당신이 말할 권리를 위해서라면 목숨을 걸고 싸워 주겠다."(볼테르)
>
> "20살에 사회주의자가 아닌 사람은 심장이 없는 것이고 40살에 여전히 사회주의자인 사람은 머리가 없는 것이다."(포퍼)

295

Monday

정부의 권력은
언제든 상실될 수 있다

입법자들이 인민의 재산을 빼앗거나 파괴하고자 기도할 경우 또는 인민을 자의적 권력하에 놓인 노예로 만들고자 할 경우, 그들은 스스로를 인민과의 전쟁 상태에 몰아넣는 것이며, 인민은 그로 인해 더 이상의 복종 의무로부터 면제되며, 무력과 폭력에 대비하여 신이 모든 인간을 위해서 마련해 놓은 공통의 피신처로 대피할 수밖에 없게 된다. 그러므로 입법부가 야심, 공포, 어리석음 또는 부패로 인해 인민의 생명, 자유 및 자산에 대한 절대적인 권력을 자신들의 수중에 장악하거나 아니면 그 밖의 다른 자들의 수중에 넘겨줌으로써 사회의 기본적인 규칙을 침해하게 되면 언제나 그들은 인민이 그것과는 상반된 목적으로 그들의 수중에 맡긴 권력을 신탁 위반으로 상실하게 된다. 그 권력은 인민에게 되돌아가며 인민은 그들의 원래의 자유를 회복할 권리와 (그들이 적합하다고 생각하는 바에 따라) 새로운 입법부를 설립함으로써 바로 그들이 사회에 가입한 목적과 다름없는 그들 자신의 안전과 안보를 강구할 수 있는 권리를 가지게 된다.

– 로크,《통치론》

근세의 사회 계약론자들은 국가 권력을 정당화해 주었다고 해석된다. 그러나 로크는 국가 권력을 인민과 정부 사이의 신탁으로 해석했기에, 국가가 신탁된 것 이상으로 권력을 남용하면 언제든지 정부를 해체할 수 있다고 주장한다. '신탁'은 금융 용어인데, 내 재산을 맡긴 은행이 제멋대로 재산을 굴리면 신탁자로서 언제든지 재산을 회수할 수 있음을 생각하면 된다. 신탁자는 권리만 있고 의무는 없으며, 수탁자는 거꾸로 의무만 있고 권리는 없다. 로크는 사회 계약에도 똑같은 관계가 적용된다고 생각했다. 정부의 권력을 최소화해야 하고 정부는 오로지 인민을 위해서 존재하는 것이다. 그리고 이런 계약에서는 언제든지 계약을 되돌릴 수 있는 권리, 곧 '시민 불복종'도 허용된다.

이는 정부에 절대적인 권력을 부여한 홉스와 대비된다. 홉스가 정부에 너무 많은 권력을 부여했다면 로크는 사유 재산을 가진 인민에게 너무 많은 권리를 주었다. 아무리 사유 재산이라고 하더라도 헌법으로 그 권리가 제한되는 현대의 관점에서 볼 때는 그렇다.

296

Tuesday

종 차별주의

어떤 존재가 어떤 생물학적 종에 속하느냐에 따라 다르게 대우받아도 된다고 생각하는 태도. 영국의 심리학자 리처드 라이더(1940~)가 1975년에 처음 쓴 용어인데, 널리 알린 사람은 싱어이다. 성별이나 인종에 따라 다르게 대우해도 된다고 하는 '성차별주의'나 '인종 차별주의'에 빗대서 만든 말이다. 성차별주의나 인종 차별주의가 부정적인 의미로 쓰이는 데 반해, 종 차별주의는 편견을 뜻하기도 하지만 중립적으로 쓰이기도 한다. 성이나 인종에 따른 차별은 옹호될 수 없는 편견이라고 생각하면서도 종에 따른 차별은 옹호된다고 생각하는 사람이 많기 때문이다.

종 차별주의를 옹호할 때는 인간만이 갖는 배타적 특성이 거론된다. 합리성, 언어 사용 능력, 도덕적 추론 능력 따위가 그것이다. 그러나 이런 옹호는 인간 중에서도 이런 특성을 가지지 못한 존재가 있다는 치명적인 문제에 부딪힌다. 어린아이나 지적 장애인처럼 그런 특성이 없는 존재는 인간적인 대우를 하지 않아도 된다는 결론이 나오기 때문이다. 물론 어린아이는 인간의 배타적 특성을 지금은 아니어도 앞으로 가지게 된다고 대답할 수 있으나 지적 장애인은 그런 잠재성도 없다.

인간 종 구성원끼리 갖는 유대감이나 그들이 맺은 사회 계약이 차별의 근거로 제시되기도 한다. 인간끼리 갖는 강한 의무감이나 상호 간에 윤리를 지키겠다는 약속이 인간을 특별하게 대우할 이유가 된다는 것이다. 그러나 이런 유대감은 자신이 속한 성별이나 인종을 특별하게 대우해도 된다고 주장할 때 제시하는 근거이므로 받아들이기 힘들다. 일종의 '우리가 남이가' 식의 주장이다.

벤담은 종 차별주의를 반대하는 유명한 논증을 제시했다. "문제는 그들에게 사고할 능력이 있는가, 또는 말할 수 있는가가 아니다. 문제는 그들이 고통을 느낄 수 있는가이다."라는 주장이 그것이다. 동물이 우리처럼 고통을 느낄 수 있는 존재인데도 인간이 아니라는 이유로 다르게 대우하는 것은 차별이라는 것이다. 이 주장에 따르면 어린아이나 지적 장애인도 고통을 느낄 수 있으므로 똑같이 대우할 수 있게 된다.

○ 종 차별주의를 반대하는 동물 보호 단체는 실제로 동물 차별의 부당함을 인종 차별의 부당함에 빗대어 자주 홍보한다. 그러나 이는 흑인들로부터 자신들을 동물과 비유한다는 비판을 받는다.

297

Wednesday

칼 포퍼

포퍼(1902~1994)는 오스트리아 빈 출신의 영국 철학자로 과학 철학과 정치 철학에서 중요한 업적을 남겼다. 빈 대학에서 심리학으로 박사 학위를 받았다. 10대 시절에 공산주의 단체에 가입하기도 하고 정신 분석학자인 알프레트 아들러(1870~1937)의 자선 활동에 참여하기도 했다. 그러나 나중에 포퍼는 마르크스주의와 정신 분석학을 사이비 과학의 전형으로 제시한다. 빈학파에도 참여하지만 역시 나중에 논리 실증주의에도 반대한다.

첫 번째 저서인 《탐구의 논리》를 통해 논리 실증주의의 귀납적 방법론을 반대하고 반증에 의한 과학의 발전을 주장했다. 이 저서로 포퍼의 이름이 학계에서 알려지게 되었다. 유대인이었던 그는 나치의 박해를 피해 탈출을 고려하고 있었는데, 마침 뉴질랜드의 캔터베리 대학에서 강의 제안이 와서 1937년부터 9년간 그곳에서 살게 된다. 그러나 제2차 세계대전의 와중에 히틀러에 의해 합병된 오스트리아 출신이라는 이유로 영연방인 뉴질랜드에서 차별을 받았다. 그래도 이 기간에 《역사주의의 빈곤》과 《열린사회와 그 적들》을 저술하였다. 전체주의와 파시즘을 비판하는 이 책으로 그는 대중에게는 과학 철학자보다 정치 철학자로 더 많이 알려져 있다. '열린사회'라는 개념은 베르그송의 용어이지만 그것을 널리 알린 철학자는 포퍼이다. 포퍼는 《열린사회와 그 적들》에서 플라톤과 헤겔을 전체주의의 아버지라고 강력하게 비판했다.

1946년부터 영국의 런던 정치경제대학에서 강의하기 시작하여 정년 때까지 재직했다. 영국 시민권을 얻었고, 《탐구의 논리》를 제외하고는 대부분 영어로 저술하였으며 영국에서 기사 작위까지 받았기에 오스트리아보다는 영국 철학자로 인식된다. 그래서 '카를 포퍼'가 아니라 '칼 포퍼'이다. 마르크스주의를 통렬하게 비판하여 자유주의 진영에서 추앙받는다. 그러나 철학에서 그의 주된 기여는 반증주의로 대표되는 과학 방법론이다. 마르크스주의를 사이비 과학으로 비판하는 도구도 반증주의를 이용한 것이다.

○ 1946년에 포퍼는 비트겐슈타인이 회장인 케임브리지 도덕 과학 클럽에 초청받아 "철학적 문제가 존재하는가?"라는 주제로 강연을 했다. 철학적 문제는 언어적 유희에 불과하다는 비트겐슈타인과 논쟁이 붙었는데, 비트겐슈타인이 자신의 주장을 강조하려고 벽난로에 쓰는 부지깽이를 들었다. 포퍼가 도덕 규칙의 예로 "부지깽이로 초청 연사를 위협하지 않는 것"을 들자 비트겐슈타인은 부지깽이를 던지고 뛰쳐나가 버렸다. 이 에피소드가 비트겐슈타인이 부지깽이로 포퍼를 위협했다는 식으로 알려져 있기도 하다.

298

Thursday

이율배반

이율배반은 서로 모순되어 양립할 수 없는 2개의 명제로, 영어 또는 독일어로는 '안티노미'라고 한다. 논리학에서 모순 관계와 같은 말이다. 철학사에서는 칸트의 《순수 이성 비판》을 통해 널리 알려지게 되었다. 그에 따르면 이율배반인 네 가지 명제가 있다.

첫째, 세계는 시간과 공간에서 시작이 있다. ↔ 세계는 시간과 공간에서 무한하다.

둘째, 세계 내의 모든 것은 단순한 부분들로 이루어져 있다. ↔ 세계 내의 어떤 것도 단순한 부분들로 이루어져 있지 않다.

셋째, 세계에는 자유가 있다. ↔ 세계에는 자유란 없고 모든 것이 필연적이다.

넷째, 세계에는 모든 것의 궁극적 원인인 필연적 존재자, 곧 신이 존재한다. ↔ 그런 신은 없다.

칸트는 각 정립 명제와 반정립 명제가 하나하나 증명될 수 있음을 보인다. 서로 모순되는 명제이므로 하나가 참이면 다른 하나는 반드시 거짓이어야 하는데, 모두 참이라는 것은 이율배반이다. 이런 이율배반은 왜 생기는 것일까?

칸트는 인간의 인식 능력을 감성, 지성, 이성 세 가지로 나눈다. 감성은 경험론의 감각 경험에 해당하는 능력이고, 지성은 감각 경험으로 받아들인 것을 사유하는 능력이고, 이성은 초감성적인 것, 곧 감각 경험을 넘어서는 것을 사유한다. 이율배반이 생기는 것은 자유니 신 같은 개념들이 이성의 산물로서 경험적으로 확증될 수 없기 때문이다. 그렇기에 정립 명제와 반정립 명제가 똑같이 타당하고 필연적인 근거를 가지고 주장되는 것이다. 칸트는 이것이 이성의 불행한 운명이라고 말하며, 그것을 다루는 종래의 형이상학이 독단이라고 주장한다.

정립과 반정립은 칸트의 이론에서 대립되는 것으로 그쳤지만, 헤겔은 그 대립이 통일되는 변증법적 모순 개념을 제기한다. 그리고 이것은 마르크스의 변증법적 유물론에 적극적으로 수용된다. 한편 형이상학이 경험적으로 확증될 수 없다는 칸트의 주장은 논리 실증주의자가 적극적으로 이용한다.

○ 칸트가 《순수 이성 비판》이라는 책 제목에 쓴 '이성'은 감성, 지성, 이성을 모두 포괄하는 넓은 의미이다.

○ 헤겔은 칸트의 이율배반이 변증법적 훈련에서 아주 중요하다고 생각하여 고등학교 교장으로 있을 때 학생들에게 직접 가르쳤다.

299

Friday

돌봄의 윤리

규칙, 의무, 권리보다 돌봄이 더 중요하다고 보는 윤리 이론. '돌봄^{care}'은 '배려'라고도 번역된다. 여자들이 고민거리를 말하면 남자는 어떠어떠하게 행동하는 것이 옳다는 대답을 하는 데 반해 어자는 "나도 그런 적 있어."나 "참 힘들었겠다."라고 공감하는 경우가 많다. 어떤 대책을 제시해 주는 것보다 그런 위로가 훨씬 도움이 되는 때가 있다. 이것은 도덕적 행동과 관련한 상황은 아니지만, 여성과 남성이 다르게 생각한다는 사실은 도덕에 중요한 시사점을 준다.

미국의 교육 심리학자인 로런스 콜버그(1927~1987)는 다음과 같은 예를 든다. 죽어 가는 아내를 구할 수 있는 유일한 약을 약사가 터무니없는 값으로 판다. 약을 살 돈이 부족한 남편이 약을 훔치는 행동은 잘못인가? 이 사례를 들은 남자아이는 "사람의 생명이 돈보다 중요하다."라는 이유로 약을 훔쳐야 한다고 말했다. 반면에 여자아이는 약을 훔치면 아내는 낫겠지만 남편은 감옥에 가게 되고 그러면 상황이 더 악화한다고 말한다. 남자아이는 "인간의 생명은 돈보다 중요하다."라는 보편적 도덕 원칙에 따르고 있고, 여자아이는 개인 간의 관계와 책임이라는 관점에서 접근하고 있다. 콜버그의 도덕성 발달 단계에 따르면 도덕성 발달 단계에서 남자아이는 여자아이보다 두 단계나 앞서 있다.

콜버그의 조교였던 캐롤 길리건(1936~)은 《다른 목소리로》(1982)에서 여자아이가 남자아이보다 도덕성 추론에서 열등하다는 콜버그의 이론에 반대한다. 남성적 사고방식은 실제 사례의 세부 사항을 모두 추상화한 이성적 규칙으로 접근하는 것과 달리 여자아이는 다른 사람을 돌보고 그의 바람을 채워 주는 데 관심을 가진다. 이는 다르게 생각하는 것이지 도덕성의 관점에서 우등과 열등을 말할 수 없다는 것이다. 물론 모든 남성과 여성이 각각 이 남자아이와 여자아이처럼 도덕적 추론을 한다는 말은 아니다. 원칙에 따르는 추론을 남성적 사고방식, 돌봄을 중시하는 추론을 여성적 사고방식으로 부른 것뿐이다.

우리가 의무감이나 공리적 계산으로 가족과 친구와 윤리적 관계를 맺는다고 생각하면 매우 씁쓸할 것이다. 그런 점에서 돌봄의 윤리는 우리가 모르는 사람보다 가족과 친구를 우선시하는 것을 아주 잘 설명해 준다. 반면에 가족과 친구가 아닌 사람에게 윤리적 의무가 있음은 잘 설명해 주지 못한다. 일면식도 없는 멀리 있는 사람을 돌볼 의무는 없기 때문이다. 그리고 돌봄의 윤리는 여성을 '돌보는 자'로 규정한다는 점에서 페미니즘 내에서도 비판받는다.

300

Saturday

히틀러도 그랬어

사악한 사람도 그 주장을 했다는 이유로 어떤 주장을 반대하는 잘못. 세상 사람 누구나 동의하는 사악한 사람이 이 논증에 거론되는데, 히틀러가 그런 인물이다. '나쁜 친구의 오류', '나치 카드 전략' 따위의 이름으로도 불린다.

"히틀러가 안락사를 시행했기에 안락사는 옳지 않다."라는 주장이 대표적인 예이다. 히틀러는 수많은 장애인을 하등한 인간이라는 이유로 죽였다. 그래서 지금도 장애인 인권 단체에서는 안락사 옹호는 장애인 학살로 이어진다는 이유로 반대하기도 하고, 특히 히틀러의 악몽이 있는 독일에서 그 반대가 심하다. 그러나 히틀러의 장애인 '안락사'는 본인이 동의한 '편안한 죽음'이 아니기에 안락사가 아니다. 회복 불가능한 환자의 안락사를 허용한다고 해서 장애인 안락사로 연결되지도 않는다. 따라서 "히틀러가 안락사를 시행했기에 안락사는 옳지 않다."라는 논증은 '안락사'라는 말의 애매함 때문에 생기는 잘못과 미끄러운 비탈길의 오류를 동시에 저지르고 있다.

그래도 히틀러를 이용한 안락사 논증은 뭔가 설득력이 있어 보인다. "히틀러는 채식주의자였다. 히틀러는 사악한 사람이다. 따라서 채식주의는 사악하다."라는 논증도 그럴듯해 보인다. 이 논증이 잘못된 삼단 논법이라는 것은 형식은 같은데 말이 되지 않는 반례를 만들어 보면 알 수 있다. "히틀러는 남자였다. 히틀러는 사악한 사람이다. 따라서 남자는 사악하다." 히틀러는 안락사(라고 쓰고 '학살'이라고 읽는다)를 시행했고 채식주의자였지만, 화가였고 영국은 섬나라라고 믿었다. 그렇다고 해서 화가가 사악한 사람인 것은 아니고 영국은 섬나라라는 믿음이 틀린 것도 아니지 않은가? 안락사와 학살과 채식주의가 잘못인 이유를 별도로 제시해야지, 히틀러가 했다는 이유로 옳지 않다고 주장하는 것은 잘못이다.

○ 히틀러는 제2차 세계대전 이전까지는 고기를 먹었으나 그 이후에는 건강상의 이유로 채식을 했다고 한다. 술과 담배도 하지 않았다. 그가 채식주의자라는 것이 조작이라는 의견도 있다.

직업 철학자

'철학자'는 철학을 전문적으로 연구하는 사람을 말하지만, 철학자가 생계를 유지하는 직업을 가리킨다고 말하기는 어렵다. 철학을 연구하며 생계를 유지하기 위해서는 직업을 가져야 하는데, 교수라는 직업이 거의 유일하다.

철학사에 철학 교수가 등장한 것은 그리 오래되지 않았다. 18세기의 독일 철학자 칸트를 최초의 철학 교수로 보기도 하는데, 칸트 이전에 철학을 가르치던 교수가 없지는 않았다. 다만 철학사에서 이름이 널리 알려진 철학자 중에서는 칸트가 거의 최초의 철학 교수라고 할 만하다. 고대의 플라톤과 아리스토텔레스는 각각 아카데메이아와 리케이온이라는 학교를 설립하여 가르쳤지만, 근대적인 의미의 대학과는 다르다. 소크라테스는 아버지의 직업을 이어받아 석공을 했다고 하는데, 본업에는 충실하지 않고 아고라에서 젊은이들과 철학을 논한 것은 잘 알려진 이야기이다.

칸트 이전의 근세 철학자들은 직업이 따로 있었다. 이성론자를 보면 데카르트는 유럽의 모든 나라가 구교와 신교로 나뉘어 싸운 30년 전쟁에도 참전한 직업 군인이었으며, 스피노자는 렌즈를 가공하는 광학 기술자였고, 라이프니츠는 법률가였다. 경험론자인 로크는 의사였으며, 버클리는 성공회 신부였고, 흄은 베스트셀러 작가이자 외교관이었다.

현대에 철학은 박사 학위를 받고 강단에 선 사람들에 의해 연구된다. 그러다 보니 슈바이처나 함석헌처럼 강단 밖에 있지만 철학적인 저술을 남긴 사람을 철학자라고 불러야 하는지가 논란이 된다.

302

Monday

이교도 개종시키기

> 그[마호메트]는 육체적 쾌락을 약속함으로써 육체적 욕망을 자극하도록 백성
> 을 유혹하기도 했다. 그는 자신의 약속에 따르는 계율을 가르쳤고, 육체적 쾌
> 락이 치닫는 대로 행동했다. 이 점에서 육욕적인 사람들은 쉽사리 그에게 복
> 종했다. 그는 또한 모든 반 푼짜리 현인이라면 누구나 자연적 재능으로 쉽게
> 인식할 수 있는 것들 말고는 어떠한 진리의 증거도 제시하지 않았다. 심지어
> 그는 자신이 가르친 진리까지도 여러 가지 꾸며 낸 이야기와 가장 거짓된 가
> 르침과 뒤섞였다. (…) 그는 자신이야말로 무기의 권능을 가지고 파견되었다
> 고 말하는데, 이는 강도와 폭도들에게도 없어서는 안 될 징표다. (…) 그를 믿
> 은 사람들은 사막에 살면서, 신의 모든 가르침에 대해서는 하나도 아는 바가 없
> 던 짐승 같은 사람들이었다. 마호메트는 그 무리들을 이용해 무기에 의한 폭력
> 을 통해 다른 사람들로 하여금 자신의 율법을 따르도록 강요했다.
>
> – 토마스 아퀴나스, 《이교도 논박 대전》

토마스 아퀴나스의 《이교도 논박 대전》은 가톨릭 신앙 입장에서 이교도, 곧 유대
교도와 이슬람교도의 오류를 지적하여 그들을 가톨릭으로 개종시키려는 지침서이
다. 그는 이교도의 오류를 지적하기가 어려운 이유 두 가지를 말한다. 첫째는 "스스
로 이교도였거나 적어도 이교도들 틈에서 살면서 그들의 가르침을 받았으므로 이
교도들이 취한 입장들을 알 수 있었"던 선배 교부 철학자들과 달리 자신은 잘 알지
못하기 때문이다. 둘째는 유대교도는 구약 성서를 공유하므로 그것을 인용하여 반
론하면 되지만, 이슬람교도는 공유하는 경전이 없으므로 "모든 사람으로 하여금 찬
성할 수밖에 없도록 하는 자연적 이성에 의지하지 않으면 안" 되기 때문이다.

4권으로 된 방대한 책에서 이슬람교를 언급한 곳은 위의 인용문이 전부이다. 그
러나 아퀴나스의 악의적이고 유치한 논박을 보면 '자연적 이성'을 사용한 것 같지
않다. "한 손에는 칼, 한 손에는 쿠란"을 퍼뜨린 사람이 아퀴나스라고 한다. 그러나
쿠란에 그런 구절이 없을 뿐만 아니라 아퀴나스의 저서에도 그런 구절은 없다. 하
지만 그의 권위를 볼 때 이슬람에 대한 오해를 퍼뜨린 것은 맞다.

○ 《이교도 논박 대전》은 《이교도들의 오류에 반대하는 가톨릭 신앙의 진리에 대한 책》이라는 제목으로도
알려져 있다. 그리고 이성적 방법을 사용했다는 점에서 그의 《신학 대전》과 대비하여 《철학 대전》이라고 부
르기도 한다. 한국어 번역본 제목은 《대이교도 대전》이다.

303

Tuesday

초랑

미국의 철학자 넬슨 굿먼(1906~1998)이 《사실, 허구, 예측》(1955)에서 '초록'과 '파랑'을 합해서 만든 말. 영어로는 green과 blue를 합해서 grue라고 한다. 우리는 귀납 추론으로 과거에 규칙적으로 일어난 일은 미래에도 일어날 것이라고 추론한다. 이것을 약간 어려운 말로 과거에 관찰된 규칙성에서 미래를 '투사한다'라고 한다. 예를 들어 지금까지 관찰한 에메랄드는 모두 초록이었으므로 미래에도 에메랄드는 초록일 것이라고 추론한다. 이런 추론이 타당하다고 생각하기에 '에메랄드는 초록이다'는 투사 가능한 규칙성이라고 여긴다.

굿먼은 이 투사 행위에 수수께끼가 있다고 주장한다. 누군가가 만약 어떤 물건이 이미 관찰되었을 때는 초록이었고 관찰되지 않았을 때는 파랑이라면 그 물건은 '초랑'이라고 정의한다고 해 보자. 그러면 지금까지 관찰된 모든 에메랄드는 초랑이다. 왜냐하면 지금까지 관찰한 에메랄드는 초록이기에 '초랑'의 정의를 만족하기 때문이다. 그래서 어떤 보석상은 '에메랄드는 초록이다'를 미래에 투사하여 아직 관찰되지 않은 에메랄드가 초랑이라고 예측한다. 그런데 초랑의 정의에 따라 에메랄드가 초랑일 경우 아직 관찰되지 않은 것일 때는 그것이 파랑이라는 뜻이다. 문제는 '에메랄드는 초록이다'와 '에메랄드는 초랑이다'가 똑같은 관찰 사례와 똑같은 귀납 추론에 의해 투사했다는 데 있다. 그런데 한쪽에서는 미래의 에메랄드가 초록이라고 하고, 다른 한쪽에서는 파랑이라고 말한다. 에메랄드가 서로 다른 두 색깔을 가질 수는 없기에 수수께끼가 생긴다.

굿먼은 흄이 제시한 귀납의 문제에 빗대어 이것을 '귀납의 새로운 수수께끼'라고 부른다. 우리는 귀납적 추론은 논리의 문제라고 생각하지만 굿먼에 따르면 그렇지 않다. 에메랄드에 '초랑이다'라는 술어 대신에 '초록이다'라는 술어를 쓰는 이유는 단순히 우리가 지금까지 '초록이다'라는 말을 더 많이 써 왔기 때문이다. 쉽게 말해서 그 말에 더 익숙하기 때문이다. 흄이 귀납에 관한 믿음이 합리적이라기보다 정신의 습관일 뿐이라고 말한 것처럼 새로운 수수께끼도 귀납에 관한 통념을 부순다.

○ '귀납의 새로운 수수께끼'는 '굿먼의 역설'이라고도 부른다. 말 만들기 좋아하는 사람은 굿먼이 성격은 나쁜데 이름은 굿먼Goodman이라는 게 굿먼의 역설이라고 말한다. 그러나 굿먼은 실제로 좋은 사람이다. 철학을 공부하면서 화랑을 경영했으며 미학에서도 중요한 업적을 남겼다.

304

Wednesday

윌러드 콰인

보통 분석 철학이라고 할 때 분석 철학에 익숙하지 않은 사람은 비트겐슈타인을 떠올린다. 그러나 비트겐슈타인과 그의 제자들의 노선보다는, 프레게와 러셀에서 콰인으로 이어지고 그다음에 콰인의 제자로 이어지는 노선이 분석 철학의 주류이다. 콰인(1908~2000)은 분석 철학의 토대를 닦고 분석 철학계에서 중요하게 활동하는 제자들을 길러낸 철학자이다. 하버드 대학에서 박사 학위를 받고 줄곧 같은 대학에서 가르쳤다. 제2차 세계대전 이전에는 유럽을 방문해 폴란드 논리학자(폴란드는 논리학으로 유명하다.)와 논리 실증주의자와 교류했다. 제2차 세계대전에는 해군 장교로 복무했다.

콰인의 논문과 저서는 분석 철학을 공부할 때 반드시 읽어야 하는 목록에 포함되어 있다. 〈경험론의 두 독단〉에서 논리 실증주의의 분석과 종합 구분을 비판했다. 아주 세세하고 전문적인 논증으로 이루어져 있지만 논리 실증주의의 근본 가정을 건드리고 있기에, 1950년대 이후 영어권 철학계에서 논리 실증주의의 영향력은 미미해졌다. 분석과 종합의 구분 비판은 철학과 경험 과학의 구분 비판으로 이어져 인식론은 심리학의 방법을 따라야 한다는 〈자연화된 인식론〉으로 이어진다. 논리 실증주의 비판은 형이상학 연구가 발전하는 계기가 된다. 콰인 스스로 〈있는 것에 관하여〉에서 세계를 가장 잘 설명하는 이론의 존재론적 개입을 주장하는데, 그에 따르면 형이상학은 과학적 지식을 토대로 세계의 본성을 연구하는 학문이다.

《단어와 대상》은 언어 철학에서 중요한 저서이다. '가바가이'라는 사고 실험으로 원초적 번역의 불확정성을 주장하는 것으로 유명하다. 과학 철학에서는 가설 하나만 단독으로 검증되거나 반증될 수 없고 믿음 전체를 대상으로 해야 한다는 인식론적 전체론으로 유명하다. 이것은 20세기 초반의 프랑스 물리학자 피에르 뒤앙(1861~1916)도 주장한 것이기에, '뒤앙-콰인 논제'라고 부른다. 콰인은 윤리학과 정치철학처럼 실천적인 영역을 제외한 철학의 전 영역에 영향을 끼쳤다는 평가를 받는다.

○ 1985년에 쓴 자서전 《내 생애 최고의 시간》을 보면 100여 개의 나라를 여행했는데 1959년에 일본에 강연차 간 길에 우리나라에도 잠깐 들러 관광을 했다. 도시는 파괴되어 있고 길은 더럽고 가로등도 없다는 묘사가 가슴 아프다.

305

Thursday

절대적 관념론

헤겔과 그의 영향을 받은 독일 및 영국 관념론자의 이론. 버클리의 '주관적 관념론', 칸트의 '선험적 관념론'과 더불어 관념론의 3대장이다. 헤겔의 절대적 관념론은 플라톤의 '객관적 관념론'의 근대적 버전이라고 말할 수 있다. 객관적 관념론은 우리 마음과 독립적인 이데아의 세계가 객관적으로 존재함을 주장한다는 점에서 객관적인데, 이데아는 곧 관념이므로 관념론이다. 얼핏 보기에 모순되어 보이는 '관념론'과 '객관'이 조합된 이론이다. 그런데 플라톤에 따르면 형상은 지식뿐만 아니라 도덕 원리까지 모든 것의 절대적인 기준이 되므로 절대적 관념론이라고 부를 수도 있다.

플라톤의 이데아에 해당하는 것이 헤겔 철학에서는 절대정신(절대 이념)이다. 헤겔은 관념 또는 정신은 대상을 경험하는 것을 통해 형성되지 않고, 거꾸로 관념 또는 정신이 먼저 있으면 그것이 사물의 존재를 결정한다고 주장한다. 그러나 그는 버클리의 주관적 관념론과 달리 세계가 인간과 독립적으로 존재함을 인정한다. 그렇다면 세계가 인간의 정신에 의해 생긴 것은 아니므로 무엇인가에 의해 생겨야 하는데, 그 무엇이 절대정신이라는 것이다. 절대정신은 신과 비슷한 것 아니냐고 생각할 수 있지만 신은 세계와 독립적으로 존재한다. 반면에 절대정신은 세계의 사물에 내재하면서 거기에 이성적 질서를 부여하는 원리 또는 진리이다. 헤겔과 같은 시대의 독일 철학자인 프리드리히 셸링(1775~1854)도 절대적 관념론을 주장했는데, 헤겔의 절대자가 변증법적인 자기 전개 과정을 통해 자신을 인식하는 것과 달리 셸링은 절대자가 자신을 직접 인식하고 드러낸다고 주장했다.

헤겔의 절대적 관념론은 19세기 영국에서 브래들리와 존 맥타가르트(1866~1925)를 중심으로 발전한다. 그들은 이른바 신헤겔 운동을 일으켜 당시 영국의 지배적인 철학이던 경험론과 공리주의를 비판했다. 이들의 생각은 조금씩 다르기는 하지만 공통적으로 절대자가 진정으로 존재하는 유일한 것이고 다른 것들은 그것의 일부이거나 환상에 불과하다고 주장한다. 이들의 관념론은 무어나 러셀에 의해 강력한 비판을 받아 맥이 끊기고 만다.

○ 독일이나 영국에는 관념론자가 많은 반면에 20세기 이후 오스트레일리아에는 유명한 실재론자가 많다. 농담으로 오스트레일리아의 날씨가 화창해서 실재가 잘 보여 그렇다고 한다.

사이비 과학

과학인 척하지만 사실은 과학이 아닌 주장. '유사類似 과학'이라고도 하는데, '사이 비 과학'이라고 할 때 좀 더 사이비스럽다. 창조 과학, 영구 기관, 수맥, 동종 요법, 지구 공동설, 역학易學, 점성술, 혈액형 심리설 따위가 이에 해당한다.

과학과 사이비 과학을 구분하는 과학 철학의 문제를 '구획 문제'라고 부른다. 포 퍼는 '반증 가능성'을 구획의 기준으로 제시한다. 그에 따르면 제시된 가설이 반증 가능할 때, 다시 말해서 거짓임을 보여 줄 수 있을 때 그 지식 체계는 과학이 된다. 가령 "모든 고니는 희다."라는 가설이 어떨 때 반증되는지 우리는 안다. 희지 않은 고니가 있으면 거짓이 되기 때문이다. 물론 이 가설은 실제로 반증되어 잘못된 가 설이 되었지만 과학이 아닌 것은 아니다. 과학자는 이 가설을 폐기하거나 "오스트 레일리아를 제외한 곳의 모든 고니는 희다."라고 수정하여 새롭게 반증을 시도하 면 된다.

반면에 사이비 과학의 가설은 어떨 때 반증되는지 도무지 알 수가 없다. "그 집 에 대운이 들겠어."라는 점쟁이의 말은 무엇이 '대운'인지 정확히 말하지 않고 있 으므로 언제 거짓이 될지 모른다. 점쟁이의 말이 틀렸다고 항의하러 간 고객에게 점쟁이는 그 집의 사소한 기쁜 일도 찾아내어 대운이 맞지 않느냐고 말할 것이다.

포퍼는 사이비 과학의 예로 정신 분석학과 마르크스주의를 든다. 열등감이 인 간 행동의 원인이라는 정신 분석학의 주장을 보자. 이 주장은 서로 반대되는 행 동도 열등감으로 설명한다. 누군가가 물에 빠진 아이를 구하러 물에 뛰어들었다 면 자신의 열등감을 극복하려고 위험을 무릅쓰고 뛰어들었다고 설명한다. 거꾸로 안 뛰어들었다면 아이가 죽어 가는데도 거기에 흔들리지 않는 담력이 있다는 것 을 보여 줌으로써 열등감을 극복하려고 한다고 설명한다. 반대되는 두 행동을 모 두 설명하는 이론은 아무것도 설명 못 하는 셈이다. "모든 고니는 희다."라는 가설 이 흰 고니에나 검은 고니에나 모두 들어맞을 수 없음을 생각하면 된다. 마르크스 주의의 역사주의적 예측은 반증되는 사례가 나와도 점쟁이처럼 자신의 구미에 맞 게 재해석한다.

○ 사이비 과학의 허구를 밝히는 사람이 스켑틱이다.

환원

어떤 하나의 현상을 더 단순하고 근본적인 다른 현상과 동일하다고 주장하거나 그것으로 설명하는 일. 환원은 과학에서 흔한 일이다. 물은 H_2O로 환원되고 번개는 전기의 방전으로 환원된다. 물이 H_2O와 동일하다고 할 때 물이 끓거나 증발하는 현상이 더 잘 설명된다. 번개의 경우도 마찬가지이다.

철학에서도 이런 환원에 의한 설명이 자주 시도된다. 탈레스를 철학의 시조라고 부르는 까닭은 "모든 것의 근원은 물이다."라는 그의 발언 때문인데, 모든 것을 아르케라고 하는 단일한 원리로 설명하는 시도가 바로 환원이다. 따라서 철학은 환원과 함께 시작되었다고 해도 지나친 말이 아니다. 윤리학이나 인식론에서도 환원을 시도한다. 가령 공리주의자는 쾌락의 증진과 고통의 감소로 선을 설명하려고 하는데, 이것이 환원적 설명이다. 그리고 물리적 대상은 따로 존재하지 않고 감각 경험에 불과하다고 주장하는 현상론도 일종의 환원을 시도한 것이다.

환원이 가장 본격적으로 논의되는 곳은 형이상학, 그중에서도 심신 문제에서이다. 그래서 '환원주의'라고 하면 보통 정신 상태는 그것과 동일한 다른 무엇으로 충분히 설명된다고 주장하는 입장을 가리키는 말로 쓰인다. 정신 상태와 동일하다고 생각되는 무엇으로는 행동과 뇌의 상태가 있는데, 정신 상태가 행동으로 환원된다는 입장이 '행동주의', 뇌의 상태로 환원된다는 입장이 '유물론(동일론)'이다. 그러나 행동주의 지지자는 그리 많지 않기에 유물론이 가장 유명한 환원주의이다.

308

Sunday

모두가 철학 박사

우리나라 초대 대통령인 이승만 대통령을 이승만 박사라고 부르는 사람이 많다. 2020년의 정부 공식 행사에서도 이승만 대통령이 아니라 이승만 박사라고 호칭하여 대통령으로 인정 안 하는 것 아니냐는 논란이 있었는데, 1965년 서거 때 〈대한뉴스〉의 제목도 '이승만 박사 서거'였다.

이승만 대통령은 1910년에 프린스턴 대학에서 박사 학위를 받았고, 이는 우리나라 사람이 최초로 받은 박사 학위였다. 그는 무슨 박사였을까? 철학 박사로 알고 있는 사람이 많다. 철학 박사가 맞을까? 반은 맞고 반은 틀렸다. 세계의 거의 모든 대학에서 박사 학위를 Ph.D.라고 부른다. 영국의 옥스퍼드 대학처럼 D.Phil.이라고 부르는 곳도 있는데, Ph.D.는 라틴어 Philosophiae Doctor의 준말이고 D.Phil.은 영어 Doctor of Philosophy의 준말이니 모두 철학 박사이다. 철학을 전공했든 경제학을 전공했든 기계 공학을 전공했든 학문 연구로 박사 학위를 받으면 철학 박사이다. 이승만 박사는 정확히 말하면 국제 정치학 분야에서 박사 학위를 받았다. 모두 Ph.D.이니 전공을 구분할 때는 Ph.D. in Politics처럼 어떤 분야에서의 철학 박사라고 말하면 된다.

짐작하겠지만 이때 '철학'은 학문을 뜻한다. 그리스 때부터 철학은 학문과 동의어로 쓰였다. 뉴턴의 주저는 흔히 《프린키피아》(1687)라고 부르는데 정식 명칭은 《자연 철학의 수학적 원리》이다. 그때까지도 과학이라는 말이 따로 없고 '자연 철학'이라고 불렀다. 자연을 대상으로 하는 학문인 것이다. 19세기 초반에야 '과학'이라는 말이 쓰이게 되었다.

Ph.D.가 학문 연구로 받은 박사라면 학문 연구가 아닌 박사도 있는가? 전문직을 위한 박사가 그것이다. 서양에서 오래된 전문직이 목사, 법률가, 의사인데, 이 분야의 박사가 D.D.(신학 박사), J.D.(법학 박사), M.D.(의학 박사)이다. 요즘은 doctor가 의사라는 말로 더 많이 쓰이지만 본디는 docere(가르치다)에서 나온 말이다. 박사는 이제 가르칠 자격이 있는 사람이라는 뜻이다.

309
Monday

미네르바의 올빼미

세계의 사상으로서의 철학은 현실이 그 형성 과정을 종료하여 확고한 모습을 갖춘 다음에야 비로소 시간 속에 나타난다. 개념이 가르쳐 주는 것을 역사는 또한 필연적인 과정으로 나타내 주기도 하거니와. 현실이 무르익었을 때 비로소 이념적인 것이 실재적인 것에 맞서서 나타나는 가운데 이 실재하는 세계의 실체를 포착하여 이를 지적인 왕국의 형태로 구축한다. 철학이 회색의 현실을 회색으로 그려 낼 때 생명의 형태는 이미 낡아져 버렸으니, 회색에 회색을 덧칠한다 해도 생명의 형태는 젊음을 되찾지 못하고 다만 그 진상이 인식되는 데 그칠 뿐이다. 미네르바의 부엉이는 황혼이 깃들 무렵에야 비로소 날기 시작한다.

– 헤겔,《법철학 강요》

미네르바는 로마 신화에서 지혜의 여신으로 그리스 신화의 아테나에 해당한다. 그리고 올빼미는 서구의 우화에서 지혜로운 동물로 여겨졌다. 애니메이션의 곰돌이 푸도 모르는 게 있으면 척척박사 올빼미 할아버지에게 가서 묻는다. 미네르바의 '부엉이'라고 번역하기도 하는데 사실 독일어의 eule도 그렇고 영어의 owl도 그렇고 올빼미와 부엉이가 엄격하게 구분되지 않는다. 우리나라 인형극의 부리부리 박사는 부엉이였다.

헤겔이 생각하기에 철학이 하는 일은 앞으로 일어날 일에 대한 예측이 아니라 이미 일어난 현상에 대한 설명이다. 현실이 자신이 할 일을 완전히 다 한 다음에, 비유적으로 말하면 현실이 회색빛이 되었을 때 철학은 비로소 자기 할 일을 한다. 그러나 이미 회색빛이 된 현실에 회색빛을 덧칠해 봐야 현실은 변하지 않는다. 이론의 회색빛 비유는 괴테가《파우스트》에서 "모든 이론은 회색이며 생명의 황금 나무만이 초록이다."라고 말한 것에서 따왔다.

마르크스는 헤겔의 이런 학문관이 못마땅했다. 그래서《포이어바흐에 대한 테제》에서 "지금까지 철학자들은 세계를 다양하게 해석해 왔다. 그러나 중요한 것은 세계를 변혁하는 것이다."라고 말했다. 마르크스는 철학은 '미네르바의 올빼미'가 아니라 '갈리아의 수탉'이 되어야 한다고 생각했다. 황혼 녘에 뒷북을 치는 올빼미가 아니라 새벽녘에 세상을 깨우는 수탉의 역할을 철학에 요구한 것이다. 갈리아는 프랑스의 옛 이름이고 닭은 프랑스의 상징이다.

310

Tuesday

페미니즘 인식론

전통적인 인식론은 남성 중심적이며, 성별과 관련된 편견을 전제한다고 주장하는 인식론. 철학에서 페미니즘은 주로 윤리학이나 정치 철학처럼 실천적인 영역에서 연구되었다. 그런 점에서 페미니즘 인식론은 인식론과 같은 이론적인 영역에 페미니즘 시각으로 접근해 신선하다.

데카르트 이후의 인식론이 대상으로 하는 지식은 보편적이고 추상화된 지식이고, 인식론의 핵심 개념인 정당화는 이성을 필요로 한다. 차가운 이성의 소유자가 이상적인 인식 주체로 가정된다. 페미니스트는 여기에 숨어 있는 남성 중심적 시각을 비판한다. 주류 인식론이 전제하는 이성, 추상, 객관성 따위는 남성적 가치로 여겨져 왔고, 이런 전통에서 감성, 구체, 주관성 따위의 여성적 가치는 열등한 것으로 무시되기 때문이다. 인식론은 남성이 세계를 인식하는 방식만을 바람직한 이상으로 가정한 후 인식적 정당성을 찾거나 외부 세계를 어떻게 확실히 알 수 있는지 물어 왔다는 것이다.

페미니즘 인식론은 그래서 보편적인 인식이 아니라 누구의 지식인지를 물어야 한다고 주장한다. 무언가를 알 때 인식 주체의 개별성을 고려해야 한다. 다시 말해서 어떤 역사적 · 사회적 · 정치적 상황에서 인식이 이루어졌는지 살펴야 한다. "누가 정당한 지식을 가지고 있는가?", "지식을 검증할 때 누구의 경험이 쓰이는가?" 등이 페미니즘 인식론에서 주요하게 물어야 한다고 생각하는 질문이다.

실제 남성과 여성이 지식을 획득하는 과정이 다르다는 관찰도 페미니즘 인식론의 시각을 형성하게 했다. 남성은 서로 경쟁하는 과정에서 독자적으로 지식을 얻는 경향이 있는 데 반해, 여성은 서로 간에 우호적인 환경에서 관계를 형성하면서 지식을 얻는 경향이 있다는 것이다. 실제 과학 연구에서도 이성만이 아닌 감정과 애착 등의 주관적 방법을 강조한 과학자가 있다. 1983년에 노벨 의학상을 받은 미국의 세포 유전학자 바버라 매클린톡(1902~1992)은 연구 대상에 지속적인 관심과 애정을 가지고 "그것이 하는 말에 귀 기울여 들을 줄 알아야 한다."라고 강조했다.

토머스 쿤

쿤(1922~1996)은 본디 과학사학자이지 철학자는 아니다. 그럼에도 여느 철학자 못지않게 철학에서 자주 거론되고 나아가 철학자로 인정받는다. 그는 하버드 대학에서 물리학을 공부하고 제2차 세계대전 동안에 무기 관련 연구소에서 근무했다. 종전 후 같은 학교 대학원에서 물리학 박사 학위를 받았다. 당시 하버드 대학 총장이었던 화학자 제임스 코넌트(1893~1978)가 원자폭탄을 개발하는 맨해튼 프로젝트에 참여하고 과학 교육을 독려하겠다는 생각에 자연 과학 개론을 직접 강의했는데, 쿤이 그 강의의 조교를 했다. 쿤은 그때 과학사에 흥미를 갖게 되어 과학사를 비롯한 인문학 연구를 하게 되었다. 하버드 대학에서 과학사 교수로 학생들을 가르치다가 1956년부터는 캘리포니아 대학(버클리), 1964년부터는 프린스턴 대학, 1979년부터는 MIT에서 가르쳤다.

쿤의 위대한 업적은 1962년에 출간한 《과학 혁명의 구조》이다. 전통적으로 과학은 객관적인 진리를 추구하며 누적적으로 진보하는 학문이라고 인식되었으나, 쿤은 과학사의 사례를 통해서 그렇지 않다는 것을 보여 주었다. 과학사뿐만 아니라 과학 철학, 과학 사회학 등 지성계에 막대한 영향을 끼친 저술이다. 20세기의 이른바 포스트모더니즘은 상대성을 추구한다는 특성이 있는데 거기에 일조했다.

본디 모형이나 사례 정도를 뜻하는 '패러다임'이라는 말을 과학뿐만 아니라 어떤 분야에서든 사고 틀을 가리키는 말로 쓰게 한 장본인이다. 그러나 철학자가 아니기에 '패러다임'이라는 말을 엄격하게 정의 내리지 않고 썼다. 영국의 언어학자이며 철학자인 마거릿 매스터먼(1910~1986)이 《과학 혁명의 구조》는 "과학적으로는 명료하지만 철학적으로는 모호하다."라고 평하면서 '패러다임'이 21가지 다른 뜻으로 쓰인다고 분석했을 정도이다. 이런 사정도 있고 전통적인 과학관을 가진 쪽으로부터 끊임없이 비판을 받아, 쿤은 《과학 혁명의 구조》를 출간한 이후로는 그 비판을 수습하느라 고군분투했다는 평가를 받는다.

○ 제임스 코넌트는 40살에 하버드 총장이 되어 20여 년간 역임하고 주 서독 미국 대사를 지냈다.

312

Thursday

생기론

생명체에 성스러운 기운이 있다고 가정하는 이론. 우리는 보통 '생기가 넘치다'라 거나 '생기를 잃다'라는 말을 쓰지만 어디까지나 비유적인 표현이라는 것을 알고 있다. 우리 몸에 정말로 '생기'라는 것이 있어서 그것이 넘친다거나 없어진다고 생 각하는 것은 아니다. 그러나 과학이 발전하기 이전의 인류는 인간 신체의 활동을 설명할 길이 없기에 생기를 가정함으로써 손쉽게 설명했다. '심리학psychology'의 예 에서 보듯이 서구 언어에서 psych(o)-는 정신이나 영혼을 뜻하는 접두어로 쓰 인다. 이것은 '프시케psychē'라는 그리스어가 말밑인데, 사람이 숨을 쉴 때 내는 '프 시…'라는 소리에서 나왔다. 고대 그리스 사람은 사람의 영혼이 숨에 있다고 생각 했다. 숨 쉴 때 나오는 기운에 사람의 본질이 있다고 생각한 것이다.

목적론적 세계관을 지닌 아리스토텔레스는 인간의 이성적 영혼뿐만 아니라 동 물의 영혼, 식물의 영혼도 있다고 생각했다. 우리나라에서 당산나무에 신이 깃들 어 있다고 신격화하는 것처럼 전근대적 사고이다. 그러나 기계론이 발흥한 근세 이후에도 생기 또는 그와 비슷한 개념을 주장한 철학자가 많다. 니체는《차라투스 트라는 이렇게 말했다》에서 "생명체를 발견할 때마다 나는 힘에의 의지도 함께 발 견했다."라고 말했다. 그는 인간에게 힘을 향한 의지가 있다고 한 정도가 아니라 생명체는 물론이고 무기물까지 모든 물리적 세계에 힘에의 의지가 있다고 주장했 다. 베르그송도《창조적 진화》에서 생명체의 진화는 자연 선택에 의해 이루어지는 것이 아니라 '생명의 약동'(엘랑 비탈)의 적극적 활동에 의해 이루어진다고 주장했 다. 생명은 수동적으로 적응하기만 하는 것이 아니라 폭발적으로 뛰는 힘으로 진 화한다는 것이다. 베르그송의 철학은 지지자들 사이에서 오히려 기계론을 '극복했 다'라는 평가까지 받는다.

생기가 없다고 한다면 사람을 비롯한 생명체는 죽고 말므로 생기는 있어야 한 다고 주장하는 생기론자도 있다. 전형적인 선결문제 요구의 오류이다. 생기가 있 느냐 없느냐는 선결문제인데 그것을 당연한 듯 가정하기 때문이다. 현대 과학에 따르면 생기는 귀신과 같은 환상이다. 혹 생기와 관련된 현상이 있더라도 과학적 인 실체로 설명이 된다.

○ 우리말에서도 숨이 기운과 관련 있다고 생각한다. '숨'에는 코나 입으로 공기를 들이마시고 내쉬는 일이 라는 뜻만 있는 게 아니라, '배추 숨을 죽인다'라는 표현에서처럼 채소 따위의 생생하고 빳빳한 기운이라는 뜻도 있다.

313
Friday

금수저와 흙수저의 윤리

태어나 보니 누군가는 금수저이고 누군가는 흙수저이다. 정의에 대한 통념은 자신의 자유 의지로 선택하고 노력한 만큼 대가를 받아야 한다는 것이니, 순전히 운에 따라 금수저 또는 흙수저로 태어나는 것은 분명히 정의에 어긋난다. 제비뽑기로 누군가는 평생을 행복하게 살지만 누군가는 불행하게 산다고 상상하면, 불행한 입장에서는 얼마나 억울한가? 자유 경쟁은 기회의 평등을 전제하니 이것은 자유주의의 원칙에도 어긋난다.

롤스는 이런 운을 중립화하려고 시도했다. '원초적 입장'에서 정의의 원칙을 선택하게 하는 사고 실험이 그 목적이다. 원초적 입장은 사람들이 자신이 금수저로 태어날지 흙수저로 태어날지 전혀 모르는 상태이다. 재능이 있을지 없을지도 모르고, 성별과 인종도, 외모나 건강도 모른다. 이것을 '무지의 베일'이 쳐져 있다고 비유적으로 말하는데, 이렇게 하는 까닭은 내가 어떤 사람으로 태어날지 안다면 그쪽에 유리하게 정의의 원칙을 세울 것이기 때문이다.

내가 어떻게 태어날지 전혀 모른다면 금수저와 흙수저 중 어느 쪽에 유리한 선택을 할까? 인생 한 방이라고, 금수저나 재능 있는 사람에게 유리한 선택을 하겠다는 사람도 있을 것이다. 그러나 합리적인 사람이라면 이런 도박을 피하고 최악의 상황을 고려하여 선택할 것이다. 금수저로 태어나면 좋겠지만 흙수저로 태어날 가능성도 있고 그럴 때 인생이 억울해질 것이므로, 사회에서 가장 어려운 사람에게 혜택이 돌아가도록 정의의 원칙을 세울 것이다. 이것이 곧 차등의 원칙이다.

그렇다고 해서 완전히 평등한 사회를 선택하지도 않는다. 그런 사회가 효율이 높지 않음을 마르크스주의로부터 배웠기 때문이다. 재능을 가지고 태어난 사람에게 혜택이 돌아가지 않는다면 열심히 일할 유인이 없게 되고, 결국 이는 재능이 없는 사람에게도 손해이다. 금수저가 투자를 해야 흙수저도 취업을 하고, 재능이 있는 사람이 훌륭한 의사가 되어야 재능이 없는 사람도 치료를 받을 수 있을 테니 말이다. 그래서 원초적 입장의 당사자들은 불평등을 허용하는 선택을 할 것이라고 롤스는 말한다. 다만 그 불평등은 가장 열악한 위치에 있는 사람에게 최대의 혜택이 돌아갈 때만 허용되는 것이다.

○ '금수저', '흙수저'는 '은스푼[나무 스푼]을 물고 태어나다'라는 영어 숙어에서 온 말이다. 수저는 금이나 흙이 아닌 은이나 나무로 만든다.

314

Saturday

수반

한 속성이 다른 속성으로 환원되지는 않지만 의존한다는 것을 보여 주는 개념. 수반이라는 개념을 처음 쓴 철학자는 무어이다. 그러나 영국의 철학자 R. M. 헤어 (1919~2002)가 이 개념을 윤리학에서 사용하여 널리 알려지게 되었다. A가 B에 수반한다는 것은 B가 일어나면 A가 따라서 일어난다는 뜻이다. 선^善과 같은 윤리적 개념은 지능, 건강, 친절함과 같은 자연적 속성에 수반한다고 말할 때 수반이라는 개념이 쓰인다. 윤리적 속성이 한갓 자연적 속성으로 환원된다(또는 그것과 동일하다)는 것은 인정하기 싫다. 그러나 윤리적 개념이 자연적 속성과 연동된다는 것은 부정할 수 없다. 이 점을 보여줄 때 선은 자연적 속성에 환원되지는 않지만 수반한다고 말하는 것은 아주 유용하다. 즉 어떤 두 사물이 지능, 건강, 친절함과 같은 자연적 속성을 똑같이 갖는다고 한다면 그 둘은 윤리적 속성도 똑같이 가져야 한다고 말하는 것이다.

수반은 미학의 주제이기도 하다. 아름다움과 같은 미적 속성은 구성, 재료, 색상 등의 물리적 속성에 수반한다. 예컨대 물리적으로 똑같은 두 작품이 있다면 미적 평가는 똑같아야 한다. (진품인가 아닌가는 별도의 논점이다.) 그러나 수반이 가장 뜨겁게 논의되는 영역은 심신 문제이다. 윤리학의 수반과 마찬가지로 정신적 속성이 한갓 물리적 속성으로 환원되는 것은 인정하기 싫지만 거기에 의존한다는 것을 설명하려고 할 때 수반 개념이 쓰인다. 두 사물이 물리적 속성에서 똑같은데 정신적 속성에서 다르지 않다면, 물리적 속성이 정신적 속성에 수반한다고 말한다.

수반 개념을 정교화한 철학자는 한국계 미국 철학자인 김재권이다. 그는 1980년대에는 수반 개념을 엄밀하게 체계화했지만 1990년대부터는 수반을 거부하고 환원을 받아들인다. 물리적인 것으로 모든 것을 설명할 수 있다는 원칙을 받아들인다면 물리적인 것 이외의 것을 존재론적으로 인정할 수 없기 때문이다.

○ '수반하다'는 우리말도 일상 언어가 아니지만 거기에 해당하는 영어 'supervene'도 마찬가지이다.

315

Sunday

회의론자로 살아가기

회의론의 역사는 고대 그리스의 피론에서 시작한다. 그는 사물의 참된 본성을 알 수 없으므로 사물이 이렇다 저렇다 주장하지 말고 모든 판단을 중지(그리스어로 '에포케')해야 마음의 평정(그리스어로 '아타락시아')을 얻는다고 주장했다. 전해지는 이야기에 따르면 피론이 배를 타고 가던 중 심한 폭풍우를 만났다. 배가 곧 부서질 것 같아 배에 타고 있던 사람들이 울부짖는 등 아수라장이었는데 새끼 돼지 한 마리만 아랑곳하지 않고 유유히 밥을 먹고 있었다. 피론은 그것을 보고 "현자는 언제나 이 새끼 돼지처럼 흐트러짐 없는 태도를 유지하고 있어야 한다."라고 말했다고 한다.

근세 철학 이후 유명한 회의론자는 버클리와 흄이다. 그들의 삶의 태도는 피론과 전혀 다르다. 폭풍우가 치고 배가 흔들릴 때, 세상에 정말로 폭풍우가 있고 배가 있어서 그렇다는 것은 부정하지만 폭풍우를 맞는 느낌이나 배가 흔들리는 느낌을 부정하는 것은 아니다. 영화 〈매트릭스〉 속의 사람들을 상상하면 된다. 그들의 삶은 슈퍼컴퓨터가 조작한 것이긴 하지만 그들은 우리와 똑같은 일상을 산다. 사나운 개가 물려고 한다고 해 보자. 피론처럼 아타락시아를 유지하며 아무렇지도 않게 있어야 할까? 십중팔구 물릴 것이다. 버클리나 흄처럼 무서워서 도망가야 살 수 있다. 다만 나의 마음 외에 개가 정말로 있다고 확신하지 못하면서 뛰겠지만 말이다.

왠지 회의론자에게 배신감을 느낄 것 같다. 버클리는 미국까지 가서 학교를 세우려고 했고 주교까지 되었으며, 흄은 베스트셀러 작가로 큰돈을 벌었다.

프랑스의 극작가인 몰리에르(1622~1673)는 《강제 결혼》에서 회의론자는 누가 때렸을 때도 "나 비슷한 사람을 때린 것같이 느껴진다."라고 말해야 한다고 말한다. 몰리에르가 회의론을 오해했다기보다는 풍자했다고 말하는 게 정확할 것이다.

○ 이문열은 단편 소설 〈필론의 돼지〉('필론'은 '피론'을 잘못 표기한 것)에서 폭력 속에서도 방관자로 있는 사람을 필론의 돼지에 비유한다.

316

Monday

상식의 불합리한 귀결

하일라스: (…) 극심한 정도의 차가움은 고통이네. 아주 지독한 차가움을 느낀다는 것은 지독한 불쾌감을 지각하는 것이기 때문이지. 따라서 그것은 정신과 별개로 존재할 수는 없네. 그러나 정도가 덜한 차가움은 정도가 덜한 뜨거움과 마찬가지로 정신과 별개로 존재할 수 있네.

(…)

필로누스: 필연적으로 불합리에 빠지는 학설들이 참일 수 있을까?

하일라스: 절대 그럴 수는 없네.

필로누스: 같은 사물이 동시에 차갑기도 하고 뜨겁기도 하다고 생각하는 것은 불합리 아닌가?

하일라스: 맞네.

필로누스: 그러면 자네의 한 손은 뜨겁고 다른 손은 차다고 가정해 보세. 그리고 두 손을 한꺼번에 미지근한 물이 든 같은 용기 속에 넣는다고 가정해 보세. 그러면 그 물이 한쪽 손에는 차가운 것 같고 다른 쪽 손에는 뜨거운 것 같지 않을까?

하일라스: 그렇겠지.

필로누스: 자네의 원리들에 따르면 그것은 실제로 동시에 차갑기도 하고 뜨겁기도 하다고 결론을 내려야 하지 않을까? 다시 말해서 자네 자신이 인정한 대로 불합리를 믿어야 하지 않을까?

하일라스: 그래야 할 것 같다고 인정하네.

— 버클리, 《하일라스와 필로누스가 나눈 세 가지 대화》

플라톤 이후 드물게 대화 형식을 취한 이 책은 필로누스와 하일라스가 사흘 동안 나눈 대화의 기록이다. 물질(힐레)이라는 낱말에서 나온 하일라스는 유물론자로서 교육받은 상식인을 대변하는데 로크라고 봐도 된다. 지성(누스)을 사랑(필로스)한다는 뜻의 필로누스는 관념론자로서 버클리 자신을 대변한다. 버클리는 위 인용문에서 감각은 우리 마음 바깥의 사물에 있는 것이 아니라 우리의 마음에 의해 지각되는 것으로만 존재한다는 것을 증명하고 있다. 이를 위해 어떤 주장이 불합리에 귀착되면 참일 수 없다는 방법, 곧 귀류법을 사용한다.

317

Tuesday

더미의 역설

모호한 술어 때문에 발생하는 역설. 한 낱말의 적용 범위가 정확하지 않을 때 '모호하다'고 말한다. 얼마나 돈이 많아야 부자인가? 키는 몇 센티미터부터 크다고 말하는가? 머리카락이 얼마나 없어야 대머리인가? 모두 딱 잘라 말할 수 없기 때문에 '부자이다', '키가 크다', '대머리이다'는 모호한 말이다.

쌀 한 톨로는 더미가 아니다. 두 톨도 더미라고 말할 수 없다. 세 톨도 그렇다고 말하기 어렵다. 그러나 한 가마니만큼의 쌀은 분명히 더미이다. 문제는 몇 알째부터 더미가 됐다고 말할 수 있느냐이다. 만약 n알째부터 더미가 되었다고 한다면 n-1알째는 더미가 아니라고 말해야 하는데, 상식적으로 받아들이기 어렵다. 키나 부자나 대머리도 마찬가지이다. 수정란 때부터 태어날 때까지 시점 중 언제부터 인간인지는 실제적 문제이기도 하다.

더미의 역설은 '연쇄의 역설'이라고도 부른다. 역사적으로는 헬레니즘 시대에 스토아학파의 인식론을 공격하는 데 쓰였다. 스토아학파는 분명한 감각 인상의 경우에만 안다고 말하는 것을 목표로 하는데, 더미의 역설의 경우처럼 분명한 인상과 불분명한 인상의 경계에 있는 것이 있다면 그런 수련에 방해될 것이다.

더미의 역설을 해결하는 몇 가지 방법이 제시되었다. 첫째는 더미가 되는 시점이 있기는 하지만 그 선이 어디인지 우리는 모른다고 말하는 것이다. 부자가 되는 시점, 대머리가 되는 시점도 마찬가지이다. 이런 견해에서 더미의 역설은 용어의 모호함 때문이 아니라 우리의 무지 때문에 생긴다. 둘째는 참 또는 거짓만 있다는 배중률을 부정하는 것이다. 참 또는 거짓 외에 '미결정'이라는 진릿값이 있다는 것을 인정하여, 더미인지 아닌지 모호한 경우에는 미결정이라고 말하면 된다. 쌀이 한 톨이나 두 톨이면 분명히 더미가 아니고, 한 가마니는 분명히 더미이다. 그러나 쉰 톨은 더미인지 아닌지 불분명하다고 인정한다. 셋째 방법은 이 불분명한 경우에 정도의 차를 인정하는 수치를 매기는 것이다. 분명히 더미가 아닐 때는 0, 분명히 더미일 때는 1로 하고 그 중간에 0부터 1 사이의 수치를 매기는 것이다. 덜 더미, 더 더미라고 말이다. 이것이 퍼지 논리이다.

○ 연쇄의 역설이라고 할 때 연쇄의 영어인 sorites는 더미를 뜻하는 고대 그리스어 soros에서 나왔다.

318

존 롤스

20세기의 가장 뛰어난 영어권 철학자를 한 명 꼽으라면 롤스(1921~2002)는 충분히 꼽힐 자격이 있다. 그는 흡스나 로크와 같은 반열에 오른 위대한 윤리학자·정치 철학자로도 평가받는다. 미국 볼티모어에서 태어나 프린스턴 대학을 졸업하고 제 2차 세계대전에 참전하여 뉴기니와 필리핀에서 복무하였으며, 일본이 패한 후 맥 아더의 점령군으로 일본에 상륙하였다. 거기서 본 히로시마의 참상은 평생 그를 괴롭혔다고 한다. 동료 병사를 징계하라는 명령에 따르지 않아 계급이 강등되는 경험도 했는데, 공리주의보다 개인의 권리를 우선시하는 그의 철학이 이미 그때부 터 형성되었는지 모른다. 하버드 대학 교수를 지냈다.

1971년에 나온 그의 《정의론》은 현대의 고전이다. 아주 무미건조한 문체로 쓰 인 책이지만 철학 전공자뿐만 아니라 정치학과 경제학을 비롯한 사회 과학 전공 자에게도 널리 읽히는 책이 되었다. 그는 평생 정의의 문제 하나만을 파헤친 철학 자로 유명하다. 어릴 때 자신이 걸린 병에 전염된 두 동생이 죽은 충격으로 롤스는 말더듬이가 되었는데, 그 때문인지 인터뷰를 비롯한 사회 활동을 거의 하지 않고 학문 연구에만 몰두했다. 그래서 롤스의 경우 그의 학문적 업적 말고는 철학자의 뒷모습이라고 할 만한 게 없다.

우리는 똑똑한 머리나 날렵한 운동 능력이나 남을 웃기는 재능을 가지고 태어 났을 때 그에 걸맞은 몫을 나눠 가질 만하다고 생각한다. 그러나 롤스는 그렇게 태 어난 것은 전적으로 우연이기에 그런 사람이 남들보다 더 많이 벌 자격이 있는 것 은 아니라고 생각한다. 그렇다고 해서 마르크스처럼 필요에 따라 분배하는 사회는 노력을 북돋는 동기를 억누르는 폐해가 있음을 인정한다. 그래서 불평등을 허용하 되, 사회에서 가장 운이 없는 사람도 불만을 품지 않을 만큼 분배되어야 한다는 천 재적인 발상을 한다. 원초적 입장에서 도출한 차등의 원칙이 그것이다. 평등한 자 유의 원칙은 차등의 원칙보다 우선하는데, 공리주의 같은 원칙에 의해 개인의 자 유가 침해되는 것을 막는다. 그래서 롤스의 이론을 흔히 '자유주의적 평등주의'라 고 부른다.

319

Thursday

기능론

어떤 입력이 들어오면 어떤 출력을 내보낸다는 인과적 역할로 정신을 정의하는 심신 이론. 퍼트넘과 제리 포더(1935~2017)가 대표적인 기능론자이다. 정치학이나 사회학에서도 기능론 또는 기능주의라는 말이 쓰이나 전혀 상관없는 이론이다.

기능론은 동일론이 처한 난점을 극복하기 위해 나온 이론이다. 1960년대 이전에, 신경 과학의 발달에 힘입어 정신은 뇌의 상태와 동일하다고 주장하는 동일론이 영향력 있는 심신 이론으로 자리 잡았다. 그러나 퍼트넘은 '복수 실현 가능성 논변'으로 동일론이 실패한다고 비판했다. 가령 인간의 경우에는 인간의 고통과 인간의 뇌의 상태가 동일하고, 오징어의 경우에는 오징어의 고통과 오징어의 뇌의 상태가 동일하고, 화성인의 경우는 화성인의 고통과 화성인의 뇌의 상태가 동일하다. 정신 상태는 이렇게 각 유형에서 복수로 실현되기는 하지만 모든 고통과 동일한 뇌의 상태는 찾을 수 없기에 동일론이 성립하지 않는다는 것이다.

그래서 기능론은 정신 상태를 그것과 동일한 뇌의 상태로 정의하지 않고 (그런 것은 찾을 수 없으므로) 어떤 인과적 역할로 정의한다. 예를 들어 시계는 디지털시계, 해시계, 물시계, 모래시계 등 다양한 물질로 실현된다. 시계를 시계이게끔 하는 것은 어떤 동일한 물질 상태가 아니라 (그런 것은 없으므로) 지금 몇 시인지 알려 주는 기능이다. 마찬가지로 정신의 경우에도 고통을 정의한다고 할 때 누군가가 꼬집는다는 입력이 있으면 "아야!"라는 소리를 내며 몸을 움츠린다는 출력으로 정의한다. 그런 입력과 출력의 기능이 있으면 어떤 물질로 실현된다고 하더라도 정신으로 정의하는 것이다.

기능론은 특히 인공 지능 연구에서 전제되는 이론이다. 인공 지능 연구는 인간과 똑같은 물질(하드웨어)을 만드는 것이 목표가 아니라 인간과 같은 기능을 하는 프로그램(소프트웨어)을 만드는 것이 목표이기 때문이다. 그러나 기능론은 감각질과 같은 인간의 내적 체험을 설명할 수 없다는 비판을 받는다. 그리고 존 설은 인간과 같은 기능을 하는 인공 지능이라고 해서 인간처럼 이해하는 것은 아니라는 중국어 방 논증을 한다.

○ 기능의 영어 단어 function은 함수를 뜻하기도 한다. 어떤 입력 값에 출력 값을 대응하는 것이 함수이므로 함수가 바로 기능론이 정신을 설명하는 바이다.

역사적 사죄 책임

조상이 저지른 역사적 잘못에 후손이 배상의 책임을 져야 한다는 주장. 일본 제국주의의 우리나라 침략과 위안부 및 강제 징용에 대한 사과 및 배상 문제는 끊임없이 논란이 되고 있다. 미국에서는 그보다 더 오래전에 있었던 아메리카 원주민 학대와 흑인 노예제를 둘러싸고 지금 정부가 속죄해야 하느냐는 논란이 있다. 과거 역사에 있었던 부정의를 현재의 사람이 사죄할 책임이 있는가? 내가 상대방의 물건을 훔치거나 그를 때린다면 그 잘못을 인정하고 훔친 물건을 돌려주거나 상처를 치료해 줄 배상의 의무를 진다. 곧 과거의 잘못을 바로잡아야 한다. 그러나 내가 아닌 조상이 저지른 잘못도 책임지고 배상해야 할까?

책임에 반대하는 쪽은 먼저 잘못을 사죄하거나 바로잡기에는 너무 오래되었다는 근거를 댄다. 그러나 우리나라에는 위안부나 강제 징용자가 아직도 생존해 있다. 미국의 아메리카 원주민과 흑인 노예의 경우는 생존해 있지 않지만, 후손들의 경제적 위치가 심하게 낮은 데는 역사적 부정의가 직접적 원인으로 작용한다고 인식된다. 책임에 반대하는 쪽은 또 실제로 잘못을 저지른 사람은 모두 죽었으므로 지금 산 사람이 책임을 질 이유는 없다고 주장한다. 자신이 저지른 행위에 칭찬이나 처벌을 받는 것이 정의의 기본 이념이기 때문이다. 그러나 내가 직접 한 행동이 아니어도 책임지는 사례가 있다. 미성년인 자식이나 기르던 개가 저지른 잘못은 부모나 소유주가 대신 바로잡는다. 또 과거의 잘못된 판결과 관련해 정부가 판결한 판사 대신에 보상하는 일도 흔하다. 도덕적 권리가 세대를 넘어 전가되는 때도 있다. 재산이든 빚이든 상속되는 사례가 그것이다. 그리고 자유주의자 노직도 정당하게 취득한 것을 자발적으로 이전하고 자유롭게 교환했을 때 절대적인 소유권을 행사한다고 주장했다. 장물이라면 그 권리를 주장할 수 없는 것이다.

무엇보다도 일본이나 미국의 과거사는 정부에 의해 저질러진 것이고 그 정부는 지금까지 이어지고 있다는 주장이 있다. 비록 그 구성원은 없어졌어도 사죄할 동일한 주체가 있는 것이다. 물론 어느 정도 배상을 해야 하느냐는 현실적인 문제나 국가와 인종 간에 긴장을 일으킨다는 정치적인 문제가 생길 수 있다. 그러나 그것은 도덕적 사죄를 한 후의 문제이다.

321

Saturday

대인 논증

논증의 내용이 아니라 논증을 펼친 사람을 향하는 논증. '사람에 호소하는 논증'이라고도 한다. 예를 들어 1930년대에 소련의 공산당은 그레고어 멘델(1822~1884)의 유전학을 멘델이 수도사라는 이유로 비판하였다. 멘델은 오스트리아의 유전학자이자 가톨릭 수도사였다. 유전학 이론은 얼마든지 비판할 수 있다. 그러기 위해서는 그 이론의 내용을 비판해야지 이론의 주창자가 어떤 사람이었는지 비판해서는 안 된다. 그가 어떤 사람인가와 이론의 내용은 아무런 관련이 없기 때문이다. 설령 사기꾼이 말했다고 해도 지구가 둥글다는 사실이 거짓이 되는 것은 아니다.

이와 같은 이유로 대인對人 논증은 대체로 잘못된 논증이다. 가장 흔한 대인 논증은 '인신공격'으로 성별, 인종, 직업 또는 과거의 행적 등 논증을 주장한 사람의 개인적인 특성을 거론하는 것이다. 그 사람의 성별이나 인종이 무엇인가는 그가 주장한 내용이 옳고 그른가와 무관한데 그것을 거론하는 것은 수사학적 효과를 노리는 것이다. "메시지를 공격할 수 없으면 메신저를 공격하라."라는 격언이 여기에 해당하는데, 분명히 부당한 논증 방법이다. 논증을 펼친 사람이 일관적이지 못하기에 그의 주장에 신뢰성이 없다고 비판하는 '피장파장'도 대인 논증의 하나이다.

권위에 호소하는 논증도 대인 논증의 하나이다. 우리는 의사나 변호사가 말하는 전문적인 내용을 일일이 검증할 수 없기에 전문가가 말했다는 이유로 그 말에 신뢰를 보낸다. 이것은 부당한 논증 방법이라고 말할 수 없다. 그렇기에 논증의 내용이 아니라 논증하는 사람이 어떤 사람인지에 주목한다고 해서 모두 잘못된 논증이라고 취급하는 것은 부당할 수 있다. 요는 누군가가 대인 논증을 펼칠 때 거론되는 개인적인 특성과 주장의 내용 사이에 관련이 있는지 평가하는 것이다. 수도사인지 여부는 유전학 이론과 관련이 없다. 그러나 의사로서 전문 교육을 받았는지 여부는 의학적 내용에 대한 발언의 신뢰성과 관련이 있다.

○ 논리학에는 '사람에 호소하는 논증' 외에 '대중에 호소하는 논증', '권위에 호소하는 논증' 등도 있는데, 로크가 《인간 지성론》에서 정식화한 것이다. 이것들은 보통 오류로 알려져 있지만 로크는 분명히 논증으로 제시했다.

322

Sunday

플라톤과 아리스토텔레스 인용하기

플라톤과 관련된 글을 읽다 보면 대화편 제목 다음에 275e와 같은 숫자와 알파벳을 자주 볼 수 있다. 이것은 '스테파누스 면수'라는 것으로 학자들이 플라톤을 인용할 때 정한 약속이다. 마찬가지로 아리스토텔레스를 인용할 때는 '베커 면수'를 쓴다.

당연한 이야기지만 플라톤과 아리스토텔레스 시대에 지금과 같이 종이로 된 책이 있었을 리가 없다. 파피루스나 양피지에 쓴 것을 일일이 손으로 베껴서 다음 세대에 전했다. 움베르토 에코의 소설 《장미의 이름》을 보면 수도원에서의 필사 장면이 생생하게 그려진다. 이 시기에는 단순히 글씨만 베끼는 것이 아니라 예쁜 장식과 삽화도 넣는다. 그런데 베끼다 보면 틀리기도 하고, 의도적으로 다르게 쓰거나 새로운 내용을 집어넣기도 한다. 이 과정이 몇백 년 동안 계속되다 보면 원본과 상당히 달라질 것이다. 문헌학자가 하는 일은 여러 판본을 비교하여 계보도를 작성하고 어느 것이 가장 믿을 만한지 밝혀내는 것이다.

앙리 에티엔은 16세기 프랑스의 문헌학자이자 인쇄업자였다. 그는 플라톤 전집을 3권으로 출판했는데, 각 면을 두 단으로 나누고 왼쪽 단은 그리스어 텍스트, 오른쪽 단은 라틴어 번역으로 구성하였다. 그다음에 각 단을 a부터 e까지의 글자를 붙인 다섯 조각으로 나누었다. 플라톤을 연구할 때 표준이 된 인용 방식은 이 편집본의 면수와 단을 따른다. '에티엔'을 라틴어로는 '스테파누스'라고 읽기에 '스테파누스 면수'라고 한다. 가령 《파이드로스》, 275e'라고 하면 《파이드로스》의 275면의 맨 아래 조각(e단)에 있는 글귀라는 뜻이다. 물론 에티엔의 편집본을 직접 보고 인용하는 것은 아니다. 현대의 권위 있는 편집본이나 번역본에는 모두 이 면수가 붙어 있다.

아리스토텔레스의 경우는 19세기 독일의 문헌학자인 이마누엘 베커의 판본을 따른다. 베커 면수는 스테파누스 면수와 약간 다른데 《니코마코스 윤리학》 1094a1'이라고 하면 《니코마코스 윤리학》 1094면의 왼쪽 단(a는 왼쪽 단, b는 오른쪽 단)의 첫째 줄이라는 뜻이다.

323

Monday

자기기만 하는 종업원

여기에 있는 카페의 종업원을 두고 생각해 보자. 그의 몸짓은 민첩하고 절도가 있지만, 조금 지나치게 정확하고 지나치게 약빠르다. 그는 조금 지나치게 민첩한 걸음으로 손님 앞으로 다가온다. 그는 조금 지나치게 주의가 넘치는 관심을 나타낸다. 잠시 뒤 그가 돌아온다. 그는 그 걸음걸이 속에서 어딘지 모르게 로봇과 같은 딱딱하고 빈틈없는 태도를 보이려고 애쓰면서 곡예사같이 경쾌하게 접시를 가져온다. 접시는 끊임없이 불안정하고 균형을 잃은 상태가 되지만, 종업원은 그때마다 팔과 손을 가볍게 움직여서 접시의 균형을 회복한다. 그의 모든 행위가 우리에게는 하나의 놀이처럼 보인다. (⋯) 그는 카페의 '종업원이라는' 연기를 하고 있다. (⋯) 카페의 종업원은 자신의 신분을 가지고 놀며 자신의 신분을 '실현한다'. (⋯) 그러나 내가 어떤 의미에서 카페 종업원으로 '있다'라는 것은 의심할 여지가 없다. 그렇지 않다면 나는 마찬가지로 외교관이나 신문기자를 자칭해도 무방할 것이다. 그러나 내가 카페 종업원으로 있는 것은, 즉자존재의 존재 방식으로 그럴 수는 없는 것이다. 나는 '내가 그것으로 있지 않는 것으로 있는' 존재 방식으로 카페 종업원으로 있는 것이다.

― 장 폴 사르트르, 《존재와 무》

사르트르는 카페의 종업원이 '나쁜 신념'에 사로잡혀 있다고 말한다. '나쁜 신념 mauvaise foi'은 보통 '자기기만'이라고 말해진다. 가령 잉크병과 같은 사물은 있는 그대로의 존재(즉자 존재)가 될 수 있다. 그러나 인간처럼 의식을 가진 대자 존재는 그럴 수 없다. 종업원은 언제까지나 종업원인 것은 아니며, 지금도 누군가의 자식이며 누군가의 부모이기도 하다. 삶에서 무엇을 할지 자유롭게 선택할 수 있는데도 그 선택에서 자유롭지 않은 사물처럼 종업원으로서 일하는 것은 자신을 속이는 것이다.

잉크병은 그 본질이 정해져 있지만 인간은 그렇지 않다. 인간은 무엇을 할지 자유롭게 선택할 수 있다. 그런데도 종업원의 역할로 한정하는 것은 자유로운 선택에서 오는 책임이 두려워서이다.

324

Tuesday

정서주의

도덕 판단은 객관적인 가치를 주장하는 것이 아니라 승인하거나 승인하지 않는다는 정서를 표현하는 것에 불과하다는 윤리 이론. 도덕 실재론자는 "자선은 선이다."나 "도둑질은 나쁘다."와 같은 윤리적 주장이 객관적으로 참이며, 각 개인의 의견이나 선호에 의존하지 않는다고 주장한다. 그러나 거기에 반대하는 철학자들은 객관적인 도덕적 사실은 따로 없다고 주장한다. 흄은 《인간 본성론》에서 살인과 같은 사악한 행동에서 악덕이라고 부르는 사실을 발견할 수 없다는 데에 주목한다. 우리가 그런 행동을 보고 발견할 수 있는 것은 거부감이나 비난의 감정뿐이다. 악덕이 따로 실재하는 것이 아니라 그런 행동을 용인하지 않는다는 감정을 악덕으로 덧붙인 것이다. 이런 주장을 '정서주의'라고 부른다.

그 시작은 흄에 있지만 20세기에 에이어를 비롯한 논리 실증주의자에 의해 발전했다. 에이어는 어떤 것이 옳다거나 그르다고 말하는 것은 "와!"라고 환성을 지르거나 "우우!"라고 야유를 보내는 것이나 마찬가지라고 주장한다. 그러니까 "자선은 선이다."는 "자선, 와!"와 같고, "도둑질은 나쁘다."는 "도둑질, 우우!"와 같다는 것이다. 그런 진술은 어떤 객관적인 사실을 가리키는 것이 아니기에 참도 거짓도 아니다. 사람들은 자선이나 도둑질에 그런 정서를 표현함으로써 다른 사람의 태도나 행동에 영향을 끼친다. 그래서 정서주의에는 "우우-와 이론"이라는 우스운 이름이 붙었다.

우리는 "자선은 선이다."나 "도둑질은 나쁘다."와 같은 주장을 할 때 무덤덤하게 그런 주장을 하는 것이 아니라 자선에 찬성하고 도둑질에 반대한다. 정서주의는 이런 일상적인 도덕 경험과 부합한다는 장점이 있다. 그러나 "도둑질은 나쁘다."에 광범위한 의견 일치가 보이는 것도 상식인데, 정서주의는 이것을 설명해야 할 부담을 진다.

○ 우리나라에서는 '정서주의' 대신에 '정의주의情緖主義'라는 번역어를 더 많이 쓰기 하는데 '정의情緖'가 '정의正義'와 구분이 안 된다는 단점이 있다. 가끔 '이모티비즘'이라고 영어를 그대로 한글화해서 쓰기도 한다.

로버트 노직

노직(1938~2002)은 저서 《아나키, 국가, 유토피아》에서 주장한 자유 지상주의로 유명하다. 그러나 정치 철학 외에도 철학의 여러 주제에 업적을 남겼다. 그는 미국 뉴욕의 러시아 이민자 가정에서 태어났다. 컬럼비아 대학을 졸업하고 프린스턴 대학에서 박사 학위를 받았다. 젊을 때는 사회주의 이념에 관심이 있었고 관련 단체에도 참여했지만, 자본주의를 옹호하는 프리드리히 하이에크(1899~1992) 등의 책을 읽고 관심을 버렸다. 몇 군데 대학에서 가르치다가 30살 때부터 하버드 대학 교수를 지냈다.

노직의 철학과 학문 스타일은 같은 학교의 교수였던 롤스와 많이 비교된다. 자유 지상주의를 옹호하는 그의 저서와 롤스의 《정의론》(1971)은 각각 현대 정치 철학에서 우파와 좌파를 대변한다고 말해진다. 롤스는 한평생 정의의 문제만 파헤친 철학자로 유명하다. 《정의론》 이전에는 그것을 준비하는 작업을 하고, 이후에는 비판에 대답하면서 평생을 보냈다고 해도 과언이 아니다. 노직의 저서도 수많은 논의를 불러일으켰지만 그는 그 이론을 발전시키지 않았고 비판에 한 번도 답변하지 않았다. 그 대신에 형이상학, 인식론, 윤리학 등 다른 주제에 관심을 돌렸다. 《철학적 설명》에서 펼친 외재적 인식론, 인간 동일성, 자유 의지 이론은 관련 분야에서 자주 인용되고, 《성찰된 삶》은 분석 철학자로서는 드물게 훌륭한 삶이 무엇인지 탐구한 책이다. 노직은 롤스보다 17살 어리다. 그렇지만 위암으로 롤스보다 11달 먼저 죽었다.

뭐니 뭐니 해도 노직의 가장 큰 공헌은 자유 지상주의이다. 이것은 국가의 역할은 도적과 외적으로부터 개인의 재산을 보호하는 최소한으로 한정되어야 하고, 개인의 소유권에 개입하는 어떤 시도도 옳지 않다고 주장한다. 자유 지상주의의 효율성을 경험적 탐구로 주장하는 사회 과학자들과 달리 개인의 권리 존중이라는 측면에서 이론을 옹호한다는 점에서 철학자답다.

○ 2013년에 롤스의 《정의론》을 주제로 한 뮤지컬이 영국에서 공연되었다. 그런데 노직은 롤스를 위협하는 빌런으로 나온다. 러시아 출신으로 미국의 자유 지상주의자인 아인 랜드(1905~1982)는 노직의 연인으로 나오는데, 역시 빌런이다.

326

Thursday

아크라시아

자제력 없음 또는 의지박약을 뜻하는 그리스어. 자신의 앎에 반하는 행동을 말한다. 금연이나 다이어트를 결심했으면서도 담배나 음식의 유혹에 넘어가 본 사람은 아크라시아가 무엇인지 쉽게 이해할 것이다.

그러나 소크라테스는 아크라시아는 성립하지 않는다고 주장했다. 그는 《프로타고라스》에서 "어떤 사람이 올바르게 파악했다면, 그럼에도 불구하고 어떻게 자제력 없는 행위를 할 수 있는가?"라고 말한다. 그에 따르면 사람은 자신에게 가장 이익이 된다고 생각하는 행동을 하게 마련인데 그런 행동을 하는 것은 행동에 따르는 쾌락과 고통을 제대로 재지 못하기 때문이다. 예컨대 담배의 유혹에 넘어가는 것은 지금 당장 담배를 피워서 생기는 쾌락이 미래에 건강을 해치는 고통보다 더 크다고 판단하기 때문이다. 그러므로 자제력 없음이라 생각하는 행동의 진정한 원인은 무지이다.

이에 반해 아리스토텔레스는 《니코마코스 윤리학》에서 아크라시아가 가능하다고 주장한다. 그는 자제력 없는 사람을 그 예로 드는데, 자제력 없는 사람도 유혹에 넘어가기 전에는 나쁜 행동을 하지 말아야겠다고 분명히 생각하고 나쁜 행동을 하면서도 그것이 나쁜 행동이라는 것을 알지만 순간의 욕망에 넘어가 버린다고 말한다. 아리스토텔레스에 따르면 인간의 영혼에는 이성과 더불어 그것에 맞서 싸우려는 욕구가 있는데 욕구가 이성을 이기지 못하는 것이다.

아리스토텔레스는 아크라시아를 무절제 또는 방종을 뜻하는 '아콜라시아'와 구분한다. 자제력 없는 사람은 욕망을 이겨 내지 못하지만 그래도 무엇이 올바른지를 알기에 자신의 행동을 후회하고 부끄러워한다. 그러나 무절제한 사람은 이성적으로 절제가 가치 없다고 선택하고 과도한 쾌락을 추구한다.

소크라테스와 아리스토텔레스의 아크라시아 가능성 논쟁은 현대 윤리학에서 다시 벌어진다. 영국의 철학자 헤어는 인간이 도덕적 사유를 반드시 실천한다고 가정하고 아크라시아가 불가능하다고 주장하는 데 반해, 미국의 철학자 데이비드슨은 도덕 판단이 불완전하기에 아크라시아가 가능하다고 주장한다.

○ '아크라시아'는 자제력 없음의 뜻이지만 탐욕(방탕)이라는 뜻도 있다. 자제력이 없으니 탐욕을 부릴 것이다. 예수가 "율법학자들과 바리사이파 사람들아, 너희 같은 위선자들은 화를 입을 것이다. 너희는 잔과 접시의 겉만은 깨끗이 닦아 놓지만 그 속에는 착취와 탐욕이 가득 차 있다."(마태복음서 23장 25절)라고 말할 때 '탐욕'이 아크라시아이다.

327
Friday

나무도 고통을 느낄까?

겨울 올림픽에서 사용할 스키장을 위해 희귀 식물 군락지를 파괴해야 한다. 이는 허용될 수 있을까? 갯벌을 발전소로 만들려고 하는데 그러면 연안 생태계가 훼손된다. 이는 허용될 수 있을까? 환경에서 생기는 윤리적 문제를 평가할 때 여러 가지 기준이 제시된다.

가장 먼저 오직 인간에게 미치는 영향에만 근거해서 평가해야 한다는 주장이 있다. 《성서》의 창세기에서는 하느님이 "들짐승과 공중의 새와 땅 위를 기어 다니는 길짐승과 바닷고기가 다 두려워 떨며 너희의 지배를 받으리라."라고 말한다. 크리스트교의 세계관에서는 환경을 파괴하든 보존하든 인간에게 영향을 끼치느냐가 중요하다. 환경 윤리에서는 이때 고려해야 하는 인간에 미래 세대도 포함한다. 환경을 훼손할 때 지금 당장은 인간에게 이익이 될지 몰라도 미래 세대에게는 회복할 수 없는 손실이 된다면 그것까지 계산해야 한다.

그러나 인간 중심의 윤리는 종 차별주의라는 비판을 받는다. 인간이나 동물이나 고통을 받는다는 점에서는 차이가 없는데 인간의 고통만 고려하는 것은 자의적인 차별이라고 말이다. 물론 인간은 이성적이고 자율적인 존재이기에 환경 개발에 따르는 이익을 계산할 때 그런 능력이 없는 동물에 비해 더 많이 고려를 받아야하기는 한다. 그렇다고 하더라도 환경을 개발할 때 가중치를 두어 인간을 포함한 모든 동물의 이익을 고려해야 한다.

식물까지 포함하여 모든 생물을 도덕적으로 고려해야 한다는 주장이 있다. 노벨 평화상 수상자인 슈바이처의 '생명에의 외경'이나 미국의 환경 윤리학자인 폴 테일러(1923~2015)의 살아 있는 모든 것은 고유의 선을 추구한다는 견해가 그런 주장이다. 더 나아가 '대지 윤리'를 주창한 미국의 알도 레오폴드(1887~1948)처럼 "생물 공동체의 통합성, 안정성, 아름다움을 보존하느냐의 여부에 따라 옳고 그른 일이 결정된다."라고 주장하는 이도 있다. 그러나 인간을 포함한 동물 중심의 윤리에서는 나무나 바위 그리고 생태계라는 것은 고통을 느끼지 못하기에 이익을 가질 주체가 되지 못한다고 주장한다. 물론 그것들을 보존할 필요가 있겠지만 그것은 이익을 가질 수 있는 인간이나 동물의 이익에 얼마나 도움이 되느냐로 결정해야 한다고 말이다. 다시 말해서 그것들은 도덕적 지위를 직접적으로가 아니라 간접적으로만 갖는다.

328

Saturday

물귀신 논증

상대방이 비판하고 있는 바가 상대방이 비판하고자 하지 않는 다른 경우에도 적용된다고 맞받는 논증. 상대방이 본디 비판하는 바를 계속 유지한다면 자신이 비판하고자 하지 않는 경우까지 같이 비판해야 한다고 말한다. 두 경우는 일관적이기 때문이다. 그렇게 해서 본디의 비판을 철회하게 하려는 수법이다. 물귀신이 산사람을 끌어들여 같이 죽게 만드는 것처럼, 나만 당할 수 없으니 너도 같이 당하자고 주장한다. 실제로 그 사람을 죽게 하려는 게 목적이 아니라, 물귀신에게 끌려가기 싫다면 원래의 주장을 철회하라는 의도가 강하다. 일관성을 요구하는 경우는 쭉 미끄러져서 이르는 게 아니라 대등하다고 보기 때문에 미끄러운 비탈길 논증과 다르다.

개고기 식용을 금지해야 한다는 주장에는, 개고기를 먹는 것이나 소고기를 먹는 것이나 무슨 차이가 있느냐는 반론이 가장 흔하다. 개나 소나 똑같은 동물인데 일관성을 유지하려면 개고기나 소고기나 똑같이 먹어서는 안 된다고 주장하거나, 소고기도 먹어서는 안 된다는 주장을 받아들일 수 없다면 개고기를 먹어서는 안 된다는 주장도 철회하라는 것이다. 개고기 식용 반대 쪽이 물귀신에 끌려가지 않기 위해서는 개와 소는 다르다는 근거를 제시해야 한다.

예수의 간음한 여인 변호가 역사적으로 유명한 물귀신 논증이다. 율법학자들과 바리사이파 사람들은 간음하다 잡힌 여자를 예수 앞에 데리고 와서 "선생님, 이 여자가 간음하다가 현장에서 잡혔습니다. 우리의 모세 법에는 이런 죄를 범한 여자는 돌로 쳐 죽이라고 하였는데 선생님 생각은 어떻습니까?" 하고 예수를 떠보았다. 그러자 예수는 "너희 중에 누구든지 죄 없는 사람이 먼저 저 여자를 돌로 쳐라."(요한복음서 8장 7절)라고 말했다. 간음한 여자의 죄를 물으려면 너희의 죄도 똑같이 물어야 한다는 논증이다. 사실 그 사람들은 우리도 죄가 있지만 간음한 여자의 죄보다 훨씬 가볍다고 말하여 빠져나갈 수도 있었다. 그러나 《성서》에 따르면 다들 가 버렸다고 한다. 반박 방법을 몰랐거나 자신의 죄가 가볍지 않다고 생각한 듯하다.

물론 다른 사람들이 죄가 있다고 해서 간음한 여자의 죄가 없다고 생각한다면 그것은 피장파장의 오류이다. 예수는 그렇게 생각하면 안 된다는 걸 잘 알고 있었다. 그래서 "나도 네 죄를 묻지 않겠다. 어서 돌아가라. 그리고 이제부터 다시는 죄 짓지 마라." 하고 말했다.

329

Sunday

칸트의
여성 차별과 인종 차별

서양 근세 철학에서 가장 위대한 철학자로 꼽히는 칸트의 저작에서 여성 차별과 인종 차별을 옹호하는 구절이 여기저기에 나온다. 먼저 《아름다움과 숭고의 감정에 관한 고찰》에서는 여성에 대해 이렇게 말한다.

> 아름다운 성[여성]은 남성만큼이나 지성을 갖고 있다. 그렇지만 그것은 단지 아름다운 지성일 따름이다. 반면에 남성의 지성은 심오한 지성임이 분명하다. 그것은 숭고함과 동일한 의미를 지닌 표현이다. (…) 숙고와 오랜 성찰은 고상한 것이지만 어려운 것이기도 하다. 그리고 그것들은 꾸밈없는 자극으로 아름다운 본성을 보여 주어야만 하는 이[여성]에게는 그다지 어울리지 않는다. (…) 아름다운 지성은 세련된 감성과 유사한 모든 것을 자신의 대상으로 삼으며, 유용하지만 무미건조한 추상적 사변이나 지식을 지속적이고도 근원적이며 심오한 지성에게 양도한다. 그러므로 여성은 기하학을 배울 수 없을 것이다.

칸트는 당시 프랑스의 고전 번역가인 다시에 부인(1647~1720)과, 프랑스의 과학자로서 최초의 근대 여성 과학자로 불리는 에밀리 뒤 샤틀레(1706~1749)는 어쩌면 얼굴에 수염이 났을지도 모를 일이라고까지 말한다. 그리고 《윤리 형이상학 기초》에서는 남성은 명령하고 여성은 복종하는 것은 자연적 평등에 어긋나지 않는다고 말한다.

그는 인종에도 똑같은 혐오를 보인다. 《자연 지리학》에서 "인간성은 백인 종족에서 최대로 완성된다. 황색의 인도인들의 재능은 매우 떨어진다. 니그로[흑인]는 더 떨어지며, 가장 낮은 곳에 아메리칸 인종 중 일부가 있다."라고 말한다.

18세기라는 시대적 한계라고 변명할 수 있다. 그리고 여성주의 입장에서 칸트의 철학을 옹호하려는 시도도 많고, 백인과 타 인종의 특징을 분류한 것인지 위계적 질서를 주장한 것은 아니라는 해석도 있다. 하지만 그렇게 보기에는 칸트가 여성과 타 인종을 분명하게, 그것도 여러 곳에서 폄하한다.

과학 혁명

정상 과학의 전통이 변화하는 혁명의 시기에는 과학자 자신의 환경에 대한 지각은 재교육되어야 한다. 특정한 친숙한 상황에서, 과학자들은 새로운 게슈탈트를 볼 수 있도록 배워야 한다는 것이다. 그렇게 한 후의 그의 연구 세계는 여러 가지 형태에서 이전에 그가 살아왔던 세계와 공약 불가능한 것으로 보일 것이다. 상이한 패러다임에 의해서 주도되는 학파들이 항상 서로 얼마간 엇갈리게 마련인 또 다른 이유가 바로 이것이다.

– 쿤,《과학 혁명의 구조》

상식은 과학은 진보한다는 것이다. 과학은 앞선 이론 위에 새로운 지식이 차곡차곡 쌓여 나가는 과정이라고 본다. 새로운 이론은 앞선 이론이 제시한 주장을 대체로 받아들이고, 그중 틀린 주장을 새로운 주장으로 대체하며 거기에 또 새로운 주장을 덧붙여 나간다. 과학은 그렇게 진리에 가까워진다.

쿤은 위와 같은 상식적인 과학의 진보는 같은 패러다임을 가진 과학 안에서만 가능하다고 주장한다. '패러다임'은 과학자들이 공유하는 신념, 가치, 기술 등을 망라한 총체적 집합이다. 그런데 기존 패러다임으로 설명하기 어려운 변칙 현상이 생기고 그것이 쌓이면 새로운 패러다임으로 바뀐다. 이것이 '과학 혁명'인데, 천동설에서 지동설로 바뀌는 것이 대표적 예이다.

그는 이 패러다임의 전환이 어떻게 보면 토끼로 보이고 어떻게 보면 오리로 보이는 '게슈탈트 전환'과 비슷하다고 말했다. 이런 전환이 일어날 때 앞서 본 것을 토대로 새롭게 보는 것이 아니다. 새롭게 보도록 배우고 익숙해져야 한다. 두 게슈탈트 사이에 공통의 것은 없기 때문이다. 쿤은 이것을 '공약 불가능하다'라고 말한다. 그는 게슈탈트 전환을 다른 종교로 바꾸는 개종에 비유하기도 한다.

331

Tuesday

감각질

감각적인 경험을 가리키는 말. 가령 시디신 자두를 먹을 때의 신 느낌, 잘 익은 토마토를 볼 때의 빨간색의 느낌 같은 것을 가리키는 말이다. 이것은 개인이 느끼는 현상적 속성이기에 물질과 동일시될 수 없고 인과적 역할로 정의될 수도 없다. 그래서 감각질은 유물론이나 기능론의 심신 이론을 비판하는 데 쓰인다.

특히 '감각질이 없는 존재'와 '감각질이 뒤집힌 존재'가 상상 가능하다는 논증이 기능론을 비판하기 위해 제시된다. 먼저 감각질이 없는 존재는 우리와 행동은 똑같은데 느낌을 느끼지 못하는 존재를 말한다. 칼에 찔리면 "으악!" 하고 소리를 지르고 몸을 움츠리는 행동은 해도 실은 아프다는 느낌이 없는 존재이다. 정말로 그런 존재가 있다고 주장하는 것이 아니다. 다른 사람의 마음을 들여다볼 수 없으니, 행동은 우리와 똑같지만 감각질이 없는 존재를 상상하는 것이 가능하다고 주장하는 것이다. 감각질이 없는 존재는 철학적 좀비를 말한다.

감각질이 뒤집힌 존재 역시 우리와 행동은 똑같다. 예컨대 빨간색을 보면서 빨간색을 본다고 말하고 빨간색을 볼 때의 전형적인 행동도 하지만 사실은 빨간색이 아니라 보라색을 체험하는 존재가 감각질이 뒤집힌 존재이다. 감각질이 없는 존재와 마찬가지로 감각질이 뒤집힌 존재가 정말로 존재한다고 주장하는 것이 아니라 그런 존재가 상상 가능하다고 주장한다. 내 감각질과 상대방의 감각질을 비교할 수 없으니 이런 상상이 가능하다.

기능론은 정신 상태를 오로지 입력과 출력의 인과적 역할로만 정의한다. 그렇다면 감각질이 없는 존재와 감각질이 뒤집힌 존재는 그렇지 않은 존재와 인과적 역할은 똑같아서 그런 존재가 상상 가능하다는 것을 설명하지 못한다. 그러므로 기능론은 정신 상태를 설명하는 올바른 이론이 될 수 없다고 비판하는 것이다. 이런 비판이 성공하기 위해서는 감각질이 없거나 뒤집혔는데도 행동이 똑같다는 전제가 성립해야 한다. 그러나 색채 스펙트럼은 완전한 대칭이 아니기 때문에 그것이 뒤집히면 뒤집히지 않은 사람과 행동이 달라진다는 비판이 있다.

○ 감각질은 영어로 qualia인데, 이것은 라틴어 qualis가 말밑인 quale의 복수형이다. 영어의 qualia나 우리말의 감각질이나 철학자들끼리만 쓰는 전문 용어이다.

피터 싱어

현대에 들어 철학이 전문화됨에 따라 살아 있는 철학자 중 대중에게 알려진 이는 별로 없다. 분석적 방법을 쓰는 영어권 철학자 중에는 더 없는데, 싱어(1946~)는 단연 대중에게 가장 많이 알려진 철학자이다. 그는 오스트레일리아 멜버른 출신으로, 멜버른 대학을 졸업하고 영국 옥스퍼드 대학에서 박사 학위를 받았다. 현재 멜버른 대학과 미국 프린스턴 대학 양쪽에서 교수로 있다. 그의 《동물 해방》은 동물 해방 운동의 바이블이 되었으며, 《실천 윤리학》은 널리 읽히는 교과서일 뿐만 아니라 그 제목은 윤리학 이론을 현실에 적용한 응용 윤리학 분야를 가리키는 이름으로 정착되었다.

공리주의를 이론의 바탕으로 한다. 인간 생명을 향한 과도한 찬사는 크리스트교의 유산이며, 회복 불가능하고 고통스럽기만 한 삶을 연장하는 것은 무의미하다고 주장한다. 이런 생각을 바탕으로 안락사와 낙태, 심지어 유아 살해도 찬성하는데, 이 때문에 장애인 살해를 옹호한다고 오해받아 논란의 대상이 된다. 1999년에 프린스턴 대학의 석좌 교수로 임명될 때 '세계에서 가장 위험한 인물'이라며 극렬한 반대를 받았고, 독일에서 강의할 때는 강의 도중 장애인 단체 구성원들에게 폭행을 당하기도 했다. 나치에 의해 장애인 학살이 일어난 독일에서는 싱어의 강의는 물론 그의 저서의 교재 채택에 반대하기도 했다. 정작 싱어는 나치의 박해 때문에 오스트레일리아로 이주한 가족의 후손이고 그의 할아버지 형제 3명이 나치의 수용소에서 죽었다. 그는 또 공리주의 관점에서 가난한 사람을 위한 기부는 자선이 아니라 의무라고 주장했다.

실천 윤리학자답게 자신의 주장을 실천하는 삶을 산다. 채식주의자이며, 수입의 일정 부분을 빈민 구제를 위해 기부한다. 저술 외에 대중매체 기고나 방송 출연을 통해 활발한 발언을 하고 있다. 철학과 행동이 일치하지 못한 부분도 있었다. 어머니가 알츠하이머병에 걸렸을 때 혼자 결정했으면 안락사를 허용했을 텐데, 누나의 의사를 존중해야 해서 하지 못했다고 말했다.

○ 장애인 단체는 싱어를 나치 독일의 군의관 요제프 멩겔레와 다름없다고 비난한다. 그러나 멩겔레는 생체 실험을 주도했고, 장애인 안락사를 주도한 이는 의사 카를 브란트이다. 물론 장애인 안락사는 장애인 본인의 의사에 반한 것이고 '편안한 죽음'이라는 안락사의 정의에도 맞지 않는다.

333

Thursday

뷔리당의 당나귀

자유 의지가 없어서 어느 쪽도 선택 못 하는 상황을 비유하는 말. 뷔리당은 14세기 프랑스의 철학자이다. 어느 쪽도 선택 못 하는 상황을 처음 말한 철학자는 뷔리당이 아니라 아리스토텔레스이고, 뷔리당은 우리가 어떻게 행동할지 정해져 있다는 결정론을 주장했을 뿐 당나귀를 거론하지도 않았다. 아리스토텔레스는《천체론》에서 배고픈 정도와 목마른 정도가 똑같은 사람이 먹을 것과 마실 것이 똑같은 거리에 있으면 어느 쪽도 선택 못 하고 굶어 (또는 목말라) 죽을 것이라고 말했다. 후대 사람들이 이런 상황에 빠진 존재를 '뷔리당의 당나귀'라고 이름 붙였다. 아마 뷔리당이 자유 의지가 아닌 결정론을 지지했으며, 전통적으로 당나귀를 어리석고 굼뜬 동물로 생각한 탓에 그런 이름을 붙인 것 같다. 스피노자의《윤리학》도 '뷔리당의 당나귀'를 언급하는데 당시에는 그 말이 이미 널리 알려져 있었다.

뷔리당의 당나귀는 자유 의지가 없다는 것을 보여 주는 데 쓰인다. 만약 사람에게 (또는 동물에게) 자유 의지가 없더라도 먹는 행동이든 마시는 행동이든 하게 하는 원인이 있을 것이다. 그러나 뷔리당의 당나귀 상황은 그 행동을 일으키는 원인, 곧 배고픈 정도와 목마른 정도가 똑같다. 그러니 어떤 행동도 하지 못하고 죽는다는 것이다. 마치 컴퓨터의 멈춤(다운) 현상과 비슷하다. 마찬가지로 인공 지능도 자유 의지가 없다면 멈춤이 자주 일어날 것 같다.

간혹 선택지가 너무 많아 선택을 못 하는 상황을 뷔리당의 당나귀로 비유하는데, 이것은 오해이다. 뷔리당의 당나귀는 선택지들이 끌리는 정도가 똑같아야 한다. 애초에 배고픈 정도와 목마른 정도가 똑같고, 먹을 것과 마실 것이 똑같은 거리에 있다는 가정 자체가 현실에서는 있기 어렵다. 만약 그런 상황이 있다고 하더라도 자유 의지가 있다면 어느 쪽이든 선택할 것이다. 선택 장애가 있다면 동전 던지기라도 해서 선택할 것이다.

○ 당나귀가 어리석고 굼떠서 '뷔리당의 당나귀'라는 이름이 붙었다고 했지만, 당나귀는 실제로 똑똑하고 빠른 동물이다. 당나귀는 니체의《차라투스트라는 이렇게 말했다》나《선악을 넘어서》에서도 자주 등장하는 동물이다. 죽은 신 대신 신으로 숭배되는 동물이다.

334

Friday

윤리적 육식

이 세상에는 종교를 이유로 채식을 선택하는 사람들이 가장 많다. 그 외 건강이나 입맛 따위의 이유로 고기를 먹지 않는 사람들도 있다. 철학적으로 논읫거리가 되는 채식주의는 윤리적 채식이다. 육식을 위해서는 동물을 사육하고 도살해야 하는데 이 과정에서 동물에게 고통을 줄 수밖에 없다. 만약 인간을 그렇게 사육하고 도살한다면 누구나 끔찍하게 여길 것이다. 윤리적 채식주의자는 동물의 고통을 인간의 고통과 달리 취급하는 것은 종에 따른 차별이므로 육식은 옳지 않다고 주장한다.

윤리적 채식주의자가 보기에 '윤리적 육식'은 '착한 악마'와 같은 형용 모순일 것이다. 그러나 종에 따른 차별을 하지 않으면서 육식을 하는 것이 가능하다는 주장이 있다. 동물이 인간처럼 고통을 느낄 수는 있지만, 인간과 달리 내가 누구인지를 인식하는 능력이 없고 자신이 과거와 미래에 걸쳐 존재한다는 의식도 없기 때문이라는 것이다. 따라서 동물의 본성을 존중하며 자연 상태에서 사육하고 마취 등의 방법으로 고통 없이 도살한다면 동물의 이익을 침해하는 것이 아니라고 말한다. 반면에 인간은 그런 능력이 있기에 아무리 고통 없이 사육이나 도살을 한다고 해도 허용되지 않는다. 인간은 내가 누구인지를 인식할 수 있기에 산해진미를 대접받으며 사육된다고 해도 자존심에 상처를 받으며, 과거와 미래에 걸쳐 존재한다는 의식이 있기에 아무리 고통 없이 도살한다고 해도 어마어마한 공포를 느끼며 미래를 향한 선호가 좌절되기 때문이다.

쾌락을 느끼는 동물의 존재를 없애는 것은 세상에 있는 쾌락의 양을 줄이는 행위이므로 옳지 않다고 주장하는 공리주의자도 있다. 윤리적 육식을 찬성하는 쪽은 동물을 도살하는 대신에 새로운 동물을 태어나게 하므로 세상의 쾌락의 양은 줄어들지 않는다고 대답한다. 영국의 작가인 레슬리 스티븐(1832~1904)은 "세상에 유대인들만 있다면 돼지는 아마 존재하지 않을 것이다."라는 말을 했다. 돼지는 돼지고기를 먹는 사람이 있으니 이 세상에 계속 존재하게 되므로 육식은 돼지에게도 좋은 일이라는 말이다.

335

Saturday

감정에 호소하기

불쌍함이나 무서움의 감정을 일으켜서 상대방을 설득하는 논증 기법. 학생이 시험 답안지에 집이 가난하여 아르바이트하느라 시험공부를 못 했다고 쓰는 것은 불쌍함에 호소하는 것이고, 상사의 말에 반박하는 부하 직원에게 "이번에 재계약할 때가 되었죠."라고 말하는 것은 무서움에 호소하는 것이다. 감정은 어느 정도 설득력이 있다. 그래서 광고, 홍보, 정치 토론 따위에도 즐겨 사용된다. 자선 단체의 모금 광고는 불쌍한 아이들의 모습을 보여 주며, 금연 광고는 흡연자의 혐오스러운 허파 사진을 보여 준다. 광고업계에서는 이럴 때 드는 감정이 소비자에게 재화를 구매하도록 호소하는 힘, 곧 소구력이 있다고 말한다.

감정에 호소하는 논증은 오류로 취급되는 경우가 많다. 아르바이트를 하느라 고생한 불쌍함이 시험 답안지의 성적과는 관련이 없고, 부하 직원이 느끼는 무서움은 그가 한 말의 진실성과 관련이 없기 때문이다. 동정심이나 공포심 같은 감정이 광고에서 효과적이라는 사실은 수사적인 소구력과 논리적인 정당성은 별개의 영역임을 보여 준다. 사람들의 마음을 실제로 움직이는 논증이라고 꼭 정당한 논증은 아닌 것이다.

그러나 논리적으로 감정에 호소한다고 해서 모두 오류로 취급하지는 않는다. 학생이 불쌍함에 호소해서 A 학점을 줘야 한다고 말한다면 누구나 오류라고 생각할 것이다. 그러나 교수가 기말고사 때도 이렇게 공부 안 한다면 F 학점을 면치 못할 것이라고 한 경고에 학생이 무서움을 느껴 열심히 공부했다고 해 보자. 교수는 무서움이라는 감정에 호소하는 오류를 저지른 것일까? 교수의 경고는 열심히 공부하게 하는 행동과 관련이 있기에 오류가 아니다. 결국 논증에서 감정에 호소함으로써 어떤 '믿음'을 바꾸려고 한다면 오류일 가능성이 크지만, 그게 아니라 어떤 '행동'의 동기가 되게 한다면 오류가 아닐 가능성이 크다. 자선 단체의 모금 광고나 금연 광고도 감정을 움직여서 행동을 불러일으키므로 소구력이 있을 뿐만 아니라 정당한 논증이다.

○ 셰익스피어의 희곡 《줄리어스 시저》에 나오는 안토니의 연설은 감정에 호소하는 대표적 예이다. "여기 옷이 찢긴 자국을 보십시오. 이곳에 시저의 총애를 받던 브루터스가 비수를 꽂았습니다. 자, 보십시오. 브루터스가 저주받은 칼을 뽑자 시저의 피가 얼마나 흘러내렸는지. (…) 여기를 보십시오. (옷을 벗기며) 반역자들이 난도질한 시저의 시신이 여기 있습니다." 결국 선동이 성공하여 군중이 암살자의 집을 불태우러 간다.

336

Sunday

철학자의 혐오 발언

영향력 있는 철학자 중 특정 집단을 향한 혐오 발언을 한 철학자를 찾기는 어렵지 않다. 아리스토텔레스는 자연적으로 노예에 적합한 사람이 있다고 말했으며, 흄과 볼테르와 칸트와 헤겔은 인종 차별주의적 발언을 했고, 밀은 식민주의를 옹호했다. 아리스토텔레스와 루소와 칸트와 쇼펜하우어는 여성을 비하하는 말을 했다. 칸트와 볼테르와 프레게는 유대인 혐오 발언을 했으며, 하이데거가 나치 활동을 한 것은 유명하다.

2020년에 '흑인의 생명은 소중하다' 운동 참가자들은 아메리카 원주민을 학살한 정치인이나 노예상이었던 위인의 동상을 철거했다. 노예, 여성, 특정 인종을 향해 혐오 발언을 한 철학자의 동상도 철거되어야 할까? 그들의 철학도 더는 연구할 가치가 없을까? 이 철학자들은 정치인이나 노예상보다 지성 세계에 주는 영향력이 더 크므로 더 엄격하게 평가해야 하는 것은 아닐까?

과거의 철학자를 지금의 기준으로 비판할 수 없다고 변호하는 의견이 있다. 시대적 한계로 충분한 정보가 없는 상태에서 잘못된 판단을 했다고 말이다. 그러나 비판자들은 철학자들이 대체로 그러듯 이들도 이성의 역할을 강조하고 비판적 사고를 독려하기에 자신이 내세운 기준에 따라 사고했어야 하는데, 시대의 탓을 하는 것은 비겁하다고 말한다.

철학자의 혐오 발언이 그 철학자의 주된 주장과 밀접한 관련이 있는지 밝혀, 관련이 있다면 그의 철학 전체를 비판해야 하고 관련이 없다면 그 발언만 비판하면 된다. 위의 철학자들이 철학사에 영향력 있는 인물로 평가받는 것은 대체로 혐오 발언과 관련된 부분은 아니다. 그러므로 몇 가지 혐오 발언을 통해 그들의 철학을 비판하는 것은 일종의 인신공격(대인 논증)에 해당한다. 물론 그들의 발언이 사소한 일탈이 아니라 그들의 주요 이론에서 도출될 수밖에 없는 귀결이라는 비판이 가능하다. 그러면 그런 비판 자체가 중요하고 의미 있는 철학적 논변이 된다.

○ 2020년에 영국 에든버러에 있는 흄의 동상이 훼손되는 사건이 일어났다. 그리고 에든버러 대학은 14층짜리 '데이비드 흄 타워'의 이름을 바꾸겠다고 발표했다. 흄의 인종 차별 발언 때문이다.

337

Monday

칸트의 의문의 1패

이때 그는 갑자기 자신이 전 생애에 걸쳐 칸트의 도덕 교훈, 그중에서도 특히 칸트의 의무에 대한 정의에 따르며 살아왔다는 것을 아주 강조하며 선언하듯 말했다. 이것은 표면상 전혀 터무니없는 것이고 이해할 수 없는 것이었는데, 왜냐하면 칸트의 도덕 철학은 맹목적인 복종을 배제하는 인간의 판단 기능과 아주 밀접하게 결부되기 때문이다. 심문관은 이 점에 집중하지 않았지만, 라베 판사는 호기심에서였는지 아니면 아이히만이 자신의 범죄와 연관하여 감히 칸트의 이름을 거론한 데 대해 분개해서였는지 간에 피고인에게 질문하기로 결심했다. 그런데 모든 사람에게 놀랍게도 아이히만은 정언 명법에 대한 거의 정확한 정의를 다음과 같이 말했다. "칸트에 대해 언급하면서 제가 말하려 한 것은, 나의 의지의 원칙이 항상 일반적 법의 원칙이 될 수 있도록 해야 한다는 것입니다." (…) 계속되는 질문에 대해 그는 칸트의 《순수 이성 비판》을 읽었 노라고 대답했다.

- 아렌트, 《예루살렘의 아이히만》

나치 독일의 친위대 대장인 아이히만은 2차 세계대전 후 수용소에서 탈출하여 아르헨티나에서 숨어 살았다. 그러다가 이스라엘의 정보기관에 납치되어 예루살 렘으로 압송되어 재판을 받았다. 아렌트는 이 재판을 참관하고 《예루살렘의 아이 히만》을 남겼는데, '악의 평범성에 대한 보고서'라는 부제에서 보듯이 홀로코스트 를 집행한 아이히만은 아주 사악한 사람이 아니라 명령에 충실하게 따른 아주 평 범한 사람임을 말하고 있다.

특히 칸트의 정언 명령을 따랐다는 증언이 주목할 만하다. 아렌트는 아이히만 이 칸트의 정언 명령을 보편적인 입법이 아니라 "만일 총통이 너의 행위를 안다면 승인할, 그런 방식으로 행위하라."라고 왜곡해서 읽었다고 말한다. 그러나 "유대인 을 절멸해야 한다."라는 아이히만의 준칙이 보편 입법이 되는 길이 있기는 하다. 알고 보니 아이히만 스스로나 가족이 유대인임이 드러났을 때 자신과 가족도 죽 어야 한다고 강한 신념을 가지고 있으면 된다. 물론 아이히만이 그런 사람이라는 말은 아니다. 그런 사람은 아주 드물 것이다.

즉자 vs 대자

헤겔 변증법의 용어. 즉자^{卽自}와 대자^{對自}는 변증법에서 각각 정^正과 반^反에 대응한다. 헤겔의 《정신 현상학》에 따르면 즉자적 단계에 있는 이성이 대자적이기도 한 이성으로, 즉 즉자적인 동시에 대자적인 이성으로 나아감으로써 자기의식이 완성된다고 한다.

즉자니 대자니 하는 말이 상당히 어렵게 들리는데 독일어 자체는 각각 an sich, für sich로 어려운 말이 아니다. 영어로 하면 in itself, for itself이다. 최근에는 '그 자체', '자기를 마주함'이라는 우리말 번역어가 나왔다. 단순히 쉬운 번역이기만 한 게 아니라 원어에도 충실한 번역이다. 즉자는 다른 것과 관계를 맺지 않고 그 자체로 독립적으로 있는 것을 말하고, 대자는 자기의식을 가지는 것을 말하기 때문이다. 예를 들어 아이처럼 내가 누구인지 아무 생각이 없다면 즉자적으로만 존재한다. 그러다가 가령 '어머니'로서 또는 '산업 일꾼'으로서의 정체성을 의식하기 시작한 나는 대자적으로 존재하게 된다.

헤겔은 즉자 · 대자 개념으로 주인과 노예의 변증법을 설명한다. 주인은 자기의식을 갖는 인간으로 대우받는 존재인 데 반해 노예는 그렇게 대우받지 못하는 존재이다. 그런데 이 관계는 뒤집힌다. 주인은 자연에 직접 관계하지 않고 노예를 통해서만 욕구를 충족하기에 겉으로 보기에는 독자적으로 보이지만 실은 독자적이지 못하다. 반면에 노예는 주인을 보면서 인간은 자유로워야 한다는 것을 깨닫게 되고, 더 나아가 노동을 통해 자신이 독자적인 존재임을 깨닫는다. 주인을 통해 대자적 존재가 되었다가 스스로 대자적 존재가 되는 것이다. 이렇게 주인이 노예가 되고 노예가 주인이 되는 변증법적 반전이 일어난다.

즉자 · 대자 개념은 사르트르의 이론에서도 중요하게 쓰인다. 그에게서 즉자는 의자와 같은 사물이고 대자는 인간처럼 의식을 가진 존재이다. 대자 존재인 인간은 즉자 존재인 의자처럼 그 본질이 미리 정해지지 않는다. 그래서 실존은 본질에 앞선다는 실존주의를 주장한다. 인간의 실존, 곧 실제 존재는 미리 정해진 것이 아니라 자신에게 주어진 자유로 스스로 선택하는 것이다.

339

Wednesday

김재권

미국의 메이저리그 야구 선수인 추신수나 류현진 선수가 한국인이라는 이유로 응원하는 팬이 많지만 그들은 그 이유와 상관없이 뛰어난 선수다. 마찬가지로 한국 출신의 미국의 철학자 김재권(1934~2019)도 한국 출신이라 우리나라 철학자들이 관심을 많이 보이는 것은 사실이지만, 그것과 상관없이 현대 철학에서 중요한 업적을 많이 남겼다.

김재권은 대구에서 태어나 서울 대학에 재학 중이던 1955년에 미국 정부의 초청으로 미국으로 유학을 가 다트머스 대학을 졸업하고, 프린스턴 대학에서 박사 학위를 받았다. 그 후 여러 대학에서 가르쳤고 죽기 직전까지 브라운 대학 석좌 교수를 지냈다. 미국 철학회장을 역임했다.

그의 업적은 주로 형이상학 분야에 집중되기에 철학계에서도 분석 철학 훈련을 받지 않은 사람은 그가 어떤 주장을 했는지 관심도 없고 이해하기도 어렵다. 그러나 데카르트의 심신 이원론의 현대적 형태인 비환원적 물리주의에 대한 반론은 심신 이론에서 중요한 업적이다. 그 외에 사건 이론, 수반 개념, 정신 인과 등 형이상학 분야에서 지금도 많이 인용되는 논문을 썼다. 글이 아주 명료하여 철학적 논변의 연습으로 그의 논문을 읽어 보기를 권하는 철학자도 많다.

미국의 철학자 대니얼 데닛(1942~)은 유명 현대 철학자의 이름을 유머러스하게 일반 명사화한 사전을 만들었다. 우리로 치면 '혜자'가 가성비가 좋은 상품을 가리킨다고 풀이하는 식이다. 거기에서 '재권jaegwon'은 "(동양의 신화에서) 형이상학의 미궁을 순찰하는 고양이 같은 작은 용"이라고 풀이한다. 동양 출신이라는 정체성을 의식한 정의이다. 그러나 김재권의 형이상학에서 동양적인 면모는 전혀 찾아볼 수 없고, 철저하게 논리적이고 합리적이다. 한편 이 사전은 '재권'을 활용한 표현으로 '재그 중이다to be on a jaeg'도 소개하는데, "형이상학적 길과 샛길을 가차 없이 탐구한다."라고 풀이한다.

○ 데닛의 철학 사전의 다른 항목을 하나 예를 들면 "콰인하다: 실재하거나 중요한 어떤 것의 존재나 중요성을 단호히 부정하다."가 있다. 예문으로는 "어떤 철학자는 집합을 콰인했고, 어떤 철학자는 물리적 대상을 콰인했다."를 소개한다. 콰인은 유명한 유명론자이다.

340

Thursday

데카르트와 동물

데카르트는《방법서설》에서 동물은 '자동인형' 또는 '움직이는 기계'에 불과하다고 주장한 것으로 유명하다. '동물 정기精氣'라는 개념은 아리스토텔레스 때부터 있었는데 데카르트에서 몸에 생기를 불어넣는 신비한 성질은 사라지고 피의 미세한 부분이라는 물체적 성질만 남는다. 인간이든 동물이든 동물 정기가 신경을 타고 움직일 때 몸의 움직임이 일어난다. 데카르트는 물질(육체)과 정신(영혼)의 두 실체를 인정한 것으로도 유명한데, 이 두 실체를 모두 갖는 존재는 인간뿐이다. 인간과 달리 동물은 어떤 영혼도 없이 동물 정기의 움직임이 일어나 생리 기능을 할 수 있다. 동물은 '이성적 영혼'뿐만 아니라 '생장 또는 감각 영혼'까지 없기에 움직이는 기계에 불과하다는 것이다.

데카르트 당시는 아리스토텔레스의 자연관을 기계적 자연관이 대체하던 시기였기 때문에 동물의 몸을 단순히 기계로 생각하는 것은 자연스럽기도 하고 설명의 경제성 원칙에도 맞기는 한다. 그런데 인간에게는 그런 기계적 설명을 넘어서 영혼이 필요하다고 한 것은, 인간은 자극에 단순히 반응만 하는 것이 아니라 복잡하고 새로운 행동을 하며 생각을 담은 언어를 사용한다고 보기 때문이다.

데카르트에게 동물은 즐거움이나 아픔을 경험할 수 없는 존재라는 뜻인데, 그렇다면 동물이 고통을 느낄 때 몸부림치는 것이나 고통스러울 때 내는 소리는 어떻게 설명할까? 그는 그것은 태엽을 감은 자동인형이 움직이는 것이나 시계가 쩨깍거리는 소리와 같다고 주장한다. 현대의 동물 애호가들은 동물에 대한 잔인한 행동의 정당화가 데카르트에서 비롯되었다고 생각하여 그를 동물 학대의 원흉으로 본다. 동물을 대상으로 실험하는 사람들이 데카르트 덕분에 양심의 가책을 벗어날 수 있었다는 것이다.

데카르트를 옹호하는 학자들은 데카르트의 편지에 "개가 내는 소리는 우리에게 노여움이나 배고픔 등의 충동을 알리는 방법"이라는 글귀가 있다는 것을 들어 그가 그렇게 잔인한 사람이 아니라고 변명한다. 그러나 데카르트는 영혼이 없는 동물은 그런 감각은 있어도 감각의 '느낌'은 없다고 생각했다고 보아야 한다는 해석도 있다.

○ 실제로 데카르트 당시에 그를 신봉하는 사람들이 프랑스의 포르 루아얄 수도원에서 동물을 산 채로 해부하여 큰 반발을 불러일으켰다고 한다. 포르 루아얄 수도원은 아우구스티누스의 사상을 이어받은 얀센파 가톨릭 수도원인데 데카르트 철학의 영향을 많이 받았다.

341

Friday

이중 효과의 원리

나를 죽이려는 사람을 밀치다가 그 사람을 죽이게 되었다. 산모의 건강이 심각하게 위험하여 태아를 죽였다. 한 사람의 생명을 살리기 위해서라는 이유이기는 하지만 다른 생명을 죽인 사례이다. 살인을 금지하는 크리스트교에서는 이것을 어떻게 정당화할까? 토마스 아퀴나스는 《신학 대전》에서 이를 위해 '이중 효과의 원리'를 제시했다. 이것은 어떤 행동에서 좋은 결과와 나쁜 결과가 모두 발생하는데 나쁜 결과를 직접 의도한 것이 아니라면 그 행동은 허용 가능하다는 주장이다. 이중 효과에서는 '효과'가 곧 결과이다. 정당방위의 경우 살인을 피하는 좋은 결과를 의도했지만 상대방이 죽는 나쁜 결과가 생겼고, 낙태의 경우 산모의 생명을 구하는 좋은 결과를 의도했지만 태아가 죽는 나쁜 결과가 생겼다. 그러므로 정당방위와 낙태는 허용된다.

이중 효과의 원리는 가톨릭 신학에서 오랫동안 중요한 주장으로 받아들여졌고, 현대에는 생명 의료 윤리에서도 즐겨 사용된다. 남에게 고통을 주면 안 된다는 것은 기본적인 윤리 원칙이지만 의료진이 주사를 놓는 행위는 비난하지 않는다. 주사를 놓을 때의 고통은 치료라는 좋은 결과를 위해 부수적으로 따르는 나쁜 결과이기 때문이다. 그런데 이중 효과의 원리는 안락사를 정당화하는 데도 이용된다. 의사는 환자의 고통을 줄이기 위해 다량의 모르핀을 주입했는데 환자가 죽었다. 그러나 환자가 죽은 것은 고통을 줄이는 좋은 결과에 부수적으로 따르는 나쁜 결과이므로 허용된다는 것이다.

그러나 나쁜 결과가 생길지 뻔히 아는데도 의도하지 않았다고 말할 수 있느냐는 비판이 제기된다. 서로 다른 장기가 손상되어 이식을 받지 않으면 곧 죽을 환자가 5명 있다고 하자. 한 명이 건강 검진을 받으러 왔는데 이 사람의 장기가 5명 모두에게 적합하다. 이 사람의 장기를 탈취해 죽인다면 5명을 살리는 좋은 결과를 위해 부수적으로 생긴 나쁜 결과라고 주장할 수 있을까? 1명이 죽는다는 것은 누구나 예측할 수 있는데 말이다. 이 사례는 트롤리 딜레마와 정확히 같은 상황이다. 5명이 죽는 것보다 1명만 죽는 것이 훨씬 더 좋은 결과이기에 방향을 틀어야 한다고 주장하는 사람이 많다. 그러나 그때도 1명이 죽는다는 것은 누구나 예측할 수 있다. 안락사의 경우에도 다량의 모르핀을 주입하면 죽는다는 것을 의사라면 예측할 수 있다. 장기 탈취나 트롤리 딜레마나 안락사의 경우에 이중 효과의 원리가 적용되지 않거나 이중 효과의 원리 자체를 받아들일 수 없는 것 아닐까?

342

Saturday

실험 철학

철학에 과학의 실험적 방법을 쓰는 시도. 사고 실험처럼 가상으로 하는 실험 결과를 쓰는 게 아니라 신경 과학, 심리학, 여론 조사 따위의 실험을 직접 시행하여 그것으로 기존의 철학 이론을 뒷받침하거나 반박한다. 흔히 철학자들은 자명하다고 생각하는 직관을 출발점으로 삼아 자신의 논증을 제시한다. 그러나 실험 철학은 그 직관이 그리 자명하지 않거나 다양함을 보여 준다.

실험 철학은 21세기에 시작되어 그 역사가 아주 짧다. 자유 의지와 결정론 논쟁을 예로 들어 보자. 이 세상이 결정되어 있다면 자유 의지는 있을 수 없다고 주장하는 양립 불가능론과 그래도 자유 의지는 있을 수 있다는 양립 가능론은 철학에서 오래된 이론이다. 실험 철학자들은 사람들에게 이 세상의 모든 일은 사전의 원인에 의해 결정된다는 것을 알려 주고 추상적인 상황과 아주 구체적인 상황으로 나눠서 행동이 자유 의지로 나온 것인지 물었다. 그랬더니 그냥 감자튀김을 만들어 먹는다는 단순하고 심드렁한 상황을 제시했을 때는 대부분(86%)이 자유 의지에 의한 행동이 아니라고 대답했는데, 집을 태우고 부인과 아이들을 죽이고 비서와 도망갔다는 구체적이고 감정적인 상황을 제시했을 때는 대부분(72%)이 자유 의지에 의한 행동이라고 대답했다. 이는 양립 가능론과 양립 불가능론 중 어느 쪽이 옳은지는 상황이 어떻게 제시되느냐에 따라 달라지니 단순히 철학자의 직관에 의존해서는 안 된다는 것을 보여 준다. 자유 의지 주제 외에도 게티어 반례, 다른 사람의 마음 문제 등에도 비슷한 실험을 시행한다.

'전통적인' 철학자들은 실험 철학에 두 가지 방식으로 대응한다. 첫째는 철학자는 사실 직관에 의존하지 않는다는 반응이다. 철학자들이 '직관'이라는 말을 쓰기는 하지만, 흄이 그렇게 하지 않을 수 있었는데 그렇게 했을 때 자유 의지가 있다는 식으로 자유 의지의 문제에 접근하는 경우처럼 사실은 개념 분석과 같은 '논증'에 의존한다는 것이다. 둘째는 훈련받지 않은 일반인의 직관보다는 훈련된 철학자의 직관을 신뢰해야 한다는 반응이다. 물리학자들이 '힘'이나 '운동' 개념을 연구할 때 일반인의 직관은 중요하지 않게 생각하는 것처럼 철학자도 마찬가지여야 한다는 것이다.

343

Sunday

분석 철학 vs 대륙 철학

서양의 현대 철학은 전혀 다른 방법론을 사용하는 분석 철학과 대륙 철학의 두 흐름으로 나뉜다고들 한다. 분석 철학은 영국, 미국, 오스트레일리아 등 주로 영어 사용권 국가에서 유행하는 철학이고, 대륙 철학은 독일과 프랑스를 중심으로 유행하는 철학이다.

그러나 분석 철학과 대륙 철학의 구분이 정말로 있는지는 철학자들 사이에서도 논란거리이다. 영국의 철학자인 버나드 윌리엄스는 철학을 분석 철학과 대륙 철학으로 구분하는 것은 자동차를 사륜구동과 일제 자동차로 구분하는 것처럼 이상하다고 지적한다. 사륜구동이면서 일제인 자동차가 얼마든지 있는 것처럼 대륙 철학에서도 분석적인 방법을 쓰는 철학자가 얼마든지 있다는 뜻이다. 명료함, 정확성, 논리적 엄격함을 추구하는 것이 분석 철학의 특징이라고 말해진다. 그러나 고대 그리스의 철학, 데카르트, 칸트 등 명료함과 논리적 엄격함을 추구하지 않는 철학은 없다고 해도 과언이 아니다. 사실 모든 학문이 그것을 추구하고, 철학도 경험적인 방법만 쓰지 않을 뿐이지 마찬가지 아니겠는가? 분석 철학은 언어 분석의 방법을 쓰거나 기호 논리학을 많이 이용한다는 특징이 지적되기도 하지만, 그것은 분석 철학 초기에나 해당하는 말이다.

분석적 전통의 철학과 대립각을 세우는 것은 대륙 철학이라기보다는 프랑스의 철학자 데리다로 대표되는 포스트모더니즘 철학이라고 해야 한다는 지적이 있다. 포스트모더니즘은 현상학, 실존주의, 후기 구조주의를 기반으로, 이성의 부작용에 주목하고 모든 것은 해체될 수 있다고 주장한다. 그리고 이때 창의적인 상상력과 같은 문학적 방법을 즐겨 사용한다. 포스트모더니즘이 실제로 인기 있는 곳은 대륙보다도 미국이고, 철학보다는 문예 비평에서 더 많이 연구된다.

분석적 전통의 철학자들은 물론이고 하버마스 같은 독일 철학자도 포스트모더니즘 철학이 심오한 척하지만 모호하고 이성과 진리에 반대한다고 비판했다. 자신들은 이해할 수 없는 주장이 있으면 의심하라고 훈련을 받았고, 이게 소크라테스나 데카르트의 가르침이기도 한데, 포스트모더니즘 철학자들은 일부러 어려운 말을 쓰고 이해할 수 없으면 아는 척하는 경향이 있다는 것이다.

344

Monday

삶이 의식을 규정한다

이리하여 도덕, 종교, 형이상학 그리고 그 밖의 이데올로기 및 그에 상응하는 의식 형태들은 더 이상 자립성의 가상[假象]을 지니지 않는다. 그것들은 아무런 역사도 갖지 않고, 아무런 발전도 갖지 않으며, 오히려 자기의 물질적 생산과 물질적 교류를 발전시키는 인간이 자기의 현실과 함께 자기의 사고와 그 사고의 산물을 변화시킨다. 의식이 삶을 규정하는 것이 아니라 삶이 의식을 규정한다.

- 마르크스 · 엥겔스, 《독일 이데올로기》

마르크스와 엥겔스가 함께 쓴 《독일 이데올로기》는 독일의 헤겔 그리고 포이어바흐로 대표되는 청년 헤겔학파의 관념론적 태도를 비판하는 책이다. 그들은 관념론 대신에 '역사적 유물론'을 주장한다. 역사적 유물론이란 물질적인 생산 활동의 관점에서 역사를 이해하는 이론이다. 자신들은 인간이 관념화한 것에서 출발하는 것이 아니라, "현실적으로 활동하는 인간으로부터 출발하며, 그의 현실적인 생활 과정에서 이 생활 과정의 이데올로기적 반영과 반향을 서술한다."라고 말한다.

그들은 한 국가의 구조나 형태뿐만 아니라 국가들 사이의 상호 관계도 물질적 생산 활동의 발달 수준에 의해 정해진다고 본다. 그리고 사회적 의식이나 사고방식도 생산력과 생산 관계라는 물질적 토대의 영향을 받는다고 주장한다. 도덕, 종교, 형이상학, 이데올로기 같은 인간의 의식이 자립적이라는 생각은 가상에 불과하며, 의식은 물질적인 것과 긴밀히 연관되어 있다는 것이다. 그래서 의식이 삶을 규정하는 것이 아니라, 삶이, 정확하게는 물질적 삶이 의식을 규정한다는 것이다.

물질적 생산 활동은 지배 계급이 장악하고 있다. 결국 마르크스와 엥겔스에 따르면 지배 계급은 한 시대의 사상까지 장악하게 된다. 예컨대 근세 정치 철학의 핵심 개념이 소유권이나 자유였던 것은 지배 계급인 자본가의 경제적 이해관계가 반영되어 있기 때문이다. 그래서 한 시대의 사상을 연구할 때도 그 시대의 물질적 생산 활동에 주목해야 한다.

○ 마르크스와 엥겔스는 《독일 이데올로기》를 1845년 여름부터 1846년 가을까지 썼으나 출판사를 찾지 못해 생전에 출간하지 못했다. 마르크스는 《정치 경제학 비판》(1859)에서 "우리는 자기 이해라는 우리의 주요 목적을 달성한 이상 기꺼이 이 초고를 쥐들이 갉아 먹도록 내버려 두었다."라고 말한다. 이 책은 결국 1932년 소련의 '마르크스-엥겔스-레닌 연구소'에서 공식적으로 출판된다.

345

부수 현상론

뇌의 물질 상태가 정신 상태의 원인은 되지만 거꾸로는 성립하지 않는다는 이론. 정신 상태는 두뇌의 물질 상태에 동반하는 부수 현상일 뿐, 물리적 상태는 물론이고 다른 정신 상태에 아무런 영향도 끼치지 못한다는 주장이다. 쉽게 말해서 정신 현상은 물리 현상에 무임승차한다는 것이다.

영국의 생물학자인 토머스 헉슬리(1825~1895)가 주장했다. 헉슬리는 정신 상태를 증기 기관차에서 울리는 기적에 비교했다. 기적은 증기 기관차의 동력에 의해 생기지만 증기 기관차가 움직이는 데 아무런 영향도 끼치지 못한다. 물체의 그림자도 부수 현상의 예로 꼽을 수 있다. 물체 때문에 그림자가 생기지만 그림자는 물체에 아무런 영향도 끼치지 못한다.

부수 현상론은 유물론의 형태로 제시된다. 다시 말해서 뇌의 물질이 존재한다는 것을 일단 인정하며, 정신 상태는 그것으로부터 부수적으로 나타나는 현상이라고 주장한다. 신경 과학의 발달에 따라 뇌의 물질 상태가 정신 상태를 설명함을 인정하면서도 정신 상태의 존재는 부정하기 싫다는 의도에서 나온 이론이다. 물질로 이루어진 세상의 모든 현상은 물질세계 안에서 설명해야지 물질세계 밖으로 나가면 안 된다는 것이 근대 과학의 기본 전제이다. 정신 상태와 물질 상태가 서로 영향을 주고받는다고 주장하는 데카르트의 실체 이원론은 이 전제에 충돌하지만, 부수 현상론은 그러지 않는다는 장점이 있다.

오스트리아 출신의 철학자 사무엘 알렉산더(1859~1938)의 이름을 따서 만든 '알렉산더의 격언'은 "존재한다는 것은 인과적인 힘이 있다."라고 말한다. 아무리 미미한 존재자라도 조그마한 영향력이 있는데, 아무런 인과적 힘이 없다면 존재한다고 말할 수 없다는 것이다. 사실 부수 현상의 비유로 말한 증기 기관차의 기적이나 물체의 그림자도 아무런 인과적 힘이 없는 것은 아니다. 기적은 주변을 시끄럽게 하며 그림자는 그늘을 만든다. 그러나 부수 현상으로서의 정신 현상은 아무런 역할도 하지 못한다. 알렉산더의 격언에 따르면 아무런 인과적 힘이 없는 정신 현상은 존재한다고 말하기 민망하다. 부수 현상론은 이렇게 비판된다.

○ '알렉산더의 격언'이라는 이름을 붙이고 정식화한 철학자는 김재권이다.

346

Wednesday

박종홍

"우리는 민족중흥의 역사적 사명을 띠고 이 땅에 태어났다." 1970~1980년대에 초등학교(당시에는 '국민학교')를 다닌 사람이라면 이렇게 시작하는 헌장을 외웠을 것이다. 철학자인 박종홍(1903~1976)이 주도적으로 참여하여 만든 국민 교육 헌장이다.

박종홍은 평양 출신으로 교사를 하다가 경성 제국 대학 철학과를 졸업하고 이화여자전문학교 교수를 지냈으며, 해방 후에는 서울 대학 철학과 교수를 지냈다. 호는 열암(洌巖)이다. 국내에 서양 철학을 도입한 1세대 학자이다. 교사 시절에 조선 미술사와 퇴계 교육 사상 등에 관한 글을 발표하다가 기초 학문의 부족을 느끼고 철학을 공부했다고 한다. 철학자가 된 이후에는 하이데거, 헤겔 등 독일 관념론과 실존주의를 중심으로 연구하였다. 서양 철학의 연구에서도 주체적 수용을 강조했는데, 이런 경향은 한국의 불교와 유교 사상의 연구로 이어져 개척자로서 자취를 남겼다. 특히 철학과에서 '한국 철학사'라는 강의를 처음 개설하였다.

한국의 철학자들이 주로 하는 연구는 동서양의 외국 철학자를 대상으로 하고, 한국의 철학자라고 하더라도 고려나 조선의 불교학자나 성리학자·실학자에 집중된다. 그런 현실에서 박종홍을 대상으로 하는 연구가 꽤 나오는데, 그의 개척자적 연구 성과를 인정하기 때문일 것이다. 그러나 박종홍을 둘러싼 가장 첨예한 논쟁은 말년에 박정희 정권에서 국민 교육 헌장 제정에 참여하고 대통령 교육문화 담당 특별보좌관으로 활동한 점에 대한 것이다. 그의 철학에 이미 파시즘적 요소가 내포되어 있다거나 기득권 지배 체제를 옹호한다는 비판도 있고, 군사 정부에 부역한 것과 별개로 그의 철학적 기여를 인정해야 한다는 평가도 있다.

○ 국민 교육 헌장 제정에는 또 다른 철학자인 안호상(1902~1999)도 참여했는데, 그는 1929년 독일 예나 대학에서 철학 박사 학위를 받았고 대한민국 초대 교육부(당시에는 '문교부') 장관을 지냈다.

347

Thursday

증언

다른 사람에게 들은 말. 우리는 세상 모든 일을 직접 경험할 수는 없다. 그래서 다른 사람이 경험한 것을 전해 듣거나 책, 방송, 인터넷 따위에서 정보를 얻는다. 그 덕에 조선 시대에 살지 않았어도 이순신 장군이 왜적을 무찌른 것을 알고, 내가 태어난 순간을 기억 못 하지만 내 생일을 안다.

근세의 인식론에서 증언에 관심을 보인 철학자는 그리 많지 않다. 이성론자와 경험론자는 지식의 원천으로 각각 이성과 감각 경험을 강조했으니, 남으로부터 들은 증언이라도 결국에는 이성이나 감각 경험으로 검증되어야 하기에 증언은 이성이나 감각 경험만큼 주목을 못 받았다. 맛을 보기 위해서는 '고독한 미식가'처럼 직접 체험해야 하듯이, 진정한 지식을 얻기 위해서는 이성이든 감각 경험으로든 직접 인식하는 '고독한 인식자'가 되어야 하기 때문이다. 당시 인식론에서 이런 개인주의적 접근 방식을 채택한 데는 권위에 지나치게 의존한 중세에 대한 반발이 크게 작용했다. 영국 학술원이 "누구의 말도 믿지 말라 Nullius in verba."를 모토로 정한 것도 이 무렵이다. 그러나 이런 식이면 내 생일을 아는 것도 정당한 지식이 되지 못한다. 태어난 날을 기억하는 사람은 없으니까.

증언에 주목한 철학자는 흄이다. 그는 우리가 어떤 사람의 증언을 신뢰하는 이유는 그간 그 사람이 한 여러 증언이 신뢰할 만했기 때문이라며 증언을 귀납적 추론으로 간주한다. 양치기 소년이나 가짜 뉴스를 남발하는 사람이라면 신뢰받지 못할 것이다. 그런데 흄의 정당화 방법에는 순환의 문제가 생긴다. 처음 듣는 방송의 신뢰성을 고민한다고 해 보자. 그 신뢰성은 다른 기사나 댓글을 보고 판단해야 한다. 그러나 이것 역시 증언이다. 증언의 신뢰성을 다른 증언을 통해 정당화하는 순환에 빠지는 것이다.

그래서 흄보다 1살 연상인 영국의 토머스 리드는 증언 자체에 정당성을 부여해야 한다고 주장했다. 그는 《인간 마음에 관한 탐구》에서 인간은 다른 사람의 말을 쉽게 믿으려는 경향과 스스로 진리를 말하려는 경향이 있음을 인정해야 한다고 말한다. 리드의 주장은 단순히 그런 경향이 있다고 심리적 차원에서 말할 뿐이지 인식적 정당화는 아니라는 비판을 받는다. 그래도 인식론을 단순히 개인이 아니라 사회적 차원으로 끌어 올렸다는 의의가 있다.

348

Friday

처벌의 정당화

징역형이든 사형이든 벌금이든 처벌은 다른 사람에게서 자유를 뺏는 행위이다. 자신의 신체나 생명이나 재산을 자유롭게 쓰지 못하게 하기 때문이다. 따라서 처벌은 어떤 식으로든 정당화되어야 한다. 나쁜 짓 하는 사람을 처벌하는 것이 당연하지 무슨 정당화가 필요하냐고 생각할 수도 있으나, 어떻게 정당화하느냐에 따라 처벌의 범위나 종류가 달라진다.

공리주의에 따르면 처벌은 세상의 행복이 증가해야만 정당화된다. 비록 처벌을 당하는 범죄자에게는 고통을 주지만 처벌은 정당화될 수 있다. 우선 범죄자를 처벌하면 또 다른 범죄를 막는 효과가 있다. 그리고 현대 사회에서 처벌은 범죄자를 단순히 '감옥'에 가두어 놓는 것이 아니라 '교도소'에서 교화하는 것이다. 범죄자를 교정 시설에서 새사람으로 만들어 사회에 복귀하도록 하는 것은 분명히 사회에 도움이 된다.

처벌할 때 정말로 범죄 예방이나 교화가 되는지 논란이 될 수 있다. 이런 효과는 사회 과학의 탐구 영역이고, 칸트는 자신의 윤리 이론에 근거해 공리주의의 처벌 이론에 반대한다. 먼저 범죄 예방을 위해 범죄자를 처벌하는 것은 "네가 너 자신의 인격에서나 다른 모든 사람의 인격에서 인간(성)을 항상 동시에 목적으로 대하고, 결코 한낱 수단으로 대하지 않도록, 그렇게 행위하라."라는 정언 명령에 어긋난다. 다른 사람의 이익을 위하여 범죄자를 수단으로 사용하기 때문이다. 그리고 범죄자를 '새사람'으로 만드는 것은 그를 자율적인 존재로 인정하지 않는 것이다. 범죄자라고 하더라도 스스로 판단하고 결정할 권리가 있는데 교화는 그것을 침해하는 것이다.

칸트의 처벌관을 이해하는 데는 그의 또 다른 정언 명령인 "마치 너의 행위의 준칙이 너의 의지에 의해 보편적 자연법칙이 되어야 하는 것처럼, 그렇게 행위하라."가 도움이 된다. 범죄자가 범죄를 저지른 것은 다른 사람이 자신을 그런 식으로 대해도 된다고 생각한 것으로 해석할 수 있다. 그러니 칸트에 따르면 그 사람이 저지른 범죄에 비례해서 그 사람을 처벌해야 한다. 그리고 사형도 적극적으로 옹호된다. 다른 사람을 죽인 사람을 똑같이 사형으로 대하는 것은 그 사람이 세운 의지의 준칙을 그대로 따르는 것이다. 사형제 옹호는 "저런 놈은 죽어도 싸."라는 인간의 원초적인 감정에 호소한다고 평가된다. 그러나 칸트에 따르면 오히려 이성에 호소하는 것이다.

349

현상학적 환원

자연적 태도에서 선험적 태도로 이행하는 것을 일컫는 후설의 용어. 데카르트가 더 이상 의심할 수 없는 명석 판명한 것에서 철학의 출발점을 찾듯이, 후설은 철학을 엄밀한 학문의 토대에 세우려고 했다. 그러기 위해서는 올바른 방법을 확보해야 한다고 생각했는데, 먼저 자연주의나 역사주의처럼 당대를 이끌던 사조를 비판했다. 예컨대 대표적인 자연주의인 심리학주의는 인간의 심리적 현상을 인과적으로 설명한다. 그러나 이러한 경험적 또는 자연적 설명은 개연성과 상대성을 피할 수 없기에 엄밀한 학문이 추구하는 필연성과 절대성을 줄 수 없다.

후설에 따르면 엄밀한 학문이 되기 위해서는 그것이 다루는 사태를 올바로 파악할 수 있어야 한다. 그러기 위해서는 사태의 본성에 토대를 두어야 한다. 이를 "사태 자체로!"라는 표어로 표현한다. 어떻게 해야 사태 자체로 돌아가는지 알려주는 방법이 바로 현상학적 환원이다. 이를 위해서는 먼저 자연적 태도를 버려야 한다. 자연적 태도란 우리가 일상생활에서 취하는 태도로서, 우리가 지각한 대로 세계가 존재한다고 확신하는 생활 태도를 말한다. 일상인뿐만 아니라 모든 개별 과학은 자신이 다루는 대상이 존재한다고 확신한다. 그러나 엄밀한 학문이 되기 위해서는 그런 자연적 태도가 어떻게 가능한지 다시금 정당화하는 근본주의적 태도가 필요하다. 이것이 선험적 태도인데, 후설은 칸트가 '선험적'을 경험적 인식을 가능하게 한다는 의미로 쓴 것을 적극 받아들인다.

이를 위해서는 자연적 태도에서 당연하게 받아들이는 믿음이 타당하다는 판단을 일시 중지해야 한다. 곧 '판단 중지'가 필요하다. 이 세계가 존재한다는 판단을 중지하면 순수한 사태들이 드러나고, 이를 통해 현상학자는 의식이 대상을 구성하는 방식과 대상의 다양한 의미를 파악할 수 있게 된다. 판단 중지는 우리가 확신하는 세계의 존재를 '괄호 치는' 태도이기도 하다.

○ '판단 중지'는 고대 그리스의 회의론 철학자 피론이 쓴 말이다. 그리스어 그대로 '에포케'라고도 한다.

350

Sunday

번역 논쟁

칸트 철학에서 a priori와 transzendental은 핵심 용어이고, 이것들은 칸트를 넘어 서양 철학사에서도 주요 개념이다. 라틴어인 a priori는 경험에 앞선다거나 어떤 경험에도 의존하지 않고 독립적이라는 뜻이다. 반대말은 a posteriori이다.

문제는 transzendental이다. transzendent와 transzendental 모두 '뛰어넘다'라는 뜻의 라틴어 동사 transcendo에서 파생되었다. 그러나 큰 차이가 없는 말이었는데 칸트가 transzendental에 특별한 의미를 부여하면서 복잡해졌다. 그에 따르면 a priori하면서 경험 인식을 가능하게 하면 transzendental이고, 경험을 넘어서면 transzendent이다.

국내에서는 a priori, transzendental, transzendent의 번역어로 최재희 교수가 1960년대에 번역한 '선천적', '선험적', '초험적'을 오랫동안 써 왔다. 그러다가 백종현 교수가 1990년대에 '선험적', '초월적', '초험적'을 제안해서 이 번역어도 많이 쓰였다. 2018년부터 여러 칸트 학자들이 칸트 전집을 새롭게 번역하기 시작하면서 이번에는 '아프리오리', '선험적', '초험적'으로 번역했다. 철학 전공자가 보기에도 뭐가 뭔지 헷갈리긴 하지만, 번역을 두고 학문적인 토론은 얼마든지 할 수 있고 장려해야 한다. 문제는 새로운 전집이 나오면서 '칸트 학회'가 공인한 것이라거나 '정본 번역'이라는 식으로 홍보를 하여, 백종현 교수와 새로운 번역자들 사이에 약간의 감정적 싸움까지 겹쳐 일간지에서 10여 회에 걸쳐 토론이 오갔다는 것이다. 꼭 철학이 아니라도 언론 지면을 통해 학술 토론이 벌어진 것은 드문 일이다.

a priori는 칸트 철학 외에서도 많이 쓰는 개념인데, 거기서는 '선천적'이라고 한다. a posteriori는 짝을 맞춰 '후천적'이라고 하는데 그냥 '경험적'이라고도 많이 쓴다.

○ 영어에서는 a priori와 a posteriori처럼 라틴어에서 온 낱말은 같은 로마자를 쓰는 영어와 구별하기 위해 이탤릭체로 쓴다. 우리말은 문자가 다르므로 그럴 필요가 없다.

351

Monday

아무것도 있지 않다

> 아무것도 있지 않다. 있다고 해도 알 수 없다. 알 수 있다고 하더라도 다른 사람에게 전할 수 없다.
>
> — 고르기아스,《있지 않은 것 또는 자연에 관하여》

소피스트인 고르기아스도 여느 소크라테스 이전 철학자처럼 전해지는 저술이 없고, 다른 철학자의 저술 속에 토막글로 전해질 뿐이다. 위의 글도 헬레니즘 시대의 철학자 섹스투스 엠피리쿠스의 책에 들어 있다. 짧은 글이지만 철학사에서는 의미가 크다. 고르기아스를 회의주의의 창시자로 인정하게 하는 글귀이기도 하고, 존재론, 인식론, 언어 철학(해석학) 등 철학의 주된 주제가 모두 들어 있기 때문이다.

철학의 회의주의는 어처구니없이 반박될 때가 많다. 관념밖에 존재하지 않는다는 버클리의 주장에 같은 시대의 존슨 박사가 돌을 발로 차며 반박했다는 이야기는 유명하다. 마찬가지로 고르기아스의 주장에도, 첫째, 고르기아스가 있기에, 둘째, 알 수 없다는 것을 고르기아스 스스로는 알기에, 셋째, 고르기아스가 자신의 앎을 다른 사람들에게 전하려고 하기에 반박될 수 있다.

워낙에 짧은 글만 전해져 오기에 고르기아스의 의도를 알 수 없다. 소피스트인 고르기아스가 수사학 연습을 한 것이라는 해석도 있다. 철학사적으로는 파르메니데스를 비롯하여 "오직 존재만이 존재한다."라고 주장한 엘레아학파의 주장에 비존재도 가능하다고 비판한 것으로 해석한다.

○ 플라톤의 대화편 《고르기아스》에서는 수사술(레토릭)을 주제로 몇 명의 인물이 대화를 나눈다. 그러나 고르기아스는 책 제목에 이름이 쓰였음에도 대화 비중이 적다. 다만 그가 수사술의 효용성을 강조한 것이 논의의 출발점이 된다. 소크라테스는 수사술이 아첨의 일종이라고 비판한다.

352

Tuesday

논리주의

수학의 기본적인 개념은 모두 논리적인 개념으로 환원할 수 있다는 프레게의 주장. 프레게가 논리주의를 주장한 배경에는 당시 수를 이데아적 세계의 존재로 실체화하려는 형이상학적 입장이나, 마음속에 있는 관념과 연관하여 이해하려는 심리주의를 배격하려는 의도가 있었다. 그런 입장들은 수가 객관적이라는 것을 설명하지 못하기 때문이다. 그리고 순수 직관과 같은 어떤 특수한 인식 능력을 상정해서 수학의 선험성을 보장하려는 칸트에 반대하려는 의도도 있었다. 그는 인식론적 부담 없이 수학의 어휘들을 논리학의 어휘들로 번역하고, 정의와 논리 법칙만으로 참인 명제들을 도출하려고 시도했다.

그러나 러셀에 의해 중요한 역설이 발견된다. 논리주의 프로그램을 진행할 때 중요한 개념이 집합이다. 수학의 대상이 존재한다는 것을 표현할 때 "~는 P이다." 라는 술어가 중요하게 쓰이는데, 이것은 성질이 P라는 집합이 있다는 뜻이다. 예컨대 "1은 자연수이다."라고 하면 {1, 2, 3, 4, 5, …}이라는 자연수의 집합이 있다는 것을 가정한다. 집합의 한 예로 '자신을 원소로 하지 않는 집합'을 생각해 보자. 자연수의 집합이 그런 집합일 것이다. 자연수의 집합인 {1, 2, 3, 4, 5, …}의 어디에도 '자연수'라는 것이 원소로 들어가지 않기 때문이다. 그러면 '자신을 원소로 하지 않는 집합들을 모아 놓은 집합'은 자신을 원소로 하지 않는 집합일까? 만약 자신을 원소로 하지 않는다면 정의에 의해 자신을 원소로 한다. 거꾸로 자신을 원소로 한다면 역시 정의에 의해 자신을 원소로 하지 않는다. 논리주의는 이렇게 중요한 개념에 역설이 생겨 실패하고 만다.

이 역설이 어렵다면 이발사의 역설로 이해하면 좀 더 쉽다. 스스로 면도를 하지 않는 사람만 면도해 주는 이발사는 스스로 면도를 할까? 스스로 면도를 하면 스스로 면도를 하면 안 되고, 스스로 면도를 하지 않는다면 스스로 면도를 해야 한다. 프레게의 입장에서는 그런 이발사는 존재하지 않는다고 말하면 그만이다. 하지만 집합 개념은 논리주의에서 없을 수 없으므로 그 역설은 큰 타격이 된다.

○ 러셀은 이발사의 역설에 나오는 이발사를 세비야의 이발사라고 했다. 잘 알다시피 〈세비야의 이발사〉는 이탈리아 작곡가 조아키노 로시니(1792~1868)의 오페라 제목이다.

353

Wednesday

남성에 가려진 여성 철학자

적어도 20세기 이전의 철학사에서 언급할 만한 여성 철학자는 드물다. 물론 이것은 과거 사회에서 여성에게 교육의 기회가 주어지지 않았으므로 철학에만 한정된 이야기는 아니다. 그리고 설령 여성 철학자의 연구가 있었더라도 여성의 연구라는 이유로 주목받지 못하거나 남성 철학자에 의해 의도적으로 폄하되고 그들에게 묻혀 버렸기 때문이기도 할 것이다.

찰스 1세의 딸인 엘리자베스 공주(1618~1680)는 데카르트와 58통의 편지를 주고받으며 토론을 했다. 특히 공간을 차지하지 않는 정신이 어떻게 육체와 상호 작용을 하지 않느냐는 질문은 데카르트 이원론에 결정타가 되는데, 데카르트는 "더 이상 그 문제로 어여쁜 머리를 괴롭히지 말"라고 대꾸했다. 데카르트는 정신과 육체가 솔방울샘을 통해 상호 작용한다고 주장했다. 그보다 60여 년 먼저 에스파냐의 올리바 사부코(1562~1646?)는 정신은 뇌의 특정 장소에 자리를 차지할 수 없으므로 뇌 전체에서 영향을 주고받는다고 주장했다. 그가 25살 때 쓴《인간 본성의 새로운 철학》(1587)은 당시에 널리 읽혔다.

로크가《인간 지성론》에서 주장한 도덕과 종교에 관한 견해는 신의 계시에 도전한다는 이유로 에드워드 스틸링플릿 주교의 강력한 비판을 받았다. 주교라는 권위 때문에 로크 자신을 포함해 아무도 반박하지 못했지만, 극작가였던 캐서린 트로터 콕번(1679~1749)은 무명으로 로크를 옹호하는 책을 출간했다. 나중에 저자임이 밝혀져서 콕번의 연극은 요즘 말로 하면 블랙리스트에 올라 공연할 수 없었는데, 로크는 그에게 사례를 했다. 라이프니츠도 콕번의 책을 읽은 후 로크의 철학을 논의했다.

뉴턴이 만유인력 법칙을 주장했을 때, 데카르트나 라이프니츠의 입장에 서서 뉴턴은 자연이 어떻게 그렇게 작동하는지만 보여 주었지 왜 그렇게 작동해야 하는지는 보여 주지 못했다는 토론을 벌인 형이상학자들이 있었다. 뉴턴의《프린키피아》를 프랑스어로 번역하고 주석을 단 에밀리 뒤 샤틀레도 그 논쟁에 참여한 과학자이자 형이상학자였다. (칸트에게 남성일지 모른다고 조롱받은 바로 그 여성이다.) 영국의 앤 핀치(1631~1679, 결혼 후 이름은 앤 콘웨이)는 데카르트, 홉스, 스피노자의 견해에 반대하는 철학을 주장했다. 그가 쓴《가장 오래되고 새로운 철학의 원리》(1677년 추정)는 사후에 익명으로 라틴어로 번역되어 라이프니츠에게도 전해졌고, 라이프니츠의 철학에 반영되었다.

354

Thursday

경험론의 두 독단

미국 철학자 콰인이 1951년에 발표한 논문 제목. 영어권에서 20세기를 대표하는 논문으로 뽑힐 정도로 중요한 논문이다. 논리 경험론(논리 실증주의)은 17세기부터 이어져 온 경험론의 전통에 경험만으로 설명할 수 없는 논리적 지식까지 받아들여 20세기 전반부에 중요한 철학 사조가 되었다. 그러나 콰인은 논리 경험론이 경험론의 원칙에 충실하지 못한 두 독단을 받아들인다고 말한다. 독단(도그마)이란 합리적인 근거 없이 받아들이는 생각을 말하는데, 두 독단 중 하나는 분석과 종합의 구분이고, 다른 하나는 환원주의이다.

논리 경험론자는 지식을 수학이나 논리학 지식처럼 경험과 무관한 지식과, 과학적 지식처럼 경험에 의존하는 지식으로 구분하는데, 그 근거가 되는 것이 경험과 무관하게 참이 되는 분석 명제와 경험을 통해 참이 되는 종합 명제이다. 그러나 콰인이 그 구분은 순환 없이 이루어질 수 없다는 정교한 논변을 제시한다. 그것이 첫 번째 독단이다. 두 번째 독단인 환원주의는 의미 있는 진술은 다른 진술과 독립적으로 감각 경험으로 환원될 수 있다는 생각인데, 분석-종합의 구분에 근거가 없다면 감각 경험으로 환원될 수 있는 진술과 그렇지 않은 진술을 구분할 수 없다.

콰인은 지식의 체계를 구球와 같은 형태로 생각해야 한다고 말한다. 그에 따르면 주변부에는 경험과 직접 충돌할 수 있는 지식이 있고, 중심부에는 경험과 직접 충돌하지 않는 지식이 있다. 그러나 그 경계가 명확하지 않으니, 경험의 변화에 따라 주변부 지식이 수정되면 중심부 지식에까지 영향을 끼치게 된다. 이것이 콰인이 환원주의의 대안으로 생각한 총체론이다. 그리고 그는 이것이 '독단 없는 경험론'이라고 생각한다.

이로써 라이프니츠와 흄에서 칸트를 거쳐 논리 경험론을 뒷받침한 분석-종합의 구분은 그 근거를 잃게 되었다. 그러나 논리 경험론의 몰락은 20세기 이후 분석 철학이 기존의 철학을 파괴하는 역할이 아니라 새로운 철학을 창조하는 역할을 하는 기회가 되었다.

○ 콰인의 총체론holism은 흔히 '전체론'으로 번역되나 이는 독재를 뜻하는 '전체주의totalitarianism'를 떠올리게 한다. holism이라는 영어에 익숙하지 않은 사람은 무슨 구멍hole과 관련된 주의가 아닌가 오해할 수 있으나, hol(o)-은 '완전한whole, entire'이라는 뜻이다. 예컨대 대학살을 뜻하는 holocaust는 '모든 것'을 '태우다'에서 나온 잔인한 낱말이다.

355

Friday

적극적 우대 정책

고용이나 입학에서 그동안 차별받던 소수자 집단을 우대하는 정책. 미국에서는 주로 여성이나 흑인을, 우리나라는 여성이나 해당 지역 출신을 우대하는 정책이 시행되고 있다. 그러나 이 정책에 반대하는 측에서는 그동안 소수자라고 해서 차별한 제도나 관행이 잘못되었음은 인정하지만, 그렇다면 소수자라고 해서 특혜를 주는 정책도 똑같이 잘못이라고 비판한다. 그 정책으로 인해 소수자가 아닌 집단은 역차별을 받기에 기회의 평등과 능력을 우선시한다는 이념에 어긋난다고 주장한다.

이런 비판에 맞서 적극적 우대 정책을 지지하는 쪽은 과거를 참작하는 논변과 미래를 염두에 두는 논변을 제시한다. 먼저 과거를 참작하는 논변은 적극적 우대 정책이 과거의 잘못을 바로잡는다는 주장이다. 소수자를 차별한 과거의 제도나 관행으로 소수자 집단의 후손은 열악한 가정과 학교에서 성장할 가능성이 크다. 그런 제도나 관행은 지금은 철폐되었기에 소수자라고 해서 고용이나 입학에서 기회가 주어지지 않는 것은 아니다. 그러나 그것은 형식적인 기회일 뿐이고, 열악한 환경 탓에 능력을 발휘할 수 있는 실질적인 기회가 주어지지 못했다. 새로운 직장과 대학에서 이들에게 충분한 기회가 주어지면 잠재된 능력을 발휘할 수 있기에 소수자 집단을 우대하는 것은 오히려 기회를 평등하게 하고 능력을 우선시하는 정책이라고 주장하는 것이다.

한편 미래를 염두에 두는 논변은 소수자가 좋은 직장이나 대학에 많이 진출하면 다른 소수자에게 좋은 본보기가 되어 긍정적 효과를 가져온다는 것을 지적한다. 그리고 직장이나 대학에 다양성이 증대되면 사회 전체적으로도 좋은 결과를 가져온다는 점도 거론된다. 소수자들은 자신이 배운 지식을 소수자를 위해 쓸 가능성이 훨씬 크기 때문이다. 특히 국가의 지원을 받는 대학이나 일자리는 사회의 다양성을 증대하는 것이 중요한 목표 중의 하나이므로 소수자 배려는 그 목표를 실현하는 것일 뿐이지 특혜가 아니라고 본다.

반성적 평형

도덕 원칙을 현실에 적용할 때 우리가 받아들일 수 없는 결과가 생긴다면 도덕 원칙을 수정하는 도덕적 추론 방법. 반성적 평형 개념은 본디 굿먼이 《사실, 허구, 예측》(1955)에서 연역 추론과 귀납 추론과 관련해서 제시한 개념이다. 어떤 연역 규칙과 귀납 규칙을 적용해 보았을 때 우리가 받아들일 수 없는 추론을 낳는다면 그 규칙을 수정한다. 반면에 그 추론이 절대 수정할 수 없는 규칙을 위반했다면 그 추론은 거부한다. 우리가 가지고 있는 규칙이 절대적으로 옳다고 생각하지 않고 그 것을 '반성'해 보며, 현실과 '평형'을 이루려고 노력하는 것이다.

반성적 평형을 방법론으로 널리 알린 철학자는 롤스이다. 그는 《정의론》(1971)에서 이것을 도덕 상황에 적용한다. 가령 내가 거짓말을 해서는 안 된다는 도덕 판단을 내리고 심사숙고 끝에 "거짓말을 해서는 안 된다."를 도덕 원칙으로 삼았다고 해 보자. 어느 날 엘리베이터에 탔더니 손자를 데리고 탄 할머니가 손자를 가리키며 "참 예쁘지요?"라고 말했다. 나는 그 아이가 객관적으로 예쁘다고 생각하지 않았지만 "예."라고 대답했다. 할머니와 아이의 마음에 상처를 주어서는 안 된다는 것이 또 다른 숙고된 도덕 판단이기 때문이다. 그래서 나는 "다른 사람에게 상처를 주는 경우가 아니라면 거짓말을 해서는 안 된다."라고 도덕 원칙을 수정했다. 이것이 반성적 평형의 방법으로, 도덕 원칙과 도덕 판단 사이의 불일치를 조정하는 과정이다.

반성적 평형은 모든 도덕 원칙이 의존하는 토대가 있다는 토대론을 거부한다. 그런 토대도 언제든지 수정될 가능성이 있기 때문이다. 그 대신에 숙고된 판단과 도덕 원칙 사이의 정합성을 추구한다는 점에서 정합설을 받아들인다. 극단적인 종교 분파인 원리주의적 사고의 문제점을 감안할 때 반성적 평형의 탄력적이고 개방적인 방법론은 사람들에게 지지를 받을 것 같다. 그러나 반성적 평형은 사회가 합의에 이른다면 유대인 학살이나 노예 제도도 정합적으로 받아들일 수 있다는 비판이 제기된다. 그래서 단순히 숙고된 판단과만 조율하는 것이 아니라, 배경 이론과의 불일치를 판단하는 '넓은 반성적 평형'이 대안으로 제시된다.

○ 《사실, 허구, 예측》은 '귀납의 새로운 수수께끼'가 제시된 책이다. 영어 제목은 'Fact, Fiction, and Forecast'로 모두 F로 시작한다.

357
Sunday

철학자로 살아가기

경제학자는 경제적으로 살아야 할까? 체육학자는 운동을 잘해야 할까? 우리는 앎과 행동이 일치해야 한다고 생각하지만, 학문적인 활동과 실천에까지 지행합일이 적용되지는 않는다고 생각하는 경향이 있다. 곧 경제학과 경제 활동 그리고 체육학과 운동은 별개의 영역이라고 생각하는 것이다. 철학자도 마찬가지로 꼭 철학적으로 살 필요가 없을까? 스토아 철학을 연구하는 학자가 부동산 투자를 하고 흥청망청 산다면 어떨까? 스토아 철학 강의만 잘하면 될까?

프랑스의 철학자 피에르 아도(1922~2010)는 《고대 철학이란 무엇인가》와 《삶의 방식으로서의 철학》에서 적어도 고대 그리스에서 철학은 생활 방식을 선택하는 것이었다고 주장한다. 그에 따르면 철학적 담론은 실존적 선택으로부터 생기며 철학 학파는 삶에 대해 어떤 선택을 했느냐에 따라 달라진다. 말이나 글을 통해 이론을 발전시키는 사람이 아니라 특정한 삶의 방식을 채택해서 실천에 옮기면, 그 사람은 철학자가 되는 것이다. 그리고 철학자는 혼자서 작업하고 강단에서 강의하는 것이 아니라 스승과 제자로 생활 공동체를 꾸려 철학적 담론을 나누고, '정신 수련'을 한다.

정신 수련이라고 해서 스토아 철학자들처럼 불행이나 어려움을 준비하고 견디는 고행만 말하는 것은 아니다. 플라톤은 《파이돈》에서 철학한다는 것은 죽음의 수행이라고 말했다. 죽음은 영혼과 육체의 분리인데, 철학자는 육체가 낳는 산만함이나 미혹에서 벗어나고 영혼을 정화하도록 노력해야 한다는 것이다. 아도에 따르면 플라톤의 제자들은 아카데메이아에 모여 그런 연습을 했다. 그리고 아리스토텔레스의 리케이온에서도 관조(테오리아)와 사색에서 기쁨을 누리고자 그것을 훈련했다. 현대인이 육체의 건강을 위해 피트니스 센터에서 수련하듯이, 고대의 철학자는 영혼의 건강을 위해 공동체에서 수련한 것이다.

고대에는 철학적 담론과 철학적 삶이 분리되지 않았고, 철학자는 지적이고 정신적인 삶을 살았다. 그렇게 살지 않는 사람은 '소피스트'라고 욕했다. 아도는 "돈을 벌기 위해 철학을 배운 사람보다 인류에게 더 해악을 끼친 이는 없을 것이다."라는 세네카의 말을 인용한다.

그러나 아도의 주장은 고대의 문헌 중 자신의 주장에 맞는 부분을 취사선택했다는 비판을 받기도 한다. 고대의 철학이 철학의 본류인 것은 맞지만 모두 생활 방식으로의 철학을 내세운 것은 아니기 때문이다.

358

Monday

철학은 죽음의 수행

소크라테스: 철학에 올바르게 종사해 온 사람들이 다른 게 아니라 죽음과 죽
어 있음을 추구하고 있다는 사실을 다른 사람들은 알아채지 못하고 있는 것
같네. 자, 만일 이것이 참이라면, 그들이 전 생애 동안 다른 게 아니라 이것
을 열망하면서도 정작 오랫동안 열망하고 추구해 온 것이 닥쳐왔을 때 그것
에 노여워한다는 건 정말이지 이상한 일일 걸세. (…) 그럼, 시미아스, 실제
로 올바르게 철학을 하는 사람들은 죽는 것을 수행하는 것이고, 죽어 있는
것은 그 사람들에게 가장 덜 두려운 일이군.

– 플라톤,《파이돈》

플라톤의 대화편《파이돈》은 감옥에 갇힌 소크라테스가 독약을 마시고 죽기 전
까지 동료들과 영혼 불멸을 주제로 대화를 나누는 내용이다.《파이돈》은 소크라테
스가 독약이 든 잔을 비우고 죽음을 맞는 장엄하고 뭉클한 장면으로 끝을 맺는데,
그 직전까지 철학 논쟁을 했다니 보통 사람의 면모가 아니다. 그럴 수 있었던 것은
죽음을 준비하는 것이 철학자의 삶이니 그것이 닥쳤을 때 반겨야 한다는 그의 신
념 때문이었다.

플라톤에 따르면 영혼이 육체에 '결박되어' 있으면 신적이고 영원한 대상(이데
아)을 관조하지 못하고 기만적인 감각에 속게 된다. 그러면 육체에서 벗어난 후에
도, 곧 죽은 후에도 하늘로 올라가 순수한 이데아를 만나지 못하고, 다시 육체에
감금될 때까지 육체적인 것의 욕망에 사로잡혀 땅 주변을 맴돌게 된다. 그러니 철
학자는 육체를 멀리하는 수행을 해야 한다. 평생 그런 수행을 한 철학자가 육체에
서 벗어나는 순간, 곧 죽는 순간을 맞아 두려워한다는 것은 '이상한 일'이다.

그러니《파이돈》의 주제는 단순히 영혼의 불멸성이나 죽음이 아니다. 죽음이
철학하는 사람에게는 완전한 지혜를 인식할 수 있는 기회이니 그것이 가능하도록
살아 있는 동안에 철학함을 통해 영혼을 깨끗하게 하는 수행이 필요하다는 것이
다. 죽음은 그 자체로 의미가 있는 것이 아니라 삶을 통해 들여다보았을 때 의미가
있다.

○《파이돈》은 정확히 말하면 소크라테스가 처형된 날 그 자리에 있던 파이돈이 고향으로 가는 길에 플리우
스에서 에케크라테스를 만나 그날의 대화를 들려주는 액자 구조이다. 소크라테스와 대화를 나눈 사람은 시
미아스와 케베스이다. 플라톤은 아파서 소크라테스의 마지막을 지켜보지 못했다.

359

Tuesday

인식론의 자연화

인식론은 심리학의 방법을 따라야 한다는 콰인의 주장. 철학에서 '자연주의'는 자연 과학의 방법론을 따른다는 주장을 말한다. 전통적으로 철학은 과학과 다른 방법론을 사용한다고 생각해 왔기에 자연주의를 받아들인다는 것은 제1 철학의 이념 추구를 포기한다는 뜻이다.

플라톤이 지식을 정당화된 참인 믿음으로 정의하고, 데카르트가 의심할 수 없는 확실한 지식을 찾으려 했고, 논리 실증주의자가 과학적 지식의 경험적 토대를 확실하게 세우려 한 인식론의 역사에서 정당화는 핵심 작업이었다. 이 작업은 선험적이고 규범적으로 이루어진다. 세계가 어떻게 이루어져 있는지 기술하는 경험 과학과 달리 인식론은 그 지식을 어떻게 얻어야 옳은지 규범적으로 탐구한다. 그리고 경험적 탐구 내용에 대한 규범은 또 다른 경험적 방법으로 찾을 수 없기에 선험적 방법으로 찾는다. 그런 의미에서 전통적 인식론은 제1 철학의 위상을 가졌다.

콰인은 미미한 감각 경험만 주어졌는데 거기에서 어떻게 물리적 대상에 대한 지식이 폭발적으로 나올 수 있는지에 인식론자가 관심을 가져야 한다고 말했다. 전통적인 인식론자는 가령 순수한 감각 경험에 인식적으로 특별한 지위를 부여하는 방식으로 이 문제에 접근한다. 그러나 콰인은 증거에서 지식이 나오는 과정을 인과적으로 설명해야 한다고 주장한다. 우리가 이용할 수 있는 증거는 과학이 제공해 주는 것밖에 없기 때문이다. 그는 여기서 오스트리아의 논리 실증주의자인 노이라트가 배에 탄 채 배를 수선해야 한다고 말한 비유를 사용한다. 철학은 과학과 같은 배 안에 있기 때문에 그럴 수밖에 없다고 말이다. 이제 인식론은 과학을 위한 선험적 토대가 될 수 없고 심리학의 한 챕터가 되어야 한다는 것이 콰인의 결론이다.

인식론의 자연화에는, 예상할 수 있는 대로, 찬성보다는 반대가 훨씬 많다. 철학의 고유한 또는 자부심 있는 역할을 스스로 폐기하기 때문이다. 규범적인 업무를 빼앗긴 인식론이 과연 인식론이라고 할 수 있는가, 물리적 대상이 정말로 존재하느냐는 회의론의 질문을 물리적 대상 밖이 아니라 안에서 물을 수 있는가 등의 비판이 제기된다.

360

Wednesday

순교한 철학자들

순교란 자기가 믿는 신앙을 위하여 목숨을 바치는 일을 말한다. 넓은 뜻으로는 자신의 사상을 위해 죽는 것도 순교라고 한다. 그런데 신에 대한 불경죄로 또는 무신론자라서 순교하는 것은 역설적이다. 넓은 뜻의 순교는 맞지만, 순교의 이유가 신을 믿지 않는다는 것이기 때문이다.

신에 대한 불경죄 또는 무신론자라는 이유로 순교하거나 순교까지는 아니더라도 탄압받은 철학자는 많다. 소크라테스가 대표적이다. 그가 사형당한 죄목은 아테네의 청년들을 타락시켰다는 것과 함께 아테네 사람들이 믿는 신을 믿지 않았다는 것이다. 《소크라테스의 변명》을 보면 소크라테스가 자신을 고발한 멜레토스의 주장을 논박하는 장면이 나온다. 멜레토스는 소크라테스가 무신론자라고 말하지만, 소크라테스는 자신이 다른 신을 섬기고 있다고 고발장에 적은 것을 근거로 아테네가 인정하든 안 하든 신을 믿으니 무신론자는 아니라고 항변한다. 이탈리아의 철학자 조르다노 브루노(1548~1600)는 무신론 때문에 화형을 당했다. 지동설 때문에 화형당했다는 설도 있지만 현재까지 전하는 종교 재판의 죄목을 보면 가톨릭 교리를 부정했기 때문임이 분명하다. 감옥에서 8년 동안 고문을 당하고 잔인하게 화형당했다. 키케로와 모어도 처형당했고, 보에티우스(477?~524)는 옥사했지만 정치적인 이유였다.

죽기까지는 안 했어도 신념 때문에 고초를 겪은 철학자도 많다. 잘 알려졌다시피 스피노자는 초월신 개념을 부정하고 범신론을 주장했다는 이유로 유대교 공동체에서 파문당했다. 당시 공동체의 파문은 정신적인 사형이나 다름없었다. 흄은 에든버러 대학과 글래스고 대학의 교수에 임용될 기회가 있었으나 무신론자라는 이유로 반대하는 세력 때문에 임용되지 못했다.

20세기에 들어서는 무신론자라는 이유로 노골적으로 탄압받지는 않았다. 그러나 종교적인 가르침과 어긋나는 견해를 지지했다는 이유로 탄압받았다. 러셀은 1940년에 미국 뉴욕 시립대학 교수로 임용되었다. 그런데 어떤 사람이 자유분방한 성도덕을 가르치는 러셀에게 자기 딸이 피해를 본다고 재판을 걸었다. 그 딸은 그 대학에 다니지도 않았다. 판사가 러셀 때문에 학생들이 범죄를 저지르도록 자극받을 것이라고 판결하여 임용이 취소되었다. 싱어는 1999년에 프린스턴 대학의 석좌 교수로 임용될 때 안락사나 낙태를 옹호하는 그의 견해 때문에 '세계에서 가장 위험한 인물'이라며 극렬한 반대를 받았다. 결국 임용이 되기는 했다.

361

Thursday

창발

어떤 체계가 상당한 수준의 복잡성에 이를 때 부분에 없던 속성이 새롭게 생기는 현상. '창발'은 일상에서는 '창발 경영'이나 '창발적 사고'처럼 창의적 생각과 비슷한 의미로 쓰인다. 그 정의로 볼 때 부분에 없던 특성이 전체에서 나타난다는 말이므로 창발을 창의적 생각으로 이해해도 틀리지는 않는다. 창발은 전체는 부분의 단순한 합 이상이기에, 전체는 부분으로 설명될 수 없다는 생각이다. 그러니 창발은 어떤 현상은 더 단순한 현상에 의해 완전히 설명될 수 있다는 환원주의에 반대할 것이다. 수반은 한 현상이 다른 현상과 연동된다는 것만 말하지 새로운 특성이 나타난다는 것을 말하지 않으므로 창발은 수반과도 다르다.

물의 '투명성'이나 '마시면 시원해짐'이 창발적 속성의 예이다. 물이 환원되는 H_2O에는 그런 특성이 없지만, 수소 분자 2개와 산소 분자 1개가 만나는 순간 그것은 투명해지고 마시면 시원해진다는 특성이 "짠!" 하고 나타난다. 아름다움과 같은 미적인 속성도 창발적 속성의 예이다. 특정한 모양, 색깔, 재질 따위에는 미적인 속성이 없다가 그것이 모일 때 미적인 속성이 나타나기 때문이다. 물리 및 화학 법칙이 적용되는 기계론으로 설명되지 않는 특별한 생명력이 있다는 생기론도 창발론에 근거한다.

19세기에서 20세기 초반까지 영국에 창발론자들이 많았는데, 밀, 알렉산더, 브로드가 대표적이다. 그러나 20세기 후반에 김재권은 창발론을 논박하는 결정적인 논증을 제시한다. 이를 위해서는 몇 가지 가정이 필요하다. 무엇인가가 존재한다는 것은 인과적인 힘을 발휘한다는 가정과, 모든 물리적인 사건의 원인 역시 물리적이라는 가정이 그것이다. 창발적 속성 없이도 모든 인과적인 사건이 설명되므로 창발적 속성은 없어도 된다. 실제로 현대 화학에서 물의 투명성이나 마시면 시원하다는 속성은 수소와 산소 분자의 속성으로 설명된다. 그래서 창발론을 비판하는 철학자들은 창발적 속성이 따로 존재한다고 믿는 것은 귀신을 믿는 것과 다름없다고 비판한다.

○ 2001년에 당시 교육부 장관이 창의적 사고라는 의미로 '창발성'이라는 말을 쓰자 일부 단체가 이 말은 북한에서 쓰는 말이라고 항의하는 일이 벌어졌다. '창발'은 표준국어사전에 "처음으로 또는 새롭게 밝혀내거나 이루는 일"이라는 뜻으로 올라가 있다.

도덕도 진화한다?

다윈이 모든 생물은 오랜 기간의 진화의 산물이라는 진화론을 발표한 이후 그의 동료인 영국의 철학자 허버트 스펜서(1820~1903)는 '사회 진화론'을 만들어 냈다. 진화론을 생물들이 생존을 위해 투쟁하고 거기서 가장 적합한 개체가 살아남은 것으로 이해한 그는 사회에서도 가장 적합한 사람이 경쟁에서 살아남는다고 주장했다. 스펜서의 주장은 미국에서 인기가 높았는데 록펠러나 카네기 같은 자본가들이 열렬히 지지했기 때문이다. 자신들과 같은 사업가에게 부가 집중되는 것을 정당화해 준다고 생각한 모양이다.

미국의 생물학자인 에드워드 윌슨(1929~)이 개척한 사회 생물학은 동물의 이타성을 진화론적으로 설명한다. 가령 일개미나 꿀벌은 자신은 알을 낳지 않고 그 대신에 자매가 알을 낳는 것을 돕는다. 이것은 혈연관계에 있는 개체를 위해 희생함으로써 내 유전자를 공유하는 자손을 남기려는 전략이다. 잡아먹힐 확률이 매우 큼에도 새 떼의 최전방에서 포식자의 출현을 알리는 소리를 내는 새는 혈연관계가 없는 개체를 위해 희생한다. 비록 유전자는 공유하지 않아도 공동의 이익을 얻는 개체들과 협력하는 것이 이익이 되기 때문이다. 진화론적 윤리학자들은 혈연적 이타성과 호혜적 이타성으로 인간의 도덕성을 설명하려고 한다. 기나긴 진화의 역사에서 이타성과 같은 도덕 규칙이 인간의 유전자에 각인한다고 말이다.

그러나 다른 한편에서는 도덕의 진화론적 설명을 전형적인 발생론적 오류라고 비판한다. 발생론적 오류란 어떤 것으로부터 유래했다고 해서 그 특성을 모조리 가지고 있으리라 생각하는 잘못이다. 옥스퍼드의 주교인 윌버포스는 다윈 지지자인 토머스 헉슬리에게 할아버지와 할머니 중 어느 쪽이 원숭이냐고 비아냥대며 물었다. 진화론을 오해한 허수아비 공격으로서, 그 기원이 원숭이라고 해서 지금도 원숭이라고 생각하는 잘못이다. 그런 오해를 당한 진화론 진영이 똑같이 오해하는 것은 아이러니이다. 윤리의 기원이 유전자의 선택에 있는지 모르지만 지금도 그래야 하는 것은 아니다. 진화의 결과인 자연 세계에는 이타성만 있는 것도 아니다. 자신의 어미를 잡아먹고 태어나는 동물도 있다. 그렇다고 해서 불효를 도덕으로 생각하지는 않지 않는가? 마찬가지로 스펜서가 언급한 약육강식이 자연에 있다고 해서 그것이 윤리적으로 정당화되는 것은 아니다.

363

Saturday

역설

정당하다고 여겨지는 전제에서 출발해서 타당한 추론을 거쳤는데도 받아들이기 어려운 결론을 가리키는 말. 영어 그대로 '패러독스'라고도 말한다. 패러독스의 말 밑으로 볼 때 믿음(독사)과 어긋나면(파라) 역설이다. 그러나 이상하거나 예측하지 못한 결론이 나왔다고 해서 모두 역설로 취급하지는 않는다. 철학적으로 도전할 만한 가치가 있는 경우에 역설이라는 이름을 붙인다.

고대의 제논의 역설이나 현대의 러셀의 역설이 대표적이다. 제논의 역설은 아킬레스가 거북이를 따라잡을 수 없다는 결론이 상식과 어긋나고, 러셀의 역설은 자신을 원소로 하면서 원소로 하지 않는 집합이 있다는 논리적 모순에 빠지게 되어 역설이다. 유명한 거짓말쟁이 역설도 논리적 모순에 빠지는 경우이다. "이 문장은 거짓이다."라는 문장은 참이라고 하면 스스로가 거짓이라고 말하고 있으므로 거짓이 되고, 거짓이라고 하면 거짓이라는 말이 거짓이므로 참이 되는 논리적 모순이 생긴다.

철학에서 역설이 꼭 이렇게 논리적인 뜻으로만 쓰이지는 않는다. 키르케고르는 인간은 시간 속에 있고 신은 영원 속에 있기에 엄청난 차이가 있는데도 인간이 신을 알 수 있는 통로가 있음을 역설이라고 부른다. 신이 예수로 육화한 사건 때문에 일어난 역설이다. 이것은 이성이 아니라 신앙으로만 설명이 가능하다고 본다.

역설이 철학에서 중요한 것은 어떤 새로운 것을 우리에게 가르쳐 주기 때문은 아니다. 제논의 역설을 보고 아킬레스가 정말로 거북이를 따라잡을 수 없다고 생각하는 사람은 없을 것이다. 역설은 세계에 대한 우리의 사고나 논리에서 한계가 있다는 것을 보여 주기에 의의가 있다. 가령 제논의 역설은 운동의 불가능성을 주장했고, 러셀의 역설은 프레게의 논리주의 프로그램에 위기를 가져왔다.

역설이 가져오는 모순된 상황을 해결하지 않고 그냥 받아들이기도 한다. 그러나 대체로는 그 모순은 우리 일상 언어의 한계 때문에 생긴 것으로 보고 해결하려고 시도한다. 러셀은 거짓말쟁이 역설이 "이 문장은 거짓이다."의 '이 문장'이 그 문장 전체를 가리키는 '자기 언급성' 때문에 생긴다고 말한다. 그래서 '이 문장'이 가리키는 문장과 "이 문장은 거짓이다."라는 문장의 계층을 분리하여, 자기 언급성이 성립하지 않게 하는 방법으로 역설을 해결한다.

○ 거짓말쟁이 역설은 기원전 6세기 에피메니데스의 시 중 "크레타 사람들은 거짓말만 한다."라는 구절에 그 기원이 있다.

364

Sunday

철학의 쓸모

철학은 쓸모가 없다고 생각하는 사람들이 있다. 삶에 아무 도움이 안 되는 말만 한다거나 뜬구름 잡는 소리를 한다고 생각한다. 이런 시각은 철학이 처음 시작되던 소크라테스 때부터 있었는데, 아리스토파네스는 희극《구름》에서 소크라테스를 바구니를 타고 돌아다니며 하늘을 걷고 있다는 허황된 소리나 하는 사람으로 그렸다. 철학은 과연 쓸모가 없을까?

콰인은 지식을 경험과 직접 충돌할 수 있는 주변부 지식과 경험과 직접 충돌하지 않는 중심부 지식으로 이루어진 구(球)로 상정했다. 그는 분석 명제와 종합 명제의 구분이 엄격하지 않다는 증명을 통해 두 지식의 경계를 명확히 나눌 수 없다고 주장했다. 이처럼 모든 학문에는 경험과 직접 맞닿는 실용적인 영역과 경험과 멀리 떨어진 이론적인 영역이 있고, 이들은 경계 없이 연결되어 있다. 지질학을 보면 당장 쓸모가 없어 보이는 수백만 년 전의 화석을 연구하기도 하고, 당장 가치가 있는 광석을 연구하기도 한다. 철학도 마찬가지이다. "낙태는 도덕적으로 옳은가?", "신은 존재하는가?", "어느 정도의 분배가 정의로운가?"처럼 '쓸모가 있는' 질문도 있지만, 반면에 어디에 써먹는지 알 수 없는 형이상학이나 인식론의 주제도 많다. 그러나 지질학에서 수백만 년 전의 화석 연구가 실용적인 광석 연구에 직간접적으로 도움이 되듯이, 쓸모 있는 철학의 질문도 형이상학이나 인식론 연구의 뒷받침을 받지 않으면 누구나 한마디씩 할 수 있는 대답에 그치고 만다.

철학을 공부하는 부수 효과도 있다. 위와 같은 질문들은 경험적 증거를 모은다고 해서 해결되는 것이 아니기에 엉겨 있는 전제들을 잘 풀어 주는 철학적인 작업이 필요하다. 그러다 보면 논리적이고 비판적인 사고가 덤으로 생긴다. 그러나 학문을 하는 것은 꼭 쓸모가 있어서만이 아니다. 그 자체가 흥미 있고 가치가 있다고 생각하기 때문이기도 하다. "조류학이 새에게 유용한 만큼만 과학 철학은 과학자에게 유용하다."라는 말이 유명 물리학자가 했다고 떠돌아다닌다. 그러나 조류학자가 꼭 새에게 도움을 주려고 새 연구를 하겠는가? 과학 철학자도 과학자에게 도움을 주려고 과학 연구를 하는 것은 아니다. 지금은 쓸모가 있는지 없는지 알 수 없지만 그 쓸모가 나중에 밝혀질 수도 있다. 데카르트의 전지전능한 악마가 컴퓨터로 구현될지 어떻게 알았겠는가?

365

Monday

철학의 가치

철학의 가치는 사실상 그 불확실성 속에서 대부분 찾게 된다. 철학적 사유를 조금도 하지 않는 사람은 상식, 그 시대나 그 나라의 관습적인 믿음들, 신중한 이성의 작용이나 생각 없이 그의 마음속에서만 생겨난 확신들로부터 나오는 편견 속에 갇혀 일생을 보낸다. 이러한 사람에게는 온 세계가 단정적이고 유한하며 분명해지는 것 같다. 또한 그러한 사람은 보통 일상적으로 나타나는 대상들에 대해 어떠한 의문도 제기하지 않으며, 이러한 대상들의 모습과 친숙하지 않은 가능성들은 쉽게 거부한다. 이와는 반대로, 우리가 철학적 사유를 시작하자마자 첫 장에서 본 바대로 가장 일상적인 사물들조차도 매우 불완전한 대답만이 주어질 수 있는 문제들로 나타난다. 철학은 그것이 제기한 의문들에 참된 해답이 되는 것을 단정적으로는 말할 수 없을지라도, 우리의 사유를 확장하고 관습의 압제로부터 해방시켜 주는 많은 가능성들을 제시할 수는 있다. 그래서 사물들이 존재하는 것에 대한 우리의 확실성의 느낌을 감소시킬지라도, 철학은 존재할지도 모르는 것에 대한 우리의 지식을 크게 증가시킨다. 철학은 회의적 의심을 통하여 자유분방한 사유의 영역을 전혀 여행하지 못한 사람들이 가지고 있는 오만한 독단주의를 어느 정도 제거하면서, 우리에게 친숙하지 못했던 측면에서 친숙한 것들을 보게 함으로써 우리의 경이감을 생생하게 유지하도록 한다.

– 러셀,《철학의 문제들》

러셀의《철학의 문제들》은 훌륭한 철학 입문서이다. 그러나 첫 장부터 "이성을 가지고 사리에 맞게 생각하는 사람이라면 누구라도 의심의 여지가 없이 확신할 수 있는 지식이 이 세상에 있을 수 있는가?"라고 물은 다음에, 내 앞에 멀쩡히 있는 탁자가 정말로 있는지 따지기 시작하니 초심자가 따라가기에 조금 버거울 수도 있다. 러셀 스스로도 이를 아는지라 "철학이란 무지한 것보다는 낫다고 할 수 있으나, 하찮고 세세한 문제들을 따지며 어떤 지식이 불가능한가에 관한 문제를 놓고 쓸데없이 따지는 논쟁에 불과한 것이 아닌가 의심"하게 된다고 말하고, 친절하게도 마지막 장에서 철학의 가치를 힘주어 말한다. 365일 빠지지 않고 이 책을 읽은 분들도 이런 철학적 사유의 가치를 만끽하길 바란다.

일상 속 철학적 사색, 그 가슴 뛰는 일에 대하여

'넓고 얕게' 공부하는 것은 철학 공부가 아니라고 생각했기에 처음에는 집필을 망설였다. 다른 공부도 마찬가지겠지만 철학 공부도 그 주제가 왜 문젯거리가 되는지 이해하고 철학자들이 문제를 어떻게 해결하는지 따라갈 수 있어야 진정으로 내 문제로 만들 수 있다고 생각하기 때문이다. 그런 경험 없이 소크라테스가 무슨 말을 했고 데카르트가 어떤 논증을 했다는 것을 알아 봐야 도대체 어디에 써먹을 수 있겠는가?

그런데 1페이지 시리즈의 전작들을 보고 직접 집필을 시작해 보니 애초에 가졌던 우려에서 벗어날 수 있겠다는 확신이 들었다. 어려워 보이는 철학 개념이든 철학사의 흐름이든 삶에서 만나는 철학적 문제든 어떻게 전달하느냐에 따라 '깊고 내실 있게' 철학적 사유를 할 수 있을 것이라 생각해서, 그 점에 주안점을 두어 서술했다.

모름지기 철학자만큼 그 문제에 '놀라워'해서 출발하고 '아포리아'에 빠져 보는 경험도 해 보고 그 '경이감을 생생하게 유지'할 수 있다면 누구나 철학자가 될 수 있다. 이 책을 통해 하루 한 번씩 사색을 하며 철학이 내 삶으로 들어오고 쓰임을 갖는 경험을 하길 바란다.

역사적으로는 소크라테스 이전 철학자부터 최근의 실험 철학까지, 주제로는 형이상학부터 삶과 죽음의 문제까지 철학에서 논의되는 주제를 골고루 담으려고 노력했다. 주제를 내가 정하고 거기에 집중할 수 있었던 기존의 글쓰기보다 품도 많이 들었지만 그만큼 흥미 있고 보람된 시간이었다. 지은이가 느낀 흥미와 보람이 읽는 이에게도 고스란히 전달되었으면 하는 바람이다. 일상 속에서 철학적 사색을 한다는 것, 가슴 뛰는 일 아닌가?

어느 책보다 집필 과정에서 편집팀 그리고 아내와 딸과 주제를 놓고 많은 이야기를 나눴다. 감사와 사랑을 전한다.

1. 참고 도서

- 게오르크 헤겔, 《논리학 서론 · 철학백과 서론》, 김소영, 책세상, 2020
- 게오르크 헤겔, 《법철학》, 임석진, 한길사, 2008
- 게오르크 헤겔, 《역사철학 강의》, 권기철, 동서문화사, 2008
- 김철호, 《언 다르고 어 다르다》, 돌베개, 2020
- 데시데리우스 에라스무스, 《에라스무스 격언집》, 김남우, 아모르문디, 2009
- 데이비드 흄, 《정념에 관하여》, 이준호, 서광사, 1996
- 레프 톨스토이, 《이반 일리치의 죽음》, 이순영, 문예출판사, 2016
- 루크레티우스, 《사물의 본성에 관하여》, 강대진, 아카넷, 2012
- 루트비히 비트겐슈타인, 《논리-철학 논고》, 이영철, 책세상, 2020
- 루트비히 비트겐슈타인, 《철학적 탐구》, 이영철, 책세상, 2019
- 르네 데카르트 《방법서설》, 이현복, 문예출판사, 2019
- 마르쿠스 키케로, 《노년에 관하여》, 오흥식, 궁리출판, 2002
- 마르틴 하이데거, 《존재와 시간》, 이기상, 까치, 1998
- 마르틴 하이데거, 《이정표》, 신상희, 한길사, 2005
- 버트런드 러셀, 《철학의 문제들》, 박영태, 이학사, 2000
- 베네딕투스 데 스피노자, 《에티카》, 강영계, 서광사, 2007
- 쇼펜하우어, 《쇼펜하우어의 행복론과 인생론》, 홍성광, 을유문화사, 2013
- 아리스토텔레스, 《니코마코스 윤리학》, 강상진 · 김재홍 · 이창우, 길, 2011
- 아리스토텔레스, 《형이상학》, 조대호, 길, 2017
- 아리스토텔레스, 《정치학》, 천병희, 숲, 2009
- 알베르 카뮈, 《시지프 신화》, 김화영, 책세상, 1998
- 알프레드 J. 에이어, 《언어, 논리, 진리》, 송하석, 나남, 2020
- 에피쿠로스, 《쾌락》, 오유석, 문학과지성사, 1998
- 에픽테토스, 《엥케이리디온: 도덕에 관한 작은 책》, 김재홍, 까치, 2003
- 윌리엄 제임스, 《실용주의》, 정해창, 아카넷, 2008
- 이마누엘 칸트, 《순수 이성 비판》, 백종현, 아카넷, 2006
- 이마누엘 칸트, 《실용적 관점에서의 인간학》, 백종현, 아카넷, 2014
- 이마누엘 칸트, 《실천 이성 비판》, 백종현, 아카넷, 2019
- 이마누엘 칸트, 《아름다움과 숭고함의 감정에 관한 고찰》, 이재준, 책세상, 2019
- 이마누엘 칸트, 《윤리형이상학 정초》, 백종현, 아카넷, 2018
- 이마누엘 칸트, 《칸트의 역사철학》, 이한구, 서광사, 2009
- 장 자크 루소, 《고백록》, 이용철, 나남, 2012
- 장 자크 루소, 《인간 불평등 기원론》, 고봉만, 책세상, 2018
- 장 폴 사르트르, 《존재와 무》, 정소성, 동서문화사, 2009
- 제러미 벤담, 《도덕과 입법의 원리 서실》, 고정식, 나남, 2011
- 존 로크, 《통치론》, 강정인 · 문지영, 문학과지성사, 1996

- 존 롤스, 《정의론》, 황경식, 이학사, 2003
- 존 스튜어트 밀, 《공리주의》, 서병훈, 책세상, 2018
- 최훈, 《논리는 나의 힘》, 우리학교, 2015
- 최훈, 《라플라스의 악마, 철학을 묻다》, 뿌리와이파리, 2016
- 최훈, 《위험한 철학책》, 바다출판사, 2015
- 카를 마르크스 · 프리드리히 엥겔스, 《독일 이데올로기》, 김대웅, 두레, 2015
- 크세노폰, 《소크라테스 회상록》, 천병희, 숲, 2018
- 탈레스 외, 《소크라테스 이전 철학자들의 단편 선집》, 김인곤 외, 아카넷, 2005
- 토마스 아퀴나스, 《대이교도대전》, 신창석, 분도출판사, 2015
- 토머스 쿤, 《과학 혁명의 구조》, 김명자, 홍성욱, 까치, 2013
- 토머스 홉스, 《리바이어던》, 진석용, 나남, 2008
- 프랜시스 베이컨, 《신기관》, 진석용, 한길사, 2016
- 프리드리히 니체, 《우상의 황혼》, 박찬국, 아카넷, 2015
- 프리드리히 니체, 《즐거운 학문》, 안성찬, 책세상, 2005
- 플라톤, 《크리톤》, 이기백, 아카넷, 2020
- 플라톤, 《파이드로스》, 김주일, 아카넷, 2020
- 플라톤, 《국가 · 정체》, 박종현, 서광사, 2005
- 플라톤, 《소크라테스의 변명》, 강철웅, 아카넷, 2020
- 플라톤, 《알키비아데스》, 김주일 · 정준영, 아카넷, 2020
- 플라톤, 《테아이테토스》, 정준영, 이제이북스, 2013
- 플라톤, 《파이돈》, 전헌상, 아카넷, 2020
- 한나 아렌트, 《예루살렘의 아이히만》, 김선욱, 한길사, 2006

2. 이미지 출처

＊168쪽 퀴즈 정답: 타당타당

인덱스는 페이지가 아닌 001일부터 365일까지의 날짜 숫자로 표기했습니다. 해당 키워드를 중점적으로 다루는 날짜 숫자에 볼드 표시하였고, 관련 키워드는 ▶ 표시를 했습니다.

세상의 모든 지식이 내 것이 되는
1페이지 철학 365

초판 1쇄 발행 2021년 7월 28일
초판 4쇄 발행 2023년 1월 25일

지은이 최훈
펴낸이 이경희

편집 박지수
마케팅 한아름, 윤민영
홍보 박혜린

펴낸곳 빅피시
출판등록 2021년 4월 6일 제2021-000115호
주소 서울시 마포구 월드컵북로 402, KGIT 16층 1601-1호

ⓒ 최훈, 2021
ISBN 979-11-974387-8-3 04900
　　　979-11-974387-2-1 (세트)